갑골학 일백 년 4

甲骨學一百年

The Study of Oracle-Bone Inscriptions in Century

2012년도
대한민국학술원 선정
우수학술도서

이 도서는 대한민국학술원에서 선정한 "2012년도 우수학술도서"로서 교육과학기술부의 지원으로 구입 배부한 것임.

지은이 왕우신王宇信은 북경 平谷 출생. 중국사회과학원 역사연구소 연구원, 중국은상문화연구회 이사장. 갑골학과 先秦 시대 역사학이 주 전공이며, 현재 중국 고대문명과 하상주 정치제도를 연구하고 있다. 1964년 북경대학 역사학과를 졸업하고 사회과학원에서 胡厚宣 교수의 지도를 받았으며, 『甲骨文合集』의 편찬에 참여하였다. 주요저작으로는 『建國以來甲骨文研究』, 『西周史話』, 『西周甲骨探論』 등이 있으며, 『甲骨學通論』은 한국에서도 번역되었다.

지은이 양승남楊升南은 사천성 平昌현 출생. 중국사회과학원 역사연구소 연구원, 선진사연구실 주임, 중국은상문화학회 부회장 등을 역임. 중국 先秦史 및 갑골학, 고문자학이 주전공이며 중국 고대 국가구조와 사회사를 연구하고 있다. 1964년 사천대학 역사학과를 졸업하고, 같은 해 8월 중국과회과학원 역사연구소로 옮겼으며, 『甲骨文合集』의 편찬에 참여하였고, 王宇信과 함께 胡厚宣 주편의 『甲骨文合集釋文』의 총교열을 맡았다. 『甲骨學一百年』의 주요 저자로 참여하였고, 『商代經濟史』, 『中國春秋戰國政治史』, 『商代土地制度史』(공저) 등이 있다.

옮긴이 하영삼河永三은 경남 의령 출생. 경성대학교 중문과 교수, 한국한자연구소 소장. 한자학이 주전공이며, 한자에 반영된 문화 특징을 연구하고 있다. 1983년 부산대학교 중문과를 졸업하고 臺灣 政治大學에서 석 · 박사 학위를 취득했다. 『한자야 미안해』(부수편, 어휘편), 『연상 한자』, 『한자의 세계』 등의 저서와 『한어문자학사』, 『한자 왕국』, 『언어와 문화』, 『언어지리유형학』, 『洙泗考信錄』(공역) 등의 역서가 있다.

갑골학 일백 년甲骨學一百年 4

1판 1쇄 발행 2011년 4월 15일 **1판 2쇄 발행** 2012년 8월 25일

지은이 왕우신 · 양승남 외 **옮긴이** 하영삼 **펴낸이** 박성모 **펴낸곳** 소명출판
등록 제13-522호 **주소** 137-878 서울시 서초구 서초동 1621-18 (란빌딩 1층)
대표전화 (02) 585-7840 **팩시밀리** (02) 585-7848
이메일 somyong@korea.com **홈페이지** www.somyong.co.kr

ISBN 978-89-5626-580-3 94820 값 30,000원
ISBN 978-89-5626-576-6 (전 5권)

이 번역도서는 정부재원(교육인적자원부 학술연구조성사업비)으로 한국연구재단의 지원에 의하여 연구되었음.

갑골학 일백 년 4

甲骨學一百年

왕우신 · 양승남 외 지음
하영삼 옮김

소명출판

일러두기

※ 본문

1. 한글세대가 읽을 수 있는 쉬운 한국어로 풀어쓰는 것을 원칙으로 한다.
2. 가능한 한자의 사용을 자제하며 필요한 때에만 한자를 병기한다. 다만, 각주에서는 책의 전문성을 고려하고 번잡함을 피하고자 원문 그대로 쓴다. 본문 예) 갑골학甲骨學; 주석 예) 裴明相, 「略談鄭州商代前期的骨刻文字」, 『全國商史學術討論會論文集』, 1985; 『鄭州商城的考古新發現與研究』(1985~1992), 中州古籍出版社, 1993, 177면.
3. 한자 사용권의 인명과 지명, 책이름 등 고유명사는 시기에 관계없이 모두 한국 한자음으로 통일하여 표기하며, 처음 등장하는 인명 뒤에다 생몰연대를 병기한다. 단 중국의 소수민족명 등은 원음을 존중해 표기하며 한자를 병기해 둔다. 한자 사용권을 제외한 서구의 인명과 고유명사는 원음대로 표기함을 원칙으로 한다. 예) 왕우신王宇信(1940~현재), 나시納西족, 백천정白川靜, 멘지스明義士(James Mellon Menzies).
4. 인용 갑골문은 인용 후 번역문을 제시한다. 학자들 간의 해석상의 차이가 있을 때는 저자들의 해석과 의도를 존중한다. 갑골문 등 고문자는 스캔 후 그림저장 형식으로 편집한다.
5. 서명은 『 』, 편명이나 논문이나 단편 글 등은 「 」, 인용문은 " ", 작은 인용문과 강조는 ' ' 등으로 표기한다.
6. 서명과 편명을 동시에 적을 때에는 『서명』「편명」의 형식으로 한다. 예) 『논어』「술이」, 『맹자』「등문공」 상
7. 서명 · 논문명은 이해하기 쉽도록 풀어쓰는 것을 원칙으로 한다. 예) 『전후 남경 · 상해 지역에서 새로 얻은 갑골집戰後寧滬新獲甲骨集』
8. 원서에서 구분하지 않은 서명과 논문은 따로 구분해 표기한다. 예) 『甲骨文斷代研究例』→「갑골문 시기구분 연구 예甲骨文斷代研究例」
9. 연대는 서기로 하고, 연호로 표기된 경우에는 서기를 괄호 속에 표기한다. 예) 민국 44년(1955)
10. 숫자 표기는 아라비아 숫자로 한다. 예) 75,423편

※ 용어

1. 전문 용어는 가능한 한글화시킨다. 예) 斷代 : 시기구분, 綴合 : 조각 맞추기
2. 생경한 한자 용어는 가능한 한 풀어쓴다. 예) 品類 : 기물분류
3. 어려운 용어는 한자를 병기하고, 괄호 속에 간단히 풀이하여 이해를 돕는다. 예) 전와磚瓦(벽돌과 기와)
4. 비슷한 의미를 가지는 한자를 가능한 한 의미가 차이가 나도록 번역한다.
   1) "斷代"의 경우, 일반적 의미로 쓰일 때에는 "시기구분"이라 번역했지만, "分期"와 함께 등장하여 대칭적 의미로 쓰일 때에는 "斷代"는 "시대구분"으로, "分期"는 "시기구분"으로 번역했다.
   2) "宰"은 일반적인 양과 구분하기 위해 "희생양"으로, "牢"는 일반적인 소와 구분하기 위해 "희생소"로 구분해 번역했다.
   3) 재앙에 관한 용어의 경우, "타"는 "탈"로, "尤"와 "咎"는 "허물"로, "災"(祟, 齒 등)는 "재앙"으로, "禍"는 "불행"으로, "艱"은 "어려움" 등으로 구분하여 번역했다.
   4) 공납에 관한 동사의 경우, "氏"는 "갖고 왔다", "來"는 "보내 왔다", "入"은 "들여왔다" 등으로 구분하여 번역했다.

※ 역주

1. 중요한 개념이나 이 책에서의 설명이 미진한 경우, 혹은 이 책이 나온 이후 지금까지의 고고학적 성과는 가능한 보충하여 역주로 처리하도록 한다.

저자 서문

한국어판 『갑골학 일백 년』 출판에 부쳐

2010년 3월 5일 아침, 부산 경성대학교에서 한국의 저명 학자 하영삼 교수로부터 갑자기 걸려온 전화를 받고서, 너무나 반가웠다. 하지만, 가장 기뻤던 것은 하 교수가 알려온 『갑골학 일백 년』의 한국어 번역본에 관한 진전 상황 때문이었다. 이미 제2차 교정이 완성되어 출판사에 넘길 예정이고, "순조롭다면 올해 안에 5권의 분량으로 출판될 수 있을 것이다"라고 했다. 아울러 필자에게 한국어 번역판 『갑골학 일백 년』의 "서문"을 부탁해 왔다. 이 책이 한국에서 번역 출판될 수 있었다는 것은 한국의 "중국학" 전문가가 한층 더 깊은 수준의 중국 전통문화 연구를 향해 진전했음을 말해준다. 그리고 그러한 성과가 이루어졌음의 반영인 동시에 한중 학자 간의 학술 교류와 우호적인 왕래가 새로운 성과를 이룬 것으로 생각한다. 이 때문에 이 책의 주 편집자이자 저자의 한 사람인 필자는 "서문"을 부탁한 하 교수의 부탁을 흔쾌히 받아들이게 되었다.

우리가 이 책의 한국어 번역판 출간을 두고서 한국의 "중국학" 전문가가 한층 더 깊은 수준의 중국 전통문화 연구를 향해 진전했으며 그러한 성과가 이루어졌음의 반영이라 하는 것은, 바로 갑골문이라는 것이 3천 년 전 중국의 가장 이른 체계적인 문자이며, 사료가 상대적으로 적은 상나라 사회 역사의 백과사전이자 제1차 연구 자료이기 때문이다. 세계에서 가장 오래된 문자의 하나인 갑골문자는 방대하고 심오한 중국 전통문화를 계승한 한자의 시조이다. 그래서 누구라도 중국의 전통문화를 이해하려면 갑골문의 이해로부터 시작해야만 한다. 이러한 의미에서 갑골문은 중국 전통문화의 근원이자 핵심이다.

한중 양국 인민들 간에는 자고이래로 밀접한 문화 교류와 우호적 왕래가 있었으며, 인구에 회자하는 아름다운 이야기들도 많이 남겼다. 예컨대, 당나라 때의 많은 유학생 중, 유명한 고운孤雲 최치원崔致遠 선생은 그의 나이 열셋에 그 기세등등한 「토황소격문討黃巢檄文」을 남겼는데, 이미 중국의 모든 사람이 아는 천고의 명문이 되었다. 또 16세기의 퇴계 이황李滉과 율곡栗谷 이이李珥라는 "두 대학자"는 송나라 주희朱熹의 철학사상을 발전시켰으며, 명나라 철학자인 왕양명王陽明의 학설을 계승하여, 한국적 특색의 "퇴계학파"를 만들었다. 한국인들은 "동방의 주자朱子"라 불리는 이 두 분을 특히나 존중하여, 그들의 초상을 현재 쓰이는 천원권(이퇴계)과 오천원권(이율곡)의 도안으로 쓰고 있다. 게다가 고려高麗에서 조선朝鮮에 이르는 시기의 『조천록朝天錄』과 『연행록燕行錄』 등은 중국에서 경험한 한국인들의 견문을 기록하였는데, 오늘날까지도 당시 중국 사회와 전통문화를 연구하는 데 중요한 자료가 되고 있다.

세상이 변하고 왕조가 바뀌고, 일본 제국주의에 대한 항거와 한국전쟁이라는 시련 속에서도 중국 전통문화에 대한 한국 학자들의 사랑과 추구는 중단되지 않았다. 특히 지난 세기 60~70년대 이후 한국의 "중국학" 연구는 이미 단순한 중국 전통문화의 소개가 아니라 갑골문이나 금문과 상주商周의 역사문화라는 중국 전통문화의 심층과 근원의 영역까지 확장했다. 1950년대 말부터 70년대까지, 조좌호曺佐鎬 교수가 「복사卜辭에 보이는 중국의 고대국가」(『동국사학』 Vol.3 No.1, 1955)를, 윤내현尹乃鉉 교수가 「상 왕조사의 연구—갑골문을 중심으로」(1978) 등을 발표했으며, 80년대 이후에는 신진 학자들이 대거 출현했으며, 저술도 숲처럼 많았다. 예컨대, 이형구李亨求 교수의 「문헌자료로 파헤쳐 본 갑골문화」(1983), 「발해연안의 무자無字 복골卜骨 연구—고대 동북아 제 민족의 복골 문화를 함께 논함」(상·중·하, 1980~1981) 등이 있다. 또 손예철孫叡徹의 「갑골 복사로 본 은상 제사」(1980), 「갑골 제사 복사 중의 희생에 관한 고찰」(1980), 「서울대학 소장 갑골편 연구」(1980) 등도 있다. 특히 윤내현尹乃鉉 교수가 출간한 『상주사商周史』(1984)는 당시 외국 학자 중 갑골문과 금문과 문헌자료를 이용해 상주의 역사 문화를 계통적으로 정리한 비교적 이른 시기의 저작으로, 중국의 단대사斷代史에 대한 한국 학자의 연구 수준을 대표한다. 1992년 중국과 한국이 정식으로 수교한 이후, 한국 학자들의 갑골학 은상 문화 연구는 완전히 새로운 단계에 접어들게 되었다. 『갑골문합집』, 『소둔 남지 갑골』, 『은허 갑골 각사 유찬』 등과 같은 갑골 자료가 한국에서 영인 출판되었고, 실제 갑골문 자료들도 수집하였는데, 서울대학은 러시아로부터 몇 편의 갑골을 들어왔으며(1996년 필자의 감정에 의해 위각으로 밝혀졌다), 숙명여자대학에서도 미국에서 7편의 갑골(『은계유주殷契遺珠』에 실렸던 자료임)을 사 들였다. 또 중국학자들의 갑골학 저작도 대거 번역 출판되었는데, 『고문자 첫걸음』(이학근 저, 하영삼 역), 『중국 갑골학사』(오호곤(등) 저, 양동숙 역), 『은대 정복 인물 통고殷代貞卜人物通考』(요종이 저, 손예철 역), 『갑골학 통론』(왕우신 저, 이석재 역) 등이 있다. 또 이 시기에는 적잖은 저서도 쏟아져 나왔는데, 하영삼의 『문화로 읽는 한자』(1992.5), 「갑골문에 반영된 인간중심주의」(1996.5) 등을 비롯해, 이형구의 「발해 연안의 갑골문과 한국의 갑골 문화」(1996.5), 양동숙의 「중국문자의 형성과 갑골문의 표음성」(1996.5)과 「갑골문의 '호好'자의 형음의 고찰」(1993), 정기래의 「중국 고대의 식인—사람이 사람을 먹는 행위에 대한 투시」(1994) 등을 비롯해 중국 갑골학의 대가인 호후선에 관한 전문 연구 등이 있다.

특히 양동숙 교수가 출판한 『갑골문 해독』(2009)은 갑골과 문자 고석에 대한 한국 학자의 새로운 수준을 반영했다. 이뿐 아니라 양동숙의 「한국의 갑골문 현황」(1996.5)은 한국의 갑골학 연구를 총 정리했다. 또 한국의 연구 현황을 중국학계에 소개한 학자도 있는데, 정기래의 「남조선의 중국 상고사 연구」가 중국의 핵심저널인 『중국사연구』(1989년 제3기)에 발표되었고, 정일의 「한국 '국제 갑골학 학술토론회' 술요」도 핵심저널인 『중국사 연구 동태』(1996년 제9기)에 발표되었는데, 이는 중국 학계가 한국 학자들의 연구 성과에 주목하고 중시하고 있음을 보여주었다. 한국 학자들은 갑골학 영역의 새로운 분과라 할 "서주 갑골학"에 대해서도 상당히 일찍부터 관심을 둬, 양동숙이 1989년 「서주 갑골문의 고찰」을 발표했고, 홍희가 1991년 『주원 갑골문 연구』를 완성했다. 이외에도 많은 학자가 갑골문자를 고석했다. 중국 전통문화의 매체이자 원류라 할 갑골문과 금문과 은상 문화의 연구에서 한국학자들은 전방위적으로 깊이 있는 방향으로 나아가고 있다. 이러한 부분에서 체계적이고 전면적으로 갑골학 연구의 성과(한국 학자들의 성과까지 포함)를 총결하고 전망한 『갑골학 일백 년』의 한국어 번역 출판은 깊이 있는 한국 갑골학 발전의 급박한 수요에 부응하고, 동시에 한국 학자들이 중국 전통문화의 매체이자 원류인 갑골학과 은상 문화를 연구하는 과정에서 획득한 성과의 표지이다. 우리는 『갑골학 일백 년』이 한국에서 출판되어, 한국 학자들의 연구에 가치 있는 참고자료가 되고 유익한 계기가 되기를, 그리고 한국의 갑골학 발전에 공헌하기를 충심으로 희망한다.

우리가 이렇게 말하는 것은, 한국어 『갑골학 일백 년』의 번역 출판은 한중 양국 학자들의 교류와 우호적 왕래가 이룬 성과이며, 이는 1992년 한중 양국의 수교 이후 양국 학자들 간의 우호적 교류가 더욱더 절실해졌기 때문에 가능했다. 정기래, 홍희, 이형구, 하영삼, 정일, 양동숙 교수 등과 같은 적잖은 한국 학자들이 갑골문의 출토지인 하남성 안양에서 거행된 갑골학 은상 문화 국제 학술대회 등에 여러 차례 참가하였고, 또 중국의 각 대학을 방문하거나 거기서 연구하기도 했다. 또 적잖은 중국 학자들이 한국의 국제 학술대회에 초청되었고, 대학에서 강연하거나 방문하기도 했다. 그리고 홍콩이나 대만을 비롯해 외국에서 개최된 각종 국제대회에 함께 참석하여 "이문회우以文會友"하였으며, 학술 교류 속에서 우의를 다지고 상호를 이해해왔다. 위대한 선배 학자인 동작빈董作賓도 1955년 5월 서울대학, 성균관대학, 연세대학, 고려대학 등을 방문한 적이 있으며, 서울대학에서 박사학위를 받았고, "은허 고고"와 "한자 원류 탐색" 등을 주제로 강연한 바 있다. 동작빈은 대만으로 돌아가 「서울대학 소장 대갑골大胛骨 각사 고석」(1957)을 발표하기도 했다. 필자의 절친한 친구이자 "노형"인 정기래 교수는 1987년 9월 안양에서 거행된 제1차 국제회의 때 알게 되었다. 필자의 학생인 홍희 교수는 1992년 한중 수교가 이루어지고 나서 얼마 되지 않아 북경으로 필자를 찾아왔고, 서주 갑골을 연구하기 위해 필자의 대학원생이 되고자 했으나 실현되지는 못했다(당시 필자는 박사 지도 교수가 아니었다). 하지만, 그 후로 20년간 줄곧 스승과 제자의 관계로 지내왔으며, 지금 그는 이미 한국의 저명한 번역가이자 중국 민족사의 전문가로 성장했다. 이학근, 구석규, 채철무 등과 같은 적잖은 중국 학자들도 한국으로 초빙되어 방문하고 한국 학자들과 교류했다. 필자가 처음 한국을 방문하게 된 것은 1996년 숙명여자대학 창학 90주년을 기념하여 열린 "국제 갑골학 학술대회"였으며, 거기서 양동숙, 하영삼, 이규갑, 이홍진, 손예철 등 한국의 대표 학자들을 알게 되었다. 이후 2001년 4~8월까지 대진대학에서 한 학기 동안 방문 교수로도 있었다. 그 후 중어중문학회의 초청으로 2002년 연세대학에서 거행된 국제학술대회에 참가한 것이 세 번째 방문이었다. 세 번의 방문을 통해 필자는 한국의 남부로부터 북부에 이르기까지, 목포대학, 부산대학, 인제대학, 선문대학, 효성여자대학(대구가톨릭대학), 대전대학, 경북대학, 서라벌대학, 숙명여자대학, 서울대학, 성균관대학, 한양대학, 연세대학, 단국대학, 동국대학, 대진대학, 한림대학 등을 방문했으며, 거기서 강연을 하거나 교류하면서 서로 절차탁마하기도 하였고, 많은 친구를 만나고 또 새로운 친구도 사귀었다.

몇 번의 한국 방문 기간에 친구들은 필자로 하여금 가능한 한 많은 곳을 방문하고 참관하도록 배려해 주었다. 필자는 2002년 막 완공한 부산의 월드컵 경기장을 보기도 했고, 서울 타워, 아름다운 여의도와 경기도 파주의 오두산鰲頭山 등지의 현대 건축물을 보기도 했다. 하지만, 서울의 경복궁, 국립민속박물관, 국립중앙박물관, 한국 신석기 시대의 석마반石磨盤과 석마봉石磨棒, 그리고 청동기 시대의 농기구인 인답뢰人踏耒와 청동편 등과 같이 한국의 문화 고적을 더 많이 보았으며, 이는 필자에게 깊은 인상을 남겨 주었다. 이외에도 필자는 철도박물관을 참관하기도 했고, 서울의 유리창琉璃廠이라 할 수 있는 인사동 골동 거리와 유명한 동대문 시장을 여러 차례 돌아다니기도 했다. 경기도의 깊은 연봉과 울창한 숲에 둘러싸인 봉선사奉先寺에서 필자는 이러한 사찰이 선학禪學을 홍양하고 교육의 발전에 이바지하고 있으며, 지금의 동국대학도 이 사찰과 깊은 인연이 있다는 사실을 알게 되었다. 또 임진왜란 때 파괴된 포천에 있는 회암사檜巖寺 유적지를 방문하여, 부서진 기와 조각과 무너진 담장의 폐허 속에서 외로이 남은 쌍사자 석등과 조선 왕조 태종 때의 유물인 무학대사비의 좌대와 비석 덮개도 볼 수 있었다. 한국의 유명한 문화 고도인 경주를 방문해서는 세계 문화유산인 천마총과 민속문화원을 보고서 고도로 발달한 신라 문명에 감탄을 금할 수가 없었다. 불국사의 장엄함과 엄숙함은 필자로 하여금 정신이 번쩍 들게 함은 물론 놀라움을 금치 못하도록 하였다. 이외에도 필자는 세계문화유산에 등재된 경상남도 가야산의 해인사로 가 "학사대學士臺"에서 최치원 선생을 참배했고, 해발 1천 미터가 넘는 높은 산을 올라 정상에서 9세기에 축조된 5미터 높이의 부도 마애 석각 조상造像의 풍채를 보기도 했다. 해인사에서 완벽하게 보존된 팔만 고려 대장경을 보고서는 돌아갈 생각조차 잊어버렸으며, 방충과 통풍과 방습 문제를 과학적으로 처리하여 문물을 보호한 선인들의 지혜에 탄복했다.

친구들은 또 필자로 하여금 한국의 사회와 문화와 접촉할 수 있도록 해주었다. 성균관의 엄숙함과 유학이 한국 사회에서 대단히 큰 영향을 끼치고 있었고, 젊은 사람들의 경로사상은 가정에서뿐 아니라 지하철이나 버스 등 공공장소에서도 실현되어 노인에게 자리를 양보하는 것이 이미 습관화되어 있었다. 광주에서는 마침 "모내기" 때를 만났는데, 전통 복장을 한 "농부"들이 논에서 노래를 부르고 춤을 추며 모내기를 하고 있었다. 불어오는 바람에 흩날리는 깃발에는 "농민이 천하의 근본이다"라고 쓰여 있었다. 한국 사회가 현대 공업화 사회에 진입하였어도 중농 사상의 역사적 전통을 잊지 않고 있음을 잘 보여주었다. 이외에도 한국에서 석가탄신일(국가 지정 공휴일)을 체험하기도 했는데, 사원에서는 석가모니의 탄신을 기념하기 위한 성대한 잔치가 열렸다. 대진대학의 한 교수가 석가모니의 일생을 설명해주었고, 북소리와 음악에 맞추어 일제히 부처상을 향해 절을 하고 경건한 마음으로 공덕함에 돈을 넣었다……. 그런 다음 모두 공짜로 제공되는 공양도 함께 들었다. 필자는 또 대표단 속에 "끼어들어"(필자의 친구가 불교 신도였다) 해인사에서 거행된 선종 대표회의에 참석하기도 했다. 거기서 "좌선"을 체험할 수 있었고, 이틀 동안 소식素食만 먹으며 지낼 수도 있었다. 그리고 해인사의 "약수암藥水菴"에서는 주지 스님이 제공한 "작설차"도 맛보았다. 해인사를 찾은 동국대학(불교대학)을 졸업한 한 여성은 자신이 대만을 방문한 적이 있으며, 이후 돈을 모아 중국의 명산과 고찰을 찾아 여행할 꿈을 안고 살고 있다고 했다……. 몇 번에 걸친 한국 방문을 통해 한국 학자들의 중국학 연구와 추구에 상당히 이해하게 되었고, 한국의 유구한 역사문화와 전통과 민속에 대해서도 제법 깊이 인식하게 되었다. 이 때문에 필자는 대진대학에 있는 동안 강의의 나머지 시간을 이용해 보고 듣고 느끼고 한 것을 연속해 10여 편의 수필로 남겼다. 중국에 돌아오고 나서는 『중국사회과학원보中國社會科學院報』에 4~5편을 연재해 적잖은 사람들의 공감을 일으키기도 했다.

이처럼 한중 학자들의 학술 교류와 우호적 교류가 강화되면서, 우리는 갑골학 연구에서 얻은 성과는 물론 의문점과 난제를 비롯해 더 깊고 확장이 필요한 과제에 대해 인식을 같이하게 되었다. 1999년 안양에서 거행된 갑골문 발견 1백 주년 국제학술대회 석상에서 갑골학 발견 1백 주년을 기념하기 위해 『갑골학 일백 년』을 처음으로 내놓게 되었으며, 국내외 전문가들의 주목과 호평을 받은 바 있다. 대단히 영광스럽게도 것은 한국의 한국연구재단(KRF)에 의해 이 책이 번역과제 대상 문헌으로 선정되었다. 작금의 연구 수준을 대표하는 이 『갑골학 일백 년』은 2001년 9월 제8회 "5개년 제1차 프로젝트"의 일등상을, 같은 해 12월에는 제5회 중국 국가 "전국 도서상"의 후보상을, 2002년 10월에는 중국사회과학원의 "제4회 우수 저작상"을 수상했다. 해마다 수도 없이 쏟아지는 중국의 그 많은 도서 중에서 한국연구재단에서 우리의 이 책을 번역 대상으로 선정하였다는 것은 분명히 혜안을 가졌다고 해야 할 것이며, 세계 학술 발전의 현황을 파악하고 교육문화 발전을 이끄는 높은 수준을 반영한 결과라 하겠다. 우리는 한국 정부가 한국의 학계가 더욱 높은 수준의 중국 전통문화 연구에 박차를 가할 수 있도록 내린 중대한 정책적 결정에 충심 어린 흠모와 감사를 드린다. 또 학술 교류과정에서 공동으로 수준을 높이고, 우호적인 교류 속에서 우의와 이해를 증진시킨 한국의 동료께도 감사드린다. 이는 그들이 우리를 신뢰하고 지지하고, 긍정하고 적극적으로 추천했기에 한국 정부가 이러한 한중 학술 교류사에서의 새로운 중요한 일을 완성할 수 있었기 때문이다. 우리 함께 노력하여 "갑골학"이라는 이 국제성을 띤 학문이 다시 한 번 찬란한 역사를 이루도록 해야 할 것이다.

『갑골학 일백 년』의 한국어 번역판이 곧 출간될 이 시점에서, 우리는 또 하영삼 교수에게 진정 어린 위로와 진심 어린 감사를 드려야 할 것이다. 중국에 "10년을 갈아야 검 한 자루가 완성된다"는 말이 있다. 하영삼 교수는 과중한 학교 업무와 연구를 수행하는 동시에 묵묵히 혼자서 『갑골학 일백 년』의 한 글자 한 글자, 한 문장 한 문장을 한국어로 번역해 냈다. 원문으로 123만 자에 달하는 『갑골학 일백 년』은 중국에서도 대단한 분량의 대작이라 일컬어지고 있다. 이를 한국어로 옮긴 결과 2천 쪽 5권이라는 방대한 분량으로 변신했다. 한 사람의 일생이 몇 십 년이나 되던가? 하영삼 교수는 자신의 10년 청춘, 자신의 피와 땀, 고생스런 작업과 학술 발전을 위한 봉사정신을 『갑골학 일백 년』이라는 이 한국어 번역판의 한 줄 한 줄 행간에 녹여 넣었다. 갑골학은 중국에서도 일반인들이 느끼기에는 깊고 어려운 수준의 학문이라고 말해진다. 이 거대한 분량의 『갑골학 일백 년』은 전문성이 강한 학술서이다. 난삽하고 어려운 전문 용어, 많은 벽자僻字와 현대 한자로 옮기기 어려운 갑골문자, 정확하게 해독되지 않은 어려운 글자들이 많아, 문자학에 종사하는 사람이라 할지라도 일반 학자들이 읽고 이해하기에는 일정한 어려움이 존재한다. 하물며 중국과 다른 언어와 문자를 사용하는 한국 학자에게는 어떻겠는가? 하영삼 교수는 10년의 세월을 견디며 이 거대한 분량의 번역 작업을 완성했다. 이는 하 교수의 수준 높은 중국학 수준을 반영한 성과일 뿐 아니라 갑골학에 다져 놓았던 도타운 기초와 높은 연구 수준이 반영된 결정체라 할 것이다. 『갑골학 일백 년』의 번역을 완성했다는 것은 한국의 한 갑골학자가 이미 전 세계 갑골학 발전의 최전선에 서 있음을 나타내 주는 표지라 하겠다.

하영삼 교수가 오늘날의 이러한 뛰어난 학술적 성취를 이룰 수 있었던 것은 결코 우연이 아니다. 1996년 숙명여자대학에서 거행된 국제 갑골학 학술대회에서 그의 뛰어나고 정교한 논문은 송곳 끝이 주머니를 뚫고 나오듯 재능을 드러냈다. 그리고 학술대회에서 필자의 논문 발표 통역도 그가 담당했다. 그 이후로 인제대학과 부산대학 등에서의 몇 차례 학술 강연에서도 통역을 맡아주었고, 한국에서의 영접과 대접도 그가 직접 담당했다. 그는 또 중국에서 이루어진 국제학술대회에도 여러 차례 초청되어 참석하였으며, 그의 정교한 논문은 세계 각국 학자들의 주목을 받았다. 하영삼 교수는 한중 학자의 학술 교류에서도 큰 공헌을 했다. 2008년 7월 그는 정주대학과 경성대학이 연합으로 주최한 국제학술대회에 필자와 송진호 교수를 초청하였으며, 한국에서 온 30여 명의 학자를 만날 기회를 제공했다. 또 "한국한자연구소"를 운영하면서 중국은 물론 세계의 저명 학자들을 초청하여 한자의 세계화에 노력하고 있다. 기회는 언제나 준비된 자에게만 주어지는 법이다. 하 교수는 다년간에 걸쳐 쌓은 자신의 갑골학 연구에 대한 축적과 깊은 학술적 소양, 그리고 중국 어문학에 대한 높은 수준과 능숙한 중국어 구사력, 여기에다 한순간도 나태하지 않고 끈기 있게 끝까지 해내는 발분과 고집으로 이 5권에 달하는 방대한 분량의 『갑골학 일백 년』이 한국에서 출판될 수 있게 하였고, 한중 문화교류가 깊이 있게 발전하는데 커다란 공헌을 할 수 있었다. 우리는 다시 한 번 하 교수에게 열렬한 축하와 깊은 감사를 드린다.

필자가 이 한국어판 「서문」을 쓰는 동안, 이런저런 생각이 끊임없이 떠올라 적잖은 한국의 옛 친구와 새로운 친구들의 얼굴이 내 눈앞에 아른거린다. 한국에서 가 보았던 대학, 답사했던 고대 유적지들, 명승고적과 아름다운 산천들…… 이 모든 것들이 어제 일처럼 아른거린다. 더 많은 친구가 중국을 방문해 주기를, 마음 편하게 지내기를, 마음껏 먹고 마시기를…… 필자는 학수고대한다. 또 한국에 가서 옛날 친구들과 새로운 친구들을 다시 만날 수 있기를 기대해 본다. 또 『갑골학 일백 년』의 한국어 번역판이 처음 발간되고서 이에 대한 독자들의 반응과 의견을 귀기울여 들을 수 있기를, 또 함께 갑골학의 미래와 발전과 우리 한 사람 한 사람 모두가 할 수 있는 공헌에 대해서도 함께 토론하고 싶다. 이 기회를 빌려 다시 옛날 그곳으로 돌아가 최근 7~8년간 변화한 한국 사회와 문화의 발전을 체험해 보고 싶다는 심경을 밝혀 본다.

마지막으로 옛 친구들(이 책의 새로운 독자를 포함하여)의 학술활동에 풍성한 수확이 있기를 빈다.

아울러 더욱 강화되고 발전한 한중 학술 교류를 축하한다.

2010년 3월 10일

북경 방장方莊 방고원芳古園에서

"입렴청소려入簾青小廬" 주인 왕우신王宇信 씀

갑골학 일백 년 전체 차례

제11장 상나라의 사회구조와 국가 직능 연구

1. 왕실귀족

갑골문에 보이는 상나라의 왕실귀족은 상층 통치계급에 속하는데, 이에는 선공先公·선왕先王·선비先妣와 부父·모母·형兄·자子·부婦 등이 포함되어 있다. 이에 대해서는 갑골문에 기록이 많이 보이며, 백 년 동안 연구 성과도 많았다.

1) 선공先公

왕국유王國維에 의하면, 하나라를 멸망시키고 상나라를 세우기 이전의 상나라 우두머리를 "선공先公"이라 불렀으며, 나라를 세운 이후의 왕들을 "선왕先王"이라 불렀다고 한다.[1] 『사기』 「은본기殷本紀」에 의하면, 탕湯 이전의 선공으로는 설契부터 시작해 주계主癸에 이르기까지 총 14명이 있었다.

> 설契이 죽자 아들인 소명昭明이 왕위에 올랐다. 소명이 죽자 아들 상토相土가 왕위에 올랐다. 상토가 죽자 아들 창약昌若이 왕위에 올랐다. 창약이 죽자 아들 조어曹圉가 왕위에 올랐다. 조어가 죽자 아들 명冥이 왕위에 올랐다. 명이 죽자 아들 진振이 왕위에 올랐다. 진이 죽자 아들 미微가 왕위에 올랐다. 미微가 죽자 아들 보정報丁이 왕위에 올랐다. 보정이 죽자 아들 보을報乙이 왕위에 올랐다. 보을이 죽자 아들 보병報丙이 왕위에 올랐다. 보병이 죽자 아들 주임主壬이 왕위에 올랐다. 주임이 죽자 주계主癸가 왕위에 올랐다. 주계가 죽자 아들 천을天乙이 왕위에 올라 성탕成湯이 되었다.

설契은 달리 "현왕玄王"이라 불린다. 『국어』 「주어周語」 하下에는 "현왕이 상나라를 일군 뒤 14세 후에 흥성했다玄王勤商, 十有四世而興"고 한 주나라의 신하 선목공單穆公의 말이 실려 있다. 또 『순자』 「성장成相」에서도 "설契 현왕玄王"이라 불렀다. "설契 현왕玄王이 소명昭明을 낳았고, 지석砥石에서 기거하다가 상商으로 옮겼다. 14세 후 천을天乙이 왕이 되었는데 그가 성탕成湯이다"고 했다.

갑골복사에 보이는 상나라의 선공에 대한 고증은 왕국유로부터 시작되었다. 그는 1917년 초에 「은나라 복사에 보이는 선공 선왕 고殷卜辭中所見先公先王考」와 「은나라 복사에 보이는 선공 선왕 속고殷卜辭中所見先公先王續考」라는 두 편의 저명 논문을 연속해 발표했는데, 이것은 갑골문 체계를 사용해 상나라의 역사를 연구한 시발점이 되었다.[2] 그가 이 두 논문에서 고증해 낸 선공 중 기夔는 이후 안妄으로 고쳐 고석했는데, 그가 바

---

1) 王國維, 「殷卜辭中所見先公先王考」, 『觀堂集林』 卷九, 中華書局, 1959.
2) 王國維, 『觀堂集林』 卷九, 中華書局, 1959.

로 제곡帝嚳이다. 설契은 제곡帝嚳의 두 번째 부인에서 난 아이이다. 『사기』 「은본기」에서 "은殷나라 설契의 어머니를 간적簡狄이라 불렀는데, 유아有娀씨의 딸로 제곡帝嚳의 둘째 부인이 되었다"고 했으며, 그 때문에 왕국유는 그를 상나라의 제일 첫 번째 선공에다 놓았다. 그는 복사에 "고조高祖 기夔"라는 칭호가 있음에 특별히 주목하였다. "복사에서는 왕해王亥를 고조高祖 왕해王亥나 고조高祖 해亥로, 대을大乙을 고조高祖 을乙로 불렀을 뿐이다. 그렇다면 기夔는 은나라의 선조 중에서 대단히 뛰어난 인물이었음이 분명하다. 이로써 추측컨대 아마도 제곡帝嚳을 말했을 것이다"라고 했다.

고조 기夔 이하로, 왕국유는 복사에서의 토土는 상토相土, 계季는 명冥, 왕해王亥는 바로 「은본기」에서 말한 진振임을 고증했다. 해亥는 『세본世本』에서 해核로, 『한서』 「고금인표古今人表」에서는 해垓로, 『여씨춘추』 「물궁편勿躬篇」에서는 빙氷으로, 『세본』 「작편作篇」에서는 해胲로, 『산해경』 「대황동경大荒東經」에서는 왕해王亥로, 『죽서기년竹書紀年』에서는 "은나라 왕 왕해殷王子亥"라고 적고 있다. 왕항王恒은 왕해王亥의 동생으로 『초사』 「천문天問」에만 보이고 「은본기」에는 보이지 않기 때문에, "왕해와 상갑上甲 미微 사이에는 왕항王恒의 1세世가 존재해야 한다"고 생각했다. 상갑上甲 즉 미微는 바로 『국어』 「노어魯語」에서 말하는 "상갑上甲 미微"이다. 상갑 이하, 「은본기」에 보이는 보정報丁·보을報乙·보병報丙·주임主壬·주계主癸 등은 모두 왕국유가 복사속에서 발견해 냈다. 주임主壬과 주계主癸라고 할 때의 주主를 복사에서는 시示로 쓰고 있다. 이 두 선공은 사실 나진옥에 의해 발견된 것이다. 나진옥이 1910년에 쓴 『은상정복 문자고殷商貞卜文字考』에서, "시임示壬과 시계示癸라는 두 이름은 탕湯의 조상이자 아버지였던 주임主壬과 주계主癸임이 분명하다. 이름에 시示가 들어간 것은 아마도 주임主壬과 주계主癸가 천명을 받기 이전과 탕湯이 천하를 가졌을 때 그들을 존중해 신으로 모시고 묘사廟祀를 지내 귀신으로 하여금 향음하도록 했기 때문일 것이다"고 했다. 왕국유는 "이

해설이 대단히 정확하다"고 했다. 왕국유는 또 복사에 근거해 보을報乙·보정報丙·보병報丁의 순서로써 『사기』「은본기」에서 보정報丁을 보병報丙의 앞에다 놓고 보을報乙을 보정報丁의 뒤에 다 놓았던 순서의 잘못을 바로잡았으며, "보을·보병·보정의 순서가 되어야만 한다"고 했다.

왕국유가 고증하지 않았던 설契·소명昭明·창약昌若·조어曹圉 등은 이후 다른 연구자에 의해 복사에서 그에 상응하는 인물을 찾아 낼 수 있었다. 동작빈董作賓은 「갑골문 시기구분 연구 예甲骨文斷代研究例」에서 복사의 [illegible]자를 나진옥은 시兕자로 해석했지만 "설契과 시兕와 설禼의 독음이 같고 서로 빌려 쓸 수 있기에", 바로 설契자라고 했다. 이는 이단구李旦丘(『갑골문 영습甲骨文零拾』 29)와 도방남島邦男(『은허복사 연구殷墟卜辭研究』 본론 제1편 제3장 제3절) 등의 지지를 받았다. 정산丁山은 「복사에 보이는 선제 고조 6종에 대한 고찰卜辭所見先帝高祖六宗考」에서 복사에서의 㘜은 소명昭明을 말한다고 했다. 그는 『좌전』「소공昭公」 원년 조에서 고신씨高辛氏의 두 아들의 하나인 알백閼伯이 "상구商邱로 천도하고 신성辰星에게 제사를 지냈는데, 상나라 사람商人이라는 말은 여기서 기원한다"고 한 자산子産의 말에 근거하여 "알백은 바로 소명昭明이며, 전서체를 보면 분명 㘜로 구성되어 있는데 (…중략…) 㘜는 소명昭明을 말한 것으로 보인다"고 했다.[3] 도방남도 기夔는 분명 소명昭明임이 틀림없다는 왕국유의 고증에 근거해, 그가 말한 소명은 바로 『좌전』「소공」 29년 조에 실린 소호씨少皞氏의 네 삼촌의 하나인 중重을 말한다고 했다. 『상서』「여형呂刑」에서는 중려重黎라 불렀고, 『대대예기』「제계편帝系篇」에서는 노동老童으로, 『사기』「초세가楚世家」에서는 중려重黎가 제곡帝嚳의 화정火正이며, 달리 축융祝融으로 불렀다고 했다. 그는 '천하의 빛을 밝힐' 수 있는 신덕神德을 갖고 있었고, 사마천司馬遷은 이 신덕에 근거해 그를 "소명昭明"이라 부르면서 『은본기』에다 넣었다. 도방남은 동童·중重·기夔는 독음이 같다고 했다(『은

3) 丁山, 「卜辭所見先帝高祖六宗考」, 『文史』 第42期, 中華書局, 1997.

허복사연구』의 앞의 인용문에 보임). 창약昌若에 관해서, 호소석胡小石은 복사에 등장하는 악岳을 그로 보았는데, 「복사에서의 고羔가 바로 창약이라는 설卜辭中的羔卽昌若說」에서 이에 대해 논증했다(복사에서의 악岳자를 초기 연구자들은 모두 나진옥의 설을 따라 고羔로 해석했다). 조어曹圉라는 이름에 대해서, 곽말약郭沫若은 복사에서의 왕오王吳가 그라고 했다. 복사에서의  자를 곽말약은 오吳로 해석했고(나진옥은 머리 부분이 기울어진 화살이라고 했다), 조어曹圉를 『세본』에서는 양어粮圉로 적었는데, "양粮과 왕王, 어圉와 오吳는 각각 첩운자들이고", 조曹자의 고문과 양粮자는 형체가 비슷해 잘못 전해지기 쉬웠기에, 조어曹圉는 양어粮圉, 즉 복사에서의 왕오王吳라고 했다(『복사통찬卜辭通纂』 331편의 고석). 이렇게 해서 『사기』 「은본기」에 기록된 선공의 이름을 모두 복사속에서 찾아내게 되었다.

설契로부터 주계主癸에 이르는 13명, 혹은 제곡帝嚳에서부터 주계主癸에 이르는 14명의 선공 중에서 상갑上甲으로부터 주계主癸에 이르는 6명만이 줄곧 상나라의 선공으로 인정되었다. 이 6명의 선공들은 조갑祖甲을 비롯해 제을帝乙 제신帝辛 때의 주제周祭의 계보에 포함되었기 때문에 성탕成湯 이하의 여러 선공과 동등한 제사를 받았다. 상갑上甲 이전의 선공의 경우, 그들이 복사속에서 도대체 어떤 신령들에 상당하는지에 대해서는 아직 의견이 분분하다. 그래서 주홍상周鴻翔은 『상은 제왕본기商殷帝王本紀』에서 상갑上甲 이상의 선공에 대한 제가들의 고증을 일체 부정하면서 "계문에 보이는 상은商殷의 선공 선왕의 경우, 상갑上甲 이후부터 제을帝乙까지는 확실하여 믿을 수 있으나 상갑上甲 이상은 모두 증거가 없다"고 했다.[4] 또 복사속의 왕해가 바로 『사기』 「은본기」에서의 진振이라는, "극히 정확하며" 상대사 연구에 끼친 공헌도 크다는 왕국유의 이러한 결론에 대해서도 주홍상은 믿을 수 없다했다. 그는 상나라 선공 선왕 중 상갑上甲 이하는 모두 천간으로써 이름을 삼았지 지지로 이름을 붙인 경

4) 周鴻翔, 『商殷帝王本紀』, 홍콩 中文大學, 1958, 4면.

우는 없으며, 심지어 선비先妣나 제모諸母 등도 그러한데 "지금 계문에서 '왕해'만 홀로 지지로 이름을 붙였으니, 역사적 사실에 근거해 볼 때 왕국유의 주장은 대단히 견강부회한 해석이다"고 했다.[5)]

상갑 이전의 "선공"에 대해, 이등도치伊藤道治는 그들은 원래 상나라 사람들의 선조가 아니라고 했다. 그들은 원래 각 지방의 지방신, 즉 하河·악岳·토土·시兕 등과 같은 해당 지역의 족신族神이며 이들 제사에는 료燎·침沉·매埋 등의 방법이 주로 사용되었다. 즉 제사를 마친 후 제수를 태워버리거나 물속에 빠트리거나 땅 속에 묻는 방식이었다. 이것은 전통적으로 조상신께 제사를 드린 후 제수를 혈연관계에 있는 동족에게 먹도록 나누어주는 방식과는 커다란 차이를 보인다. 제사를 마친 후 제수를 동족에게 먹도록 나누어주지 않는다는 것은 제사의 대상과 제사를 지내는 사람 간에 혈연관계가 없었기 때문이다. 제1기 복사에서는 이러한 "선공"과 선왕 간의 구별이 그래도 분명했으나, 제2기에는 이러한 "선공"이 선조와 뒤섞이게 되었으며, 제3·4기에 들어서는 완전히 상나라 사람들의 선조 계열로 정리되었다. 상나라 사람들이 일부 지방의 족신을 자신의 선조 신으로 편입시켰다는 것은 상나라 사람들이 이미 이러한 지역을 점령하였으며, 그들이 점령한 지역을 순조롭게 통치할 수 있도록 한 정치적 필요에 의한 것이었다.[6)] 패총무수貝塚茂樹는 더욱이 『은본기』 속의 상갑·보을·보병·보정 등 4왕은 성城의 4대문 밖에 안장된 이름 없는 이의 분묘였기 때문에, 여기에다 갑·을·병·정의 이름을 붙여 조상들의 계보에 편입시킨 것이라고 했다.[7)]

상갑 이전 선공의 경우, 왕국유 이후 학자들의 고증은 그래도 상당한 성적을 거두었다. 왕해는 바로 진振이며 계季는 바로 명冥이라고 한 왕국

---

5) 周鴻翔, 『商殷帝王本紀』, 홍콩 中文大學, 1958, 6면.

6) 伊藤道治, 『中國古代王朝的形成』 第1部 第1章, 「祖靈觀念的變遷」, 創文社, 1975.

7) 貝塚茂樹, 『中國的古代國家』, 伊藤道治의 『中國古代王朝的形成』(創文社, 1975), 第1部 第2章 補注 9에서 재인용.

유는 고증은 긍정되어야만 할 부분이다. 기夒가 제곡帝嚳이라는 것도 상당한 설득력을 가진다. 설契에 대한 동작빈의 고증, 조어曹圉에 대한 곽말약의 고증도 한 가지 학설로 인정할 수 있을 것이다. 하지만 주홍상의 부정은 분명 지나치다고 하겠다. 주홍상은 책을 완성한 후 그의 스승인 요종이饒宗頤에게 「서문」을 부탁했다. 요종이는 주홍상에게 "복사에 보이는 인물 중에 자子·묘卯(우牛) 등으로 이름을 붙인 것이 있기 때문에 이상하게 여길 것이 못 된다"고 하면서, 왕해가 곧 진振이라는 것을 부정한 부분을 삭제하기를 요구했으나 주홍상은 이를 수용하지 않았다.[8] "선공"이 이민족이었다는 이등도치와 패총무수의 설은 상나라의 "선공"에 관한 문제를 또 다른 각도에서 연구하도록 길을 열어 주었다. 하지만 고대 중국에는 "부류가 다르면 신이 흠향하지 않고, 민족이 다르면 백성들은 제사를 모시지 않는다"[9]는 전통 사상이 존재해 왔는데, 이 두 가지를 어떻게 융합시킬 것인지에 대해서는 진일보된 논증이 필요하다.

고조라고 불린 하河와 악岳 및 바람과 비에 영향을 미칠 수 있는 융融·희姬·아娥·목昌 등과 같이 복사에 보이는 일부 신은 상나라 사람들에게 성대한 제사를 받았고 지위도 중요하다. 그들이 도대체 상나라의 선공과 관계가 있는지 없는지,[10] 만약 선공의 하나라면 또 『사기』「은본기」에서의 어느 선공에 해당하는지에 대해서는 아직 더 연구가 이루어져야 할 것이다.

8) 周鴻翔, 「饒序」, 『商殷帝王本紀』, 홍콩 中文大學, 1958.

9) 『左傳』 僖公 10年 조.

10) "河"에 대해 楊升南은 물길을 다스렸던 冥이 되어야 옳다고 여겼다. 그의 「殷墟甲骨義中的"河"」, 『殷墟博物苑苑刊』 創刊號(1989)와 「殷契"河日"說」(『殷都學刊』 1992年 第2期) 참조.

2) 선왕先王

탕湯 이후의 선왕들의 명칭과 세계世系에 관해서는 사마천이 『사기』「은본기」에 명확하고 완전하게 기록해 두었는데, 이는 갑골복사에 보이는 상나라의 선왕을 연구하는 근거가 된다. 그리고 갑골문에서 『은본기』에 기록된 상의 선왕과 같은 이름이 발견됨으로써 갑골문은 비로소 은대의 유물로 확정될 수 있었다.[11] 『은본기』의 기록에 의하면 상나라 왕은 성탕成湯부터 제신帝辛(즉 주紂)에 이르기까지 총 17세 31왕을 거쳤으며, 그 세차는 다음의 표와 같다(세로선은 부자 관계를, 가로선은 형제 관계를, 위첨자로 된 숫자는 즉위 순서를 말한다).

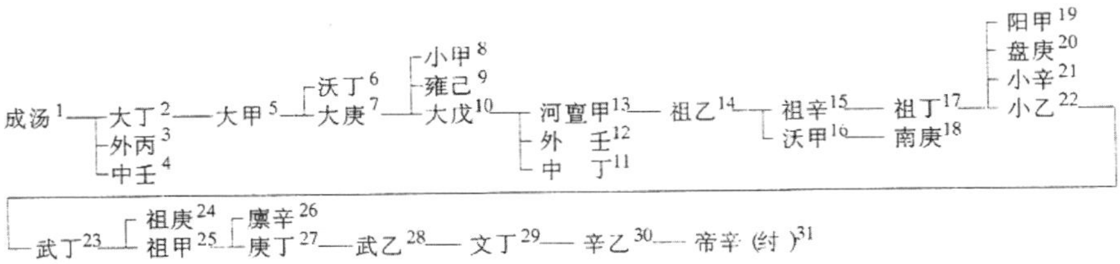

『은본기』에 근거해 복사에 보이는 상나라 제왕의 이름을 계통적으로 정리했던 사람은 나진옥이다. 그는 1910년 완성한 『은상 정복 문자殷商貞卜文字』에서 18명의 상나라 왕의 이름, 즉 대을大乙·대정大丁·대갑大甲·대경大庚·소갑小甲·소무大戊·중정中丁·조을祖乙·조신祖辛·조정祖丁·남경南庚·소신小辛·소을小乙·무정武丁·조경祖庚·조갑祖甲·무을武乙·문정文丁 등의 이름을 해석해 냈으며, "복사에 나오는 제왕의 이름 중 『사기』와 합치되는 것이 15명, 정사의 기록을 바로잡을 수 있었던 것이 2명

---

11) 劉鐵雲은 『鐵雲藏龜』「序」에서 이렇게 말했다. "祖乙·祖辛·母辛은 天干으로 이름을 삼았는데, 殷人들의 유물이라는 근거가 된다." 吳昌綬도 『鐵雲藏龜』「序」에서 "그 속에는 상형자들이 많고, 게다가 祖乙·祖辛 등과 같은 칭호가 있는데, 자세히 살피니 은나라 사람들의 유물이며, 그 증거도 분명하다."

이었다"고 했다. 그가 1914년 『은허서계 고석殷虛書契考釋』을 지을 때는 『사기』 「은본기」에 기록된 세계에 근거해 총 22명의 선왕을 고증해 내었는데, 『은상 정복 문자』에서 고증했던 17명(문정은 이때 빠졌다) 이외에도 새로 고증한 외병外丙 · 외임外壬 · 양갑羊甲 · 반경盤庚 · 강정康丁 등 5명이 추가되었다. 이와 동시에 『사기』의 경정庚丁은 강정康丁, 즉 복사에서 자주 보이는 강조정康祖丁이 되어야 한다고 했다. 이후 증정增訂 『은허서계 고석』에서는 또 문무정文武丁, 즉 문정文丁을 추가하여 총 23명이 되었다.

상나라 선왕의 고증에 큰 힘을 보탰던 또 다른 공신은 왕국유였다. 하지만 왕국유가 갑골을 연구하면서 여기서 더 나아가 상나라 선공 선왕의 "역사를 고증한考史" 작품을 만들 수 있었던 것은 모두 나진옥의 영향이었다. 그는 직접 나진옥을 대신 『은허서계 고석』을 필사했고, 복사에서의 왕해王亥와 상갑上甲의 이름을 발견함으로써 복사에 보이는 상나라 선공 선왕의 이름을 고증해야겠다는 구상을 하게 되었다. 상나라 선공 선왕에 대한 왕국유의 공헌이 주로 "선공"의 고증에 있다는 것은 이미 전술한 바와 같다. 선왕의 고증은 나진옥에 대한 보충에 지나지 않아 복사에서의 당唐은 바로 대을大乙, 다시 말해 문헌에서 말하는 천을天乙 성탕成湯이며, 중종中宗 조을祖乙은 곧 조을祖乙이며, 후조을后祖乙은 곧 무을武乙임을 밝혔다. 그는 양갑羊甲을 양갑陽甲으로 확정한 것은 잘못이며, 양갑羊甲의 양羊자는 양羌자의 오독이라 했다. 곽말약은 양갑羌甲을 구芍로 고석했고 『은본기』의 옥갑沃甲이 틀림없다고 했다. 후조을后祖乙 또한 무을武乙이 아니라 소을小乙이 되어야 한다고 했다. 선왕에 대한 왕국유의 연구는 나진옥이 비해 전체적인 세계의 고증에

〈그림 3〉 『합집』 32,384편

주목했으며, 고대문헌 속의 상나라 왕의 세계에 대한 오류를 바로잡았다. 예컨대 그는 「은나라 복사에 보이는 선공 선왕 속고」[12]에서 『후상』 8면의 1편과 하통哈同 소장 탁본 중의 1편을 서로 합쳐(『합집』 32,384편, 〈그림 3〉에 보임), 상갑上甲에서 대갑大甲에 이르는 은나라의 선왕의 세계를 발견했고, 그것과 『사기』 「은본기」 및 「삼대세표三代世表」에서의 기록이 서로 맞아떨어지기도 하고 일부 다른 부분도 있음을 발견했다. 즉 보을報乙·보병報丙·보정報丁의 세계를 『은본기』 등과 같은 고문헌에서는 "보정·보을·보병"이라 했는데, 이러한 오류는 왕국유가 결합한 이 갑골에 의해 바로잡혔다. 그는 이렇게 말했다.

> 두 가지 탁본을 결합해 보았더니 잘린 흔적이 부절처럼 맞아 떨어졌고 문장도 연결되어 읽을 수가 있었다. 은의 선공 선왕은 상갑부터 대갑까지 그 모든 이름이 다 있었다. 문장은 3행으로 되었으며 왼쪽으로 읽어 나가야 했는데, 내용은 이렇다. "을미일에 '주'제사와 '茲'제사와 '각品'제사를 올리는데, '상갑'께 10마리, '보을'께 3마리, '보병'께 3마리, '보정'께 3마리, '시임'께 3마리, '시계'께 3마리, '대정'께 10마리, '대갑'께 10마리를 올릴까요? 乙未酒茲品⊞十匚乙三匚丙三匚丁三示壬三示癸三大丁十大甲十(아랫부분은 파손)." 여기서 10이나 3이라고 한 것은 희생으로 쓸 짐승의 숫자인데, 상갑·대정·대갑은 10마리이고 나머지는 모두 3마리라 한 것은, 상갑을 선공의 우두머리로 삼았고, 대정과 대갑은 선왕이지 선공이 아니기 때문에 그 숫자가 달랐다. (…중략…) 이 문장에는 선공의 이름이 모두 들어 있는데, ⊞만 상갑上甲으로 풀이될 뿐 아니라, 匚乙·匚丙·匚丁은 곧 보을報乙·보정報丙·보병報丁이며, 시임示壬과 시계示癸는 곧 주임主壬과 주계主癸인데 모두 정확하다. 게다가 상갑 이후의 여러 선공의 차례를 확정할 수 있는데, 보을·보병·보정·주임·주계의 순으로 되어야 할 것이다. 『사기』에서 보정·보을·보병의 순으로 나열한 것은 사실과 위배된다.

12) 王國維, 『觀堂集林』 권9, 中華書局, 1959.

또 『한서』 「고금인표古今人表」에서 중정中丁·외임外壬·하단갑河亶甲을 대무大戊의 동생으로, 조을祖乙을 하단갑河亶甲의 동생으로, 소신小辛을 반경盤庚의 아들이라 했다. 『사기』 「은본기」에서는 또 조을祖乙을 하단갑의 아들이라 했다. 왕국유는 은나라 사람들의 제사에서 직계를 중시하는 이런 규칙을 발견해 "자기 자신이 나온 선왕에 대해서는 특별한 제사를 지내고, 자신이 나온 선왕이 아닌 경우에는 같이 제사지내지 않았다"고 했으며, 『은허문자 후편』 상권 5면의 잔편 1편에 대해 내용을 보충하여(즉 『합집』 1,474편, 〈그림 4〉에 보임), 이로써 고대 문헌의 잘못을 바로잡았다. 그는 이 잔편을 다음과 같이 보충했다([ ] 안은 보충된 글자).

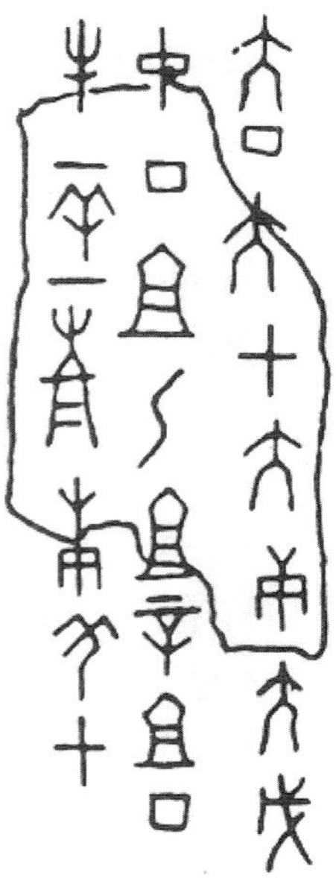

〈그림 4〉 『합집』 1,474편

> [대정·]대갑·대경·[대무·중]정·조을·조[신·조정께 소] 1마리와 양 1마리를, 남[경·강갑]께 올릴까요[大丁]大甲大庚[大戊中]丁祖乙祖[辛祖丁牛]一羊一南[庚羌甲]?[13)]

그는 이렇게 해석했다. "이로 볼 때 (…중략…) 대정大丁부터 조정祖丁까지는 모두 자신이 근원한 선왕들이며, 『은본기』의 세수世數로 차례 매김을 해보아도, 행의 배치行款로 추정해 보아도 그 문장은 당연히 이와

13) 왕국유가 보충했던 "南庚羌甲"은 사실 잘못된 것이다. 이 갑골은 실제 직계 선왕을 제사지낸 것인데, 南庚羌甲은 직계가 아니므로, 이 계열에 들어 제사를 받을 수가 없다. 또 "南"자 아래의 한 글자는 단지 윗부분만 남아 초목의 반쪽 모습으로, 같은 갑골편의 "庚"자의 윗부분과는 이를 보이므로, 보충한 "庚"자도 정확한 것이 아니다.

같아야 한다. 다만 『은본기』에서는 조을祖乙이 바로 하단갑河亶甲의 아들이지 중정中丁의 아들이 아니라고 했다. 지금 이 잔편에는 중정中丁은 있으나 하단갑河亶甲은 없다. 그런 즉 조을祖乙은 자연히 중정中丁의 아들이 되니, 아마도 『사기』가 잘못된 것일 것이다. 또 이에 근거하면, 대갑大甲의 뒤에 대경大庚이 있으니, 대무大戊는 자연히 대경大庚의 아들이 되고, 그의 형인 소갑小甲·옹기雍己 또한 그렇다. 그래서 『삼대세표』에서 소갑·옹기·대무를 대경의 동생이라 한 것은 잘못된 것임을 알 수 있다. 대무 뒤로는 중정中丁이 있고, 중정의 뒤로 조을祖乙이 있다. 그런 즉 중정·외임·하단갑은 자연히 대무의 아들이 되며, 조을은 자연히 중정의 아들이 되니, 『인표』에서 중정·외임·하단갑·조을을 모두 대무의 동생이라 한 것은 잘못임을 알 수 있다."

그는 또 『후상』 25.9편(『합집』 2,131편)에 기록된 "부갑께 수소 1마리, 부경께 수소 1마리, 부신께 수소 1마리를 올릴까요? 父甲一牡, 父庚一牡, 父辛一牡"라는 복사에 근거해 "갑甲은 양갑陽甲, 경庚은 반경盤庚, 신辛은 소신小辛으로 모두 무정武丁의 아버지들이기 때문에 부갑·부경·부신이라고 불렀으며, 그렇다면 『인표』에서 소신을 반경의 아들이라고 한 것은 잘못임"을 지적했다. 그는 위에서 든 2편의 갑골에 근거해 소을小乙 이상의 은나라 왕들의 세계를 증명했다. 소을 이하의 세계에 대해서도 그는 『후』 상 20.5편의 한 복사로부터 증명할 수 있었는데, 그 복사는 다음과 같다.

> 갑진일에 점을 칩니다. 물어봅니다. 왕께서 '빈'제사를 드려 조을·조정·조갑·강조정·무을께 도움을 구하는데 '의衣'제사를 올리면 허물이 없겠습니까?
>
> 甲辰卜, 貞王賓求祖乙祖丁祖甲康祖丁武乙衣亡尤.
>
> —『합집』 35,803편

이 복사에서 말한 조을은 곧 소을이며, 조정은 무정으로, 이로써 무을 이전의 세계가 복사로 증명되었다.

상나라 때의 선왕들의 세계는 나진옥과 왕국유의 고증을 거친 후 대부분 이미 복사로써 증명되었다. 다만 중임中壬・옥정沃丁・옹기雍已・하단갑河亶甲・옥갑沃甲・늠신廩辛・제을帝乙・제신帝辛 등 몇 사람만 복사에서 증거를 찾지 못했다. 그 후 곽말약이 『복사통찬卜辭通纂』「고석考釋」에서 전갑戔甲이 바로 하단갑河亶甲이며, 왕국유가 고증했던 양갑羊甲은 구갑芍甲이 되어야 옳으며, 이는 『은본기』에서 말한 옥갑沃甲이지 양갑陽甲이 아니며, 호갑虎甲이 바로 양갑陽甲임을 고증했다(구갑芍甲은 지금 강갑羌甲으로 고석하며, 호갑虎甲은 대부분 상갑象甲으로 고석한다). 오기창吳其昌은 「복사에 보이는 선공 선왕의 속고卜辭中所見先公先王之續考」에서 옹기雝已가 바로 옹기雍已라 고증했다. 동작빈은 「갑골문 시기구분 연구 예甲骨文斷代研究例」에서 복사에서 말하는 조기祖已가 바로 문헌에서 말하는 효기孝已이며, 형신兄辛은 곧 『은본기』에서의 늠신廩辛을, 후조后祖乙은 소을小乙이지 왕국유가 말한 무을武乙이 아니라고 했다.

동작빈은 나진옥과 왕국유의 뒤를 이어 상나라 선왕의 세계에 관한 연구에 가장 큰 공헌을 했던 사람이다. 그의 공헌은 주로 조갑祖甲・제을帝乙・제신帝辛 복사에 숨어 있던 "주제周祭"제도를 발견해 내고 이로부터 "주제 계보周祭譜"를 만든 데 있다. 주제 제도에 대한 연구는 진몽가陳夢家[14)]・도방남島邦男[15)]・허진웅許進雄[16)]・상옥지常玉芝[17)] 등에 의해 계속되었다. 하지만 모두 동작빈의 연구를 기초로 하여 동작빈의 체계 위에서 수정하고 보충하여 더욱 완전하게 한 것들이다. "주제 계보"의 제사 계보祀譜 배열을 보면 상갑上甲부터 시작해서 즉위한 왕이면 직계든 방계든

---

14) 陳夢家, 『殷虛卜辭綜述』, 科學出版社, 1956, 第11章 "先王先妣."

15) 島邦男, 『殷墟卜辭硏究』, 日本 弘前大學 文理學部 中國學硏究會 發行, 1958, 本論 第3卷 第1章 "對先王的五祀." 도방남은 동작빈의 『殷歷譜』를 보기 이전에 이미 복사에서의 周祭를 발견했다. 『殷墟卜辭硏究』「跋」을 참조.

16) 許進雄, 『殷卜辭中五種祭祀的硏究』, 臺大文學院 發行, 1968.

17) 常玉芝, 『商代周祭制度』, 中國社會科學出版社, 1987.

관계없이 즉위한 순서대로 배열했다. 직계 선왕의 법정 배우자도 제사 계보에 포함되어, 해당 왕의 같은 순旬이나 1순 이후에 제사를 드렸으나, 방계 선왕의 배우자는 제사 계보에 포함되지 않았다.

즉위 순서에 따라 제사 계보에 편입시킨다는 원칙에 따라 외병外丙이 대갑大甲의 뒤에 배열되었다. 그런 즉 외병外丙이 대갑大甲 앞의 왕이라는 『사기』「은본기」는 잘못이다. 상옥지는 외병外丙은 본래 왕위에 오를 가능성이 없었으나, 대갑大甲이 즉위한 후 "탕湯의 법을 따르지 않아", 이윤伊尹에 의해 동궁桐宮으로 추방되는 바람에 외병外丙이 대신 왕위를 이었다고 했다. 외병이 3년 동안 재위했다고 한 『사기』의 기록은 마침 이윤이 태(대)갑을 동궁으로 내쫓았던 3년이라는 숫자와 일치한다.[18] 『사기』「은본기」에 실린 상나라 때의 31명의 왕 중에서 중임中壬·옥정沃丁·늠신廩辛은 제사 계보에 포함되지 않았다. 그렇다면 이들은 왕위에 오르지 않은 것이 분명한데 사마천이 잘못 기록한 것이다. 무정武丁의 아들인 효기孝己는 즉위하지는 않았지만 이미 태자로 세워졌다. 주제 계보에서의 조기祖己는 무정武丁의 뒤 조경祖庚의 앞에서 제사를 받았으므로, 무정의 아들인 효기孝己임에 틀림없다. 이것은 탕湯의 태자였던 대정大丁이 왕위에는 오르지 않았으나 주제 계보에 들었던 것처럼 왕위 계승에서 장자가 가지는 특수한 지위를 보여준다. 『사기』「은본기」에 기록된 31명의 왕 중에서 3명이 주제 계보에 포함되지 않았고, 1명(조기祖己)은 『은본기』에는 기록되지 않았으나 계보에는 들어 있다. 「은본기」에 기록된 왕의 숫자에서 3명을 빼고 1명을 더하면 29명이 나온다. 그렇다면, 실제 상나라의 선왕은 탕湯으로부터 제신帝辛에 이르기까지 29명이며, 31명이 아니다. 이것은 금·고본 『죽서기년』에 기록된 상 왕조의 왕의 숫자와 일치한다. 『사기』「은본기」『집해集解』에서는 『급총기년汲冢紀年』을 인용하여, "탕이 하나라를 멸망시키고 천명을 받은 후 29명의 왕에 의해 496년

---

18) 常玉芝, 「太甲·外丙的即位糾分與商代王位繼承制」, 『殷墟博物苑苑刊』 創刊號, 1989.

간 존속했다"고 했다. 금본과 고본 『죽서기년』에 기록된 상나라 왕의 숫자는 30명으로, 모두 대정太丁이 빠졌다. 이렇게 볼 때 『기년』의 정리자는 『사기』 「은본기」에 기록된 왕세 및 왕의 숫자를 저본으로 삼았음을 알 수 있다. 『사기』에서는 탕의 태자였던 "태정太丁이 즉위하지 못하고 죽었기" 때문에 태정을 삭제해 버렸고, 또 그가 "즉위하지 않아" 기록할 재위 연수가 없기 때문에 이 또한 빼는 것이 옳다. 하지만 두 책의 최종 결론에서는 상나라 왕이 29명, 존속 연수가 496년으로 되어 있다. 본문에서 기록했던 왕의 숫자와 "도왕都王"의 숫자가 분명 맞지 않는데, 도왕都王의 숫자와 존속 연수는 급총에서 출토될 때의 원본이 비교적 믿을 만하다 할 것이다. 아래의 표는 "주제 계보"에 근거해 배열한 상나라 왕들의 세계표이다(외병外丙은 여전히 『사기』에 근거해 탕湯의 아들로 처리했다).

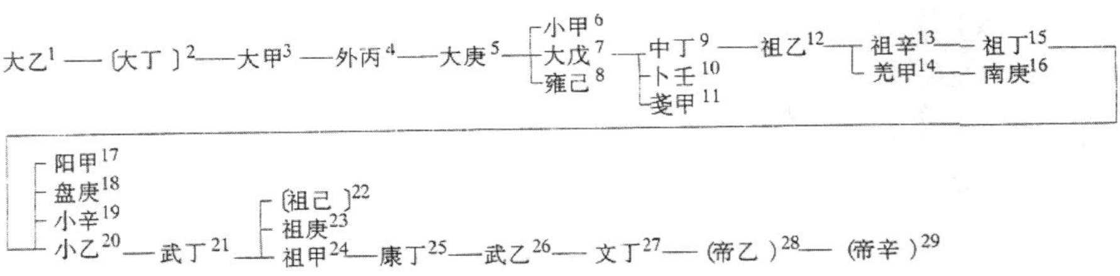

*〔 〕는 즉위하지 않았음을, ( )는 복사에 보이지 않는 것을 말한다.

위의 표에 보이는 29명의 상나라 왕은 모두 10개의 천간자로 "이름으로 삼고" 있는데, 사실 복사에서 천간자로써 "이름을 삼은" 상나라 왕은 그들이 살았을 때의 "이름"이 아니라 죽은 후 신주로서 제사를 지낼 때의 "묘호廟號"이다. 이 "묘호"에 대해서는 생일이라는 설, 죽은 날이라는 설 등이 있다. 이학근李學勤은 죽은 후 점을 쳐서 고른 날짜라고 했는데,[19] 이는 "선택한 날짜"라는 설로 부를 수 있고, "선택한 날짜"라는 설

19) 李學勤, 「論殷代的親族制度」, 『文史哲』 第11期, 1957.

이 실제에 부합된다. 상나라 왕의 이름, 예컨대 복사에서 성탕成湯을 불렀던 묘호는 대을大乙인데 그의 이름은 이履이다. 그리고 외병外丙의 이름은 승勝, 대경大庚의 이름은 변辯, 소갑小甲의 이름은 고高, 옹기雍己의 이름은 주伷, 하단갑河亶甲의 이름은 정整, 조을祖乙의 이름은 승勝, 양갑羌甲의 이름은 유踰, 남경南庚의 이름은 경更, 반경盤庚의 이름은 순旬, 소신小辛의 이름은 송頌, 소을小乙의 이름은 렴斂, 조경祖庚의 이름은 약躍, 조갑祖甲의 이름은 재載, 제신帝辛의 이름은 수受 등이며, 모두 고본 『죽서기년』에 보인다.

천간天干은 겨우 10개에 불과한데 상나라 왕은 총 29명이니, 세차대로 배열한다 해도 1개 글자가 3번은 중복된다. 즉 평균 3명의 왕이 동일한 묘호를 가지게 된다. 하지만 "선택한 날짜"라면 점복에 의해 결정되기 때문에 동일한 묘호가 더 늘어나게 된다. 예컨대 갑甲으로 이름 붙인 왕이 6명, 을乙로 이름 붙인 왕이 5명, 정丁으로 이름 붙인 왕이 6명인데 복사에 보이지 않는 옥정沃丁까지 합친다면 7명이 된다. 경庚으로 이름 붙인 왕이 4명, 신辛으로 이름 붙인 왕이 3명이다. 같은 이름이되 다른 시대를 살았던 이러한 선왕들을 구분하기 위해 앞에다 구별 가능한 글자를 첨가했던 것이다. 예컨대 탕湯을 "대을大乙"이라 하여 "대大"자를 붙여 구별했으며, 달리 "고조을高祖乙"이라 부르기도 했다. 그리고 중정中丁의 아들을 "조을祖乙", 무정武丁의 아버지를 "소을小乙", 강정康丁의 아들을 "무을武乙" 등으로 불렀다. 하지만 일부 복사에서는 선왕에 대해 이러한 구별자를 더하지 않고, 하을下乙·소조을小祖乙·육조을毓祖乙 등과 같은 다른 방법으로 이름을 붙이기도 했다. 이러한 다른 방식에 의한 명칭은 그 당시에는 지칭하는 대상이 분명했으나, 오늘날 이를 구분하려면 상당한 수고가 필요하다. 하지만 연구를 통해 이러한 다른 호칭법은 기본적으로 다음처럼 정리되었다.

고조을高祖乙: 대을大乙을 지칭하며, 대을의 배우자는 비병妣丙이다. 복사에 기록된 "'고비병'과 '대을'께 아이 낳기를 기도할까요? 祈生于高妣丙大乙"(『둔남』 1,089편)가 이를 증명한다. 혹자는 중정中丁의 아들인 조을祖乙을 말한다고 하나 이 "조을祖乙"에게는 또 다른 호칭이 있으므로 이 설을 채택하지 않았다.

하을下乙 · 중종조을中宗祖乙 : 중정中丁의 아들인 조을祖乙을 지칭한다.

소조을小祖乙 : 무정武丁의 아버지인 소을小乙을 지칭하며, 고조을高祖乙과 중종조을中宗祖乙 등과 구분했다.

육조을毓祖乙 : 육毓은 후后자와 같다. 후조을后祖乙은 무정武丁의 아버지인 소을小乙을 지칭한다. 조경祖庚 조갑祖甲 때의 복사에 "조을부터 육조을 · 부정께 고할까요? 告自祖乙毓祖乙父丁"(『둔남』 2,366편)이라는 기록이 있는데, 조을은 중정中丁의 아들을, 부정은 무정武丁을, 육조을은 소을小乙 지칭하며, 조경 · 조갑 때 조祖라는 호칭을 얻었다.

이조정二祖丁 : 대정大丁을 지칭한다. 복사에 보이는 조상에 대한 상나라의 제사체계는 상갑上甲부터 시작된다. 그래서 "상갑부터自上甲" 어느 왕까지, 혹은 "상갑부터" 몇 시示까지, 혹은 "상갑부터" "다육多毓"까지 등의 표현이 자주 보인다. 왕세를 헤아릴 때에도 상갑부터 시작한다. 상갑부터 시작해서 정丁으로 이름 붙인 선조는 보정報丁이 첫 번째이고 대정大丁이 두 번째이다.

삼조정三祖丁 : 중정中丁을 지칭한다. 그는 대정大丁의 뒤를 이어 정丁을 묘호의 이름으로 삼은 세 번째 선조이다.

소정小丁 : 소을小乙의 아버지 조정祖丁을 지칭한다. 소정小丁은 제2기조경 · 조갑 때의 복사에 보이는데, 대大 · 중中 · 소小로써 구별했으며, 조경祖庚 때에 정丁으로 이름 붙인 조祖로는 소을小乙의 아버지인 조정祖丁이 있을 뿐이다.

사조정四祖丁 : 역시 소을小乙의 아버지인 조정祖丁을 지칭한다. 중정中丁이 세 번째이며, 삼정三丁 이후 정丁으로 이름 붙인 왕은 소을小乙의 아버지인 조정祖丁이 있다. 주제 계보에 "사조정의 배우자 비기 四祖丁奭妣己"(『합집』 26,295편), "사조정의 배우자 비경四祖丁奭妣庚"(『합집』 36,252편)이라 했는데, 소을小乙의 아버지인 조정祖丁에게만 비기妣己 · 비경妣庚이라는 묘호를 가진 배우자가 있었다.

중종조정中宗祖丁 : 『둔남』 2,281편에서만 한 번만 출현하는데, 복사에서는

"중종조을中宗祖乙"이라는 말이 자주 보인다. 혹자는 이 "중종조정"이 소을小乙의 아버지인 조정祖丁을 지칭하는 것으로 보거나, 혹은 중종中宗과 조을祖丁로 끊어 읽어, 중종은 조을祖乙을, 조정은 소을의 아버지인 조정을 지칭하는 것으로 보기도 한다.

육조정毓祖丁 : 무정武丁을 지칭한다. "육조정"이 들어간 복사는 모두 강정康丁 이후에 사용되었다. 강정은 무정을 "조祖"라 불렀으며, 정丁으로 이름 붙인 조祖의 마지막 왕이기 때문에(강정 때를 말한다), "육조정"이라 불렀다.

중기中己 : 무정武丁의 아들 조기祖己를 지칭한다. 기己로 이름 붙인 상나라의 선왕으로 그의 전에는 옹기雍己가 있었고 그 다음에 조기祖己가 있었기 때문에 조기祖己를 "중기中己"라 불렀다.

삼조경三祖庚 : 반경盤庚을 지칭한다. 대경大庚이 첫째이고, 남경南庚이 두 번째이기 때문에 반경盤庚에게 "삼조경三祖庚"이라는 명칭이 붙었다.

이조신二祖辛 : 소신小辛을 말한다. 신辛으로 묘호를 삼았던 왕 중 조을祖乙의 아들인 조신祖辛이 첫째이기 때문에 소신小辛에게 "이조신二祖辛"이라는 명칭이 붙었다.

삼조신三祖辛 : 곽말약의 『수편고석粹編考釋』(341편)에서 늠신廩辛을 지칭한다고 했다. 늠신은 즉위하지 않은 방계의 선조이기 때문에 이 설은 더 생각해 봐야 한다.

무조을武祖乙 : 무을武乙을 지칭한다. 이는 제을帝乙 때의 복사에서 부르던 이름이다.

문무文武 · 문무정文武丁 · 문무제文武帝 : 문정文丁을 지칭한다. 복사에서는 아버지 항렬을 부를 때 언제나 "부모父某"라고 했지만, 이러한 복사에서 제을帝乙에게 제사지낼 때 "부父"라는 호칭을 사용하지 않았기에, 아마도 제신帝辛 때 그의 할아버지인 제을帝乙에게 사용했던 용어로 보인다.

3) 선비先妣

비妣는 상나라 왕의 배우자를 말하는데, 복사로부터 조祖 이상의 배우자는 모두 비妣라고 불렀으며, 특수한 지위를 가질 때에는 "고高"자를 붙여 "고비모高妣某"라 불렀다. 비妣의 묘호는 천간으로 이름을 삼아 상갑上甲 이후의 선공 선왕의 묘호와 방식이 같다.

선비先妣에 대해 주목하고 계통적으로 연구한 최초의 연구자는 나진옥이다. 그는 『은허서계 고석』에서 이미 20명에 이르는 선비의 이름을 고증했다. 그가 복사에서의 선왕와 선비 사이에는 "석奭"자가 들어 있는데, "이 글자에 비妃라는 뜻이 있으므로", 이는 선왕의 배우자임을 가리킨다는 사실을 밝혔다.[20] 이후의 학자들은 이 글자를 상爽·혁赫·모母·협夾·석奭 등 여러 가지로 해석했지만 대부분 배우자라는 의미를 갖고 있는 "석奭"으로 해석하였는데 이 글자의 뜻에 대한 논의는 이미 확정된 상태이다.[21] 이러한 복사는 대부분 다음과 같은 형식으로 되어 있다.

> 왕께서 '빈'제사를 '시계의 배우자인 비갑'께 드릴까요? 王賓示癸奭妣甲?
>
> —『합집』 23,308편

> 왕께서 '빈'제사를 '대을의 배우자인 비병'께 드릴까요? 王賓大乙奭妣?
>
> —『합집』 36,194편

> 왕께서 '빈'제사를 '조신의 배우자인 비갑'께 드릴까요? 王賓祖辛奭妣?
>
> —『합집』 36,251편

---

20) 羅振玉, 『增訂殷虛書契考釋』 中, 東方學會 石印, 1927, 51면. 나진옥은 이 글자를 赫으로 고석했지만, '배우자'라고 풀이한 것은 복사에 부합된다.

21) 張秉權, 『殷虛文字丙編上輯(二) 考釋』, 中央硏究院史語所, 1959, 104~105면; 王貴民, 「甲骨文"奭"字新解」, 『殷都學刊』, 1991年 第3期.

이밖에도 먼저 비모妣某라 하고서 뒤에 모모석某某奭이라고 한 경우도 있다.

'비갑', '시계'의 배우자. 妣甲示癸奭.

—『합집』 36,187편

'비갑', '조신'의 배우자. 妣甲祖辛奭.

—『합집』 27,503편

선왕의 배우자임을 표현하는 용어에는 또 모모모비모某某母妣某가 있다.

'대을'의 배우자 '비병'. 大乙母妣丙.

—『합집』 19,817편

'조정'의 배우자 '비갑'. 祖丁母妣甲.

—『합집』 2,392편

또 모모처비모某某妻妣某라 한 경우도 있다.

'시임'의 배우자 '비경'. 示壬妻妣庚.

—『합집』 938편

또 모모첩비모某某妾妣某라 한 경우도 있다.

'시계'의 배우자 '비갑'. 示癸妾妣甲.

—『합집』 2,386편

나진옥은 한때 위에서 든 복사에 보이는 선비先妣를 두고 단지 어떤 선왕을 제사 지낼 때 그를 따라서 제사를 받는配食 자에 불과하다고 하면서 "은나라 사람들은 제사지내는 조상을 왕빈王賓이라 불렀고, 그를 따라서 제사를 받는 비妣를 석奭이라 불렀다"[22]고 했다. 또 "복사에서 왕께서 빈賓제사를 드릴 때 배우자妣도 따라서 제사 받도록 하는 경우에는 두 사람의 이름 사이에 반드시 석奭자가 들어간다"[23]고 했다. 왕국유는 「은주 제도론殷周制度論」에서 은나라 때에는 선비先妣도 선공과 선왕과 마찬가지로 "모두 독립된 제사를 받았으며, 제사는 각기 그 이름에 든 날짜에 거행되었다"[24]고 했다. 나진옥은 왕국유의 의견을 받아들여 『은허서계 고석』의 증정본의 "예제禮制"에서 왕국유의 이론을 수용하고 발전시켜 이렇게 말했다.

> 왕징군王徵君은 은나라의 모든 선공 선왕의 이름에 든 날짜에 특별한 제사를 지냈으며, 선비先妣도 그러했다고 했다. 복사에서 "왕빈모王賓某"라고 하고 그 아래에서 "석모奭某"라고 부른 경우, 배우자奭의 이름에 근거해 그날 점을 쳤는데, 이는 모두 전적으로 비妣에 대한 제사였기 때문이다. 그 위에는 반드시 "왕빈모석王賓某(예컨대 대을大乙 대갑大甲 등)奭"이라는 말을 덧붙인 것은 같은 이름을 가진 다른 비妣들과 구분하기 위한 것이다. (…중략…) 비妣에게 독립적인 제사를 드렸다는 것은 예학가들이 말한 주나라의 제도와 크게 차이를 보인다. (…중략…) 이는 은나라의 예제를 연구하는 자라면 반드시 알아야 할 부분이다.[25]

동작빈은 「갑골문 시기구분 연구 예」에서 나진옥의 이전 학설을 채택하여 이렇게 말했다. "비妣를 배향配享하던 것은 대체로 제2기 조갑 때

22) 羅振玉, 『增訂殷虛書契考釋』 上, 東方學會 石印, 1927, 8면.
23) 羅振玉, 『增訂殷虛書契考釋』 中, 東方學會 石印, 1927, 51면.
24) 王國維, 「殷周制度論」, 『觀堂集林』 卷10, 中華書局, 1959.
25) 羅振玉, 『增訂殷虛書契考釋』 下, 東方學會 石印, 1927, 58면.

시작되었으며, 조祖와 비妣 사이에 반드시 '석奭'자를 넣었다. 나진옥은 이를 혁赫으로, 섭옥삼은 협夾으로 해석했는데, 모두 배항하다는 뜻이다. '조신의 배우자 비임祖辛奭妣壬', '강갑의 배우자 비경羌甲奭妣庚'(왕보王簠씨 소장 탁본에 보이며, 두 복사 모두 행行이라는 정인貞人이 등장하므로 조갑 때의 것으로 확정했다)이라고 한 것들은 사실 조祖와 비妣를 합사合祀한 선례가 된다. 제5기 제을 때에 이르러서는 조祖와 비妣를 합사하는 방식이 크게 유행했으며, 이에 근거해 모조某祖의 배우자가 모비某妣임을 알 수 있게 되었다."[26]

동작빈의 이러한 학설은 이후 수정되었다.[27] 동작빈의 수정이 있기 전, 당란唐蘭과 장정낭張政烺 등이 왕국유의 학설에 대해 진일보된 논증을 했다. 당란은 『천양각 갑골문존 고석天壤閣甲骨文存考釋』에서 "왕께서 '빈' 제사를 '모조'의 배우자(당석은 협夾으로 고석했다) '비모'에게 올리다王賓祖某夾(唐釋爲夾)妣某라고 한 것은 비妣에 대한 독립된 제사專祭이지 배향한 것이 아니다"[28]고 했다. 장정낭도 이러한 복사는 "모두 비모妣某를 위주로 한 것으로, 선비先妣에 대한 독립된 제사로서 선조의 제사와는 관련이 없다"[29]고 했다. 왕국유가 발견한 "선비先妣의 특별한 제사"라는 설은 선비의 지위와 은나라 예학의 연구에 모두 커다란 공헌을 했다.

나진옥은 『증정 은허서계 고석』에서 16명의 선왕의 20명에 이르는 배우자를 고증해 냈다. 그후 동작빈·곽말약·진몽가·도방남·허진웅許進雄·상옥지 등도 계속해 고증했는데, 그들의 결론을 다음의 「표」로 정리할 수 있다.

---

26) 董作賓, 「甲骨文斷代研究例」, 『慶祝蔡元培先生六十五歲論文集』 上, 1939.
27) 董作賓, 『甲骨學六十年』, 藝文印書館, 1965, 77면.
28) 唐蘭, 「考釋」, 『天壤閣甲骨文存』, 北京輔仁大學出版, 1939, 37면.
29) 張政烺, 「奭字解」, 『六同別錄』 上, 1945. 또 『史語所集刊』 第13本, 1948.

〈표 17〉 상나라 선왕 선비 일람표

王名	先妣	羅振玉	郭沫若	董作賓	陳夢家	島邦男	許進雄	常玉芝
示壬	妣庚	√	√	√	√	√	√	√
示癸	妣甲	√	√	√	√	√	√	√
大乙	妣丙	√	√	√	√	√	√	√
大丁	妣戊	√	√	√	√	√	√	√
大甲	妣申	√	√	√	√	√	√	√
外丙	妣甲	—	—	—	—	√	—	√
大庚	妣壬	√	√	√	√	√	√	√
大戊	妣壬	√	√	√	√	√	√	√
中丁	妣己		√	√	√	√	√	√
	妣癸	√	√	√	√	√	√	√
祖乙	妣己	√	√	√	√	√	—	√
	妣庚	√	—	—	√	√	√	√
祖辛	妣甲		√	√	√	√	√	√
	妣庚	√	√	√	—	√	—	—
	妣壬	—	—	—	—	√	—	—
羌甲	妣庚	√	√	—	—	—	—	—
祖丁	妣甲	—	√	—	—	√	—	—
	妣己	√	√	√	√	√	√	√
	妣庚	—	√	√	√	√	√	√
	(妣辛)	—	—	√	—	—	—	—
	(妣癸)	√	√	√	—	—	—	—
小乙	妣庚	√	√	√	√	√	√	√
	(妣己)	—	—	—	—	√	—	—
武丁	妣戊	√	√	√	√	√	√	√
	妣辛	√	√	√	√	√	√	√
	妣癸	√	√	√	√	√	√	√
祖甲	妣戊	√	√	√	√	√	√	√
康丁	妣辛	√	√	√	√	√	√	√
武乙	妣戊	—	√	√	√	√	√	—
文丁	妣癸	—	—	√	√	√	√	—

* 주 : 괄호 안의 것은 잘못 추정된 것이다. 상옥지는 문정文丁의 배우자인 비계妣癸는 잘못이며 이 비계는 무을武乙의 배우자라 여겼다.

외병과 강갑은 직계가 아니기 때문에 배우자는 주제 계보에 편입될 수 없다. 상옥지는 제신帝辛의 주제 계보는 강정康丁에서 그치기 때문에 무을의 배우자인 비무妣戊와 문정의 배우자인 비계妣癸는 제사 계보에 들지 않았다고 여겼으나, 다른 사람들은 이 4명의 배우자를 모두 인정했다. 그중 곽말약과 동작빈은 조을의 배우자인 비경을 소을의 배우자로 잘못 여겼고 그래서 조을의 배우자가 빠졌다. 도방남은 조을의 배우자인 비기를 소을의 배우자로 잘못 여겼고 그래서 조신의 배우자인 비임이 제사 계보에 들지 못했다. 조신의 또 다른 배우자인 비경에 대해 진몽가는 그가 등장하는 유일한 갑골편이 가짜라고 여겼고, 허진웅과 상옥지는 위각이라는 그의 학설을 부정해 위각이 아니라 잘못 새긴 것이라고 했다. 조신에게 이 배우자가 있었다는 것을 부정한 이유는 바로 제사 계보에 넣을 수가 없기 때문이다. 조정의 배우인 비갑은 5종의 제사를 받지 못했고, 제사 계보에도 들지 못했기 때문에 정식 왕후가 아니었다(『합집』 2,392편의 "조정의 배우자 비갑 㪚께 올릴까요? 于祖丁母妣甲㪚"라는 복사는 무정 때의 것이다). 동작빈이 고증했던 조정의 배우인 비신·비계를 상옥지는 무정의 배우자를 잘못 여긴 것이라 했다.

선비 중 같은 이름의 묘호도 많아, 어떤 경우에는 고高나 육毓 등과 같은 구별자를 더하기도 했다. 예컨대 고비병高妣丙·고비을高妣乙·고비경高妣庚·육비신毓妣辛 등이 그렇다. 고비병은 대을의 배우인 비병을 말하는데, 어떤 복사에서는 고비병이 대을의 배우자임을 명확하게 지칭하기도 했다.

> 정축일에 점을 칩니다. 아이가 생기게 해달라고 '고비병'과 '대을'께 기도할까요? 丁丑卜, 其祈生于高妣丙大乙.
>
> —『둔남』 1,089편

고비기와 고비경은 종종 연합 제사를 받기도 했는데, 그럴 때에는 고비기가 앞에 놓였다. 다음을 보자.

> 정□일에 점을 칩니다. '긍'이 물어봅니다. '유'제사를 '고비기'와 '고비경'께 드릴까요? 丁□卜, 亘, 貞侑于高妣己高妣庚.
>
> —『합집』 2,351편

이상의 선비에 관한 표에서 기己라 이름 붙여진 선비에는 중정·조을·조정의 3명이 있으나, 여기서의 고비기는 중정의 배우인 비기를 지칭함에 분명하다. 비경은 시임·조을·조신·조정·소을 등의 배우자였으나, 고비경이 중정의 배우인 비기의 뒤에 놓였기 때문에, 시임의 배우일 수는 없고 조을의 배우인 비경일 가능성이 높다.

4) 부父·모母·형兄

부父·모母·형兄은 당시의 왕이 아버지 항렬의 연장자를 부르던 호칭이다. 상나라 사람들은 아버지의 형제를 모두 부父라 불렀으며, 아버지父의 배우자 및 아버지 형제의 배우자를 모母라 불렀다. 각 시기 복사에 보이는 부·모·형을 다음의 표처럼 정리할 수 있다(시기구분은 동작빈의 5시기 구분법을 따랐다).

〈표 18〉 복사에 보이는 부·모·형 칭위표

期別	父		母		兄	
	父名	資料來源	母名	資料來源	兄名	資料來源
1期	父甲	『합집』 672·779편	母甲	『합집』 19957편 뒷면	兄甲	『합집』 2870·『영국 소장』 1767편
	父乙	『합집』 130편 앞면·201편	母乙	『합집』 19763·19866편	兄丁	『합집』 892편 앞면
	父丙	『합집』 22098편	母丙	『합집』 678·2530편 앞면	兄戊	『합집』 17378·20015편
	父丁	『합집』 1905·16018편	母丁	『전』 1·25·8편	兄己	『합집』 19775·22075편
	父戊	『합집』 2300·2301편	母戊	『합집』 22076·22026乙편	兄庚	『합집』 2920편 앞면·10018편
	父己	『합집』 22074·22075편	母己	『합집』 2537·12813편 앞면	兄辛	『합집』 22273편
	父庚	『합집』 235正·438편 앞면	母庚	『합집』 2725편 앞면·10109편	兄癸	『합집』 22196편
	父辛	『합집』 371편 앞면·444편	母辛	『합집』 22077·『화이트』 907편	多兄	『합집』 2924·2925편

	父壬	『합집』 1823편 앞면	母壬	『합집』 926편 앞면 · 20576편 앞면	多介兄	『합집』 2926 · 2927편
	父癸	『합집』 19947편	母癸	『합집』 685 · 20576편 앞면		
	多父	『합집』 2192 · 6002편 앞면				
2期	父丙	『합집』 23297편			多兄	『합집』 23527편
	父丁	『합집』 22549 · 22560편	母己	『합집』 23406 · 23411편	兄己	『합집』 22609 · 23141편
	父戊	『합집』 23299 · 25204편	母辛	『합집』 22971 · 23411편	兄庚	『합집』 23506 · 23486편
	父己	『합집』 22864 · 22624편	母壬	『합집』 23455 · 23456편	兄辛	『합집』 23519편
	父庚	『합집』 23119편	母癸	『합집』 24136 · 『영국 소장』 1973편	兄壬	『합집』 23520 · 23524편
3期	父甲	『합집』 27321 · 27446편	母乙	『둔남』 3161편	兄甲	『둔남』 부3편
	父丁	『합집』 30335 · 『화이트 1372편	母戊	『합집』 27040 · 『둔남』 2538편	兄乙	『둔남』 부3.5편
	父戊	『합집』 27420 · 27485편	母己	『합집』 23411 · 27340편	兄丙	『합집』 27609 · 27610편
	父己	『합집』 27420 · 27485편	母壬	『합집』 27719 · 『둔남』 1011편	兄丁?	『영국 소장』 2263편
	父庚	『합집』 27417 · 『둔남』 2742편	母癸	『합집』 26995편	兄己	『합집』 27613 · 27615편
					兄庚	『합집』 27616 · 27617편
					兄辛	『합집』 27622 · 27633편
					兄壬	『둔남』 95편
					兄癸	『합집』 2634 · 27635편
					多兄	『둔남』 2412편
4期	父甲	『둔남』 부3 · 부5편	母戊	『합집』 32753편	兄甲	『합집』 31993편
	父乙	『합집』 31993 · 32729편	母己	『영국 소장』 2406편	兄乙	『합집』 31993 · 32729
	父丁	『합집』 31994 · 31995편	母庚	『합집』 32753편	兄丁	『합집』 32730 · 32767편
	父庚	『합집』 31993 · 32729편	母辛	『화이트』 1566편	多兄	『합집』 32769편
	父辛	『합집』 32663 · 『둔남』 2281편				

5期	父丁	『합집』 36129 · 37853편	母癸	『합집』 36319 · 36328편	兄甲	『합집』 37283편

부父와 모母는 아랫대에서 윗대를 부르던 호칭인데, 갑골문 시기구분의 중요한 표준이 된다.[30] 제1기 복사에서의 부갑 · 부을 · 부경 · 부신은 무정武丁이 양갑陽甲 · 반경盤庚 · 소을小辛 및 생부였던 소을小乙을 부르던 호칭이고, 모경은 생모였던 비경을 부르던 호칭이다. 나머지 6명의 '부'와 8명의 '모'는 물론 왕이 되지 못했던 양갑陽甲의 형제 항렬 및 소을小乙의 비 법정 배우자나 소을小乙 이외의 형제들의 배우자를 말한 것이다.

이 제1기 복사에는 사自 · 자子 · 오午조 복사, 즉 동작빈이 불렀던 "문무정 때의 수수께끼"의 일부 갑골이 포함되어 있다. 이 일부 갑골은 소둔 남지의 발굴을 통해 은허의 초기, 즉 늦어도 무정 시기를 넘지 않는 것으로 밝혀졌다.[31] 최근의 어떤 연구자는 사조 복사에는 무정 전기에 이르는 복사도 있어, 반경 · 소신 · 소을 때의 유물이 있을 가능성도 있다고 했는데,[32] 이에 관해서는 호후선胡厚宣이 1954년 출판한 『전후 북경 천진에서 새로 얻은 갑골집戰後京津新獲甲骨集』에서 이 책에 수록된 2,908 ~3,160편들은 필획이 섬세하고 가로로 넓고扁寬 곧고 힘이 있어挺勁 "무정 이전 때의 것이거나 반경 · 소신 · 소을 때의 것이 아닐까 의심 된다"고 한적이 있다. 조정祖丁은 소을의 아버지이며, 남경南庚은 조정의 숙부와 백부들인데, 소을 항렬에서도 "부"라 불렀으며, 조정에게는 배우자로 비기와 비경이 있었다. 사조 복사에는 부정父丁 · 부경父庚 · 모기母己 등의 칭위가 있는데, 이는 이 복사들이 반경 · 소신 · 소을 때의 것인지의 증거가 된다. 동작빈은 「갑골문 시기구분 연구 예」에서 이미 모기母己라는 호칭에 대해서 주목한 적이 있는데, 모기母己가 "조정의 배우자라면 소을이

30) 董作賓, 「甲骨文斷代研究例」, 『慶祝蔡元培先生六十歲論文集』 上, 1933.

31) 肖楠, 「安陽小屯南地發現的"𠂤組卜甲"－兼論"𠂤組卜辭"的時代及其相關問題」, 『考古』, 1976年 第4期.

32) 李學勤, 「小屯丙組基址與[illegible]卜辭」, 『甲骨探史錄』, 三聯書店, 1982.

나 반경 · 소신의 시대 앞에 놓여야만 한다"고 했다. 하지만 그는 같은 판同版에 있는 "형정兄丁" 때문에 이 모기母己는 무정武丁의 여러 어머니가 되어야 한다고 생각했다. 동작빈이 들었던 갑골은 『전』 1.39.1편, 즉 『합집』의 2,537편으로, 무정 때의 갑골이 분명하다. 하지만 사조 복사의 모기母己(예컨대 『합집』 19,953 · 21,805편) 등과 빈賓조 복사에서의 모기母己가 동일인인지에 관해서는 연구가 더 필요하다.

제5기의 부정父丁과 모계母癸라는 호칭에 대해, 상옥지는 제을 때의 복사에서는 아버지인 문정文丁을 "부父"라 부르지 않고 "문무文武"나 "문무제文武帝"라 불렀으며, 문정의 배우자를 알 수 없고, 무을에게 "계癸"라는 묘호를 가진 배우가자 있다고 했다. 제5기 복사에서의 부정父丁과 모계母癸에 대한 호칭을 어떻게 해석할 것인지에 대해서도 더 깊은 연구가 필요하다.

5) 제부諸婦와 제자諸子

(1) 제부諸婦

갑골문에서 부는 달리 부로 쓰기도 한다. 손이양은 이를 처음에는 추帚로 해석해, 청소하다掃帚라고 할 때의 추帚자인데 복사에서는 귀歸자로 가차된 것으로 해석했다.[33] 나진옥도 그의 설을 따랐다.[34] 동작빈도 그의 학설을 따라 「'추'와 '모'에 대한 해설帚矛說」에서 추帚를 귀歸자로 해석했고, 이는 궤송饋送(먹을 것을 보내다)이라고 할 때의 궤饋로 가차되었다고 했다. 그리하여 복사의 둔屯자를 모矛자로 해석하고, "추모가 (거북딱지) 몇 짝을 검시했다帚某示若干屯"고 한 골구骨臼 각사의 기록을 변방에

33) 孫詒讓, 『契文擧例』(樓學禮校點本), 齊魯書社, 1993年版, 100면.
34) 羅振玉, 『增訂殷虛書契考釋』 中, 東方學會 石印, 1927, 48면 上.

먹을 것과 무기를 보낸 것으로 해석했다.[35] 곽말약은 추帚자에 대해 전반적으로 고찰한 후, 복사에 출현하는 추帚는 모두 부婦자의 생략된 모습이며, 추모帚某는 바로 은나라 왕의 비빈妃嬪과 세부世婦들로, 살아서는 국정에 참여했고 죽어서는 사전祀典에 배향되었다고 했다.[36] 곽말약은 복사에서 자주 보이는 "추기유자帚其有子"는 부인이 아이를 뱄는지를 말하며, "추기명가帚其冥妿"에서의 "명冥"은 아이를 낳다는 분만分娩의 "만娩"이고, 가妿는 바로 가嘉로 좋다好는 의미라고 했다. 이러한 해석은 다수 학자들의 동의를 얻어 거의 정론으로 자리 잡았다. 하지만 일본 학자인 도방남은 곽말약의 학설이 성립될 수 없다고 하면서, 추帚를 모母·무巫·무舞자와 독음이 같은 것으로 보고서, 원래 "복服"자의 가차자라고 했다. 그래서 "유자有子"라는 말이 등장하는 일부 복사의 경우, "작이 신의 보살핌을 받겠습니까?雀有保", "망승이 신의 보살핌을 받겠습니까? 望乘有保" 등에서와 같이 지명처럼 보여, "유자有子"의 "자子"를 '아들'이 아닌 '보호하다'는 뜻의 보保자로 해석했다. 게다가 '만가娩嘉'라는 사람에게 "자모子某"와 "소신小臣" 등이 있었으므로 그는 여자가 아니며, 그래서 아이를 낳는다는 풀이는 성립할 수가 없다고 했다. 또 "추모帚某는 어떤 경우 2기 동안 계속해서 등장하기도 했으며, 그의 이름은 지명으로도 쓰였고, 정벌에도 종사했으며, 질병이 있으면 점을 치기도 했고, 제사에도 참여하였는데, 이러한 것들은 모두 자모子某의 정황과 비슷하다"고 했다. 그래서 추帚자의 독음은 "바로 「주고酒誥」에서 말했던 '복服'과 같으며, 『죽서기년』에서의 '목사牧師'에 해당하여, 그의 지위는 장수나 은나라의 자모子某와 동등하다. 은나라에서는 그를 시방四方에 배치하여 치안과 농지의 경영에 종사하도록 했다"고 했다. 그래서 "은나라 왕이 신뢰하는 직속 신하"이지 왕비가 아니라고 했다.[37] 고명高明은 '명冥'자는 '만娩'이

35) 董作賓, 「帚矛說」, 『安陽發掘報告』 第4期, 1933.

36) 郭沫若, 「骨臼刻辭之一考察」, 『中國古代銘刻彙考續編』, 日本 求文堂 影印, 1934. 『郭沫若全集』 「考古編」 제1권(科學出版社, 1982), 430면에 실림.

아니라 '민痻'자가 가차된 것으로, 병의 증세의 일종이며, 복사에서 말한 "부호명婦好冥"은 '부호가 병을 얻었다'는 뜻이라고 했다.[38] 도방남의 학설에 대해 장병권張秉權은 "당연히 말도 안 된다"고 했다.[39] 조성趙誠은 「여러 '부'에 관한 탐색諸帚探索」이라는 글에서 고명의 해설은 몇몇 불완전한 복사에서는 통하는 것처럼 보이지만, 비교적 완전한 복사에서는 적용하기가 어렵다고 했다. 예컨대 "갑신일에 점을 칩니다. '각'이 물어 봅니다. 부호가 아이를 낳는데, 좋겠습니까? 왕이 점괘를 해석해 말했다. '정에 해당하는 날에 낳으면 좋을 것이요, 경에 해당하는 날에 낳으면 매우 좋을 것이다.' 31일 후인 갑인일에 아이를 낳았다. 좋지 않았다. 딸이었다 甲申卜, 殼, 貞帚好冥, 妫. 王占曰, 其隹丁冥, 妫. 其隹庚冥, 弘吉. 三旬又一日甲寅冥, 不妫. 隹女"의 경우가 그렇다. 여기서 명冥을 민痻으로 해석하면 전체 복사가 잘 해석되지 않지만, 명冥을 만娩으로 해석하면 문맥이 통하게 된다.[40] 그래서 조성의 이러한 해설은 일리가 있다.

복사에 보이는 부婦라는 이름을 가진 사람의 숫자에 대해서, 호후선이 제일 먼저 통계를 내었는데, 총 62개라고 했다.[41] 이후 도방남은 80개,[42] 맹세개孟世凱는 67개,[43] 송진호宋鎭豪는 121개[44]라고 했다. 지금의 정리에 의하면 "부모婦某"라고 한 것이 95개, "모부某婦"라고 한 것이 13개이다. "부모婦某"라고 부른 것 중 13명은 아마도 동일한 이름의 다른 필사법으로 보이며, 그 차이는 여女자를 더했느냐의 여부에 있다. 예컨대 "부정婦井"과 "부정婦妌"·"여례女嬗"과 "부례婦嬗" 등이 그렇다. 이러한 것들을 모두 하나의 이름으로 계산한다면, 현재 갑골문에 보이는 부의 이름婦名

---

37) 島邦男, 『殷墟卜辭研究』(中譯本), 臺北 鼎文書局, 1976, 449~455면.
38) 高明, 「武丁時代"貞冥卜辭"之再研究」, 『古文字研究』 第9輯, 中華書局, 1984.
39) 張秉權, 『甲骨文與甲骨學』, 國立編譯館, 1988, 430면.
40) 趙誠, 「諸婦探索」, 『古文字研究』 第12輯, 中華書局, 1985.
41) 胡厚宣, 「殷代婚姻家庭宗法生育制度考」, 『甲骨學商史論叢』 初集 第1冊, 成都, 1944.
42) 島邦男, 『殷墟卜辭研究』(中譯本), 臺北 鼎文書局, 1976, 448~449면.
43) 孟世凱, 『甲骨文小辭典』, 上海辭書出版社, 1987, 附錄六.
44) 宋鎭豪, 『夏商社會生活史』, 中國社會科學出版社, 1994, 148~151면.

은 다음의 표와 같이 나열할 수 있다.

복사에 보이는 부명표婦名表(괄호 안은 『합집』의 번호)

1. "부모婦某"라고 부른 경우

妇好(154)	妇喜(390 臼)	妇印(802)
妇[illegible](935 臼)	妇妸(1336 臼)	妇生(2652)
妇利(2774)	妇娘(2783)	妇姒(2788)
妇汝(2791)	妇楚(2794)	妇共(2795)
妇妊(2799)	妇执(2801)	妇嫙(2802)
妇光(2811)	妇竦(2812)	妇[illegible](2813)
妇嫖(2815)	妇周(2816)	妇庞(2817 反)
妇荷(2819)	妇相(2824)	妇龙(2832 正甲)
妇裘(2853)	妇良(2854 臼)	妇[illegible](2856)
妇姓(2861)	妇鼠(2802 臼)	妇媚(2809)
妇桓(5445 臼)	妇告(6325 反)	妇[illegible](6117 臼)
妇宝(6451 臼)	妇妹(6524 臼)	妇[illegible](6855 反)
妇妄(8969 反)	妇杞(8995 臼)	妇[illegible](9172 臼)
妇彭(1081 反)	妇己(13338 反)	妇旃(13516)
妇妫(13663)	妇[illegible](13676 反)	妇姝(13716)
妇鼓(13934)	妇[illegible](13935)	妇嫱(14022)
妇嫞(14023)	妇姪(14067)	妇[illegible](14021)
妇[illegible](19149 反)	妇姗(15935 臼)	妇帆(17159 反)
妇尊(14125)	妇箱(17150)	妇婞(6905)
妇杏(17524)	妇[illegible](17531)	妇丙(18911 反)
妇白(20081)	妇奔(14024)	妇财(21368)
妇溏(21794)	妇徇(21795)	妇歠(39671)
妇石(22099)	妇婞(22295)	妇[illegible](22248)
妇爵(22267)	妇[illegible](17534)	妇凡(22395)
妇[illegible](40856)	妇禾(40889)	妇昏(怀特 485)
妇寤(怀特 1262)	妇[illegible](怀特 1262)	妇[illegible](天理 575)
妇妥(合补 1804 臼)	妇畓(合补 4038)	妇攸(合补 2400 正)

다음에 열거한 부의 이름婦名은 여女자가 붙느냐의 차이에 있기 때문에 그들은 동일한 '부'를 지칭한 것으로 보아야 할 것이다. 이러한 부婦의 이름들은 다음과 같이 대응시킬 수 있다.

妇井(130) 妇姘(181) 妇果(14018)
妇媒(376) 妇女(2820) 妇妏(454)
妇羊(6479) 妇媄(974) 妇良(1121 臼)
妇娘(11423 反) 妇妟(5840 臼) 妇婴(2606)
妇豊(2725) 妇嫚(12030 反) 妇壴(2797 反)
妇鼓(21787) 妇寍(2810) 妇窉(17523)
妇奏(13517) 妇嫀(19994) 妇沚戈(32048)
妇娄(20005+21368) 妇笶(3387) 妇姉(22266)
妇多(22246) 妇姼(22246)

다음의 두 이름도 아마 한 글자의 다른 필사법에 의한 것일 것이다.

婦㒳(2,789편 골구) 婦丙(2,790편)

2. "모부某婦"라 부른 경우

中妇(2857) 兕妇(2851) 子䣄妇(3151)
角妇(5459) 河妇(9575) 姘妇(14010)
𪓰妇(14068) 衠妇(18700) 旅妇(20505)
雷妇(21796) 望乘妇(32896) 王妇(18060)
亚侯妇(屯南 502) 多妇(22258)

("부모婦某"라 부른 경우가 81개이며, 같은 이름으로 추정되지만 약간 다른 경우가 13개, "모부某婦"라 부른 경우가 14개이다. "부모婦某"의 형식으로 된 이름이 총 95개, "모부某婦"의 형식으로 된 것이 13개이다.)[45]

부婦의 신분에 관해서, 초기에는 모두 왕의 비빈妃嬪이라 여겼고 이는 상나라 때 다처제가 시행되었던 증거라고 했다. 또 이후에는 모두 왕의 "며느리子婦"라고 여겼다. 하지만 1973년 은허에서 부호 묘婦好墓가 발견되었는데, 무덤 속에서 돌로 만든 소石牛에 "후신后辛"이라 새긴 글자가 발견되었고, 『소둔 남지 갑골小屯南地甲骨』에서도 "정비무姘妣戊"(『둔남』 4,023편)라고 부른 복사가 있었다. 이 때문에 부호婦好는 바로 무정武丁의 배우자의 하나인 비신妣辛이며, 부정婦姘은 바로 무정의 배우자인 비무妣

45) 이러한 통계 수치는 여전히 불완전하다. 최근 徐義華의 碩士論文인 「甲骨刻辭諸婦考」에서는 갑골 각사에 총 161개의 婦名이 등장한다고 했다.

戊임이 실제로 증명되었으며, "며느리子婦"라는 설은 근거를 잃게 되었다. 복사에서의 이러한 부婦는 어떨 때에는 "다부多婦"라는 칭호를 앞에 달기도 한다. 그 신분은 단순하지 않아, "귀부貴婦"라 통칭할 수 있을 것이다. 송진호는 이렇게 말했다.

> 이러한 "생부生婦"의 경우, 어떤 경우에는 왕비이며, 어떤 경우에는 당시 왕의 여러 형제 항렬 즉 "다부多父"의 처이며, 어떤 경우에는 각 종족의 대·소종의 아들 즉 "다자多子"의 처이다. 어떤 경우에는 심지어 "아후부亞侯婦", "사반부師般婦", "망승부望乘婦", "부아필婦亞弜", "부지과婦沚戈", "부우백婦㞢伯", "우처죽𡉚妻竹"(『합집』 6,057편), "부백이婦伯𦅫", "오속우부五束午婦", "기부冀婦"라는 식으로 직접 지칭한 경우도 있는데, 아마도 신정臣正이나 제후나 방백方伯들의 귀부貴婦였을 것이다.[46]

부명婦名의 구조에는 ①"부婦+이름"으로 된 것과 ②"이름+부婦"로 된 경우의 두 가지가 있는데, 부호婦好·부정婦姘·부양婦良·부양婦羊 등은 첫째 부류에, 망승부望乘婦·아후부亞侯婦·정부姘婦 등은 둘째 부류에 속한다. 두 번째 부류의 부婦는 "신정臣正이나 제후나 방백의 귀부貴婦"였을 것이지만, 첫째 부류는 왕의 부인이거나 왕의 형제나 아들 항렬의 부婦가 위주였을 것이다. 첫째 부류의 부명婦名 중 적잖은 경우가 제후나 방국方國 및 귀족들이 소유했던 지명인데, 도방남의 통계를 빌리면 "추모帚某"라는 이름으로 지명을 삼은 경우가 대략 전체 80명의 4분의 1 정도를 차지하고 있다.[47] 부주婦周·부정婦井·부지婦沚·부기婦杞 등은 모두 방국方國이나 제후의 이름을 사용했다. 이러한 여성들은 분명 그 나라 출신으로 상나라에 시집온 경우일 것이며, 정략혼의 성질을 분명하게 갖고 있다. 『예기』「교특생郊特牲」에서 "타성과 혼인한 것은 먼 나라를 따르게

46) 宋鎭豪, 『商社會生活史』, 中國社會科學出版社, 1994, 151면.
47) 島邦男, 『殷墟卜辭研究』(中譯本), 臺北鼎文書局, 1976, 452면.

하고, 다른 나라와의 관계를 도탑게 하기 위해서였다"고 한 것은 이를 두고 한 말이다. 이 때문에 이는 국가의 통치력을 확대하는 기초가 되었다.

상나라 때의 "제부諸婦"가 이후와 구별되는 가장 큰 특색은 그들이 사회생활에서 대단한 활약상을 드러냈으며, 정말이지 용맹을 아끼지 않았다는 데 있다. 제부 중 어떤 사람은 자신의 봉지封地를 갖고 있었으며, 그 때문에 풍년이 들 것인지의 여부에 대해 점을 친 경우도 보인다. 다음을 보자.

> 갑인일에 점을 칩니다. '고'가 물어 봅니다. '부정'의 기장 농사에 풍년이 들겠습니까? 甲寅卜, 㱿, 貞婦姘受黍年.
>
> —『합집』 9,968편 정면

> …… 부호에게 풍년이 들겠습니까? …… 婦好受年.
>
> —『합집』 9,848편

> 을유일에 …… [부]호의 읍지에 …… 乙酉 …… [婦]好邑 ……
>
> —『합집』 32,761편

부호는 자신의 관할 지역을 갖고 있었다. 그래서 거기에서 풍년이 들 것인지에 대해 점을 쳤던 것이다. 부호의 관할 지역은 3천 명의 군대를 차출할 수 있을 정도의 규모였다.

> 신사일에 점을 칩니다. □가 물어 봅니다. '부호'의 3천 명을 징집하고, '여'의 1만 명을 징집해, □을 정벌하게 할까요? 辛巳卜, □, 貞登婦好三千登旅萬, 呼伐□.
>
> —『합집』 39,902편

옛날에는 "나라의 큰일이라면 제사祀와 전쟁戎이었으므로", 제부諸婦들도 이에 참여해야만 했다. 제사에 참여한 예로는 다음을 볼 수 있다.

'부정'이 갑골 2짝을 검시하였는데, 嵒로부터 온 것이었다. 婦井示二屯, 自嵒.

—『합집』 6,233편 골구 부분

……[부]호가 갑골 5짝을 검시했다. '빈'이 주관했다. ……[婦]好示五. 賓.

—『합집』 938편 뒷면

'부양'이 갑골 10짝을 검시했다. '쟁'이 주관했다. 婦姘示十屯. 爭.

—『합집』 7,287편 골구 부분

'부호'를 불러 '유'제사를 지내는데 포로를 '비계'께 바치게 할까요? 呼婦好侑俘于妣癸.

—『합집』 94편 앞면

다음처럼 정벌에 종사한 경우도 있다.

왕께서 '부호'에게 '후고'를 따라 '이'를 정벌하라고 할까요? 王令婦好從侯告伐夷.

—『합집』 6,480편

올해 왕께서 사람을 '부호'에게 제공하고 '상방'을 정벌하게 할까요? 今載王供人呼婦好伐上方.

—『합집』 6,412편

……'부정'에게 '용'을 치게 하면, 정벌할 수 있을까요? ……叀婦姘伐龍, 𢦏.

—『합집』 6,584편

또 생산 조직의 관리에 종사한 경우도 있다.

'부정'을 불러 '구상'에서 기장을 심게 할까요? 帚妌呼黍于丘商.

—『합집』 9,529편

…… 을유일에 …… '부정'으로 하여금 기장을 심으러 가게 할까요? …… 于乙酉 …… 婦妌往黍.

—『합집』 9,531편

'부정'을 불러 𡧊에서 농사일을 하게 할까요? 呼婦妌田于𡧊.

—『합집』 10,968편

그런가 하면 왕실의 사무를 충실히 본 적도 있다.

갑술일에 왕께서 점을 칩니다. 내가 '각부'에게 명하여 왕의 일을 도우도록 할까요? 甲戌卜王, 余令角婦叶王事.

—『합집』 5,495편

'부주'를 불러 '북택'에서 음악을 연주하게 할까요? 呼婦奏于𣲵宅.

—『합집』 13,517편

물어봅니다. '부'로 하여금 잡아들이게 할까요? 貞呼婦執.

—『합집』 176편

'부호'를 먼저 가게 하여 사람을 '방'에서 바치게 할까요? 呼婦好先供人于龐.

—『합집』 7,283편

'부정'을 불러 '잔'에서 잔치를 베풀게 할까요? 呼婦姘致燕(宴)先于盞.

—『합집』 6,349편

남성이 할 수 있는 일이라면 제부諸婦들도 똑같이 참여했는데, 장병권은 "아마도 당시 사회에서는 통상적이며 일반적인 현상이었을 것이다"고 했다.[48] 『시경』에 실린 적잖은 시에서도 서주 때의 여성이 정치에서 담당한 중요한 기능을 찬송했다. 예컨대 「면綿」편의 "강씨 여자姜女"나, 「대명大明」편의 "지중씨 임摯仲氏任"이나, 「사제思齊」편의 "대임大任" 등이 그렇다. 춘추 초기의 진晉나라 청동기인 「진강정晉姜鼎」에도 진강晉姜 스스로 자신이 "선고군의 진방을 계승하여嗣先姑君晉邦" "우리의 만백성을 다스리고", 군대를 이끌어 "곤탕緐湯과 봉䣙을 정벌하여", 청동을 얻었다고 했다. 진晉나라 임금이 그 공을 높이 사 그녀에게 세금으로 받은 1천 수레 분량의 소금을 하사하였는데,[49] 그 행위는 무정의 아내였던 부호婦好에 비길 만하다.

상나라 때의 여성은 남성과 마찬가지로 "자모子某"로 불리며, "소신小臣"의 직무도 수행했는데, 복사에는 자모子某와 소신小臣의 출산에 관한 점복이 보인다.

경자일에 점을 칩니다. '빈'이 물어 봅니다. '자목'이 아이를 낳는데, 좋겠습니까? 庚子卜, 賓, 貞子𡰥娩, 嘉.

—『합집』 14,034편 앞면

신축일에 점을 칩니다. '쟁'이 물어 봅니다. '소신'이 아이를 낳는데, 좋겠습니까? 辛丑卜, 爭, 貞小臣娩, 嘉.

—『합집』 14,037편

48) 張秉權, 『甲骨文與甲骨學』, 國立編譯館, 1988, 432면.
49) 馬承源 主編, 『商周青銅器銘文選』 四, 文物出版社, 1988, 585~586면.

"만娩"은 출산에 관한 전문 용어인데, 여기서 "자子"와 "소신小臣"이 "아이를 낳는다娩"고 했다. 그것은 당시의 여성도 "자子"라 불렸으며 "소신小臣"과 같은 중요한 관직을 맡았기 때문이다.[50)]

복사에 보이는 제부諸婦는 모두 지위를 가진 귀부인貴婦이었으며, 그들은 통치 계층의 중요한 성원이었다.

(2) 제자諸子

갑골문의 "자子"는 사회를 구성하는 중요한 집단이었으며, 숫자도 대단히 많았다. 자子라는 명칭은 죽은 사람과 살아 있는 사람에 대한 두 가지로 구분된다. 천간의 이름을 사용한 "자子"는 이미 죽은 사람이며, 그들은 제사를 받는 신으로서 복사에 출현하고 있다.

> 정미일에 물어봅니다. '유'제사를 '자정'에게 드리는데 소를 바칠까요? 丁未, 其侑子丁牛.
>
> —『합집』 21,885편

> 계미일에 점을 칩니다. 양을 '자경'에게 바칠까요? 癸未卜, 叀羊于子庚.
>
> —『합집』 22,088편

> '유'제사를 '형병'과 '자계'에게 드릴까요? 其侑兄丙眔子癸.
>
> —『합집』 27,610편

> '자계'에게 '세'제사를 올리면서 왕께서 '빈'제사를 드릴까요? 子癸歲王賓祭
>
> —『합집』 27,583편

---

50) 鄭慧生, 「卜辭中貴婦的社會地位考述」, 『歷史研究』, 1981年 第6期; 趙誠, 「諸帚探索」, 『古文字研究』 第12輯, 中華書局, 1985.

하지만 "자모子某"나 "모자某子"라는 이름에서의 "자子"는 대부분 그들이 출현하고 있는 복사의 시대 때 활동했던 사람들로 당시 통치계층의 중요한 일원이었다.

초기 갑골 학자들은 복사에서의 "자子"를 대부분 왕자라 여겼다. 하지만 장병권은 그들 모두가 반드시 "왕자"인 것은 아니라고 했으며, 왕실과 밀접한 관계를 가진 가까운 친척이긴 하지만 복사에서 말하는 "왕족王族"과 "다자족多子族"과는 차이가 있다고 생각했다. 다음을 보자.

> 정유일에 점을 칩니다. 왕족이 '다자족'을 이끌고 '탁'에서 사람들을 불러 모을까요? 丁酉卜, 王族爰多子族立于𠭯.
>
> —『합집』 34,133편

하지만 그들은 대부분 제사에도 참여하였고, 당시 왕에 의해 특별히 보살핌도 받았는데,[51] 이는 그들이 왕실과의 관계가 밀접했음을 보여준다. 이학근李學勤은 복사의 "다자족多子族은 대신이나 제후의 친족으로 구성된 인력이지만", "왕족王族"은 "왕의 친족으로 구성된 인력이다"고 했다.[52] "자모子某"라고만 부르면서 "족族"의 "자子"로 부르지 않은 것은 당시의 정황이 복잡했기 때문이다. 복사에서 말하는 "자子"는 대체로 다음의 네 가지 의미를 포함한다. 첫째 왕의 아들, 둘째 대신과 제후 등 귀족의 아들, 셋째 상商과 동성인 자子씨 성, 넷째 작위를 부르는 자작子爵 등이다. 앞의 세 경우는 구분하기가 쉽지 않다. 하지만 네 번째는 동일인을 "자모子某"라고 불렀다가 다시 "모자某子"라고 불렀던 호칭 구조의 변화에서부터 부분적인 증거를 찾을 수 있다.

갑골문에 보이는 자의 이름子名은 동작빈이 처음으로 정리하기 시작했다. 그는 「갑골문 시기구분 연구 예」에서 "무정의 아들 20명"의 이름을

51) 張秉權, 『甲骨文與甲骨學』, 國立編譯館, 1988, 429면.

52) 李學勤, 「釋多君」「多子」, 『甲骨文與殷商史』 제1집, 上海古籍出版社, 1983.

열거했다. 그 후 호후선은 53명으로 증가시켰고, 일본의 도방남은 다시 140명으로 증가시켰는데, 중복되는 것을 빼면 실제로는 127명이다. 맹세개는 『갑골학 소사전甲骨學小辭典』의 「부록 5」에서 75명을 열거했고,[53] 장병권은 120명이라 했는데, 8명은 중복 출현하므로 실제로는 112명이다. 요종이饒宗頤가 주편하여 1995년 출판한 『갑골문 통검甲骨文通檢』 제4책 "직관인물職官人物"권에서는 총 138개의 "자子"의 이름을 나열했다. 하지만 그중 3명은 주원周原 갑골에서 가져온 것이었고, "자무子巫"는 "자방子方"을 잘못 읽은 것이며(『둔남』 3,723편의 "방方"자의 하반부가 잘려 나가 무巫의 윗부분과 비슷한 바람에 잘못 해석했다. 이후 "자방子方" 아래에 이 편을 제시한 것은 옳은 일이다), "자벽子辟"이 중복 출현하고, "자복子福"의 "자子"자는 원래 "사祀"자일 것으로 추정되나 시示가 붙지 않은 사巳로 되어 있는데, 이를 "자子"로 읽어야 할지에 대해서도 의심이 간다. 이렇게 6명을 제외하면 사실은 132명이 된다.

송진호는 『하상 사회 생활사』에서 상나라 갑골문과 금문에 보이는 "자子"에 대한 통계에서 185명을 제시했는데, "갑골문과 금문에서 '자모子某'라 부른 경우가 156명, '모자某子'라 부른 경우가 29명이다"고 했다.[54] 필자의 통계에 의하면, 갑골문에 "자모子某"라 칭한 경우가 124명, "모자某子"라 칭한 경우가 31명, "모자모某子某"라 칭한 경우가 5명이다. 구체적인 예를 다음의 표로 제시한다(각각의 이름 다음에 갑골문 하나씩만 예로 들었으며, 번호는 모두 『합집』의 번호이다).

53) 孟世凱, 『甲骨學小辭典』, 上海辭書出版社, 1987, 附錄 2.
54) 宋鎭豪, 『夏商社會生活史』, 中國社會科學出版社, 1994, 185면.

「갑골문에 보이는 "자子"의 이름 표」

1. "자모子某"로 부른 경우는 총 124명이다.

子𢓊(6)	子媄(137)	子豐(137)
子漁(169)	子不(223)	子吕(269)
子雍(331)	子㠯(3226)	子商(371)
子束(672)	子𠮥(536)	子汰(672)
子衘(709)	子㚤(728)	子[illegible](730)
子祟(811)	子[illegible](811)	子立(811 反)
子𡛷(905)	子𡡉(905)	子𡧊(924)
子央(3006)	子画(3030)	子甗(3086)
子效(3090)	子美(3100)	子[illegible](3120)
子宫(3134)	子豪(3138)	子卸(3152)
子𡨦(3169)	子妥(3175)	子臀(3183 正甲)
子僕(3184)	子異(3193)	子奠(3195 甲)
子𤖨(3194)	子㿻(3195 乙)	子眉(3197)
子昌(3999 反)	子目(3201)	子衠(3202)
子衛(3207)	子凡(3216)	子生(3218)
子麐(3220)	子陷(3223)	子[illegible](3224)
子[illegible](3225)	子僼(3227)	子滰(3228)
子秅(3229)	子[illegible](3232 反)	子𦥑(3259)
子兒(3398)	子骨(3684)	子白(3409)
子𢀜(4209)	子𡠦(5874)	子[illegible](6032)
子姃(7145)	子遣(7981)	子人(8251)
子圃(9526)	子弹(10405)	子㚼(10579)
子荷(12311)	子𡨋(13282)	子[illegible](13724)
子[illegible](13726)	子𥁕(14074)	子媚(14035)
子扣(17999)	子宀(19137)	子邑(17577 反)
子克(18002,合文)	子宋(19921)	子辟(19964)
子𢀛(20020)	子戠(20036)	子叏(20041)
子㕽(20043)	子𤕨(20044)	子成(20053)
子䑕(20544)	子兄(20543)	子庚(20543)
子竝(20544)	子㑴(20691)	子冢(20692)
子宾(21593)	子鼓(21881)	子丁(21885)
子允(21886)	子女(21890)	子竹(22045)

子雈(21572)	子[illegible](22067)	子[illegible](22086)
子[illegible](22086)	子㞢(22249)	子亳(22276)
子启(22277)	子[illegible](22289)	子祀(22351)
子癸(23538)	子[illegible](27639)	子微(27790)
子侜(32777)	子戈(32779)	子黄(32783)
子方(32833)	子断(39680)	子廌(40856)
子智(41008)	子[illegible](41495)	子归(英藏 366)
子尹(屯南 341)	子台(屯南 2429)	子京(东京 276)
子妇(怀特 114)	子利(怀特 965)	子叓(怀特 1607)
子[illegible](天理 252)		

2. "모자某子"로 부른 경우는 총 31명이다.

束子(335)	唐子(456)	[illegible]子(892)
書子(3272)	[illegible]子(3273)	邑子(3280)
𢆶子(3283)	单子(3271 合文)	帚子(3279)
[illegible]子(3284)	[illegible]子(3285)	告子(4735)
牧子(4849)	婡子(7153)	吕子(11140)
祀子(17995)	归子(19091)	至子(22046)
丁子(21878)	龠子(21891)	西子(22294)
盟子(22857)	东子(25362)	臣子(22374)
卢子(26765)	长子(27641)	剌子(32193)
如子(英藏 145 反)	叓子(英藏 146)	邵子(苏德、美日 7·11)
㠯子(合补 4231 反)		

3. "모자모某子某"로 부른 경우는 총 5명이다.

奄子豐(137)	微子㚔(926)	媚子賓(10405)
㠯子䝿(13727)	淵子白(屯南 2650)	

2. 내복과 외복의 직관 체계–은정백벽殷正百辟과 은변후전殷邊侯甸

상 왕조 관료제도의 대강은 『상서』 「주고酒誥」와 서주 초기의 청동기인 「대우정大盂鼎」에 이미 상세하게 개괄되어 있다. 즉 내·외복內外服 제도가 그것인데, 「주고」에서 이렇게 말했다.

> 성탕成湯에서부터 제을에 이르기까지 모두…… 외복外服에는 후侯·전甸·남男·위衛·방백邦伯이 있었으며, 내복內服에는 백료百僚·서윤庶尹·유아惟亞·유복惟服·종공宗工·백성百姓·이거里居 등이 있었는데, 모두 술에 빠지지 않은 자가 없었다.

「대우정」의 명문에서는 상나라의 멸망 원인을 내·외복에 있던 관리들이 모두 술에 빠졌기 때문이라 했다.

> '은변후전'과 '은정백벽'들은 모두 술에 빠졌고 그 때문에 군사를 잃고 말았다. 殷邊侯田(甸)雩(與)殷正百辟, 率肆于酒, 故喪師.

주나라에서 말했던 상 왕조의 국가 관리들의 "내·외복兩服"제 직관 체계는 갑골문에서도 이미 증명되었다.

1) 은정백벽殷正百辟–내복內服 직관 체계

갑골문 발견 초기, 갑골 학자들은 갑골문에 반영된 상 왕조의 직관 체계에 주목했다. 나진옥은 『은허서계 고석』에서 "은의 관제官制"에는 "경사卿事", "태사大史", "방方", "소신小臣", "수豎", "소신埽臣" 등이 있다고 했다.[55] 왕국유는 「'사'에 대한 해석釋史」에서 "백관의 명칭은 모두 사史에서부터 나왔다"는 설을 제기하면서, 갑골 복사의 "경사卿史"나 "어사御史" 등은 모두 관리로 지위가 비교적 높았다고 했다.[56] 상나라 때의 직관을 계통적으로 연구한 최초의 학자는 진몽가이다. 그는 『은허복사 종술』에서 "백관百官"이라는 장을 따로 설정하였으며, 내복內服은 첫째 신정臣正(총 20명), 둘째 무관武官(총 17명), 셋째 사관史官(총 24명) 등 세 가지로 분류할 수 있다고 했다.[57]

일본 학자 도방남은 『은허복사 연구』에서 "은의 관료"라는 장을 설정하여, 복사에 등장하는 "다▨多▨"라는 용례에 근거해 은대 직관의 실마리를 찾아내었다.[58] 내복內服 직관 체계에 대해 그는 이렇게 말했다. 첫째, 다아多亞인데 아亞는 장수이다. 둘째, 다신多臣인데, 그 중 왕신王臣은 "왕의 측근에서 중추기구에 참여하던 핵심 신하"이며, "왕의 신하를 저지할 수 있었고", "소계신小稽臣"의 직무를 맡았던 오吳는 아마 "내정을 주관하던 우두머리로서 총재冢宰의 지위에 있었을 것이다." 셋째, 다군多君·다윤多尹·다영윤多令尹은 아亞의 다음 지위에 해당하는 "비장裨將들"이다. 넷째, 왕족王族·소왕족小王族·유족𡆥族·삼족三族·오족五族·다자족多子族은 일종의 군사조직이다. 다섯째, "다사多射"는 전차병이며, 다마多馬·다강多羌은 장군의 관료이며, "다견多犬"은 사냥터를 관장하던 관리이며, 다전多奠은 다전多田과 같아 제후를 말하며, 다복多箙은 "아마도 다부多婦가 가차된 것으로 보이며", "다▨多▨"·"다로多老"는 아마도 "제사를 담당하던 관직일 것이다." 나머지 "다윤多緷"·"다둔多屯"·"다농多農"·다설多舌·다녕多寧·다명多皿·다복多卜·다▨多▨·다벽多辟 등의 뜻에 대해서는 아직 고증이 더 필요하다.

---

55) 羅振玉, 『增訂殷虛書契考釋』 下, 東方學會 石印, 1927, 63~64면. 하지만 方·竪·"埽臣" 등은 職官이 아닌데, 羅氏가 잘못 이해한 것이다.

56) 王國維, 「釋史」, 『觀堂集林』 卷6, 中華書局, 1959.

57) 陳夢家, 『殷虛卜辭綜述』, 科學出版社, 1956, 521면.

58) 島邦男, 『殷墟卜辭研究』(中譯本), 臺北 鼎文書局, 1976, 455~469면.

진몽가와 도방남의 연구는 갑골복사에 반영된 상 왕조 직관의 계통적인 정리와 연구의 선구가 되었으며, 이의 연구에 상당한 공헌을 했다. 하지만 문제도 적지 않았다. 진몽가는 직관을 세 부류로만 나누었는데, 이는 지나치게 조악함이 분명하다. 게다가 어떤 분류는 타당하지도 않다. 예컨대 주로 수렵에 종사하던 "견犬"을 "무관"류에 귀속시킨 것도 그렇고, "윤尹"이라 불렀던 관직들을 "사관史官"에다 넣은 것도 그렇다. 도방남은 진몽가의 분류 연구를 타파하긴 했지만, "다▨多▨"를 실마리로 삼아 개별적으로 고찰함으로써 상 왕조의 직관 체계를 계통적으로 보지 못했다는 점에서 오히려 진몽가보다 명쾌하지 못하다.

1970년대 말, 도방남이 편찬한 『은허복사 종류殷墟卜辭綜類』가 출판되었고, 1980년대 초에는 곽말약이 주편한 『갑골문 합집』이 세상에 나옴으로써 갑골문 연구는 대단히 편리해졌다. 그 후 상나라 때의 직관에 관한 연구 논문과 저서가 끊임없이 출판되었는데, 어떤 경우에는 특정 개별 직관에 대해,[59] 어떤 경우에는 상나라 때의 직관체계에 대해 전면적으로 연구하기도 했다.[60] 비록 그 중 적잖은 직관들의 명칭과 직능이나 상급과 하급 간의 계통적 관계가 아직 명확하게 이해되지 않았지만, 현재 볼 수 있는 갑골문 자료의 정리와 연구를 통해 상 왕조 직관의 윤곽은 이미 고대 문헌의 기록보다 훨씬 명확해졌다.

왕에게는 그를 보좌하는 대신이 있었는데, 이들은 역대 왕조에서 항시 있었던 관직이다. 『상서』 「군석君奭」편에서 주공周公이 무정武丁 이전의 성군 5명과 대신 7명을 거론하면서 이렇게 말했다.

---

59) 어떤 개별 職官을 고찰한 논문으로는 王貴民, 「說卸史」(『甲骨探史錄』)·「就殷墟甲骨文所見試說"司馬"一名的起源」(『甲骨文與殷商史』 第1集), 張永山, 「殷契小臣辨正」(앞과 같음) 등이 있다.

60) 이러한 부류의 저작에는 張亞初, 「商代職官研究」(『古文字研究史』 第13輯); 王貴民, 「商朝官制及歷史特點」(『歷史研究』, 1986年 4期); 饒宗頤, 『甲骨文通檢』 第4冊 「序」, 白鋼 主編, 『中國政治制度通史』(人民出版社, 1996) 先秦卷 第3章 第4節(楊升南 집필) 등이 있다.

공께서 말씀하셨다. '군석'은 내가 듣기에 옛날 성탕께서 하늘의 명을 받았을 때 마침 '이윤' 같은 사람이 있어 지극한 정성으로 위대한 천신을 감동시켰다고 했소. 대갑 때에는 마침 '보형' 같은 사람이 있었고, 대무 때에는 '이척'과 '신호' 같은 사람이 있어 지극한 정성이 상제를 감동시켰다고 했소. '무함'은 왕실을 보호했고, 조을 때에는 마침 '무현'과 같은 사람이 있었고, 무정 때에는 마침 '감반' 같은 사람이 있었다고 했소. 이러한 사람들 때문에 은나라 왕실이 보존될 수 있었소. 公曰, 君奭. 我聞在昔成湯旣受命, 時則有若伊尹, 格于皇天. 在大甲, 時則有若保衡. 在大戊, 時則有若伊陟·臣扈, 格于上帝. 巫咸乂王家. 在祖乙, 時則有若巫賢. 在武丁, 時則有若甘盤. 率惟茲有陳, 保乂王家.

그들은 위로는 "황천皇天까지 감동시키고" "상제上帝의 마음을 움직였으며", 아래로는 "왕실을 보호하고" "은나라를 지켰던" 지위가 매우 높았던 왕의 신하였기에, 후세에서 그들을 "재상相"이라 칭하면서 "국정을 맡길 수 있었던 것이다."[61]

고대 문헌에 기록된 몇몇 보좌 대신 중, 이윤伊尹의 사적은 복사에서도 증명되었는데, 그를 제사 지낸 갑골 복사가 적잖게 보인다. 예컨대 "이윤에게 '세' 제사를 지내는데 양 10마리를 쓸까요? 伊尹歲十羊"(『합집』 27,655편), "이윤에게 '유'제사를 지내는데 강족 1명과 희생소 1마리를 쓸까요? 侑于伊尹一羌一牢"(『둔남』 3,612편) 등이 있다. 나머지 몇 사람의 경우, 복사에서의 "무척戊陟"은 바로 대무大戊 때의 이척伊陟이며, "함무咸戊"는 무함巫咸이며, "학무學戊"는 조을祖乙 때의 무현巫賢(혹자는 "진무盡戊"가 무현巫賢이라 하기도 한다)이다. "사반師般"은 무정武丁 때의 감반甘盤이라고도 하는데, 아직 증명이 더 필요하다.

『사기』에서는 "이윤伊尹의 이름이 아형阿衡"이라고 했는데, 『사기색은』에서는 공안국孔安國의 학설을 인용해 "아형阿衡은 달리 보형保衡이라

61) 『史記』「殷本紀」에 伊尹이 "湯의 천거를 받아 國政을 맡았고", "太戊帝가 서자 伊陟이 재상을 맡았다"는 사실이 기록되어 있다.

고 불렀으며, 모두 이윤伊尹의 관직이지 이름은 아니다"고 했다. 갑골문에는 "임신일에 '이석'에게 '강'제사를 드릴까요? 壬申剛于伊奭"(『합집』 33,273편)와 같이 "이석伊奭"이 제사를 받는 것이 실려 있는데, "이석伊奭"은 바로 이윤伊尹이다. "석奭"자는 보保·부傅·모姆·보輔·필弼 등과 독음이나 의미가 비슷하며, 주나라 초기 소공召公 때에는 "태보太保"로 불렀으며, "군석君奭"이라 존칭하기도 했다.[62] 이윤은 성탕成湯을 보좌해 나라를 세웠고, 탕이 죽은 후 다시 그의 손자인 태갑太甲을 보좌했다. 그래서 "석奭"이라 존칭되었고 사師와 보保의 지위에 놓였던 것이다.

사師·보保·부傅를 옛날에는 "삼공三公"이라 불렀다. 한나라 사람들은 삼공의 직무를 왕의 옥체를 보호하며 지식을 전수하고 도덕으로 계몽하고 교육하는 것이라고 해석했다. 가의賈誼의 말처럼 "보保는 그 몸을 보호함이며, 부傅는 덕德과 의義를 시중들며, 사師는 이끌어 교훈함을 말한다. 이것이 삼공의 직무이다."[63] 하지만 처음으로 거슬러 올라가면, 삼공은 모두 정사를 다스리는 관리였다. "사師"는 원래 무관의 직책으로, 갑골문에서의 "사師"는 군대에 대한 범칭이었다. 주나라 초기에는 태공太公이 "사師"가 되었다고 하는데, 태공은 바로 저명한 군사가였다. 태보太保로서의 주공周公, 태부太傅로서의 소공召公은 자주 군대를 이끌고 출정했을 뿐 아니라 나라를 다스리는 능력 있는 신하이기도 했다. 주공과 소공은 섬陝지역을 나누어 통치하였는데, "섬陝의 서쪽 지역은 소공이, 섬陝의 동쪽 지역은 주공이 다스렸다."[64] 이렇듯 군사와 정사의 직책이 바로 삼공의 중요한 임무였지 교육은 아니었다.[65] 상나라 초기 이윤伊尹이 탕湯 및 태갑太甲 때에 보保와 보輔의 지위에 있었는데, 이는 후세의 삼공의 직

62) 王貴民, 「商代官制及其歷史特點」, 『歷史研究』, 1986年 第4期. 또 「甲骨文"奭"字解釋」, 『殷都學刊』, 1991年 第3期.

63) 『漢書』 「賈誼傳」.

64) 『史記』 「燕召公世家」와 『公羊傳』 「隱公五年」.

65) 應永深, 「試論周代三公的建立, 發展及其衰亡」, 『紀念顧頡剛學術論文集』, 巴蜀書社, 1990.

위에 상당한다.

갑골문에는 공公·다공多公이 출현하고 있으며, 심지어 직접 "삼공三公"이라 지칭한 복사도 보인다.

> 을미일에 점을 칩니다. '유'제사를 공께 드릴까요? 乙未卜, 侑于公.
>
> —『둔남』 31편

> 신해일 점을 칩니다. 물어봅니다. 임자일에 '유'제사를 다공께 드리는데 '세'제사를 올릴까요? 辛亥, 貞壬子侑多公歲.
>
> —『합집』 33,692편

> □사일에 점을 칩니다. 세 명의 선친 아랫분들께 '세' 제사를 드리는데 양을 쓸까요? □巳卜, 三公父下歲叀羊.
>
> —『합집』 27,494편

이러한 "공公"은 모두 제사를 받는 대상이기 때문에, 직관의 명칭일 수는 없다. 복사에서 "공公"이 사람의 이름이나 직관의 이름으로 쓰인 경우는 다음과 같다.

> 왕께서 '대공'에게 명하시어 …… 王令大公 ……
>
> —『합집』 20,243편

> '공'에게 무엇을 명할까요? 其公令何.
>
> —『화이트』 1,465편

다음의 갑골에서는 "공의 곡식창고公亩"에서 "축祝"이라는 제사를 거행했다고 했으니, "공公"은 지명으로도 쓰였다.

'공의 곡식창고'에서 '축祝' 제사를 '위방危方'에게 드리는데, 제물을 바칠까요? 于公亩其祝于危方奠.

—『합집』 27,999편

제을·제신 복사에서는 "하늘이 내려 주신 '상'에다 공의 궁을 지을까요?在獄天邑商公宮"(『합집』 36,541·36,542편 등)이라는 말이 자주 보이는데, 이는 '하늘이 내려주신 읍인 상天邑商'에다 "공의 궁公宮"을 건설했다는 말인데, 이 "공의 궁"은 바로 "공公"이 거주하거나 사무를 보던 곳을 말한다. 고대 문헌의 기록에 의하면, 주紂 때에는 귀후鬼侯·악후鄂侯·주周 문왕文王을 "삼공"으로 삼았다 했으니,[66] 하늘이 내려 주신 상天邑商의 "공의 궁公宮"은 아마도 그들을 위해 건설했던 것일 가능성이 있다. 요종이饒宗頤는 "은나라 때에 삼공이라는 직책이 확실히 있었다"[67]고 했는데, 이는 물론 가능한 일이다.

"경사卿事"는 일종의 고위 관직인데, 갑골문에 이미 이 명칭이 출현하고 있다.

신미일에 왕께서 점을 칩니다. 포로를 관아로 불러오라고 '경사'에게 영을 내릴까요? 辛未王卜, 召廳隹執, 其令卿事.

—『합집』 37,468편

…… 경사가 '료' 제사를 '북쪽의 종묘'에서 드리고 …… 하지 않으면 큰 비가 내릴까요? …… 卿事于燎北宗不 …… 大雨.

—『합집』 38,231편

"경사卿事"의 "경卿"자는 두 사람이 식기를 마주보고 꿇어앉은 모습으

66) 『史記』「殷本紀」.

67) 饒宗頤, 『甲骨文通檢』 第4冊 「前言」, 홍콩 中文大學, 1995.

로, 원래는 연향宴饗이라고 할 때의 "향饗"자이다. 서주 때의 「영이令彝」와 「모공정毛公鼎」 등에 보이는 "경사료卿事寮"라고 할 때의 "경사"는 갑골문의 "경사"와 완전히 같은 모습이다. 경卿과 향饗은 같은 글자이기 때문에, 그 직관은 원래 왕실의 향연을 주관하며 총애를 받던 직책이었을 것이다.[68] 이것은 고대 중국의 국가 관리가 궁궐의 내관內官에서부터 발전해 왔던 특징과도 일치한다. 문헌에도 "경사卿事"라는 명칭이 자주 등장하는데, 『상서』「미자微子」에 처음으로 보인다. 미자微子는 주紂왕에게 조정의 "경사와 사사師師들이 정도를 넘었다"고 말했으며, 그 후 『홍범洪範』에서는 기자箕子의 입에서 여러 차례 "경사를 도모해야 한다"는 말이 나온 것으로 기록하고 있다. 그렇게 본다면 "경사"도 왕을 보좌하던 직관이며, 지위도 매우 높았을 것이다.

왕의 보좌관 아래에 각종 일을 맡아보던 관리가 있었다. 그들은 보신輔臣이 주재하는 "대사료大事寮"에 통속 관리되었다.[69] "대사료大事寮"는 왕실 중앙의 상설 사무 기구였을 것이며, 거기서 왕실의 명령을 출납했다.

> □미일에 …… '대사료'에게 …… 을 명하고, …… 명할까요? □未令 …… 其唯大事寮令 ……
>
> —『합집』 36,423편

서주 때에는 "경사료卿事寮"와 "대사료大史寮"가 각기 정무와 문화·종교를 나누어 담당했으나, 상나라의 갑골문에는 "경사료"가 보이지 않는다. 게다가 "사史"로 읽히는 "사事"자에도 아직 사관으로서의 직능을 갖고 있지 않았다. 상나라 때나 상나라 후기에는 "대사료"만이 모든 정무

---

68) 王貴民, 「商代官制及其歷史特點」, 『歷史研究』, 1986年 第4期.

69) "大事僚"를 혹자는 "大史僚"로 읽기도 하는데, 이는 西周 때의 「番生簋」이나 「毛公鼎」의 명문에 보이는 "大史僚"와 같으며, 역사 기록을 주관하던 직무였다. 하지만 甲骨文에서 "史"로 읽히는 "事"자에는 아직 史의 職能이 없었다. 그래서 "事"로 읽는 것이 마땅하다. 王貴民, 「說卸史」, 『甲骨探史錄』, 三聯書店, 1982 참조.

와 종교·문화에 관한 일을 주관했을 것으로 보이며, 경사료와 대사료의 분리 설치는 서주 때에 이르러서야 비로소 이루어졌다. 복사에는 "이사二事"(『합집』 5,507편)·"삼사三事"(『합집』 822편)·"대사大事"(『합집』 5,506편) 등이 있는데, 바로 "대사료" 아래에 귀속된 몇 가지 직관들이다. 물론 상왕조의 직관이 이러한 "세 가지"에만 그쳤던 것은 아니다. 갑골문의 연구에 따르면 "대사료"(즉 "내복內服") 아래에 설치되었던 직관은 대체로 다음과 같은 5개 부류가 있었다.

(1) 정무직

이는 행정계통의 직관을 말한다. 『상서』「주고酒誥」에서 말한 백료百僚·서윤庶尹·백성百姓·이거里居(君) 등이 이 부류에 속한다. 갑골문에는 윤尹으로 이름 붙여진 관직이 매우 많은데, 우윤右尹·윤윤絣尹·속윤束尹·족윤族尹·소윤小尹 등이 있으며,70) 이들을 총괄했던 것이 "다윤多尹"(『합집』 5,611·5,612편 등)이다. 복사에 보이는 "삼윤三尹"(『합집』 32,895편)은 "다윤多尹"을 말한 것으로 보인다. 윤尹에는 정식正이나 우두머리長라는 의미가 들어 있으므로, 어떤 부문의 수장을 일컬어, 오늘날 행정기관의 과장·처장·국장·현장·성장·부장 등의 "장"과 비슷하다. 그래서 "윤尹"에도 높고 낮음의 차이가 있었다. 탕을 보좌했던 "이윤伊尹"의 직위가 가장 높아, 춘추 시대 때 초나라의 "영윤令尹"이라고 할 때의 "윤尹"에 상당했다. "족윤族尹"은 "윤尹" 중에서도 비교적 낮은 축에 들어 족장 정도에 해당하여, 국가의 직관계통에는 들지 못했다.

복사에는 "다생多生"·"유다생사惟多生射"(『합집』 24,140편)·"유다생향惟多生饗"(『합집』 27,650편) 등이 보이는데, "다생多生"은 곧 "다성多姓"으로, 『주고』에서 말한 "백성百姓"이며, 백성은 곧 백관百官으로 행정의 성격을 띤 직관이다.

---

70) 각각 『合集』 23,683·34,256·5,425·5,622편과 『屯南』 601편에 보인다.

(2) 사무직

사무적 성격의 직관이란 생산사무 부문을 관장하는 직관을 말하며, 갑골문에는 대체로 다음의 것들이 보인다.

첫째, 농업 생산을 관장하는 직관.

이에는 "소적신小耤臣"이 있다. 복사에 "오의 소적신에게 명령을 내릴까요? 令吳小耤臣"(『합집』 5,603편)라는 말이 있다. 갑골문에서의 "적耤"자는 쟁기를 발로 밟아 흙을 일으키는 모습을 그렸다. 그래서 "소적신"은 경작에 관련된 일을 담당하는 "소신小臣"이다.

상 왕조에서 농업생산은 "중인衆人"이 주로 담당했고, "중인"을 관리하는 "소신"을 "소중인신小衆人臣"이라 불렀는데, 이는 "중인소신衆人小臣"의 도치된 형태이다. 복사에는 "오가 소중인신을 부를까요? 叀吳呼小衆人臣"(『합집』 5,597편)라는 말이 있고, 또 "소신이 중에게 기장을 심게 할까요? 小臣令衆黍"(『합집』 12 · 13편)라는 말도 있다. 서黍는 기장을 심다는 말이며, 중인衆人들에게 기장을 심게 하는 "소신", 즉 중인들을 관리하던 "소중인신小衆人臣"도 농사를 주관하던 직관의 하나였다.

수확을 주관하던 직관으로 "소예신小刈臣"(『을』 2,813 · 2,815편)이 있다. 예刈는 농작물의 수확을 말하는데, "소예신"은 바로 "예소신刈小臣"을 말한 것으로, 수확을 주관하던 농관을 말한다.71)

복사에는 "전田"이라 불리는 직관이 있는데, 주로 "재모[지명]在某[地名]+전田"이나 "전田"자의 뒤에 개인 이름이 더해져 "재모[지명]在某[地名]+전모[개인 이름]田某[私名]"의 형식으로 출현한다.

> '유'에서 '전무'가 와서 보고를 할까요? 在攸田武其來告.
>
> —『합집』 10,989편

71) 裘錫圭, 「甲骨文中所見的商代農業」, 『全國商史學術討論論文集』, 1984. 이 글은 수정 후 『農史研究』 第8輯(1989)에 발표되었으며, 이후 『古文字論集』(中華書局, 1992)에 수록되었다.

'淁'에서 '전황'과 '우적마'가 개간을 할까요? 在淁田黃右赤馬其𡊀.

—『합집』 28,196편

'방'에서 '전풍'이 순시를 할까요? 叀在龐田豐示.

'복'에서 '전차'가 순시를 할까요? 叀在福田𢇛示.

'淁'에서 '전병'이 순시를 할까요? 叀在淁田㚅示.

—『둔남』 2,409편

이런 복사는 많기 때문에 다 인용하지 않았다. 구석규는 "재모전在某田"의 "전田"을 수렵 복사에서의 "재모견在某犬"의 "견犬"과 비교해 볼 때, 이 두 가지 사례는 동일하기 때문에, 모두 직관명이 분명하다고 했다. 이러한 "전田"은 "상나라 왕에 의해 파견되어 상나라 수도 이외의 어떤 지역에서 상주하면서 농지 개관을 주관하던 직관이다." "전田"으로 불렸던 이러한 직관은 장기간 동안 한 곳에서 머물면서 농지를 개간했기 때문에, 이후 제후와 같은 인물로 발전했다. 상나라 때 후기 복사에서 자주 보이는 "다전多田"은 바로 농지 개간을 주관하던 관리에서 제후로 발전한 경우이다.[72]

둘째, 목축업을 관장하던 직관.

상나라 때의 목축업은 이미 목초를 찾아다니며 거주하여 방목하던 방식을 벗어나 전문적으로 목장과 우리를 만들어 키우고 사육하던 방식이었다. 복사에는 "우목右牧"·"중목中牧"·"장목爿牧"·"양목昜牧"·"궁목弓牧" 등의 명칭이 등장하는데,[73] 모두 목장의 이름이다. 또 이목二牧·삼목三牧·구목九牧 등도 보이는데,[74] 모두 몇 개의 목장인지를 지칭한다. 복사에는 "삼목고三牧告"(『둔남』 1,024편)·"구목고九牧告"(『천리』 519편) 등도

---

72) 裘錫圭, 「甲骨卜辭中所見的"田""牧""衛"等職官硏究」, 『文史』 第19輯, 中華書局, 1983.
73) 각각 『合集』 28769·32982·36969편, 『珠』 758편, 『合集』 32,616편에 보인다.
74) 각각 『甲』 1131편, 『合集』 1309편, 『天理』 519편에 보인다.

있는데, 이는 3개와 9개의 목장을 주관하던 관리가 왕실에 목장의 경영 상황에 대해 보고한 것을 말한다.[75] 그리고 목축을 총괄했던 관리를 "목牧"이라 불렀다. 복사에서는 이렇게 말했다.

> '목'이 '[강]에게' '구'로 하여금 '만'을 보내오게 할까요? 牧匄[羌], 令冓致𡆥.
>
> —『합집』 493편

상나라 때의 청동기 명문에 "아목亞牧"[76]과 "목정牧正"[77]이 있고, 상나라 무을武乙은 주周의 계력季歷을 "은목사殷牧師"로 임명했는데,[78] 이러한 명칭은 모두 당시의 목축을 총괄하던 직관을 말한다.

목축 노동자를 추芻라 불렀는데, 복사에 등장하는 "추정芻正"(『합집』 141편 앞면)은 목축 노동자의 책임자를 일컫는 직관이다. 각종 짐승을 전문적으로 관리하는 직관이 설치되었는데, 갑골문에 보이는 것으로는 다음의 경우가 있다.

> '마소신' : 병인일에 점을 칩니다. '마소신'을 ……? 馬小臣 : 丙寅卜, 叀馬小臣 ……
>
> —『합집』 27,881편

갑골문에서의 "소적신小耤臣"이 경작을 주관했고 "소예신小刈臣"이 수확을 주관하는 등 "소관小臣"의 직능으로 추정해 볼 때, "마소신馬小臣"은 말을 관장하던 직관이었을 것이다. "마소신"은 또 전쟁에 종사하기도 했는데(『합집』 27,882편), 그 경우에는 군사직이었다. 하지만 상나라 때에는

---

75) 楊升南, 『商代經濟史』, 貴州人民出版社, 1992, 250면.
76) 『文物考古工作三十年』, 文物出版社, 1979, 39면.
77) 徐中舒, 「四川省彭縣濛陽鎭出土的殷代二觶」, 『文物』, 1962年 第6期.
78) 古本 『竹書紀年』.

직관의 구분이 원래부터 그다지 엄격하지 않았고, 전쟁이 국가의 대사였던 점을 고려하면 "마소신"이 말을 관리하는 동시에 전쟁에 참여했다는 것은 결코 모순되지 않는다. 그 외에도 이런 것들이 보인다.

'우신' : '우신'을 보내 방목하게 할까요? 牛臣 : 前牛臣芻.

—『합집』 1,115편 뒷면

'사양' : 오늘 '유'제사를 '사양'에게 지낼까요? 司羊 : 今日侑司羊.

—『합집』 19,863편

'시사' : …… 양, '시사.' 豕司 : …… 羊, 豕司.

—『합집』 19,210편

'시사'를 …… 叀[豕司.]?

—『합집』 19,209편

'체사' : '체사'를 …… [彘司 : 叀彘司]?

—『합집』 19,884편

'사견' : 갑오일에 점을 칩니다. '사'가 물어봅니다. '사견'이 …… 司犬 : 甲午卜, 自, 司犬.

—『합집』 20,367편

"우신牛臣"은 분명 소를 관장하던 사무직이었을 것이다. 양羊·시豕·견犬과 연결된 "사司"자는 관리하다는 뜻을 가진다.79) 『시』「정풍」「고

79) 楊升南, 『商代經濟史』, 貴州人民出版社, 1992, 248면.

구羔裘」에 "나라의 사직邦之司直"이라는 말이 있는데, 「모전毛傳」에서 "사司는 주관하다主는 뜻이다"고 했다.

셋째, 수렵을 관장하는 직관.

수렵을 관장하던 직관을 "견犬"이라 불렀는데, 주나라 때의 "적인迹人"에 해당한다.[80] 왕이 수렵을 할 때면 "견犬"관官이 사냥물의 정황에 대해 먼저 보고를 드렸다.

> 을유일에 점을 칩니다. '견'이 와서 사슴이 있다고 보고했는데, 왕께서 쫓아 …… 乙酉卜, 犬來告有鹿, 王往逐…?
>
> —『둔남』 997편

상나라 왕은 수렵할 곳에 "견犬"관官을 설치하여, 사냥감의 동태를 살피기도 했다.[81]

> '우견'이 사슴이 있다고 보고해왔는데, 왕께서 쫓으면 사로잡을 수 있을까요? 盂犬告鹿, 王其從, 擒.
>
> —『합집』 27,921편

> '뇌견'이 사슴이 있다고 보고해왔는데, 왕께서 쫓으면 사로잡을 수 있을까요? 牢犬告有鹿, 王其從, 擒.
>
> —『합집』 27,921편

> '패견'이 보고해 오기를, 큰 여우가 있다고 했다. 狽犬告曰, 有大狐.
>
> —『합집』 27,900편

80) 楊樹達, 『積微居甲說』 「釋犬」, 『楊樹達文集之五』, 上海古籍出版社, 1986.
81) 李學勤, 『殷代地理簡論』, 科學出版社, 1959, 6면.

왕께서 '개견'을 따르게 하면 재앙이 없겠습니까? 王叀盖犬從, 亡災.

—『둔남』 4,584편

우盂・뢰牢・패狽・개盖는 지명이며, 뒤에 "견犬"자를 첨부함으로써 그곳에 견관犬官을 설치했음을 보여준다. 어떨 때에는 견관이 정벌 전쟁에 참여하기도 했지만 사냥의 관장이 주된 직무였을 것이다.

넷째, 수공업을 주관하던 직관.

수공업을 주관하던 직관을 주나라 때에는 "사공司空"이라 불렀으며, 서주 금문에서는 "사공司工"이라 했다. 갑골문에도 "사공司工"이라는 명칭이 보인다.

임진일에 점을 칩니다. 물어봅니다. '궁'과 '사공'에게 명령을 내리게 할까요? 壬辰卜, 貞叀𠭯令司工.

—『합집』 5,628편

"혜叀"자는 복사에서 어기의 강화와 단어를 앞으로 도치시키는 두 가지 기능이 있다. 이 복사의 "혜"자는 두 번째 용법으로 쓰여, 앞으로 도치시키는 역할이므로, "궁과 사공에게 명령을 내리다令𠭯司工"의 의미이다. 궁𠭯은 인명이며, 복사에 "자궁子𠭯"(『합집』 269편)이라는 표현이 보인다. 갑골문에는 또 "다공多工"(『합집』 19,433・11,484편)과 "백공百工"(『둔남』 2,525편)이 등장한다. 한나라 때의 정현鄭玄은 백공百工은 사공司空에게 귀속되었던 직관이라 했다. 『고공기考工記』에 "나라에는 6가지의 관직이 있었는데, 백공百工과 거居가 그중 하나"라는 말이 있는데, 정현은 "백공은 사공사관事官에 귀속되었다"고 했다. 초남肖楠은 복사에서의 "백공"은 공工를 주관하는 관리가 아니라 공장工匠이라고 했는데,[82] 옳은 말이다.

82) 肖楠,「試論卜辭中的"工"與"百工"」,『考古』, 1981年 第3期.

(3) 군사직

"나라의 큰일은 제사祀와 전쟁戎"이라는 옛말이 있는데, "융戎"은 바로 전쟁을 말한다. 그래서 관리가 되면 모름지기 군중을 이끌고 출정할 수 있어야만 했다. 하지만 전쟁은 결국 국가의 존망과 관계된 큰일이었기에, 상나라 때에 이미 전문적인 무장 역량을 갖추었으며, 그래서 이미 초보적이긴 하지만 군관 집단을 형성했다. 진몽가는 『은허복사 종술』에서 "무관"과 관련된 17개의 명칭을 열거했다.

> 무관 : 마馬 · 다마多馬, 아亞 · 다아多亞 · 아모亞某, 다복多箙, 사射 · 다사多射 · 삼백사三百射 · 사격射擊, 위衛, 견犬 · 다견多犬 · 견모犬某, 수戍 · 오족수五族戍 · 수모戍某.[83]

쉼표로 분리해 놓은 것은 같은 부류임을 나타내는데, 진몽가는 총 7부류로 나누었다. 그중 "견犬"은 사냥을 주관하던 직관이기에 무관류에 넣기는 어렵다. 그리고 "마馬와 다마多馬"도 갑골문에서 반드시 관명이라 보기는 어렵다. 복사에서의 "마馬"는 대부분 가축으로서의 말을 지칭하며, "다마多馬"는 무장 역량인 마부대馬隊를 지칭한다. 예컨대 "'구'가 '다마'를 보내 지키게 할까요? 遘致多馬衛"(『합집』 5,712편)는 구遘가 "다마多馬"를 이끌고 방위에 나섰다는 말이며, "'다마'를 불러 사슴을 쫓게 하면 잡을 수 있을까요? 呼多馬逐鹿, 獲"(『합집』 5,775편)는 "다마多馬"로 하여금 야생 사슴을 쫓도록 했다는 말로, 관명이라 보기는 어렵다. 결론적으로 마馬와 다마多馬가 무관인지에 대해서는 더 증명이 필요하다 하겠다. 복사에서 "다복多箙"과 관련된 글자들은 모두 잔결된 상태인데, 두 복사에서 "'다복'에게 제공할까요? 供多箙"(『합집』 5,082 · 5,083편)이라 했고, 또 복箙에게 질병이 있는지의 여부를 점쳤으며(『합집』 13,884편), "복에게 풍년이 들겠

---

83) 陳夢家, 『殷虛卜辭綜述』, 科學出版社, 1956, 521면.

습니까? 箙受年"(『합집』 9,741편)라고 했다. 이러한 것으로 보아 복箙은 인명이나 지명이나 족명일 것이다. "다복"은 복箙이라는 곳(혹은 부족)의 사람이지 무관은 아닌 듯하다. 그 다음의 "삼백사三百射"는 3백 명의 사수射手를 말하지 관명은 아니다. "오족수五族戍"는 5개 부족으로 하여금 변방을 지키게 하였다는 것이지 이 또한 관명은 아니다. 나머지 5가지 부류 중에서 각각의 부류는 사실은 모두 하나의 관명을 가리킨다. "다아多亞"는 여러 명의 아亞라는 뜻으로, 복사에서는 이아二亞와 삼아三亞[84]는 "다아多亞"와 같은 뜻이다. "아모亞某"의 "모某"는 인명으로 이 사람의 관직이 아亞라는 뜻인데, 복사에 "아필亞㚔"(『합집』 32,272편)·"아작亞雀"(『합집』 5,679편)·"아극亞克"(『합집』 13,754편) 등이 보이는데, 필㚔·작雀·극克은 인명이다. "사삽射臿"의 "삽臿" 또한 인명이며, 사射는 관명이다. 이러한 구조는 "관명+인명"으로 되어 있다. 진몽가가 열거한 무관의 명칭 중 인정할 수 있는 것은 아亞·사射·위衛·수戍의 네 가지이다. 하지만 갑골 학자들의 연구에 의하면, 상나라 때의 무관에는 또 다음의 것들이 있었다.

첫째, 사師.

"사師"는 상나라 때 군대의 명칭이다. "왕사王師"(『합집』 36,443편)·"아사我師"(『합집』 8,309편)·"짐사朕師"(『합집』 36,127편) 등처럼 모두 상 왕조의 군대를 지칭한다.[85] 복사에서의 "사師"는 명령을 내릴 수도 있었다.

> '사'에게 군중을 모으라고 명령을 내릴까요? 叀師令致衆……
>
> —『합집』 36편

> '사'에게 '삽'을 따르게 하라고 명령을 내릴까요? 叀師令從臿.
>
> —『합집』 4,240편

---

84) "二亞"는 『合集』 23398편에 보이고, "三亞"가 출현하는 甲骨은 현재 河南大學 鄭慧生 先生이 所藏하고 있으며, 未著錄된 상태이다.

85) 楊升南, 「略論商代的軍隊」, 『甲骨探史錄』, 三聯書店, 1982.

'사'에게 '미'를 대신하라고 명령을 내릴까요? 叀師令弋微.

—『합집』 4,242편

인명 중에 "사반師般"(『합집』 2,537 · 4,213편 등)과 "사저師貯"(『합집』 28,195편) 등이 보이는데 여기서의 "사師"는 관직명이고 반般과 저貯는 사람 이름이다.

둘째, 마아馬亞.

마아馬亞는 마부대馬隊를 관장하던 무관이며, 복사에서는 "'마아'에게 포로를 불러오라고 할까요? 叀馬亞呼執"(『합집』 28,011편)라는 말이 나온다. "집執"에는 "강羌족을 사로잡은" 경우도 있고(『합집』 26,950편), "인방人方"의 우두머리를 "사로잡은" 경우도 있으며(『합집』 36,492편), 짐승을 사로잡은 경우도(『합집』 10,889 · 10,436편), 어떤 사람을 사로잡은 경우도 있다(『합집』 5,944편의 "여임을 사로잡을까요? 執盧任", 『합집』 6,952편의 "긍을 사로잡을까요? 執亘", 『합집』 578편의 "종을 사로잡을까요? 執僕" 등이 있다). 그래서 "집執"도 군사행동의 하나로 볼 수 있다. "다마아多馬亞"는 여러 명의 마아馬亞를 집합적으로 지칭하는 말이기 때문에, "마아馬亞"와 "다마아多馬亞"를 두 개의 관직명칭으로 구분하는 것은 타당하지 않다. 복사의 "'오'에게 '다마아'를 보내 시찰하게 할까요? 令吳致多馬亞省"(『합집』 564편)로 볼 때, 마아馬亞의 지위는 그다지 높지 않았을 것이다.

셋째, 소다마강신小多馬羌臣.

이는 "다마강多馬羌"을 주관하던 직관으로 보이는데, "다마강多馬羌"은 상 왕조의 무장조직의 하나였다. 갑골문에는 "다마강多馬羌"을 보내 "나라를 방어"하도록 한 복사가 보인다.

□인일에 점을 칩니다. '빈'이 물어 봅니다. '다마강'으로 하여금 주변국을 제어하게 할까요? □寅卜, 賓, 貞令多馬羌御方.

—『합집』 6,761편

"방方"은 상 왕조의 변경을 자주 침탈하던 적국이다. 복사에 의하면 "마방馬方"은 자주 상에 의해 정벌되었으며(『합집』 6 · 6,664편), "마강을 정벌할까요? 伐馬羌"(『합집』 6,624편)라는 말이 있는 것으로 보아, "다마강多馬羌"은 아마도 "마방馬方"이나 "마강馬羌"이 정복되어 상나라에 귀속된 후 그들의 민중으로 구성한 무장조직이었을 것이다.

넷째, 사使.

갑골문에서 사使 · 사事 · 리吏 · 사史는 같은 글자인데, 어떤 글자로 읽어야 할지는 전체 복사를 보고 결정해야 한다. 예컨대 복사에서 자주 보이는 "아유사我有事"나 "협왕사協王事"에서의 "사事"는 사使 · 리吏 · 사史 등으로 읽을 수 없다. 하지만 복사에 보이는 "아사我使" · "서사西使" · "동사東使" 등은 사使 · 사史 · 리吏 등 어느 것으로 읽어도 무방하다. 하지만 갑골문에서 사使 · 사事 · 리吏로 읽히는 글자에는 아직 "사史"로서의 직능이 없었기 때문에,[86] "사史로 읽는 것은 타당하지 않아 보인다. "사使"나 "리吏"는 모두 가능하지만 "사使"로 읽는 것이 더욱 낫다. "사使"와 전쟁과 관련된 복사로는 다음의 것들이 있다.

> '아사'가 주변국을 정벌할까요? 我使其𢦏方.
>
> —『합집』 6,771편

> '아사'가 '부'를 정벌할까요? 我使𢦏缶.
>
> —『합집』 6,824편

> '북'에서 '사'가 '강족'을 사로잡을까요? 在北, 使又獲羌.
>
> —『합집』 914편

86) 王貴民, 「說𠭯史」, 『甲骨探史錄』, 三聯書店, 1982.

여기서의 사使는 무관이다.[87] 복사에는 또 "동사東使"(『합집』 5,635편) · "서사西使"(『합집』 5,637편) · "우사㞢(右)使"(『합집』 3,295편 "우사주㞢使壴") 등이 있다. 이들이 등장하는 복사 중 아직 군사와 관련된 내용이 없기 때문에 이들이 무관의 직명인지에 대해서는 알 길이 없다.

이상을 종합해 보건대, 갑골문에 보이는 상나라 때의 무관으로는 사師, 아亞, 마아馬亞, 사射, 위衛, 수戍, 소다마강신小多馬羌臣, 사使 등이 있다.

(4) 종교 · 문화직

이러한 직관에는 다음의 것들이 있다.

첫째, 정인貞人.

이는 왕실의 점복 사무를 주관하던 인물로, 점복 후 점복의 일부 내용 및 그 결과를 소 어깻죽지 뼈나 거북딱지에 새겼다. 하지만 동일한 정인에 의해 치러진 복사라고 해서 갑골에 나타나는 글자체나 스타일 등이 꼭 일치하는 것은 아니다. 이에 근거해 패총무수貝塚茂樹는 점복의 내용을 정인이 직접 갑골에다 쓰거나 새겼다는 것은 불가능하다고 했다.[88] 그렇지만 이들은 그래도 당시의 문화층 인사이자 지식층 집단이었다. 정인은 점복이라는 종교 활동에 전문적으로 종사하던 성직자였으며, 이들을 갑골문에서는 "다복多卜"이라 불렀다(『합집』 24,144편, 『갑』 940편). 상나라 때의 점복제도는 세 사람이 동시에 세 조각의 복골에다 동일한 사안에 대해 점을 치는 형식이었다. 그래서 점복관에는 "원복元卜" · "좌복左卜" · "우복右卜" 등의 명칭이 등장했다.[89]

상나라 후기, 반경이 은으로 천도하여 주紂왕 때 멸망하기까지 273년 동안 갑골의 점복을 담당했던 사람은 100여 명에 이른다. 지금까지 확정

87) 楊升南, 「卜辭"立事"說」, 『殷都學刊』 第2期, 1984; 胡厚宣, 「殷代的史爲武官說」, 『全國商史學術討論會論文集』(『殷都學刊』 增刊), 1985.2.

88) 貝塚茂樹, 楊升南 譯, 「評甲骨文斷代硏究的字體演變觀」, 『殷都學刊』 第4期, 1985.

89) 宋鎭豪, 『夏商社會生活史』, 中國社會科學出版社, 1994, 524면.

된 정인은 총 128명이며, 비교적 명확한 사람이 123명이다.[90] 그중 무정과 그 이전의 정인이 가장 많아 70명 이상이며, 조경・조갑 때의 정인이 그 다음으로 22명, 강정 때의 정인이 18명, 무을・문정 때의 정인이 1명으로 가장 적고, 제을・제신 때의 정인이 6명이다. 갑골문의 시기구분에 대해서는 견해가 다르기 때문에 각 시기 정인의 숫자도 다른데, 여기서 말한 것은 『갑골문 합집』의 시기구분에 의한 통계이다(제1기 부附를 무정 및 그 이전의 시대로 귀속시켰다).

둘째, 무巫.

역사서에는 대무大戊 때에 무함巫咸이, 조을祖乙 때에 무현巫賢이 있었다고 했는데, 모두 왕을 보좌하던 핵심 신하였다고 한 것으로 보아 무巫의 지위가 비교적 높았음을 수 있다. 갑골문에서 무巫는 명령을 내릴 수도 있어, "무왈巫曰"(『합집』 5,648・5,649편)이라는 말이 보인다. 직관으로서의 무巫는 또 전문적인 사안에 따라 임명되었는데, 갑골문에서 말한 "책무冊巫"(『합집』 5,647편)가 그것이다.

셋째, 무신舞臣.

복사에는 무신舞臣이 등장한다.

> 무신 '회'로 하여금 취하게 할까요? 貞呼取舞臣‖.
>
> —『합집』 938편

"회‖"[91]는 사람의 이름이다. 무신舞臣이면서 이름을 갖고 있었기에 이

90) 孟世凱, 『甲骨文小辭典』, 上海辭書出版社, 1987, 81면.

91) (역주) '‖'는 갑골문에서 "계해일에 점을 칩니다. '회'가 물어봅니다. 10일 동안 불행한 일이 없을까요?(癸亥卜, ‖, 貞旬亡禍)(『存續』 상, 960편)처럼 貞人으로도 등장하고, "계해일에 점을 칩니다. '행'이 물어봅니다. 10일 동안 불행한 일이 없을까요? 11월이었다. '회'에서였다(癸亥卜, 行, 貞旬亡禍. 在十一月. 在‖)"(『文錄』 35편)에서처럼 지명으로도 사용되었다. 지명일 경우, ‖는 澮자의 古字이고, 이는 鄶를 말하는데, 『국어』「鄭語」에서 말한 "虢鄶"로 지금의 하남성 新鄭에 있었다. 饒宗頤, 『殷代貞卜人物通考』, 946~947・1,257~1,258면 참조.

는 노예가 아니라 관직 이름임을 알 수 있다. 복사에는 춤으로 비를 기구한 내용이 보인다.

물어봅니다. 우리가 춤을 춰 제를 올리면 비가 내릴까요? 貞我舞雨.

—『합집』 14,209편

오늘 음악을 연주하고 춤을 춰 제를 올리면 장대비가 내릴까요? 今日奏舞又從(縱)雨.

—『합집』 12,828편

"주奏"는 주악奏樂으로, 음악을 연주해 춤을 돕다는 말이다. 강河이나 산악岳의 신에게 제사를 올릴 때 춤을 추어 비가 내리길 빌었다.

물어봅니다. '산악신'에게 춤을 춰 제를 올리면 비가 올까요? 貞舞岳有雨.

—『합집』 14,207편

물어봅니다. '하신'에게 춤을 춰 제를 올리지 않으면 비가 오지 않을까요? 貞勿舞河, 勿其雨.

—『합집』 14,197편

춤은 비가 내리기를 비는 제사행위이다. 그래서 "무신舞臣"은 종교 관련 직관임이 분명하다.

넷째, 작책作冊.

작책作冊은 전책典冊과 책명冊命을 맡아보던 직관이다. 『상서』 「다사多士」에서 "은나라 선조들에게는 책과 전이 있었네 惟殷先人有冊有典"라고 했는데, 갑골문에서는 누구누구가 "칭책稱冊"했다는 말이 자주 보인다.

'목'을 임명할까요? 牧稱冊.

—『합집』 7,343편

'지멱'을 임명할까요? 沚戓稱冊.

—『합집』 7,382편

'후고'를 임명할까요? 侯告稱冊.

—『합집』 7,408편

'상'을 임명할까요? 商稱冊.

—『합집』 7,417편

'익'을 임명할까요? 弋阝稱冊.

—『합집』 33,097편

제사 과정에서도 다음처럼 자주 책冊을 가지고 신령께 기도를 올렸다.

병오일에 물어봅니다. '주'제사를 '비'께 드리는데 책으로 축도를 할까요? 丙午, 貞酒妣冊祝.

—『합집』 32,285편

책문冊文의 제작자가 바로 "작책作冊"이다. 무정 때의 갑골 복사에서는 "작책서作冊西"(『합집』 5,658편 뒤쪽)라는 이름이 나오는데, "작책作冊"은 직관이며 "서西"가 인명이다. 상나라 때의 청동기 명문에서도 "작책作冊"은 더욱 자주 보인다.92) 멀리 감숙성 경양慶陽에서 "작책오作冊吾"가 쓰여진

92) 「作冊般」(『三代』 5・11・1 甗), 「作冊豊」(『博古圖』 2・26~27 鼎), 「作冊宅」(『西淸古鑒』 13・6~7 方彝), 「作冊數」(『商周金文錄遺』 273・1~2).

옥으로 만든 상나라 때의 창戈이 발견되었다.93) 「침신정寢晨鼎」의 명문에 보이는 "작책우사作冊友史"의 "우사友史"는 "책을 만들던作冊" 신료를 말함에 분명하다. 귀속된 신료를 가진 "작책"은 이미 전문적인 기구였다.

(5) 궁정의 내직

궁정내의 직관으로 갑골문에 보이는 것으로는 재宰와 침寢이 있다.

> 임오일에 왕께서 '맥록'에 사냥을 나갔다가 '상'에서 적황색의 무소를 잡았다. 왕께서 '재봉'과 '소𡧊'에게 술을 하사했다. 5월이었다. 왕의 재위 6년 '융'제사를 지내던 날이었다. 壬午, 王田麥錄, 獲商戠兕, 王賜宰丰寢小𡧊貺, 在五月, 隹王六祀肜日.
>
> —『은계유존』 518편

재봉宰丰은 또 다음의 갑골에도 보인다.

> 왕께서 말씀하셨다. '대을'께 '백록'의 '유'에 모여서 '처'제사를 올려라. '재봉'이 기록했다. 王曰, 𠟭大乙𢍰于白麓𠂤. 宰丰.
>
> —『합집』 35,501편

재宰는 관직이름이며, 봉丰은 사람이름이다. 침寢은 관직이름이고 '소𡧊小𡧊'는 사람이름이다. 재宰는 원래 왕의 음식을 주관했는데 왕과 가까이 있기 때문에 중용되었으며, 무정 때의 "총재冢宰"는 한 때 국가의 대사를 총괄하기도 했다.94) "침寢"은 왕을 비롯해 후비가 거처하는 곳으로, 전문적인 인력이 이곳의 관리를 담당했다. 갑골문에서는 "왕침王寢"(『합집』

---

93) 許俊臣, 「甘肅慶陽發現商代玉戈」, 『文物』, 1979年 第2期.

94) 『史記』 「殷本紀」에서 武丁이 즉위한 지 "삼년이 되어도 말을 하지 않자, 정사는 총재에 의해 결정되었다"고 했다.

9,815편)・동침東寢・서침西寢(『합집』 34,067편)・신침新寢(『합집』 13,571편) 등이 등장하며, 복사에서는 "세 부인이 새 침소와 '제택'에 기거했다三婦宅新寢・齊宅"(『합집』 24,951편)는 말이 보인다. 침寢에는 왕의 부인이 거주하기도 했는데, 그 일을 주관하는 침관寢官은 내관에 속했다. 갑골문에는 남자를 거세하는 형벌이 보이는데,[95] 침관寢官은 거세된 내시에 의해 충당되었을 가능성이 높다.

갑골문의 이러한 객관적 기록들은 상 왕조의 관료체제의 원래 모습을 이해할 수 있는 자료를 제공해 주며, 이로부터 상나라 때의 직관의 설치에 관한 대강을 엿볼 수 있다. 갑골문에 의하면 상나라 때에는 이미 관직의 설치가 부문별로 이루어졌으며, 관직의 인원수도 상당한 숫자에 이르렀다. 하지만 이와 동시에 원시적인 일면도 보여주는데, 주로 다음과 같은 측면에서 나타나고 있다. 첫째, 문文과 무武가 분리되지 않아, 직무가 상대적이었다는 점이다. 예컨대 "윤尹"은 정무적인 성질의 직관이어야 함에도, 농경을 지휘하기도 했고("'윤'에게 큰 농지를 만들라고 할까요? 令尹作大田", 『합집』 9,472편), 건설공사를 지휘하기도 했으며("'다윤'에게 왕의 침소를 지으라고 할까요? 令多尹作王寢", 『합집』 32,980편), 전쟁에도 참여했다("'윤'이 '[illegible]'을 사로잡을까요? 尹幸[illegible]", 『합집』 5,840편). 또 "견犬"은 수렵을 주관하던 관직이었지만, 전쟁에도 종사하였고("'다견'을 불러 지키게 할까요? 呼多犬衛", 『합집』 5,665편), 각 지역을 시찰하기도 했다("'견[illegible]'을 불러 남쪽을 시찰하게 할까요? 呼犬[illegible]省從南", 『합집』 10,976편). 갑골문에는 이미 5가지의 형벌이 존재하기 때문에, 사법도 분명히 중요한 부문이었을 것이다. 하지만 갑골문에는 이러한 직관이 등장하지 않는데, 그것은 모두 다른 관직과 겸직했기 때문일 것이다. 둘째, 군통君統과 종통宗統의 긴밀한 결합이다. 아亞와 소신小臣을 맡았던 필[illegible], 아亞와 남男을 맡았던 작雀, "소적신小耤臣"이었던 오吳 등의 경우, 그들이 상나라의 선공 선왕의 제사를 주관했다는 사실

95)『合集』 525편・5,996~5,999편.

은 그들이 모두 상나라 왕과 혈연관계를 가진 귀족이었음을 보여준다.[96] 필[illegible] · 작雀 · 오吳 등은 무정 때부터 무을 · 문정 시대 때까지 계속 활약했으며, 그 종족들이 장기간 집정했다. 복사에서의 "왕족王族" · "자족子族" · "다자족多子族" · "삼족三族" · "오족五族" 등처럼 정치 무대에서 장기간 활약한 "족族"은 모두 강대한 종족宗族이었으며, "왕족王族" · "자족子族" · "다자족多子族" 등은 모두 상나라 왕과 혈연관계를 가진 동성의 종족이었다. 셋째, 신臣과 복僕을 일에 썼다. "신臣"은 본래 지위가 낮은 노예였지만 갑골문에서의 "소신小臣"은 도리어 국가의 중요한 직관을 부르는 미칭이었다. 몇몇 "왕신王臣"은 귀족으로부터 공물로 헌납되었으며(예컨대 "오가 왕의 신하를 제공할까요? 吳供王臣", 『합집』 5,566편), 또 다른 일부는 직위가 매우 높아 상나라 왕 및 소수의 정인과 함께 점복에 대해 그 징험을 평가하기도 했다(『합집』 11,506편의 "왕의 신하가 점괘를 판단하여 말했다. □머리를 베도 좋다 王臣占曰, □㞢首, 若. "신臣과 복僕을 일에 투입했다"는 것은 비교적 원시적인 임관제도라 하겠다).[97]

상나라 때의 직관에는 왕을 보좌하는 대신이 있었고, 그 아래에 "대사료大事僚"가 설치되었다. 직관은 행정 · 사무 · 군사 · 종교문화 · 궁정 등 5가지로 분류됨으로써, 관직의 설치와 관직의 분할이 이미 비교적 완비되었다. 하지만 동시에 일정 정도의 원시성도 보여 주고 있는데, 이는 노예제사회의 발전 단계에 처했던 상나라 사회와 상응하고 있다.

---

96) 『合集』 14,370편의 "'필'에게 '료'제사를 '기'에게 올리라고 할까요? 惟[illegible]令燎于夒", 『屯南』 824편의 "'필'이 '대시'에 소를 쓰게 할까요? [illegible]以牛于大示用", 『合集』 14,551편의 "'작'을 불러 강신에게 제사를 드리게 할까요? 呼雀祀于河", 『合集』 413편의 "'작'으로 하여금 '부을'에게 강족 1명과 희생양 1마리를 드리라고 할까요? 御雀[于]父乙一羌一宰", 『合集』 32,700편의 "'오'에게 '이남'으로 '부정'의 종묘에서 제사를 그리게 할까요? 吳以二南于父丁宗" 등을 참조.

97) 이상의 職官에 관한 부분은 王貴民, 「商代官制及其歷史特點」, 『歷史研究』(1986年 第4期), 張亞初, 「商代職官研究」, 『古文字研究』(第十三輯, 1986)를 참조했다.

2) 은변후전殷邊侯甸－외복外服 직관 체계

상나라 때의 "외복外服" 직관에 대해서, 동작빈은 「은상 때의 5등 작위五等爵在殷商」에서 갑골문에 후侯·백伯·자子·남男 등의 작위 칭호爵稱가 이미 등장한다고 했다. 그 후 호후선胡厚宣·진몽가陳夢家·도방남島邦男·장병권張秉權·양승남楊升南 등도 이를 인정했다.[98] 호후선은 "제부諸婦"와 "제자諸子"도 봉지를 받아 제후가 되었다고 했고, 도방남은 "부婦"를 봉작封爵의 이름에다 직접 더하여 후侯·백伯·자子·부婦라 했다. 장병권은 "외복 제후" 중에서 도방남이 제시한 4개의 명칭 외에 "정인貞人"을 더 보탰다. 그는 이렇게 말했다.

> 갑골문으로 볼 때, 무술巫術에 통달했던 이들의 신분은 아마도 일반 사관들보다 더욱 존귀했을 것이며, 이들은 한 방국方國의 우두머리로서 중앙 조정에 복무하는 자였을 것이다. …… 이는 지방 수령을 중앙정부에 귀속시키고자 한 은왕의 정책의 하나였으며, 그들로 하여금 중앙 정부를 향해 마음을 돌리고 왕실에 충성을 바치게 했다.

복사에 등장하는 일부 정인의 이름은 지명과 같고, 어떤 경우에는 후侯·백伯·자子 및 방국方國의 이름과도 일치한다. 예컨대 무정 때의 정인이었던 선先과 전專은 바로 선후先侯와 전후專侯로 불렸으며, 읍邑에는 읍자邑子가, 긍亘에는 긍방亘方이라는 명칭이 존재한다. 정인과 동일한 이름을 가진 지명 및 후侯·백伯·자子의 명칭은 이러한 정인이 그 지역으로부터 차출되어 왕실에 근무했을 가능성도 배제할 수 없음을 말해 준다.

---

98) 董作賓, 「五等爵在殷商」, 『史語所集刊』, 六本三分, 1936; 胡厚宣, 「殷代封建制度考」, 『甲骨學商史論叢』 初集 第1冊, 成都, 1944; 陳夢家, 『殷虛卜辭綜述』, 科學出版社, 1956, 325～332면; 島邦男, 『殷墟卜辭研究』(中譯本), 臺北 鼎文書局, 1976, 420～455면; 張秉權, 『甲骨文與甲骨學』, 國立編譯館, 1988, 424～439면; 楊升南, 「卜辭中所見諸侯對商王室的臣屬關係」, 『甲骨文與殷商史』(胡厚宣 主編), 上海古籍出版社, 1983.

그들이 왕실에 근무하면서 "정인"이 되었다는 것은 개인의 신분으로 왕실의 관리가 되었기 때문에 "외복"의 한 종류로 볼 수는 없다. 예컨대 "전專"이 제후의 "후전侯專"을 지칭하는 후작이지만, 정인일 때에는 왕실의 관리이기 때문에 "정인"을 왕실 관리 부류에 귀속시킬 수밖에 없다. 부婦와 자子의 정황은 복잡하다. "부婦"의 경우 어떤 경우에는 봉지가 있지만 어떤 경우에는 없다. "자子"의 정황도 여러 가지이다. 왕자王子·자성子姓·봉작封爵 등에 대해서도 분명하게 구분하기가 쉽지 않다. 일반적으로 부婦와 자子를 왕실계통의 친속칭위 속에 포함시킨다. 그 정황에 대해서는 이미 위에서 기술했으므로, 여기서는 후侯·백伯·남男(임任)·전田·위衛 등과 같은 몇 가지 작위의 호칭만 "외복" 직관에다 포함시켰다.

(1) 후侯

복사에 보이는 후侯는 동작빈이 24명, 호후선이 29명, 진몽가가 25명, 도방남이 35명, 장병권이 41명이라 했다. 이미 발표된 갑골문을 정리한 결과 "후모侯某"(예컨대 후고侯告·후전侯專 등)로 부른 경우가 18명, "모후某侯"(예컨대 유후攸侯·용후龍侯 등)라 부른 경우가 31명이며, 구체적 예는 다음과 같다.

1. "후모侯某"로 부른 18명(괄호 안의 숫자는 『합집』의 탁본 번호)

侯告(401)	侯㕯(1026)	侯殳(3306)
侯专(3346)	侯奠(3351)	侯叙(3353)
侯[illegible](8856)	侯卓(3355)	侯殸(3357)
侯光(3358)	侯任(6963)	侯浞(8656)
侯量(19852)	侯沚(20024)	侯侯(20650)
侯屯(32187)	侯田(36528 反)	侯唐(39703)

2. "모후某侯"로 부른 31명

虢侯(697)	[illegible]侯虎(3286)	[illegible]侯(3307)
[illegible]侯(3310)	垂侯(3320)	雚侯(3321)
斬侯(3325)	[illegible]侯(3326)	[illegible]侯(3327)
攸侯(3330)	取侯(3331)	[illegible]侯(3332)
[illegible]侯(3333)	[illegible]侯(3335)	禾侯(3336)
上絲侯(3337)	龙侯[illegible] (3356)	黍侯(9934)
㞢侯(20061)	[illegible]侯(20067)	[illegible]侯(33071)
[illegible]侯(23560)	犬侯(32966)	[illegible]侯(36348)
[illegible]侯(36345)	[illegible]侯(36416)	昏侯(英藏 1772)
弜侯(东京 559)	[illegible]侯(怀特 24)	[illegible]侯(怀特 1592)
竹侯(3324)		

그중에서 후임侯任·후후侯侯·후전侯田에서의 임任·후侯·전田은 모두 봉작명封爵名인데, 후侯의 이름이 될 수 있는지에 대해서는 진일보한 연구가 필요하다. 후임侯任과 후후侯侯가 후侯의 이름일 가능성이 비교적 큰 경우는 다음의 복사들이다.

> 갑신일에 점을 칩니다. '왕작'이 '후임'을 사로잡아……? 甲辰卜, 王雀獲侯任……
>
> —『합집』 6,963편

> □□일에 점을 칩니다. 왕께서……하지도 않고……'후후'에게……'유'제사를 지내면 보살핌을 받겠습니까? □□卜, 王……不旣……于侯侯……侑又.
>
> —『합집』 20,650편

"후전侯田"의 경우 복사에서는 후侯와 전田을 지칭했던 것처럼 보인다.

> 을축일에 왕께서 점을 칩니다. 물어봅니다. 무당의 '구서九筮'의 의식으로 점

괘를 해석합니다. 우리가 청동기를 만들고 '후'와 '전'에게 알려 '저방'·'강방'·'수방'·'비방'을 정벌하게 하고, 우리가 '후'와 '전'을 따르게 하여 '사봉방'을 정벌할까요? 乙丑王卜，貞今𡆥巫九𠇸余作𢀛啓告侯田冊𢦏方·羌方·羞方·轡方，余其從侯田𢦏戔四封方.

—『합집』 36,528편 뒷면

상나라 왕이 "후전侯田"을 따르게 해 사봉방四封方(네 곳의 봉지)을 정벌했다는 것은 "우리가 '다전'과 '다백'을 따르게 하여 '우방백'을 정벌할까요? 余其從多田與多伯征盂方伯"(『합집』 36,511편)라는 복사의 내용과 비슷하다. 만약 "후전"·"후임"·"후후" 등을 후작의 명칭에서 제외한다면, 총 46명이 된다.

(2) 백伯

갑골문에서 "백伯"에는 두 가지 의미가 있다. 하나는 방국方國의 우두머리를 지칭하는 말로 적이든 우방이든 관계없이 모두 백伯이라 불렀다. 예컨대 항상 정벌의 대상이 되었던 우방盂方의 경우 그 우두머리를 "우방백盂方伯"(『합집』 36,511편), 위방危方의 우두머리를 "위백危伯"(『합집』 36,481편) 등으로 불렀다. 두 번째는 작위의 칭호爵稱이다. 작위의 칭호로 쓰인 "백伯"의 경우, 동작빈은 12명, 호후선은 19명, 진몽가는 26명, 도방남은 40명, 장병권은 도방남과 같이 40명을 열거했다. 필자의 통계에 의하면 "백모伯某"라 부른 경우가 12명, "모백某伯"이라 부른 경우가 33명으로, 총 45명이 출현하며, 구체적 내용은 다음과 같다(괄호안의 숫자는 『합집』의 탁본 번호이다).

1. "백모伯某"라 부른 12명

伯[illegible](2341)	伯[illegible](3413)	伯𡧊(3418)
伯垂(3439)	伯弜(3440)	伯戠(5945)
伯绊(5949)	伯弘(20086)	伯商(20087)
伯[illegible](20095)	伯沇(21936)	伯剌(34409)

2. "모백某伯"이라 부른 33명(지백沚伯과 백멱伯戠)은 사실 같은 인물이다.

[illegible]伯(6)	去伯(635)	丹伯(716)
绊伯(1118)	[illegible]伯(1780)	昜伯(3380)
[illegible]伯(3395)	[illegible]伯(3396)	兕伯(3397)
奚伯(3401)	[illegible]伯(3405)	羿伯(3406)
蓺伯(3407)	子伯(3409)	不伯(3410)
㞢伯(3444)	臭伯(3449)	异伯(3450)
而伯(6480)	孽伯(6827)	微伯(6987)
攸伯(8947)	雇伯(南师 1·80)	敉伯(20017)
宋伯(20075)	帚伯(20082)	归伯(33070)
盧伯(28095)	敵伯(29407)	[illegible]伯(36345)
暮伯(41011)	督伯(屯南 86)	沚伯(东京 945)

(3) 남男과 임任

갑골문에서의 "남男"이 작위의 명칭인지에 대해서, 동작빈과 호후선은 작위의 명칭이라 했고, 진몽가 · 도방남 · 구석규裘錫圭 등은 그렇게 보기에는 증거가 부족하다고 했다.[99] 갑골문에서의 "남男"은 다음의 복사에 보인다.

① 물어봅니다. '남'이 …… 하지 말까요? 貞男不其 ……

—『합집』 3,451편

99) 裘錫圭, 「甲骨卜辭所見的"田""牧""衛"等職官的研究」, 『文史』 第19輯, 中華書局, 1983.

② 물어봅니다. '작남'이 …… 받아 …… 貞 …… 雀男 …… 受 ……

—『합집』 3,452편

③ □□일에 점을 칩니다. '각'이 물어봅니다. 오는 갑진일에 '유'제사를 '상갑'께 드리면 '남' ……? □□卜, 㱿, 翌甲辰侑上甲男 ……

—『합집』 3,453편

④ …… 과연 …… 신을일에 …… '남'이었다. 10월이었다. …… 允 …… 辛乙 …… 男. 十月.

—『합집』 3,454편

⑤ …… '남'을 …… 받지 않을까요? …… 不其 …… 受男 ……

—『합집』 3,455편

⑥ 물어봅니다. '조'가 …… '남'이 …… 이길까요? …… 貞鳥 …… 男克 ……

—『합집』 3,457편

⑦ 경진일에 점을 칩니다. 물어봅니다. '남구'□ …… 불행한 일이 없겠습니까? 庚辰卜, 貞男丂□亡禍.

—『합집』 21,954편

①의 복사로부터 "남男"은 명사임을 알 수 있다. ⑥과 ⑦로부터 "남男"의 뒤에 붙은 "극克"과 "구丂"는 인명임을 알 수 있다. 그렇다면 "남男"은 성씨거나 족씨의 이름일 것이며, 작위의 칭호일 수도 있다. ②의 "작남雀男이 …… 받아受 ……"는 달리 "작雀이 …… 남을 받아受男"로 읽기도 하여 ⑤와 같다. 하지만 ②는 꼬리 왼쪽 부분의 거북딱지尾左甲로 "남男"자가 뾰족한 꼬리부분에 위치해 있고, "작雀"자는 "남男"자의 위쪽에 있으

〈그림 5〉『합집』3,452편 〈그림 6〉『합집』10,171편

며, 상하가 한 줄을 이루고 있지만, "수受"자는 "작雀"자의 오른쪽에 "작雀"자와 나란히 배열되어 있어, "남男"자와 일직선상에 있는 것이 결코 아니다(그림 5).

이러한 미갑尾甲 복사의 경우, 꼬리의 왼쪽 딱지일 경우 "위로부터 아래로, 바깥으로부터 안의 오른쪽으로", 꼬리 오른쪽 딱지일 경우에는 "위로부터 아래로, 바깥으로부터 안쪽의 왼쪽으로" 읽어 나간다.100) 예컨대『합집』10,171편 앞면의 하반부 왼쪽과 오른쪽 꼬리 딱지(그림 6)의 경우, 왼쪽 꼬리 딱지 부분은 "주자옥황윤약奏茲玉黃尹若"으로 읽어야지 "주자황옥윤약奏茲黃玉尹若으로 읽어서는 아니 된다." 그래서『합집』3,452편도 "위에서 아래쪽으로" 읽어 "작남雀男 …… 수受 ……"라고 해야지 "…… 작雀 …… 수남受男"으로 읽어서는 아니 된다.101) 다른 이름을 "남男"

100) 王宇信,『甲骨學通論』, 中國社會科學出版社, 1989, 135면.

자의 앞뒤에 덧붙일 수 있고, 주나라 때에 "남男"이 작위의 명칭의 하나였음을 고려한다면, 갑골문에서의 "남男"도 작위 명칭의 일종으로 보아야 한다. 사실『합집』3,455편의 "수남受男"에서의 "수受"도 인명이나 족명이어야지, "수년受年"·"수우受佑"라고 할 때의 "수受"는 아니다. "수受"가 인명이나 족명으로 쓰인 경우는 다음의 복사에서 볼 수 있다.

'수'가 왕의 "중인"들에게 상해를 입지 않을까요? 길하리라. 受不雉王衆. 吉

"중인"들에게 상해를 입힐까요? 其雉衆.

—『합집』26,884편

'수'가 1백 명을 불러 모으면, 왕께서 후회하지 않겠습니까? 受叀衆百, 王弗每.

—『합집』26,906편

임술일에 점을 칩니다. 물어봅니다. '아旃'가 방국에서 '수'를 따르게 할까요? 壬戌卜, 貞亞旃從受于方.

—『합집』28,011편

'수'가 빙국을 뒤쫓으면 …… 하겠습니까? ……受其追方, 叀……

—『합집』28,014편

갑골문에는 또 "수인受人"이라 부른 경우도 보인다.

왕께서 "중인"을 불러 '삽'을 방어하게 하면 '수인'과 '늠토인'과 '탁인'에게 재앙이 생길까요? 王其呼衆戍臿受人叀啚土人暨犿人有災.

---

101) 董作賓은「五等爵在殷商」에서 "이 복사는 거북 배딱지의 왼쪽 꼬리 뾰족한 부분에 새겨졌는데, '男'자의 위쪽 부분은 다른 복사와 관계된 것일 수 없다. 그래서 '雀男'이라는 이 두 글자는 이어진 문장이며, 雀國의 男爵임이 매우 분명하다"고 했다.

—『합집』 26,898편(이 판에서는 수인受人이 3번 등장한다)

'등'이 치지 않으면 …… '수인'들이 …… ?弜登戍 …… 受人 ……

—『합집』 28,030편

'수인'들에게 재앙이 없을까요? …… 受人亡灾.

—『둔남』 1,010편

갑골문에서 "수受"는 또 왕을 지칭하여 "수왕受王"이라 하기도 했다.

…… 물어봅니다. '수왕'이 할까요? …… 貞受王.

—『합집』 6,567편

물어봅니다. '수왕'이 할까요? 貞受王.

—『합집』 7,691편

이러한 이유로, 위에서 든 ⑤에서의 "수남受男"의 "수受"는 인명이 되어야 하며, "남男"은 그의 작위 명칭이다. ⑥에서의 "극克"도 인명인데, 다음의 복사에 보인다.

'극'을 따르게 하여 농사일을 하게 하면, 왕의 일에 협력하지 않을까요? …… 從克田弗其叶王事.

—『합집』 5,483편 앞면

물어봅니다. '극'을 취하여 방목하게 할까요? 貞取克芻.

—『합집』 114편

갑골문에서는 인물·종족·지명이 종종 동일한 이름으로 등장한다.[102] 『합집』 114편의 "극克"은 지명이나 족명임이 분명하므로, "남男"은 작위의 명칭으로 볼 수 있다. 갑골문에서 "남男"이라는 작위명은 위에서 인용한 ②·⑤·⑥·⑦의 복사에서만 다음처럼 4차례 보인다.

작남雀男 수남受男 남극男克 남구男芍

"임任"은 바로 남男이며, 갑골문에 보이는 "임任"작爵은 다음의 15명이 있다.

雀任(19033)	㽕任(1248)	㞢任(3521)
大任亚(4889)	盧任(5944)	帝任(7049)
骨任(7854)	而任(10988)	丫任(17920)
树任(18409)	析任(27746)	名任(屯南 668)
婦任(东京 280)	弜任(25255)	任𠂤虎(10917)

(4) 전田

상나라 때 후기의 복사에는 다음처럼 상나라 왕이 "전후侯田"·"다전多田" 혹은 "다전과 다백多田于多伯"이 함께 어떤 방국方國을 정벌하면 길할 것인지의 여부에 관해 물어보는 것이 자주 등장한다.

을축일에 왕께서 점을 칩니다. 물어봅니다. 오늘 무당의 '구서九筮'의 의식으로 점괘를 해석합니다. 우리가 청동기를 만들고 '후'와 '전'에게 알려 '저방'·'강방'·'수방'·'비방'을 정벌하게 하고, 우리가 '후'와 '전'을 따르게 하여 '사봉방'을 정벌할까요? 乙丑王卜, 貞今𡆥巫九备余作𢍰啓告侯田冊𠭯方·羌方·羞方·轡

102) 張秉權, 「甲骨文中所見人地同名考」, 『慶祝李濟先生七十歲論文集』, 臺北, 1967. 또 그의 『甲骨文與甲骨學』(國立編譯館, 1988), 301~338면에도 보인다.

方, 余其從侯田甾戔四封方.

—『합집』 36,528편 뒷면

□술일에 왕께서 점을 칩니다. 물어봅니다. 오늘 무당의 '구서九筮'의 의식으로 …… '다전'과 '다백'을 따르게 하여 '우[방의 우두머리 염]'을 정벌하면 …… 재앙이 있을까요? 불행한 일이 이 큰 …… 에 보고될까요? □戌王卜, 貞今𡆥巫九 …… 從多田于(與)多伯征盂[方伯炎] …… 灾, 禍告于玆大 ……

—『합집』 36,513편

갑술일에 왕께서 점을 칩니다. 물어봅니다. 오늘 …… '우𠂤' '우방' …… '서월'이 '서전'을 불러 …… '여' 1명을 위로하게 하고 …… '다전'을 따르게 하여 정벌하여 …… '서□'가 …… 아래 위에서 …… 甲戌王卜, 貞今 …… 𩅦𠂤盂方 …… 西戉典西田 …… 妥余一人 …… 從多田甾征 …… 西□自上下于 ……

—『합집』 36,181편

…… 무당의 '구서九筮' …… 짐이 '주'제를 올리면 …… 없을까요? 10월이었다. '주'제를 '다전'에게 올리고 ['다백'과 함께] '우방의 우두머리'를 [정벌하여] …… 에서 …… 𠭰 …… …… 巫九 …… 亡酒朕 …… 十月 …… 酒多田于(與)[多伯征]盂方伯 …… 𠭰于 ……

—『합집』 36,521편

정묘일에 왕께서 점을 칩니다. 물어봅니다. 오늘 무당의 '구서九筮'의 의식으로 점괘를 해석합니다. 우리가 '다전'과 '다백'을 따르게 하여 '우방의 우두머리 염'을 정벌하면 ……? 丁卯王卜, 貞今𡆥巫九备, 余其從多田于(與)多伯征盂方伯炎 …….

—『합집』 36,511편

"다전多田"은 다음에서처럼 강정 때의 복사에서 이미 출현하고 있다.

'다전'에게 재앙이 없을까요? 多田亡灾.

—『합집』 27,892편

……'다전'으로써 정벌하고 '유'제사를 드려 분봉을 하면……? ……以多田伐又封乃……

—『합집』 27,893편

……왕께서 '다전'을……? ……王叀多田……

—『둔남』 1,460편

무을·문정 때의 복사에서 "다전多田"과 아亞와 임任이 함께 왕명을 집행하는 내용도 등장한다.

……'다전'과 '아'와 '임'으로써……? ……以多田·亞·任……

—『합집』 32,992편

구석규에 의하면, 복사에 보이는 "전田"의 경우, 처음에는 "상나라 왕에 의해 파견되어 상나라의 수도 이외의 어떤 지역에 상주하면서 농지의 개간에 종사하던 직관"이었으나, 이러한 "전田"은 어떤 족인들에 의해 장기간 한 지역에서 고정적으로 개간하게 되었고, 세습제 하에서 족중族衆을 거느리고 무장까지 한 제후로 발전할 수 있었다. 상나라 후기에 들면 "상나라 왕은 아마도 이미 주동적으로 '전田'이라는 칭호를 주어 제후로 불렀을 것이다."[103] "다전多田"이라는 단어가 강정 시기에 출현하며, 『합집』 27,893편에 또 "다전으로 어떤 방국을 정벌을 하다以多田伐某方"는 내용이 있는 것으로 보아 상나라 왕이 "전田"이라는 제후를 세운

103) 裘錫圭, 「甲骨文中所見的"田", "牧""衛"等職官的硏究」, 『文史』 第19輯, 中華書局, 1983.

것은 강정 시기보다는 늦지는 않을 것이다. 후侯·백伯·남男(임任)은 무정 때의 복사에서 이미 자주 보이기 때문에 "전田"의 형성은 그들보다 늦었다.

(5) 위衛

"위衛"는 상나라나 주나라 사람들에게 모두 작위 명칭의 하나였다. 주나라 사람들은 상나라 때에 "위衛"가 존재했다고 했는데, 『상서』「주고酒誥」에서 이렇게 말했다.

> 외복의 후복·전복·남복·위복의 제후와…… 너는 은나라의 어진 신하와 후복·전복·남복·위복의 제후에게 힘써 삼가도록 해야 할 것이다. 越在外服, 侯·甸·男·衛邦伯…… 汝劼毖殷獻臣: 侯·甸·男·衛.

주나라 사람들은 자신을 "위衛"에 해당하는 등급으로 부른 적이 있다.

> 주공께서 터를 닦기 시작하여 동쪽 땅 '낙'에 도읍을 만들었다. 사방의 백성들이 크게 기뻐하며 모여들었고, 후복·전복·남복·방복·방복·채복·위복의 여러 관리와 사방의 백성이 모두 주나라를 위해 힘썼다. 周公初基, 作大邑于東國洛, 四方民大和會, 侯·甸·男·邦·采·衛·百工播民和見士于周.
>
> —『상서』「강고」

> 왕명으로 말하기를, 서방·후복·전복·남복·위복이여. 王若曰, 庶邦, 侯·甸·男·衛.
>
> —『상서』「고명」

갑골문의 "위衛"자는 동사로 쓰일 경우 보위하다·지키다 등의 뜻을 가진다. 또 "다견위多犬衛"(『합집』 5,665편) · "다마위多馬衛"(『합집』 5,711편) · "다사위多射衛"(『합집』 9,575편) 등으로 표현되기도 하는데, "다견多犬" · "다마多馬" · "다사多射"에서의 견犬 · 마馬 · 사射는 관직이름이다. 왕우신은 여기서의 "위衛"는 지키다는 뜻으로 쓰인 것이 분명하다고 했으며,104) 왕귀민은 "보위대衛隊"라고 했다. 복사에서의 "위사료韋𠂤寮"의 "위韋"는 "위衛"와 같고, "위사료"는 바로 왕실을 지키는 직관의 소재지로, 이는 "위복衛服이 존재했던 흔적이다"고 했다.105) 구석규는 복사에서의 "어떤 곳(지명)+위衛"고 할 때의 "위衛"는 직관임에 틀림없으며, 이는 "재모在某(地名)+견犬"이나 "재모在某(地名)+전田"에서의 "견犬"과 "전田"이 관직 이름인 것과 같다고 했다.106) "재모在某+위衛"의 형식으로 된 복사를 보자.

□해일에 물어봅니다. '丂'에서 '위'가 보내올까요? □亥, 貞在丂衛來.

—『합집』 32,937편; 『업』 3하 · 48 · 6편

정해일에 점을 칩니다. '언'에서 '위'가 '주'제를 '읍과'에게 드리고 책명을 내리고 또 사방의 신에게 음악을 연주하고 돼지를 바치며, 이번 가을 왕께서 …… 를 보낼까요? 丁亥卜, 在䓂衛酒邑𢽠典冊又奏方豚, 今秋王其使 ……

—『합집』 28,009편

□사일에 점을 칩니다. '심'에서 '위'가 …… ? □巳卜, 在尋衛 ……

—『합집』 28,060편; 『주』 6,682편

'연'에서 '위'를 순시하게 하고, '雋'에서 …… 왕께서 후회가 없겠습니까? 其取

104) 王宇信, 「甲骨文"馬""射"的再考察－兼駁馬 · 射與戰車相配置」, 『第三屆國際中國古文字學討論會論文集』, 홍콩 中文大學, 1997.

105) 王貴民, 「"衛服"的起源和古代社會的守衛制度」, 『中華文史論叢』 第3輯, 上海, 1982.

106) 裘錫圭, 「甲骨文所見"田""牧""衛"等職官的硏究」, 『文史』 第19輯, 中華書局, 1983.

在演衛凡于𨾴…… 王弗每.

—『둔남』 1,008편

"위衛"는 아래처럼 무정 시기의 갑골문에서 인명이나 족명으로 쓰인 경우도 있다.

갑인일에 점을 칩니다. '영'이 물어봅니다. '위'가 노예를 보내왔는데 모두 쓸까요? 甲寅卜, 永, 貞衛致僕率用.

물어봅니다. '위'가 노예를 보내왔는데 모두 쓰지 말까요? 貞衛致僕勿率用.

—『합집』 555편 앞면

물어봅니다. '위'가 노예를 보내왔는데 쓸까요? 貞衛致僕率用.

—『합집』 555편 뒷면

물어봅니다. '위'가 노예를 보내올까요? 貞衛致僕.

—『합집』 556편 앞면

임신일에 점을 칩니다. '고'가 물어봅니다. '위'가 노예를 보내오지 않을까요? 壬申卜, 𡆥, 貞衛弗其致僕.

—『합집』 556편 뒷면

"위衛"가 직관명인 사射나 아亞와 병칭된 복사도 보인다.

…… 이에 '위'·'사'·'아'를 돌아오게 할까요? …… 迺呼歸衛·射·亞.

—『합집』 27,941편

만약 "위衛"가 관직명이지 행동의 하나가 아니라면, 다음의 복사에 보이는 "위衛" 앞에 놓인 글자는 지명이거나 인명이 되어야 한다.

물어봅니다. '붕'제사를 '목위'에게 올릴까요? 貞倗于穆衛.

—『합집』 7,563편

물어봅니다. '[illegible]위'에게 명령을 내리지 말까요? 貞勿令[illegible]衛.

—『합집』 7,568편

물어봅니다. '목위'에게 명령을 내릴까요? 貞叀木令衛.

—『합집』 7,569편

……'유위'……그리하여…… 㞢衛……徃……

—『합집』 7,573편

……龟의 '형위'. 龟兄衛.

—『합집』 7,575편

을해일에 점을 칩니다. '대'가 물어봅니다. '반'을 불러 '유위'에게 비료를 주게 할까요? 己亥卜, 大, 貞呼般[illegible]㞢衛.

—『합집』 23,666편

경신일에 점을 칩니다. '쟁'이 물어봅니다. 돼지를 올려 '절'제사를 드리면 '공위'가 사로잡을 수 있겠습니까? 庚申卜, 爭, 貞令登彘斫工衛有擒.

—『합집』 9,575편

을유일에 '섬위'에게 명령을 내려 따르게 할까요? 己酉令[illegible]衛從.

—『합집』 32,999편

"모위某衛"라는 단어는 "모후某侯"·"모백某伯"·"모남某男(任)" 등과 같은 구조이다. "위衛"가 구석규의 설명처럼 상나라 왕이 상의 수도 이외의 어떤 지역에 파견하여 상나라 왕국을 보위하게 했던 무관이고, 세습제로 인해 이후 제후로 변했다고 한다면, 이는 "전田"의 상황과 비슷하다.[107)]

갑골문에는 이름은 같지만 작위는 다른 현상이 존재하는데, "유㞢"의 경우 유후㞢侯·유백㞢伯·유임㞢任 등의 칭위가, "이而"에게는 이백而伯·이임而任 등의 칭위가 있다. 이것이 작위의 등급이 정해지지 않아 정해진 칭위가 없었던 것인지, 아니면 사람의 작위가 변해서 그렇게 된 것인지에 대해서는 더 연구가 필요하다.

갑골문에서의 후侯·백伯·남男(임任)·전田·위衛와 상의 중앙 정부와의 관계는 상하관계의 "신속"관계였다.[108)] 이러한 관계는 왕실에 대해 그들이 이행해야 했던 의무로 표현되었는데, 그러한 의무는 대체로 다음의 네 가지로 요약된다.

첫째, 변방의 방어戍邊.

서주 초의 청동기인 「대우정大盂鼎」의 명문에 상나라 왕조의 제후를 "변후전邊侯田"이라 칭한 것이 있다. 수변戍邊과 수변守邊은 상 왕조에서 후侯와 위衛를 설치했던 목적이었다. 외적이 침입하면 변경의 제후들은 솔선해서 상 왕실에 적의 정황에 대해 다음처럼 보고해야 했다.

> 서쪽에서부터 재난이 닥쳐왔는데, '지멱'이 보고했다. 토방이 우리 동쪽 지역으로 쳐들어왔으며, 2개의 읍이 함락되었습니다. 有來艱自西, 沚戠告曰, 土方征于我東鄙, 𢦏二邑.
>
> —『합집』 6,057편 뒷면

107) 裘錫圭, 「甲骨文所見"田", "牧""衛"等職官的研究」, 『文史』 第19輯, 中華書局, 1983.
108) 楊升南, 「卜辭所見諸侯對商王室的臣屬關係」, 『甲骨文與殷商史』, 上海古籍出版, 1983.

둘째, 왕을 수행해 적국을 정벌함.

왕을 따라 정벌할 때에는 당연히 본국의 군대를 데리고 상 왕실의 군대와 협력하여 전쟁을 치러야 했다.

왕께서 '후고'를 따르게 하여 동쪽 이민족을 정벌할까요? 王叀侯告從征夷.

—『합집』 6,460편

내가 '후희'를 따르게 하여 '인방'을 정벌할까요? 余從侯喜征人方.

—『합집』 36,482편

왕께서 '이백 귀'를 따르게 하여 '□방'을 정벌할까요? 王叀而伯龜從伐□方.

—『합집』 6,480편

내가 '다전'과 '다백'을 따르게 하여 '우방백 염'을 정벌할까요? 余其從多田于(與)多伯征盂方伯炎.

—『합집』 36,511편

셋째, 왕실에 공납을 바침.

제후들이 왕실에 바쳤던 공납의 종류는 매우 다양하여, 노예·기호품·거북딱지 등이 포함되었다.

무신일에 점을 칩니다. '후백'이 사람을 보내올까요? 戊申卜, 侯伯致人.

—『합집』 1,026편

물어봅니다. '용'을 불러 '강족'을 보내게 할까요? 貞呼龍致羌.

—『합집』 272편 뒷면

물어봅니다. '후'가 뼈와 노예를 보내올까요? 과연 보내왔다. 貞侯致骨芻. 允致.

—『합집』 98편

물어봅니다. '상'이 상아를 보내올까요? 貞商其致齒.

—『합집』 17,302편

강羌과 추芻는 노예이며, 치齒는 상아를 말한다. "어떤 사람이 얼마"라는 갑골의 기록은 왕의 신하들이 왕실에 공납으로 바친 거북의 수를 기록한 것인데, 그중 대다수가 다음처럼 제후의 "공납"에 관한 기록이다.

'전'이 2개를 들여왔다. 奠入二.

—『합집』 151편 뒷면

'당'이 10개를 들여왔다. 唐入十.

—『합집』 892편 뒷면

'희'가 5개를 들여왔다. 喜入五.

—『합집』 900편 뒷면

'죽'이 10개를 들여왔다. 竹入十.

—『합집』 902편 뒷면

'작'이 250개를 들여왔다. 雀入二百五十.

—『합집』 1,531편 뒷면

넷째, 왕실을 위해 각종 잡역을 제공함.

갑골문에는 "협왕사叶王事"나 "협짐사叶朕事"라는 말이 등장하는데, 이는 공사에 참여함을 말한다.

'견후'로 하여금 왕의 일을 돕게 할까요? 令犬侯叶王事.

—『합집』 32,966편

물어봅니다. '작'이 왕의 일을 도울까요? 貞雀叶王事.

—『합집』 10,125편

'고'가 '송백 지'를 취하면 왕의 일을 돕는 데 불행한 일이 될까요? '송백 지'가 '고'를 따를까요? 鼓其取宋伯歪禍叶朕事, 宋伯歪從鼓.

—『합집』 20,075편

'죽숭원'으로 하여금 □에서 왕의 일을 돕게 할까요? 令竹祟元于□叶朕事.

—『합집』 20,333편

왕의 [일을] 돕는데 '고'제사를 드리고 '𠑹[백]'을 취할까요? 점괘를 해석해 말했다. 좋다. 갔다. 叶王[事]告取𠑹[伯], 叶占曰 : 若, 一往.[109]

—『합집』 20,534편

"협왕사"나 "협짐사"가 가리키는 "사안"은 매우 광범위하다. 국경 방어・작전・수렵・파종・제사 등 "왕의 일"에 포함되지 않는 것이 없었다. 후侯・백伯・남男(임任)・전田・위衛의 존재는 상 왕조의 "봉건제"에 의한 결과라는 것은 의심의 여지가 없다. 심건화는 이러한 분봉은 "실제로는 종족의 분립이며, 상나라 왕은 분봉을 통해 동성과 이성, 대종과 소종의 분립을 이루었으며, 제후・신臣・백伯・자子・남男 등의 지위에 봉함으로

109) (역주) 『은허 갑골 각사 모석 총집』에는 "丙寅卜載, 王告取兒, 甾占曰 : 若, 往"으로 되어 있다.

써", "상나라 왕국의 주위를 둘러싸 외부의 침략을 막았다"고 했다.110)

3. 종법宗法제도와 가족 형태

종법제도와 가족형태는 상관된 두 가지의 문제로서, 상나라 때의 사회발전 단계를 이해하는 데 대단히 중요하기 때문에 갑골문과 상대사를 연구하는 학자들이 중시해 왔던 부분이다. 상나라 때에 종법제도가 존재했는지, 상나라 때의 가족 구조가 어떠했는지, 또 어떤 특색을 가졌는지 등에 관한 문제는 백 년 갑골학 연구사에서 중요한 과제의 하나였다.

1) 종법제도

종법제도의 핵심은 승계제도에 있다. 『예기』「상복소기喪服小記」에서는 "별자別子를 할아버지祖로 삼고, 별別을 승계하는 것을 종宗(즉 대종大宗 -인용자 주), 아버지禰를 승계하는 것을 소종小宗이라 한다"고 했다. 청나라 때의 정요전程瑤田은 『종법소기宗法小記』에서 "종宗의 도道요, 형兄의 도道이다"고 했다. 소위 "종법"이라는 것은 곧 적서嫡庶제도를 말하며, 그래서 실제로는 승계제도라 할 수 있다.

상나라 때에는 종법제도가 존재하지 않았다는 것은 왕국유에 의해 처음으로 제기되었다. 그는 유명한 논문인 「은주 제도론殷周制度論」에서 이렇게 말했다. "상나라의 계통법은 아우弟를 위주로 하면서 아들子 승계의

110) 沈建華, 「商代冊封制度初探」, 『第二屆國際中國古文字學硏討會論文集』(香港中文大學三十年校慶), 홍콩 中文大學, 1993.

보조로 삼았다. 그래서 아우가 없을 경우 아들에게 승계되었다. 성탕成湯부터 제신帝辛에 이르기까지 30명의 왕 중에서 형제 승계가 14명(외병外丙·중임中壬·대경大庚·雍己·대무大戊·외임外壬·단갑河亶甲·옥갑沃甲·남경南庚·반경盤庚·대신大辛·소을小乙·조갑祖甲·강정庚丁)이며, 부자 승계의 경우라 하더라도 형의 아들이 아닌 동생의 아들이 승계한 경우가 많았다(소갑小甲·중정中丁·조신祖辛·무정武丁·조경祖庚·늠신廩辛·무을武乙)." 그래서 "상나라 사람들에게는 적서의 제도가 존재하지 않았기 때문에 종법이 있을 수 없었다."111)

하지만 호후선은 상나라 때에 종법이 없었다는 왕국유의 학설은 "정확하지 않은 이론"이라 하면서는 상나라 때에도 종법제도가 존재했다고 했다. 그는 "종법의 의미에는 세 가지가 있는데, 첫째는 부계父系를, 둘째는 족외혼族外婚을, 셋째는 장자 승계제도를 말한다. 은대에서 이러한 것들은 모두 문제가 되지 않았다"고 했다.112)

상나라의 "장자승계"에 관해 진몽가는 찬동하지 않았다. 그는 상나라 때는 "아들 승계와 동생의 승계가 병용되었으며, 이에는 주종의 구분이 없었다. 형의 아들에게 승계되는 것과 동생의 아들에게 승계되는 것이 병용되었으며, 이에도 주종의 구분이 없었다"고 했다.113) 하지만 이학근은 "주종의 구분이 없었다"는 진몽가의 설에 반대했는데, 이렇게 주장했다. 은대에는 이미 입저立儲 제도가 있었으며, 갑골과 상나라 금문에 모두 "태자太子"가 등장한다. 이는 상나라 때의 왕도 "재위 당시에 '태자'를 세웠다는 것을 말한다." 무정의 장자인 조기祖己와 탕의 장자인 대정大丁은 왕으로 즉위하지는 못했지만, 이미 태자로 세워졌기 때문에 의제衣祭(즉 주제周祭)의 사전祀典에 포함될 수 있었다. "동생이 즉위하는弟及" 문제에 대해 이학근은 왕해王亥부터 무경武庚에 이르는 상나라 때의 35명의

111) 王國維, 『觀堂集林』 卷十, 中華書局, 1959.
112) 胡厚宣, 「殷代婚姻家族宗法生育制度考」, 『甲骨學商史論叢』 初集 第1冊, 成都, 1948.
113) 陳夢家, 『殷虛卜辭綜述』, 科學出版社, 1956, 370면.

왕을 다음의 5단계로 나누어 논의했다.

① 왕해王亥부터 대정大丁까지, 9세世 9왕王은 아들이 승계했다.
② 대갑大甲부터 잔갑戔甲까지, 4세世 9왕王은 어떤 경우에는 동생이 왕이 되었고 형은 상시上示에 모셔졌다.
③ 조을祖乙부터 조정祖丁까지, 3세世 3왕王은 아들이 승계했다.
④ 양갑陽甲부터 조갑祖甲까지 3세世 8왕王은 어떤 경우에는 동생이 왕이 되었고 동생이 상시上示에 모셔졌다.
⑤ 강정康丁부터 무경武庚까지, 6세世 6왕王은 아들이 승계했다.

이렇게 단계를 나눈 연구 이후 얻은 결론은 다음과 같았다. "아들 승계가 18세世, 동생 승계가 7세世였으며, 거기에는 사실 동생이 승계했다는 어떤 규칙도 존재하지 않는다. (…중략…) 은대에는 아들 승계가 일상적이었고, 동생의 승계가 특이한 경우였다. 동생 승계라는 현상이 나타나게 된 것은 아마도 정치적 필요나 왕위 다툼의 변란에 의한 것이었을 것이다."114)

"부자 승계가 정상이고, 형제 승계가 예외이다"는 것은 분명 상나라 왕의 승계법이었다. "부자 승계"에서 장자는 또 특별히 우월적 지위를 가졌다. 상나라의 경우, 성탕成湯의 건국에서부터 주紂의 멸망에 이르기까지, 조갑祖甲 및 제을帝乙 제신帝辛(주紂) 때까지의 복사에 보이는 "주제 계보周祭譜"에 의하면 실제는 단지 17세世 29왕王만 존재하는데, 『사기』「은본기」에 기록된 중임仲壬·옥정沃丁·늠신廩辛 등은 주제 계보에 보이지 않는다. 이 세 명의 왕이 엄밀한 "주제 계보"에 보이지 않는다는 것은 이들이 왕위에 오르지 않았기 때문일 것이며 그렇다면 『사기』의 기록이 잘못 됐을 가능성이 높다. 이학근은 이 세 왕의 지위가 낮았다고 했지만, 『사기』에

114) 李學勤, 「論殷代的親族制度」, 『文史哲』, 1957年 第11期.

의하면 옥정沃丁과 늠신廩辛은 모두 장자였기 때문에 분명 "태자"로 세워졌을 것이다. 장남으로서, 태정太丁과 조을祖己은 왕이 되지는 못했지만 제사 계보에는 올라 있다. 옥정沃丁과 늠신廩辛이 태자인데다 국왕이 되었다고 한다면, 이들이 "제사 계보"에 들지 못했다는 것은 논리적으로 이해되지 않는다. 가장 가능성이 높은 것은 본래부터 이 세 명의 왕은 없었다는 것이다. 중정仲丁이 왕위에 오른 것도 매우 특수한 경우이다. 중정은 대무大戊의 아들이었는데, 대무大戊는 "주제 계보"의 제사 순서에 의하면 소갑小甲의 뒤, 옹기雍己의 앞에서 제사를 받았다. 『사기』에서는 대경大庚에게는 소갑小甲·옹기雍己·대무大戊 등 세 명의 아들이 있었다고 했지만, 사실은 "소갑·대무·옹기"의 순이었을 것이다. 대무大戊의 아들인 중정仲丁은 그의 아버지가 둘째였기 때문에 본래 왕위 승계 권한이 없었다. 중정仲丁의 왕위는 분명 찬탈한 것이다. 그래서 『사기』에서 "중정仲丁 이후로 적자 승계제도를 버리고 여러 동생의 아들을 왕으로 세우도록 바꾸었다. 여러 동생의 아들이 서로 다투면서 왕위를 승계하게 되자 구세九世보다 더 혼란스러웠다"고 기록했던 것이다. 본래는 소갑小甲의 아들이 왕이 되어야 했으나 기회를 빼앗겼고, 그래서 "서로 다투어 왕이 되는" 변고가 생겼던 것이다. "부자승계"의 각도에서 보면, 탕湯으로부터 제신帝辛까지의 17세世는 다음의 세 단계로 나눌 수 있다.

> 첫째, 대을大乙, 탕湯부터 조정祖丁까지의 11세世는 형의 아들이 승계했다(중정仲丁은 제외).
>
> 둘째, 소을小乙부터 조갑祖甲까지의 3세世는 동생의 아들이 승계했다.
>
> 셋째, 강정康丁부터 제을帝乙까지의 4세世는 1세世 1왕王으로 형의 아들이 승계한 것으로 보아야 한다.

소을小乙의 경우 아들인 무정武丁만 왕이 되었고, 무정의 경우 소위 동생에게 승계한 문제가 존재하지 않았기 때문에, 17세世 중에서 진정으로

"동생의 아들에게 왕위를 승계한" 것은 사실 소을小乙·조갑祖甲의 2세世에 불과하다.115) 그렇다면 왕국유의 "부자 승계의 경우라 하더라도 형의 아들이 아니라 대부분 동생의 아들이었다"는 말은 상나라 때 왕위승계의 정황에 전혀 부합되지 않음을 알 수 있다. 소을부터 "동생의 아들"에게 왕위를 승계했다는 것은 아마도 "9세世 때 보다 더 혼란스러웠다"는 교훈을 받아들였기 때문일 것이다. "9세世의 난"을 거치면서 상의 국력은 크게 손상되었고, 여러 차례 수도를 옮겼으며, 거의 편안한 날이 없었는데, 그것은 모두 "여러 동생의 아들들이 서로 왕이 되고자 다투었기" 때문이었다. 왕위의 승계를 순조롭게 하기 위해서는 당시 왕의 아들에게 승계시키는 것이 가장 무난했다. 그래서 소을 이후로는 어떤 까닭인지는 알 수 없지만 조경祖庚의 아들이 왕위를 승계하지 못한 경우(『상서』「무일」에서는 조갑祖甲을 "의롭지 않게 된 왕"이라고 했다)를 제외하면, 모두 당시 왕의 아들이 왕위를 승계했으며, 상나라 후기에 들어 왕위 승계의 문제가 해결됨으로써 사회도 크게 발전하게 되었다.

제사 제도라는 측면에서, 복사에 반영된 직계와 방계가 받았던 대우는 서로 달랐다. 직계는 승계한 아들이 있는 경우를 말하고, 방계는 승계한 아들이 없는 경우를 말한다. 직계의 경우 대시大示라 불렀고, 방계는 소시小示라 불렀다. 대시大示의 사전은 소시小示보다 성대했고, "주제 계보"에서 대시大示의 법정 배우자는 모두 사전에 올라 제사를 받았으나, 소시小示에 해당하는 왕들은 그러지 못했다. 방계 선왕의 하나인 강갑羌甲의 경우, 그 배우자는 조갑祖甲 때 제사 계보에 올라 제사를 받은 적이 있는데, 그것은 그의 아들인 남경南庚이 왕이 되었기 때문이다. 하지만 결국 형에 의해 전해지는 직계가 아니었으므로 제을·제신 때의 제사 계보에서는 삭제되고 말았다.

직계와 방계는 제사를 받을 때 예수禮數에 차별이 있었을 뿐 아니라

115) 楊升南, 「從殷墟卜辭中的"示""宗"說到商代的宗法制度」, 『中國史研究』, 1985年 第3期.

제사를 받는 장소에서도 차이가 났다. 직계는 "대종大宗"에서 제사를 받았지만 방계는 "소종小宗"에서 제사를 받았다.

□술일에 점을 칩니다. 신해일에 '주'제사와 '융'제사를 '상갑'부터 대종의 종묘에서 올릴까요? □戌卜, 辛亥酒彡自上甲在大宗彝.

—『합집』 34,044편

정해일에 점을 칩니다. 소종의 종묘에서 '유'제사를 드리는데, '승'제사를 '대[을]'부터 올릴까요? 丁亥卜, 在小宗侑升自[大]乙.

—『합집』 34,045편

□해일에 점을 칩니다. 대종의 종묘에서 '유'제사를 드리는데, '승'제사와 '벌'제사를 올려 강족 3명과 작은 희생 소 10마리를 드리고, '상갑'부터 지낼까요? □亥卜, 在大宗侑升伐三羌十小牢, 自上甲.

기해일에 점을 칩니다. 소종의 종묘에서 '유'제사를 드리는데, '승'제사와 '세'제사를 '대을'부터 지낼까요? 己亥卜, 在小宗侑升歲自大乙.

—『합집』 34,047편

또 다른 한 복사에서 "소종에서 '상갑'부터在小宗自上甲"라는 기록이 있는데, 여기서의 "소小"자는 분명 "대大"자의 잘못임이 분명하다. 이 갑골에는 다음과 같은 두 조목의 복사만 존재한다.

을해일에 '유'제사를 드리는데, '승'제사와 '세'제사를 소종의 종묘에서 '상갑'부터 드릴까요? 11월이었다. 乙亥侑升歲在小宗自上甲. 十一月.

을축일에 점을 칩니다. 소종의 종묘에서 '유'제사를 드리는데, '승'제사와 ['세'제사를 '대]을'부터 드릴까요? 乙丑卜, 在小宗侑升[歲自大]乙.

—『합집』 34,046편

이상에서 인용한 『합집』 34,047편을 예로 들면, 이는 잘못 새긴 것이 매우 명확하다. 복사에서 상갑上甲부터 시작해 제사를 받는 선왕先王은 다음의 예처럼 일반적으로 대시大示, 즉 직계 선왕을 말한다.

> 정축일에 점을 칩니다. 물어봅니다. '유'제사를 드리는데, '승'제사와 '벌'제사를 '상갑'부터 시작하여 '대시'에 강족 5명과 희생 소 3마리를 쓸까요? 丁丑卜, 貞侑升伐自上甲大示五羌三牢.
>
> —『합집』 32,090편

이러한 예는 너무 많기 때문에 일일이 들지 않는다. "대종大宗"에서 제사를 받는 사람은 상갑上甲부터 시작되는 직계 선왕이며, "소종小宗"에서 제사를 받는 사람은 대을大乙부터 시작되는 선왕인데 이들은 물론 방계의 선왕이다. 제사와 종묘의 크기는 제의의 성대함을 직접적 반영한다. 이러한 차별은 부자 승계의 관념이 당시에 이미 사람들의 가슴속 깊이 박혀있었음을 반영해 준다. 제의 상에서의 이러한 차별이 종법제도에서 적서의 구별을 두는 제도이다. 구석규는 이렇게 지적했다. 복사에서의 "부을제父乙帝"·"제정帝丁"·"제갑帝甲"·"문무제文武帝"라고 할 때의 "제帝"는 당시의 왕이 돌아가신 부왕을 부르던 전문적 칭호로, 이때의 "제帝"는 바로 "적嫡"과 같다. 그리고 복사에서 "제帝"자와 상대되는 "개介"자는 서로 연결되어 친속칭위로 쓰이는데, 개자介子·개형介兄·개부介父·개모介母·개조介祖라고 할 때의 "개介"는 "서庶"와 같은 뜻이다. 이렇듯 적嫡과 서庶라는 용어는 이미 상나라 사람들의 언어 속에 출현했던 것이다.116)

상나라 왕의 승계제도는 부자승계가 일상적이었으며, 부자승계는 형의 아들의 승계가 주가 되었다. 복사에 대시大示의 직계와 소시小示의 방

116) 裘錫圭, 「關于商代的宗族組織與貴族和平民兩個階級的初步研究」, 『文史』 第17輯, 中華書局, 1983.

계의 구별이 존재하고, 언어에서 이미 제帝(적嫡)와 개介(서庶)라는 단어가 출현했다면, 상나라 때에는 이미 종법제가 존재했음이 분명하다.

상나라 때 왕실의 왕위 승계제는 장자에게 승계되는 것이 일상적이었기에, 바로 귀족들에게서도 장자에게 승계되는 것이 일상적이었다. 『쿨링』 1,506편은 "가보 각사家譜刻辭"로, 귀족 아兒씨의 가족족보를 기록했다.[117] 이 가족족보에 보이는 12번의 승계 과정에서 10명이 아들에게 승계되었고, 단지 2명만이 동생에게 승계되었으며, 동생에게 승계된 경우에도 자신의 아들이 아닌 형의 아들에게로 되돌려 졌는데, 이는 왕실의 승계법과 기본적으로 일치한다. 그 계보는 다음과 같다.

> 아兒의 선조는 취吹라 하는데, 취의 아들을 요妖, 요의 의 아들을 [illegible], [illegible]의 아들을 작雀, 작의 아들을 일壹, 일의 동생을 계啓, 계의 아들을 상喪, 상의 아들을 양養, 양의 아들을 홍洪, 홍의 아들을 어御, 어의 동생을 [illegible], 어의 아들을 차㰺, 차의 아들을 [illegible]이라 했다.

이 가족 족보에서 2세世에서 "동생"에게 전해진 것은 예외에 속한다. 족보에 "제弟"라는 말이 들어 있기에 족보에서의 "자子"는 바로 형兄 즉 장자를 말한다. 이 가족 족보로 볼 때 상나라 때의 귀족들에게서도 장자 승계라는 일상적인 종법제도가 존재했음을 볼 수 있다.

---

117) "兒氏家譜" 刻辭의 眞僞에 대해서는 커다란 논쟁이 벌어졌는데, 胡厚宣과 于省吾은 각기 이에 관한 논문을 발표했다. 이에 관해서는 張秉權, 『甲骨文與甲骨學』의 第11章 第5節 "一支貴族的世系－兒氏家譜"를 참조하기 바란다. 장병권은 또 여러 가지 증거를 보충했으며, 이 각사가 위각이 아니라고 했다.

2) 가족 형태

가족은 혼인과 혈연관계로 결합된 사회적 단위이다. 한 가족 내에는 일정 수의 개체를 가진 작은 가정이 포함되어 있으며, 당시 가정의 규모가 크지 않았다는 것은 의심의 여지가 없다. 고대문헌에서 말한 "다섯 식구의 집五口之家"이나 "여덟 식구의 집八口之家"은 바로 가정을 지칭한다. 상나라 때의 경우 한 쌍의 부부가 주가 된 이러한 가정은 고고 발굴에 의해 발굴된 묘장 군에 이미 반영되어 있다. 예컨대 안양 은허의 매원장梅園莊과 유가장劉家莊에서 발견된 성인 남녀를 함께 묻은 묘장墓葬이 바로 그 예이다.[118] 주봉한은 은허 서쪽 구역의 묘장 군에 대해 군과 조를 나누는 식으로 연구했는데, 각각의 조는 많아야 동일 시기의 4명을 넘지 않음을 발견했다.[119] 만약 한 조가 하나의 가정이라고 한다면 그 규모는 매우 작아, "하나만 낳은 집"인 셈이다. 송진호에 의하면, 이러한 가정은 주로 식구가 다시 태어난 단위를 중심으로 출현했으며, 그들은 일상생활에서는 일정한 독립성을 유지했지만 경제적으로는 다층차의 친속집단에서부터 완전히 벗어나지 못했고, 그래서 죽은 뒤에도 살아 있을 때 함께 했던 것처럼 하나의 무덤 속에 묻혔던 것이라고 한다.[120]

은허 서쪽 구역에서는 1967년부터 1977년까지 총 939기의 무덤이 발굴되었다. 발굴자들은 묘지를 자연분포에 따라 8개의 구역으로 나누었는데, 각각의 구역은 한 "족族"의 무덤으로 여겨지고 있다.[121] 이러한 가설은 이미 다수 학자들에 의해 수용되었는데, 이것은 상나라 때의 가족 형태를 연구하는 가장 중요한 근거가 되고 있다. 하지만 이 몇 묘장 군의 매장 정황은 비교적 복잡하다. 예컨대 동일한 구역 내라 하더라도 사

---

118) 孟憲武, 「殷墟南區墓葬發掘綜述－幷談幾個相關的問題」, 『中原文物』, 1986年 第3期.
119) 朱鳳瀚, 『商周家族形態硏究』, 天津古籍出版社, 1990, 106～115면.
120) 宋鎭豪, 『夏商社會生活史』, 中國社會科學出版社, 1994, 143～144면.
121) 『考古學報』, 1979年 第1期.

자를 매장한 모습이 다르고(앙신직지장仰身直肢葬·부신장俯身葬·굴지장屈肢葬 등이 있다), 머리의 방향도 일치하지 않으며, 묘실의 구조도 서로 다르고(요갱腰坑의 유무의 차이), 청동기 상의 씨족 표지徽識도 통일되어 있지 않다.[122] 그럼에도 연구자들이 한 곳에 매장되었다는 사실에만 주목하고 위에서 이야기한 문제들에 대해서는 논의하지 않았다는 것은 부족한 점이 있다 하겠다.

상나라 때의 족族은 매우 보편적인 개념이었다. 『좌전』「정공定公」 4년 조에서 축타祝佗가 주나라 초기 때의 분봉에 대해 회술하면서, 상나라 전체 민족을 나누어 제후들에게 주었는데, 노魯에게 준 것이 "은나라 6개 족族", 위衛나라에게 준 것이 "은나라 7개 족族", 진晉나라에게 준 것이 "외성隗姓 9개 종족宗"이었다고 했다. "9종宗"은 바로 9개의 종족을 말한다.

갑골문에는 왕족王族·자족子族[123]·삼족三族·오족五族·유족𠂤族·대좌족大左族·견정족犬征族·우족疛族 등이 보이는데,[124] 문헌기록과 상응함으로써 족族이 상나라 때에 보편적으로 존재했다는 사실을 설명해 주고 있다. 왕족과 자족에 대해 이학근은 "왕족은 왕의 친족으로 구성된 인력이며, 다자족多子族은 대신이나 제후의 친족으로 구성된 인력을 말한다"고 했다.[125] 고대문헌 및 갑골문에 출현하는 "족族"을 보면 종씨宗氏·분족分族·유축類丑 등으로 구성되어 있다. 주나라 초기 노공魯公에게 "은나라 6개 족"을 줄 때, 그들이 "그 종씨宗氏를 이끌고, 그 분족分族을 모으고, 그 유축類丑을 바치도록 했다." 양백준은 이에 주석을 달면서, "종씨宗氏는 그들의 대종大宗으로 적장방嫡長房의 족族을 말한다. 분족分族

122) 楊升南, 「關于殷墟西區墓地的性質」, 『殷墟發掘70周年紀念論文』, 中國社會科學院考古所 編印, 1998. 또 『殷都學刊』, 1999年 第1期.

123) 朱鳳瀚은 "多子族"은 "여러 개의 子族"의 집합 명칭이라 여겼다. 그의 『商周家族形態研究』(天津古籍出版社, 1990), 37면 참조.

124) 각기 『合集』(각각의 이름은 1가지 예만 들었다), 6,343·14,922·6,348·26,879·5,622·37,518·9,479·4,415편에 보인다.

125) 李學勤, 「釋多君」·「多子」, 『甲骨文與殷商史』 第1輯, 上海古籍出版社, 1983.

은 그 나머지 소종小宗의 족族을 말하며", "유축類丑은 동의어의 연용으로 이 대족大族에 부속된 노예를 말한다"고 했다.[126)]

종씨宗氏와 분족分族의 층차 구조는 상나라 때의 청동기 명문에서 복합 형식의 씨명氏名에 반영되어 있다. 주봉한은 과족戈族의 표지徽를 비롯해 과戈와 다른 1개 혹은 2개 이상의 씨족 표지氏族徽로 구성된 "복합 형식의 씨명氏名"에 대해 연구했다. 그는 "복합 형식의 씨명"이 "표시하고 있는 것은 씨족의 지계이며", 자기의 씨명氏名을 자신이 나왔던 모계족의 씨명의 표지 아래에다 첨부하여 구분했다고 했다.[127)] 과戈는 종씨宗氏이며, 과戈의 명문과 조합된 것들은 과戈의 분족分族이다.

상나라 때 종족의 내부 구조에 대해서는 임운이 "비왕非王복사" 속의 "자子 복사"에 반영된 가족형태에 대해 계통적으로 연구했는데, 이러한 복사에 보이는 "자子는 세습 귀족에 대한 존칭이며, 대가족장을 말한다"고 했다. 가족의 성원에는 "자子"에 해당하는 동생뻘과 아들뻘, 자子의 처첩인 제수와 며느리, 자子의 아들과 조카나 손자뻘 및 노예 등이 포함된다. 경제적으로는 자신의 토지와 가축과 주택을 갖고 있었다.[128)] 가족 내에도 직관이 있었고, 무장 즉 족族무장이 이루어졌으며, 공동으로 제사를 드리는 신도 존재했다. 주봉한은 "비왕복사"의 제사활동을 분석하여 이렇게 말했다. 이러한 종족조직은 자신의 종묘와 왕복사에서 보이는 제의와는 다른 독자적인 제사 대상을 갖고 있었으며, 제사를 주재하는 자는 "자子"(스스로는 여余·짐朕이라 불렀음)라 불리는 종족장이었다. 종족장은 종족 내에서 절대적 권력을 갖고 있었으며, 경제적으로는 족속의 생산에 대한 지휘권과 생산품에 대한 지배권을 갖고 있었다.[129)] 이러한 종족은 바로 족장을 우두머리로 하는 구체적이고 작은 규모의 소왕국이었다. 그

---

126) 楊伯峻, 『春秋左傳注』, 中華書局, 1981, 1,536면.

127) 朱鳳瀚, 「商周銅器銘文中的復合氏名」, 『南開學報』, 1983年 第3期; 『商周家族形態硏究』, 天津古籍出版社, 1990, 94~103면.

128) 林澐, 「從子組卜辭試論商代家族硏究」, 『古代史硏究』 第1輯, 中華書局, 1979.

129) 朱鳳瀚, 『商周家族形態硏究』 第1章, 天津古籍出版社, 1990.

들은 상나라 왕국의 통치를 지지하고, 상나라 왕국은 그들을 보호했으며, 종족 내에서 가지는 족장의 절대 권력을 인정했다.

4. 상나라의 피 통치계급

상나라 사회의 피 통치계급에는 주로 노예와 평민의 두 계통이 있었다. 그들의 숫자가 가장 많았으며, 상나라 사회의 생산노동의 주된 담당자였다. 하지만 권한은 없거나 거의 없는 지위에 처해 있었다.

1) 다른 명칭의 노예와 동일한 사회적 지위

상나라 사회에는 노예가 있었지만 노예의 명칭은 하나가 아니라는 사실이 갑골복사에 반영되어 있다. 갑골복사에 보이는 노예의 명칭으로는 주로 다음의 것이 있다.

(1) 신臣

갑골문의 "신臣"자는 매우 다양한데, 눈目을 세로로 세운 모습이며, 이의 원래 뜻은 지위가 낮은 사람을 말했다. 곽말약은 "사람이 머리를 숙이면 눈이 세운 모습이 된다. 그래서 '굴복하는 모습을 그린' 것이 아마도 이 글자일 것이다"고 했다.[130] 노예를 왜 신臣이라 불렀을까? 신臣은 왜 세로로 된 눈目의 모습일까? 우성오는 이렇게 말했다. "눈이 세로로

130) 郭沫若, 「釋臣宰」, 『郭沫若全集』 「考古編」 第1卷, 科學出版社, 1982.

째진 것은 소수민족의 하나이며", 그 글자를 만든 원래 뜻은 눈이 세로로 째진 사람을 포로로 잡아 집안의 노예로 썼기 때문이었는데, 이후 노예를 일반적으로 부르는 명칭이 되었다. 갑골문에서의 신臣 또한 관리 즉 신료를 지칭하며, 신료는 최고의 통치자에게 굴복하는 관계이기에, 노예가 노예주에게 굴복한다는 의미에서 파생되어 나왔을 것이다.[131] 상나라 때의 몇몇 중요한 관리는 바로 노예에서 온 경우도 있었다. 예컨대 이윤伊尹이나 부열傅說 등은 왕의 곁에 있던 집안의 노예였는데, 말잘 듣는 사람이 부리기 쉬웠기에 자주 파견되어 어떤 임무를 집행했으며, 이후 점차 왕의 관리가 되었다. 지위는 변했지만 명칭은 변하지 않아 여전히 "신臣"이라 부르게 되었다.[132]

(2) 복僕

자형을 보면 물건을 든 사람이 집안에서 일을 하는 모습이다. 이 글자에 대해서는 의견이 분분하여 재宰·복僕·구寇·예隸 등으로 해석하기도 한다. 요종이는 "복扑"으로 해석하면서, 명사일 때에는 "종僕"으로 해석이 가능하고, 복사에서의 "다복多僕은 다신多臣과 같은 뜻이다"고 했다.[133] 곽말약은 복사를 종합하여 복僕(곽말약은 재宰로 해석했다)은 "본래 죄를 지은 노예나 포로 같은 부류로, 제사 때에는 희생물로 쓰이기도 했고, 정벌 때에는 사병으로 충당되었으며, 도망하는 일이 생기기도 했다"고 했다.[134] 복僕자는 갑골문에서 다음처럼 지명으로 쓰이기도 한다.

> ······ 왕께서 '복'에서 주무시고 ······ 풍년이 들겠습니까? ······ 王寢于僕 ······ 受年.

---

131) 于省吾, 「釋臣」, 『甲骨文字釋林』, 中華書局, 1979.
132) 陳紹棠, 「說"臣"」, 『第二屆國際中國古文字學硏討會論文集』(續編), 香港中文大學三十周年校慶, 1993.
133) 饒宗頤, 『殷代貞卜人物通考』, 香港大學, 1959, 170면.
134) 郭沫若, 「釋臣宰」, 『郭沫若全集』 「考古編」 第1卷, 科學出版社, 1982.

—『합집』 9,815편

'복'에서 주무시면 상제께서 …… 풍년을 들게 해 줄까요? 寐于僕乃帝 …… 受年.

—『합집』 13,572편

요종이의 고증에 의하면 여기서의 복僕은 곧 복濮으로 강 이름이며 진陳 땅에 있었다고 했다.[135] 양백준은 진陳에 있던 복濮은 달리 이복夷濮이라 부르기도 했는데, 지금의 안휘성 박亳현의 동남쪽에 있었다고 했다.[136] 복濮은 방국方國으로 상나라에 의해 멸망했으며, 그곳 사람들은 사로 잡혀 노예가 되었다.

(3) 강羌

강羌자를 나진옥은 처음에는 양羊으로 해석했으나, 손이양이 강羌으로, 곽말약은 구苟, 즉 구狗로 해석했는데, 지금은 대부분 손이양의 해석을 따라 강羌으로 쓴다. 『설문』에서 "강羌은 서쪽의 양치는 이민족을 말한다"고 해 서부 민족으로 보았다. 갑골복사에서 강羌족은 주로 상나라의 서북쪽, 즉 지금의 산서성 서쪽과 북쪽 및 섬서성 동북쪽 일대에 분포했는데,[137] 종백생은 복사에서의 "북강北羌"은 지금의 하남성의 동북쪽과 하북성의 서남쪽에 있었을 것이라 했다.[138] 복사에서 강족은 대부분 포로가 되어 신에게 지내는 제사의 희생물이 되기도 했으며, 또 "다강多羌"은 사냥에 동원되기도 했다.

'다강'이 사슴을 잡지 못하겠습니까? …… 多羌不其獲鹿.

---

135) 饒宗頤, 『殷代貞卜人物通考』, 170면.
136) 楊伯峻, 『春秋左傳注』, 中華書局, 1981, 35면.
137) 屈萬里, 『殷虛文字甲編考釋』, 臺北史語所出版, 1961, 50면.
138) 鍾柏生, 『殷商卜辭地理理論叢』, 藝文印書館, 1989, 175면.

—『합집』 153편

'다강'으로 하여금 토끼를 쫓게 하면, 잡을 수 있을까요? 呼多羌逐兎, 獲.

—『합집』 154편

포로로 잡힌 강족은 사냥에 동원되었으며, "그들은 분명 노예로 취급되었는데",[139] 제사의 희생으로 쓰인 강족들은 "전쟁 포로"가 아닌 노예로 볼 수밖에 없다.[140]

(4) 추芻

이 글자를 나진옥은 "잘린 풀을 손又에 쥔 모습이며, 추芻자이다"고 했다. 추芻자는 복사에서 동사와 명사의 두 가지 용법으로 쓰이는데, 동사로 쓰이면 "방목하다"는 뜻이며, 때로는 풀을 뜯어 짐승에게 먹이다는 뜻으로도 쓰인다.[141] 명사로 쓰이면 짐승을 지칭한다는 의견도 있고, 방목에 종사하는 사람을 지칭한다는 의견도 있다. 그런 사람을 지칭하는 것이 옳다는 사실은 다음의 복사로 알 수 있다.

계축일에 점을 칩니다. '쟁'이 물어봅니다. 10일 동안 불행한 일이 없겠습니까? 왕이 점괘를 해석했다. '재앙이 있으리라. 흉몽도 꾸게 되리라.' 갑인일에 과연 어려움이 닥쳤다. 좌左가 보고해 왔다. 목축 노동자芻가 12명이 '익'에서 도망쳤습니다. 癸丑卜, 爭, 貞旬亡禍. 王占曰, 有祟有夢. 甲寅允有來艱. 左告曰, 有𡉉(亡)芻自益十人又二.

—『합집』 137편 앞면

139) 姚孝遂, 「甲骨刻辭狩獵考」, 『古文字研究』 第6輯, 中華書局, 1981.
140) 楊升南, 「商代人祭身份的再考察」, 『歷史研究』, 1985年 第1期.
141) 于省吾, 「釋芻」, 『甲骨文字釋林』, 中華書局, 1979.

'효' 감옥에서 목축 노동자 6명이 도망쳤다. 6월이었다. ……侖芻𡴎自爻圉六人. 六月.

—『합집』 139편 앞면

𡴂와 𡴎자는 도망치다의 망亡자와 뜻이 비슷하며,[142] 圉은 감옥, 즉 효爻에 설치된 감옥을 말한다.[143] 이 두 복사에서는 모두 목축 노동자芻가 도망친 것에 대해 기술하고 있는데, 그 숫자를 말하면서 몇 "사람人"이 도망했다고 했다. 복사에서 분명하게 "추芻" 몇 "사람人"이 도망했다고 했기 때문에, 여기서의 "추芻"는 절대 짐승이나 목초가 될 수 없으며, 어떤 신분의 사람임이 분명하다. 또 "……노예를 보내왔고, 서쪽 지역에서 '척'제사를 올릴까요? ……來芻, 陟于西示"(『합집』 102편)라는 복사가 보이는데, "척陟"은 제사 이름이며, "목축 노동자芻"를 제사의 희생으로 삼았음을 말한다. 호후선은 "추芻는 목축에 종사하던 노예의 일종이다"고 했다.[144]

(5) 공工

갑골 복사에는 "다공多工"(『합집』 11,484편)이나 "백공百工"(『둔남』 2,525편)도 등장하고, "사공司工"(『합집』 5,628편)도 보인다. "사공司工"은 수공업을 관장하는 직관 명칭이며, 수공업에 종사하던 노동자를 "공工"이라 불렀다. 공장工匠들의 처우는 대단히 열악했다. 그래서 "노동자가 도망쳤다其喪工"(『합집』 97편)에서처럼 도망치는 일이 수시로 발생했다. 또 다음에서처럼 "공工"을 붙잡아 선왕 옹기雍己에게 "석夕"이라는 제사를 드릴 때 쓰기도 했다.

---

142) 胡厚宣, 「甲骨文所見殷代奴隸的反壓迫鬪爭」, 『考古學報』, 1976年 第1期.

143) 齊文心, 「殷代的奴桌監獄和奴隸暴動－兼"圉"·"戎"二字用法」, 『中國史硏究』, 1979年 第1期.

144) 胡厚宣, 「甲骨文所見殷代奴隸的反壓迫鬪爭」, 『考古學報』, 1976年 第1期.

무진일에 점을 칩니다. 오늘 '옹기'께 '석'제사를 드리는데, 공工을 잡아다가 쓸까요? 크게 길하리라. 戊辰卜, 今日雍己夕, 其呼庸執工. 大吉.

'공工'을 잡아다가 '옹기'께 제사를 드리면, 허물이 [없겠습니까]? 庸執工于雍己. [亡]尤.

—『둔남』 2,148편

이는 "공工"이 제사의 희생으로 쓰인 것이다. 이처럼 "공工"의 신분은 공장에서 일하는 노예였음에 분명하다.

(6) 첩妾과 첩㛿

첩㛿자에 대해 곽말약은 "이전에는 이를 폐嬖자로 해석했는데, 아마도 희생으로 쓴 사람을 말했을 것이다"고 했다.[145] 요효수姚孝遂는 "지금의 글자로는 '첩㛿'으로 적어야 하며, '폐嬖'자와는 자형이나 의미가 모두 비슷하지 않기 때문에 폐嬖로 해석하는 것은 근거가 없다. 복사에서는 모두 제사의 희생으로 쓰였다"고 했다.[146] 첩妾과 첩㛿은 당연히 동일한 신분의 사람일 것이다. "첩妾"은 복사에서 배우자의 뜻을 가지며, "석奭"자와 의미가 비슷하다. 예컨대 "시계의 배우자인 비갑示癸妾妣甲"(『합집』 2,386편)은 "시계의 배우자인 비갑示癸奭妣甲"(『합집』 36,190편)과 같은 뜻이다. 하지만 복사에서 신분을 나타내는 "첩妾"은 다음의 예처럼 제사의 희생으로도 자주 쓰였다.

물어봅니다. 오늘 경진일에 '석夕'제사를 지낼 때, 소신 20명과 소첩 30명을 솥에 삶아 부婦에게 쓸까요? 9월이었다. 貞今庚辰夕, 用鬳小臣三十·小妾三十于婦. 九月.

—『합집』 629편

145) 郭沫若, 『殷契粹編考釋』, 科學出版社, 1965, 60면.
146) 于省吾 主編, 『甲骨文字詁林』, 中華書局, 1996, 454면('妾'字의 설명).

'유侑'제사를 드리는데 첩을 '비기'에게 쓸까요? 侑妾于妣己.

—『합집』 904편 앞면

왕께서 '모무'의 '유侑'제사에 첩 1명을 쓰면 …… 이렇게 하면 신의 보살핌을 받겠습니까? 王其侑母戊一䀀 …… 此受佑.

—『합집』 27,040편

"석夕"과 "유侑"는 모두 제사 이름이다. 고대 문헌에서는 신첩臣妾이 연용 되어 쓰였는데, 모두 지위가 낮은 자를 가리킨다. 예컨대 『상서』 「비서費誓」에서의 "신첩臣妾이 도망했다", 『좌전』 「선공宣公」 12년 조의 "신첩臣妾으로 하여금 가게 했다", 「양공襄公」 10년 조의 "신첩臣妾이 많이 도망했다", 「희공僖公」 17년 조의 "남자는 신臣으로 여자는 첩妾으로 삼았다"고 한 것이 그러하다. 첩妾은 시장에서 사 온 것으로, 『좌전』 「소공昭公」 원년 조에서 "첩妾을 사올 때 성姓을 모르면 점을 쳤다"고 했다. 곽말약은 "첩妾"자는 이마에 묵형을 당한 여자로서, 여女자 위에 더해진 것은 장식품이 아니라 묵형을 시행할 때 쓰는 형벌 도구로, 이 사람이 형벌을 받은 자임을 나타낸다고 했다.[147] 복사에서 첩妾이 희생으로 쓰인 것을 보면 "은대의 '첩'은 노예였음"을 알 수 있다.[148]

(7) 둔屯

이 글자에 대해서는 의견이 대단히 분분한데, 모茅·포包·시豕·필匹·수祟·추秋·전箋·석夕 등으로 해석하기도 하지만, 여기서는 우성오를 따라 둔屯으로 해석한다.[149] 둔屯의 용법을 보면, 골구骨臼 각사에서는

147) 郭沫若, 「釋干支」, 『甲骨文字研究』, 科學出版社, 1962.
148) 王承柏, 「試論殷代的"奚""妾""䀀"的社會身分」, 『北京大學學報』(文), 1957年 第1期.
149) 于省吾, 『甲骨文字釋林』 「釋屯」 「春」, 中華書局, 1979.

소 어깻죽지 뼈牛胛骨를 지칭하며, "금둔今屯"이나 "내둔來屯"에서는 시간 부사로 쓰였지만, "용둔用屯"이라는 단어에서는 사람을 가리키는 명칭임이 분명하다. 갑골문에는 "행幸(집執)"+"둔屯"이라는 말이 있는데, 행幸은 형벌 도구인 수갑을 말하여, "행둔幸屯"은 바로 둔屯에게 수갑을 채우다는 뜻이다.

> 물어봅니다. '둔'에게 수갑을 채울까요? 왕께서 점괘를 해석해 말했다. '채우라.' 貞幸屯. 王占曰, 幸.
>
> —『합집』 697편 뒷면

> 임진일에 점을 칩니다. '빈'이 물어봅니다. '다둔'에게 수갑을 채울까요? 壬辰卜, 賓, 貞幸多屯.
>
> —『합집』 817편

이외에도 "해다둔戠多屯"이라는 복사도 보인다.

> 병인일에 점을 칩니다. '긍'이 물어 봅니다. 왕께서 '다둔'의 목을 잘라 천신과 지신에게 바칠까요? 丙寅卜, 亘, 貞王戠多屯若于下上.[150]
>
> —『합집』 808편

해戠자는 해奚와 월戉자로 이루어져, 도끼로 사람의 목을 치는 모습이다.[151] 둔屯이라 부르게 된 이유에 대해서, 장병권은 둔屯은 "방국이나

---

150) (역주) 上은 天神을 下는 地神을 말한다. 갑골문에 "下上若 / 下上弗若"의 구문이 자주 보인다. 예컨대, "공방이 출현했는데, 우리가 직접 출정하면 천신과 지신께서 응락하시어, 우리가 보살핌을 받을 수 있겠습니까? 工方出, 王自正, 下上若, 受我又"(『柏』 25편). 계축일에 점을 칩니다. '각'이 물어봅니다. 왕께서 '공방'을 정벌하지 않으면, 천신과 지신께서 응낙하지 않으시어, 우리가 보살핌을 받을 수 없겠습니까? 癸丑卜, 殼, 貞勿隹王正工方, 下上弗若, 不我其受又(『續編』 3.3.2편).

씨족의 이름일 가능성이 매우 높다"고 했다.[152] 갑골 복사에는 "후둔侯屯"이라는 말도 있는데, 이는 "둔屯"이 제후국의 하나였음을 보여준다.

갑□일에 '후둔'을 쓸까요? 于甲□用侯屯.

―『합집』 32,189편

계해일에 점을 칩니다. 을축일에 '후둔'을 쓸까요? 癸亥卜, 乙丑用侯屯.

―『영국 소장』 1,771편

(8) 해奚

해奚자에 대해 나진옥은 "죄지은 노예가 해奚의 본래 의미이며, 그래서 손에 포승줄을 채워 죄인을 구속하는 모습을 그렸다"고 했다.[153] 우성오는 "해奚의 본래 뜻이 죄를 지은 노예를 노비로 삼은 것임은 확실하지만", "손에 포승줄을 채워 죄인을 구속하는 모습"을 그렸다는 해설에 대해서는 그렇지 않고, "손으로 머리칼을 들어 올리는 모습"이 되어야 한다고 했다.[154] 해奚는 방국이나 씨족의 이름인데, 복사에 "해가 백마를 보내왔다 奚來白馬"(『합집』 9,177편), "왕께서 '해'에서 사냥을 했다 王田奚"(『영국 소장』 2,544편) 등이 보인다. 해奚는 또 상나라 왕을 따라 파방巴方을 정벌하기도 했으며("왕께서 '해'를 따르게 하여 '파방'을 정벌할까요? 王從奚伐巴方", 『합집』 811편), 해奚는 또 다음처럼 제사의 희생으로 쓰이기도 했다.

을축일에 점을 칩니다. 왕께서 '유'제사에 노예 3명을 써서 '부을'께 지내면,

151) 李棪, 「殷墟坎頭坑與人頭骨刻辭」, 『中國語言硏究』 第8期; 胡厚宣, 「中國奴隷社會的人殉和人祭」, 『文物』, 1974年 第8期.
152) 張秉權, 『殷虛文字丙編上輯(一)考釋』, 臺北史語所出版, 1957, 126면.
153) 羅振玉, 『增訂殷虛書契考釋』 中, 東方學會 石印, 1927, 23면.
154) 于省吾, 「釋奚」, 『甲骨文釋林』, 中華書局, 1979.

3월까지 비가 올까요? 乙丑卜, 王侑三奚于父乙, 三月祉雨.

—『합집』 19,771편

경오일에 점을 칩니다. '유'제사에 노예 30명을 써서 '대을'께 올릴까요? 庚午卜, 侑奚(于)大乙三十.

—『합집』 19,773편

해奚가 왕실에 말을 공납으로 바치고, 왕을 따라 정벌에 나선 것은 모두 초기 때의 복사에서이다. 해奚가 멸망된 이후 상나라 왕의 사냥터의 하나가 되었고, 그 나라 사람들은 포로로 잡혀 노비가 되었으며, 최악의 경우에는 제사의 희생으로 바쳐지기도 했다.

(9) 수垂

복사에 보이는 수垂자를 속束·근根·무無 등으로 해석하기도 하는데, 글자를 보면 어떤 물체가 아래로 늘어진 모습을 닮았다. 섭옥삼葉玉森이 수垂로 해석했는데,[155] 자형과 비슷하다. 갑골문에서 수垂는 지명으로 쓰였으며("'주'가 제사장을 '수'에서 데려올까요? 周取巫于垂", 『합집』 8,115편), 또 "수후垂侯"(『합집』 694편, 『둔남』 586·781편)라는 명칭도 등장한다. 수인垂人은 제사의 희생으로 쓰이기도 했다.

물어봅니다. '유'제사를 비갑께 지낼 때 10명의 '수'와 포로와 배를 가른 희생소를 쓸까요? 貞侑妣甲十垂·俘·卯牢.

—『합집』 787편

물어봅니다. '유'제사를 비경께 드릴 때 10명의 '수'를 쓸까요? 貞侑于妣庚十垂.

155) 楊樹達, 『積微居甲文說』, 上海古籍出版社, 1986, 60면의 인용.

—『합집』 768편 앞면

'유'제사를 모기께 드릴 때 10명의 '수'와 배를 가른 희생 소를 쓸까요? 侑于母己十垂又卯牢.

—『합집』 6,475편 뒷면

희생으로 쓰인 "수垂"는 노예 신분이었음이 분명하다.

방국이나 부족의 사람을 제사의 희생으로 쓴 경우는 이외에도 이夷(『합집』 828편의 "물어봅니다. 다음 정미일에 10명의 '이'를 '정'의 제사에 쓰고 배를 가른 소 1마리를 쓸까요? 貞翌丁未, 用十夷于丁, 卯一牛?")가 있다. "이夷"는 무정 복사에서 "이방夷方"으로 불렸으며(『합집』 6,456편), 왕과 부호와 후고侯告가 이방夷方을 정벌하기도 했다(『합집』 6,476 · 6,459 · 6,460편). "이而"도 조정祖丁의 제사 때 희생으로 쓰였으며(『합집』 412편 앞면의 "'이'를 '조정'께 쓸까요?而于祖丁"), "이백而伯"(『합집』 6,480편)이나 "이임而任"(『합집』 10,989편)이라 불리기도 했으며, 지명으로 쓰이기도 했다(『합집』 10,201편의 "'이'에 있었다 在而"). "이而"의 사람들은 포로로 잡히기도 했다(『합집』 499편, "龟에서 …… 강을 수갑 채우고…25명과 2명의 '이'를 사로잡았다龟 …… 幸羌 …… 獲二十又五, 而二"). 상나라 왕은 또 병㓝에게 "이而"의 사람 20명을 왕실로 보내라고도 했다(『합집』 286편).

상 왕조의 노예는 갑골복사에서 볼 때 명칭이 대단히 많아, 신臣 · 첩妾 · 추芻[156] · 공工과 같은 명칭을 제외하면, 나머지는 모두 어떤 방국이나 제후나 부족에서 온 사람들이었다. 그들의 명칭은 달랐지만 그 지위는 마찬가지였다. 매우 저급하였고 짐승처럼 취급되어 제사를 드릴 때 희생으로 쓰였음은 매우 분명한 사실이다. 위에서 이미 복사에 보이는 많은 예증을 들었는데, 여기서는 그간 언급하지 못했던 복僕과 강羌이 희

156) 복사에 "羌芻"이라는 호칭이 있는데(『合集』 94편 앞면), 이는 芻가 주로 羌族에 의해 충당되었음을 보여준다.

생으로 쓰인 경우를 들고자 한다. 이 두 사람들은 사람의 희생으로 쓰였는데 그 양도 대단히 많아, 10일 동안 6백 명의 복僕이 신에게 바쳐질 정도였다.

> 계축일에 점을 칩니다. '각'이 물어봅니다. 5백 명의 '복'을 쓸까요? 10일이 지난 임신일에 또 백 명을 썼다. 3월이었다. 癸丑卜, 㱿, 貞五百僕用. 旬壬申又用僕百. 三月.
>
> —『합집』 559 · 562편

강인羌人은 한번에 3백 명이 사용되기도 했다.

> 3백 명의 '강'을 '정'의 제사에 쓸까요? 三百羌用于丁.
>
> —『합집』 295편

어떤 학자들은 사람 희생으로 쓰인 이러한 사람을 모두 전장에서 잡혀온 포로로 보기도 한다.[157] 하지만 곽말약은 이들이 포로였다는 설에 대해 일찍부터 회의를 표시했다. 그는 이렇게 따졌다. "이러한 포로들을 때가 되면 가서 끌고 왔단 말인가? 아니면 평소에 어디에서 기르고 있었단 말인가? 때가 되면 가서 이렇게 많은 포로들을 끌고 와 순장한다는 것은 이치에 맞지 않다. 평소에 어디에서 길렀다는 것도 누가 그들을 길렀다는 말인가?"[158] 이것은 비록 순장한 사람의 신분에 대해 따져 물은 것이었지만 사실은 제사에 쓰인 사람을 두고 한 말이다. 수백 수천 명에 이르는 포로를 왕도에 기르면서 제수품으로만 사용하고 이러한 청장년(전쟁 포로는 주로 청장년들이 많았다)들을 생산에 종사케 하지 않았다는 것도 말이 되지 않는다. 엥겔스는 전쟁 포로가 노예로 변화할 수 있는 세 가지 조건

---

157) 姚孝遂, 「商代的俘虜」, 『古文字硏究』 第1輯, 中華書局, 1979.
158) 郭沫若, 「申述一下關于殷代殉人的問題」, 『奴隸制時代』, 上海靑年文藝出版社, 1952.

에 대해 "인간의 노동력에 의해 가능한 생산이 노동력을 단순히 유지할 때 필요한 수량을 초과할 때, 더욱 많은 노동력을 유지할 자료가 이미 갖추어졌을 때, 이러한 노동력을 사용할 자료가 이미 갖추어졌을 때"라고 했다.[159] 다시 말해, 첫째 노동 생산품에 잉여가 생길 때, 둘째 사용할 도구와 토지 등이 제공될 수 있을 때, 셋째 그들을 강제하고 복종시키는 수단(폭력)이 있을 때 가능하다는 말이다. 이러한 것들이 상나라 때에 이미 구비되었기 때문에, 잡아온 수많은 청장년들을 그냥 먹이기만 하고 그 노동력을 쓰지 않진 않았을 것이다. 그래서 국가 기구가 대단히 강대했던 상 왕조에서 포로와 노예는 단지 잡힌 시간의 차이만 있을 뿐, 실제의 신분에서 본질적인 차이는 없었다.

2) 설이 분분한 "중인衆人"

갑골문에서의 "중衆"과 "중인衆人"은 농업생산 · 전쟁 · 수렵 · 작업 등에 종사하였으며, 특히 농업생산에서 중衆과 중인衆人의 활동이 자주 보이기 때문에, 그들의 사회적 신분은 갑골 학자들의 주목을 끌었다. 먼저, "중衆" · "중인衆人"과 "인人"의 관계에 관한 문제이다. 갑골문에서의 중衆과 중인衆人을 어떤 학자들은 다른 것이라 주장하기도 하지만, 지금은 복사에 보이는 "중"과 "중인"의 활동을 분석한 결과 대부분 "중"과 "중인"은 동일한 신분을 지칭하는 것으로 이해되고 있다.[160] 하지만 "중"과 "중인"을 서로 다른 신분으로 보는 학자들은 『상서』 「반경盤庚」에서의 "중衆"자의 서로 다른 용법에서 그 근거를 찾고 있다.[161] 그러나 『상서』

159) 恩格斯, 「반듀링론反杜林論」, 『馬克思恩格斯選集』 第3卷, 人民出版社, 1972, 219면.
160) 裘錫圭, 「關于商代的宗族組織與貴族和平民兩個階級的初步研究」, 『文史』 第17輯, 中華書局, 1983.
161) 東世澂, 「夏代和商代的奴隷制」, 『歷史研究』, 1956年 第1期.

「반경」에서의 "중"자의 뜻과 복사에서의 뜻은 이미 다르다. 『상서』에서는 "많다衆多"는 뜻으로 쓰였지만,[162] 복사에서는 일종의 신분을 지칭하는 데 쓰였다. 다음을 보자.

> …… 백 명의 "중"을 받으면 왕께서 후회하지 않을까요? …… 受叀衆百王弗每.
>
> —『합집』 26,906편

이러한 용법은 서주 때 「홀정曶鼎」의 명문의 "중 한 사람用衆一夫"과 "신 네 사람臣四夫"으로 배상품으로 썼던 "중衆"과 같은데,[163] 여기서의 "중"은 특정한 신분이지 "많다"는 의미는 아니다. 이외에도 복사에서의 "중인衆人"과 "인人"은 하나이지 둘이 아니라고도 하는데,[164] 이 또한 믿기 어렵다. 왕귀민은 이렇게 지적했다. "만약 '인人'과 중인衆人이 모두 족의 무리族衆를 표시할 수 있다면, 복사에서 필획이 대단히 간단한 '인人'으로 쓰면 되지 하필이면 '인人'보다 필획이 네 배나 되는 '중衆'자를 사용해 번거롭게 한단 말인가? 바로 그 당시에는 이 두 글자가 다른 의미를 갖고 있었기 때문에 그렇게 하지 않을 수 없었던 것이다."[165]

다음으로 중인衆人의 신분에 관한 문제이다. "중인"의 신분에 대해 곽말약은 1944년의 「고대연구의 자아비판」에서 갑골문에서의 "중"과 "중인"은 노예라는 설을 처음으로 제시했다. 이러한 설은 갑골학자 및 고대 역사학자들에게 대단한 반향을 일으켰다. 그 설에 찬동하는 사람들은 곽말약 설의 기초 위에서 더욱 보충하고 보완해 나갔다.[166] 이에 대해 반

---

162) 楊升南, 「殷墟卜辭中衆的身份考」, 『甲骨文與殷商史』 第3輯(王宇信 主編), 上海古籍出版社, 1991.

163) 王貴民, 「商代"衆人"身份爲奴隸說」, 『中國史研究』, 1990年 第1期.

164) 董作賓, 「自序」, 『殷虛文字甲編』, 臺北史語所出版, 1948; 張永山, 「論商代的"衆人"」, 『甲骨探史錄』, 三聯書店, 1982.

165) 王貴民, 「商代"衆人"身份爲奴隸說」, 『中國史研究』, 1990年 第1期.

166) 李亞農, 『殷代社會生活』, 上海人民出版社, 1955, 第5章; 王承祒, 「試論殷代的直接生産者－釋羌釋衆」, 『文史哲』, 1954年 第6期; 陳夢家, 『殷虛卜辭綜述』, 科學出版社, 1956,

대하는 학자들은 "중"과 "중인"의 신분에 대해 또 다른 인식을 갖고 있는데, 대체로 다음과 같은 몇 가지이다.

첫째, "중"과 "중인"은 "가장제 가정 공사公社의 성원"이다. "중인"은 강羌과는 달리 상나라 왕의 관심을 받았고, 한 번도 제사의 희생물로 쓰이지 않았기 때문에 노예가 아니다. 그들은 "자유민"과는 달리 왕과 "소신小臣"의 조직적인 지도하에서 집체적으로 생산노동을 했기 때문에 "가장제 가정 공사의 성원이라 할 수 밖에 없다."[167)]

둘째, 자유민이다. "중인"은 상나라 때의 주요한 직접 생산자로서, 군대에 갈 권리를 갖고 있었기 때문에 자유민이지 노예는 아니다.[168)]

셋째, 평민이다. "중"은 족族의 조직에서 활동하는 상나라 사람들의 족중族衆으로, 일정 정도 독립된 경제를 갖고 있었고 일정한 종교 활동에도 참여하였던, 상나라 왕국의 주요한 군사 역량이었다. 은허 서쪽 구역의 중소형 묘의 주인은 복사에서의 "중"과 관련 있다.[169)] 구석규는 "중"에는 넓은 의미와 좁은 의미가 있는데, 넓은 의미의 "중"은 바로 "많은衆多" 사람이라는 뜻이고, 좁은 의미의 "중"은 상나라 왕 아래서 농업생산의 노역에 종사하던 주요 인력이며, 전쟁에 참여하기도 하고 사냥이나 다른 공사에도 참여한 계층으로, 평민이라고 했다.[170)] 족族을 가진 조직의 "평민"이라는 설은 "자유민"이라는 설과 사실은 같은 견해이다. 다만 1979년 『고고학보』의 제1기에 은허의 서쪽 구역에서 9백여

610~611면; 王玉哲, 「試論殷代的奴隸制和國家的形成」, 『歷史教學』, 1958年 第9期; 王貴民, 「申論契文"難衆"爲陳師說」, 『文物硏究』(安徽), 1986年 第1期; 「商代"衆人"身份爲奴隸說」, 『中國史硏究』, 1990年 第1期; 楊升南, 「殷墟卜辭中衆的身份考」, 『甲骨文與殷商史』 第3輯(王宇信 主編), 上海古籍出版社, 1991.

167) 趙錫元, 「試論殷代的主要生産者"衆"和"衆人"的社會身份」, 『東北人民大學文科學報』, 1956年 第4期.

168) 斯維至, 「關于殷周土地所有制問題」, 『歷史硏究』, 1956年 第4期; 徐喜辰, 「商殷奴隸制特徵探討」, 『東北師範大學科學集刊』(歷史), 1956年 第1期.

169) 朱鳳瀚, 「殷墟卜辭中"衆"的身份問題」, 『南開學報』, 1981年 第2期; 張永山, 「論商代的"衆人"」, 『甲骨探史錄』, 三聯書店, 1982.

170) 裘錫圭, 「關于商代的宗族組織與貴族和平民兩個階級的初步硏究」, 『文史』 第17輯, 1983.

기의 중소형 묘가 발견되었는데, 이를 8개 구역으로 나누고, 이는 "족묘지族墓地"이며 묘의 주인은 복사에서의 "중"이나 "중인"의 지위에 상당한다는 발굴자들의 발표가 있고 난 후,171) 비로소 "족중族衆"이라는 설이 제시되었을 뿐이다.

넷째, "중"은 "노예주"이며, "중인"은 "자유를 가진 공사公社의 성원"이다. "중"은 『상서』「반경 상」편에서의 "중"에 상당하며, "지위를 가진" 통치계급이다. "중인"은 「반경 중」편의 "민民"에 해당하며, 그 신분은 공사의 성원이지 노예가 아니다.172)

다섯째, "중"과 "중인"은 모두 "노예주 계급"이다. "중衆"자의 자형이 일日자 아래에 세 개의 인人 혹은 두 개의 인人으로 구성되었으므로, 글자를 만들 때의 의미가 태양의 형상과 관련 있다고 해석한다. 태양은 은대 노예주 계급의 존중과 경외의 대상이었으며, 태양은 왕권의 신화화한 표지이다. 그래서 중衆자를 구성하고 있는 태양은 신권과 지고무상의 왕권을 상징하며, 자연계의 태양을 그린 것이 아니다. "중"의 원래 뜻은 왕실에 소집되어 훈련을 받던 군중들로, 『상서』「반경」과 다른 고대문헌에서의 "중"에 대한 기록으로 볼 때, "중"의 사회적 지위는 대단히 높았으며, 국가 대사에서도 중요한 기능을 했다.173)

1980년대 이후로는 주로 "중"과 "중인"이 노예인지 아니면 족族을 가진 조직인 평민인지의 두 가지 문제에 집중되었다.

"중"과 "중인"이 족族을 가진 조직이라는 주요한 근거는 은허에서 발굴된 중소형 묘지 군, 특히 은허 서쪽 구역의 938기 묘지의 획분에 있다. 하지만 이러한 중소형 묘지의 주인과 복사에서의 "중"과 "중인"이 결코

---

171) 中國社會科學院考古研究所新安陽工作隊, 「1969～1977年殷墟西區墓葬發掘報告」, 『考古學報』, 1979年 第1期.

172) 束世澂, 「夏代和商代的奴隸制」, 『歷史研究』, 1956年 第1期.

173) 陳福林, 「試論殷代的衆」·「衆人與羌的社會地位」, 『社會科學戰線』, 1979年 第3期. 또 胡厚宣은 「殷非奴隸社會論」이라는 글에서 衆의 "신분이 극히 높아" 노예가 아니라고 했고, 島邦男은 『殷墟卜辭研究』 第2編 第5章 "殷的社會"에서 호후선의 설이 "지극히 사실이고 타당하다"고 했다. 하지만 호후선은 이후 이전의 설을 버리고 衆이 奴隸라는 설을 따랐다.

직접적으로 연계된다는 어떠한 증거도 없다. 단지 논자들이 먼저 "중"이 "평민"이라는 선입견을 갖고 있었고, 그런 연후에 이러한 묘장군을 거기에다 갖다 붙인 것에 불과하다. 사실, 은허 서쪽 구역의 묘들이 『주례』에서 말한 "족묘장族墓葬"인지에 대해서는 아직 재론의 여지가 남아 있다.[174] 그것들을 복사에서의 말하는 "중"과 "중인"의 "족묘지"라고 직접 말하는 것은 믿을 만한 근거가 부족하다.

갑골문의 "중"과 "중인"이 노예인가의 여부를 논의할 때는 이론적인 부분과 복사 재료의 전면적인 분석으로부터 착수해, 후세에 형성된 문헌자료와 복사자료를 조심스레 사용해야 한다. 먼저 이론적인 측면에서 노예가 농노와 구별되는 표지, 즉 신체를 완전하게 혹은 불완전하게 점유했는가에 대해 정확하게 인지해야 한다. 다음으로, 중국역사의 특징과 중국 노예제의 유형에 대해서도 잘 알아야 한다. 복사의 중인에 관한 자료에 대해서도 전면적으로 분석하여 주요 모순의 주요 측면을 장악함으로부터 사실의 본질을 확정해야 하며, 중요한 사실에 대해 마음대로 해석해서는 아니 된다. 예컨대 중인들이 농업생산에 참여한 것도, 그들이 상나라 왕의 명령에 의해, 관원인 소신小臣 등(어떤 경우에는 상나라 왕에 의해)의 감독 하에 집체적으로 모든 과정의 노동을 하였다. 또 생산 지구도 고정적이지 않았으며, 어떤 경우에는 왕실의 땅에서 기장黍을 심고, 어떤 경우에는 방국方國으로 파견되어 농지를 개간하였는데(『합집』 10·6편), 이는 족중族衆이 자기 종족의 영토에서 독자적으로 진행했던 경작(물론 협동의 상호 도움도 가능하다)과는 본질적으로 구별된다. 또 "상중喪衆"에 관한 복사의 경우, 무슨 이유로 "중"과 "중인"의 "상喪"에 관한 점복만 또 그렇게 많았던 것일까? 논자들은 전쟁과정에서 일어난 손실 때문이지 도망 때문은 아니라고 한다. 전쟁과 연결지을 수 있는 "상중喪衆"의 복사는 또 얼마나 될 것인가? 『합집』 8편은 "중작적衆作耤"이 도망할喪 것인지

174) 楊升南, 『商代經濟史』, 貴州人民出版社, 1992, 76~81면.

도망하지 않을不喪 것인지에 관해 미리 점을 쳤는데, 이것은 "중인"이 농업생산 과정에서 도망한 것임에 분명하다. 하지만 구석규는 오히려 상나라 때의 방국方國은 숲이 우거지고 야수가 종횡으로 출현하여 농사 과정에서도 인원의 손실이 생겼을 가능성이 있다고 보았다.[175] 이는 "중인"이 농업생산 과정에서 그들을 핍박하여 강제 노동하게 했던 사실을 전면적으로 고려하지 않은 결과이다. 왕귀민은 이렇게 말했다. 상 왕실의 수많은 개간지와 경작 활동에는 각양각색의 사람들이 참가했으며, 어떤 경우에는 변경의 먼 지역까지 가기도 했지만, 결코 "중의 도망喪衆"에 대해서 미리 점을 친 적은 없다. "사람이 도망할喪人" 것인지, "윤이 도망할喪尹" 것인지, 아니면 "아가 도망할喪亞" 것이지, 혹은 다른 사람들이 "도망할喪" 것인지에 대해서도 점을 친 적이 없다. 이렇게 볼 때 이것이 자연적 요인과는 관계가 그다지 많지 않다. 경작 활동에서 "중이 도망할喪衆" 것인지의 여부에 대해 미리 점을 쳤다는 것은 정치 요인에 의해 "도망"한 것으로 보아야 한다. 그리고 또 주의할 만한 것은 "중인"이 전문적으로 설치된 "소중인신小衆人臣"의 통제를 받았다는 것인데, 이 또한 평민의 신분으로 보이지는 않는다.[176] 자연히 이러한 해석이 더욱 합리적이라 할 수 있다.

다시, "중인"이 군대의 성원이었는지에 대해 살펴보자. 논자들은 복사에서 정벌에 참가한 중인은 응당 족중族衆이었을 것이라고 한다. 갑골문에 이외에도 신臣·복僕·마강馬羌·해奚 등이 있음을 고려한다면 노예도 정벌의 일에 참여했음이 분명하다. 그리고 전쟁 때에는 종종 "치중雉衆"에 관한 점복이 보인다.

['우'가 군중을 모으지 말까요? 왕께서 점괘를 해석해 말했다. '대단히 길하리

175) 裘錫圭, 「關于商代宗族組織與貴族和平民兩個階級的初步硏究」, 『文史』 第17輯, 中華書局, 1983.

176) 王貴民, 「商代"衆人"身份爲奴隸說」, 『中國史硏究』, 1990年 第1期.

라.'] 군중을 모을까요? '길하리라.' [右不雉衆? 王占曰, 弘吉.] 其雉衆? 吉.

'중'이 군중을 모으지 말까요? 왕께서 점괘를 해석해 말했다. '대단히 길하리라.' 군중을 모을까요? '길하리라.' 中不雉衆? 王占曰, 弘吉. 其雉衆? 吉.

'좌'가 군중을 모으지 말까요? 왕께서 점괘를 해석해 말했다. '대단히 길하리라.' 군중을 모을까요? '길하리라.' 左不雉衆? 王占曰, 弘吉. 其雉衆? 吉.

―『합집』 35,374편

복사에서 말한 우右·중中·좌左는 군대의 편제를 말한다. 군대를 설치할 때의 명칭인 사師·여旅·수戍도 모두 이러한 편제를 말한다. "치중雉衆"에 대해 우성오는 상해를 입히다夷傷의 뜻으로,177) 진몽가는 사람들을 배열하고 배속시키다는 뜻으로 해석했다.178) 위에서 인용한 복사에서 "불치중不雉衆"은 "홍길弘吉"(즉 대길大吉)하고, "치중雉衆"도 "길吉"하다고 했기 때문에, "상해를 입히다夷傷"로 해석하면 문맥이 통하지 않는다. 하지만 "치중"을 인원을 배열하고 배속시키는 것으로 해석하면 의미가 순조로워진다. "우불치중右不雉衆"과 "기치중其雉衆"은 "중"이라는 이러한 편제를 "우右"사師(혹은 여旅나 수戍)에다 배속시킬 것인가를 물은 것이다. 이것은 다음의 복사들과 분명히 같은 성질의 점복이다.

왕께서 군중을 '우려'[와 '좌]려'에 합쳐서 '구'에서 정벌하면, 칠 수 있을까요? …… 王其以衆合右旅[罙左]旅, 臿于舊, 𢦏.

―『둔남』 2,350편

이것은 전쟁 전에 "중"을 정식 군대인 "우여右旅" 및 "좌여左旅"에 합류시켜 "구舊" 땅을 정벌할 것인지를 물은 내용이다. 여기서의 "합合"이나 "치雉"가 말하는 행위는 같은 내용이다. 이것은 "중衆"이 비록 정벌에

177) 于省吾, 「釋雉」, 『甲骨文字釋林』, 中華書局, 1979.
178) 陳夢家, 『殷虛卜辭綜述』, 科學出版社, 1956, 609면.

참여하여 작전을 폈지만, 그들은 정규군의 일원은 아니었으며, 전사가 될 자격도 갖추지 않았음을 명백하게 보여준다.

그리고 왕귀민은 「상나라 때의 "중인"은 노예라는 설商代"衆人"爲奴隸說」에서 "[illegible]중[illegible]衆"에 관한 복사에 대해 언급했다. 이 갑골 편에는 이런 내용이 있다.

> 을사일에 점을 칩니다. '혜'에서, 정미일에 군중을 찔러 죽일까요? 乙巳卜, 在兮, 唯丁未[illegible]衆?
>
> 병오일에 군중을 찔러 죽일까요? 唯丙午[illegible]衆.
>
> —『합집』 35,343편

"[illegible]"자를 왕국유는 토끼를 포획하는 그물이라고 해석했다. 왕귀민은 이 글자의 독음은 아마도 사史·사剚·자刺 등에 가까울 것이라고 했다. 이 글자는 동사로서 자로잡다·찔러 죽이다 등의 뜻을 가지며, 지금까지 보인 용례로는 적대국이었던 '𢀛방𢀛方'(『합집』 6,536·6,537편)·'강방羌方'(『합집』 224편)이나 제사의 희생물(『합집』 32,012편)에만 사용되었고, 다른 일반적인 상나라 사람들에게는 쓰이지 않았다. 복사에서의 의미는 대단히 명백한데, 그것은 점을 쳤던 셋째날인 정미일이거나 아니면 둘째 날인 병오일에 중衆에 대해 잔혹한 육체형을 시행했다는 점이다. 예상은 이미 일찍부터 이루어진 상태였고, 문제는 날짜를 선택하는 일만 남았다. 이것은 스파르타斯巴達(Sparta)인들이 국가 소유 노예인 헬로트黑勞士(helots)를 대하면서 매년 정해진 시기에 한 차례씩 도살했던 "크립테이아克里普提(crypteia)"라 불리는 행위와 유사하다.

위의 갑골 편에 나타난 중인에 대한 잔혹한 육체형의 시행과 같은 성질의 것이 "도중𠂤衆"에 관한 것이다. 도𠂤는 여余와 지止로 구성되었는데, 우성오는 이를 도途자로 해석해 동사로 쓰이면 도살屠殺이라는 뜻의 도屠라고 했다.179) 이 글자는 "중인"에게 사용된 이외에도 적대국이었던 위방危方(『합집』 32,897 · 32,899편), 자모子某라 불렸던 자화子畵와 자앙子央(『합집』 6,053 · 6,051편) 등에도 사용되었다. "중인"이 도살되었다는 이러한 사실을 회피하기 위해 어떤 사람은 도途, 즉 "다른 지역으로 경유하다"로 해석해야 한다고 했다. 위방危方 · 자화子畵 · 자앙子央은 지명이라 그곳을 "경유하다途經"라고 해석하는 것은 가능하지만, '"중인"에 대해서는 그렇게 해석할 수가 없는데, 그것은 "중"이 군중이지 지역의 이름이 아니기 때문이다. 게다가 복사에 "'영'에게 명령을 내려 '자영'을 '남'에서 죽일까요? 令永𡶜子央于南"(『합집』 6,051편)라는 내용이 있는데, 여기서는 이를 "경유하다途經"로 해석하면 문맥이 통하지 않는다. 혹자는 도𡶜자를 "영迎"이나 "회會"로 해석하기도 한다. "왕께서 '망승'에게 명령을 내려 '위방'을 도살하게 할까요? 王令望乘𡶜危方"(『합집』 32,899편)에서의 위방危方은 무정 때부터 제을 · 제신 때까지의 복사에 등장하는데, 언제나 상나라의 적국이었다. 그런데도 이를 "영迎"으로 해석해 위방危方을 맞이하다로 해석하는 것도 불가능한 일이다.

이상에서 든 것은 모두 중인의 신분에 관한 중요한 자료들이다. 이러한 자료에 대해 전면적이고 정확하며 종합적으로 분석해야만, 중인의 신분이 타인에 의해 완전히 점유되었던 것인지 아니면 불완전하게 점유되었던 것인지를 정확하게 파악할 수 있고, 그래야만 중인의 사회적 지위에 대해 합리적인 결론을 도출할 수 있다. 기존의 자료로 볼 때, "중"과 "중인"이 노예라는 설은 갑골복사에서의 원래 뜻에 부합하고 있다.

3) "읍인邑人"

"읍인邑人"에 관한 복사는 다음과 같은 3조목만 보인다.

179) 우성오, 「은계변지」 3편, 『갑골문자석림』에는 이 설이 수록되지 않아 그가 이미 이 설을 포기했음을 알 수 있다.

계유일에 점을 칩니다. 왕께서 물어 봅니다. 오늘 계유일로부터 을유일까지 읍인邑人들이 방국 사람들을 만나겠습니까, 아니면 만나지 않겠습니까? 1월이었다. 癸酉卜, 王, 貞自今癸酉至于乙酉, 邑人其見方抑, 不其見方執. 一月.

—『합집』 799편

물어봅니다. 읍인으로 하여금 소와 양을 내게 할까요? 貞呼邑人出牛羊.

—『합집』 9,741편 뒷면

재앙이 와서 읍인이 놀라게 될까요? 有來孽, 邑人震.

—『합집』 14,211편 뒷면

이들은 모두 무정 시기의 복사이다. 『합집』 799편의 "견방見方"의 "견見"자는 "기其"자 뒤에 놓였기 때문에 동사로 보아야만 한다. 혹자는 "견방見方"으로 붙여 읽어 방국方國의 이름으로 보기도 하지만,[180] 모두 정확한 해석은 아니다. "견방見方"의 "견見"자는 동사로 쓰일 경우 '만나다'·'감시하다' 등의 뜻이 있는데, 다음의 복사가 그렇다.

물어봅니다. '등'나라 사람 5천 명을 불러 '공방'을 감시하게 할까요? 貞登人五千呼見𢀛方.

—『합집』 6,167편

이것은 전쟁 용어이다. "앙抑"은 달리 "보𠬝"로 해석하기도 하며, 이학근과 구석규는 "앙抑"과 "집執"은 "문장 끝에 놓이는 어기 조사로",[181]

180) 장병권, 「고석」, 『은허문자병편』 상, 臺北史語所, 1959, 189~190면. 또 중국사회과학원 고고연구소, 『小屯南地甲骨』 하책, 中華書局, 1984, 1003면.

181) 李學勤, 「關于自組卜辭的一些問題」, 『古文字研究』 第2輯, 中華書局, 1980; 裘錫圭, 「關于殷墟卜辭的命辭是否問句的考察」, 『中國語文』, 1988年 第1期. 또 『古文字論集』(中華書局, 1992)에 수록됨.

의문을 나타낸다고 했다. 그래서 이 복사의 의미는 계유일로부터 을유일까지 12일 동안 읍인邑人이 "방국 사람들을 만나게 될 것인지, 아니면 "방국 사람들을" 만나지 않게 될 것인지를 물은 것이다. "읍인"은 군대의 병사로서 위에서 인용한 『합집』 6,167편의 "'등'인 5천 명을 불러 '공방'을 감시하게 할까요?"에서의 "등나라 사람 5천 명登五千人"과 같은 성질의 것임이 분명하다.

"읍인으로 하여금 소와 양을 내게 할까요? 呼邑人出牛羊"(『합집』 9,741편 뒷면)에서는 "읍인"이 자신의 재산을 가진 사람들임을 보여 준다. 『예기』 「곡례曲禮」 하下에서 "서인庶人들의 재산을 물으면, 가축의 수를 가지고 대답했다"는 말이 있는데, 이는 고대 사회에서 가축을 동산의 상징으로 삼았음을 말해 준다. 군대에 동원되어 병사가 될 수 있고 자신의 재산을 가진 "읍인"이라면, 당연히 노예의 지위에 상등하는 사람은 아니며, 인신의 자유를 가진 평민이었을 것이다.[182]

"읍인"은 성이나 촌락에 거주하는 보통의 민중을 가리키는 것이 분명하며, 이들은 상나라 사회에서 가장 기본적인 계층이었을 것이다. 갑골문의 "읍邑"자는 사람이 네모꼴의 성 아래에 꿇어앉은 모습인데, 나진옥은 "읍邑은 사람들이 사는 곳이기에 국□과 인人으로 구성되었다"고 했다.[183] 갑골복사에 보이는 "읍"에는 대·소의 구별이 있는데, 상나라 왕의 도읍도 갑골문에서 "읍"이라 불렀다. 예컨대 복사에서 원수洹水의 물이 불어나 "이 읍玆邑"을 "위험하게敦" 하지는 않을까요? 라고 물었는데(『합집』 7,853·7,854·7,859편), 여기서의 "이 읍玆邑"이라 할 때의 "읍"은 당시의 도읍, 즉 지금의 하남성 안양의 소둔에 위치한 은허殷墟를 말한다. 이 "읍"은 당시 상나라에서 가장 큰 '읍'이었다. 다음으로 '읍'이라는 명칭을 가진 것들, 예컨대 "부호읍婦好邑"(『합집』 32,761편)·"망승읍望乘邑"(『합집』 7,071편)·"유읍柳邑"(『합집』 36,526편)·"서읍西邑"(『합집』 6,156편)·"좌읍左

182) 楊升南, 『商代經濟史』, 貴州人民出版社, 1992, 68면.
183) 羅振玉, 『增訂殷虛書契考釋』 中, 東方學會 石印, 1927, 7면 상.

邑"(『합집』 8,987편) 등은 왕의 도읍보다는 한 단계 낮은 성읍이었을 것이다. 그리고 또 "이읍二邑"(『합집』 6,057편)·"삼읍三邑"(『합집』 6,066·7,074편)·"사읍四邑"(『합집』 5,866편)·"십읍十邑"(『합집』 28,098편)·"이십읍二十邑"(『합집』 6,798편)·"삼십읍三十邑"(『합집』) 등과 같이 숫자를 사용해 읍의 수를 계산한 경우도 있다. 유위초는 "큰 숫자로 된 이러한 '읍'"이 "가리키는 것은 당연히 일반적인 촌락이었을 것이다"고 했다.[184] 이 촌락들은 상나라 시대 때에도 "읍"이라 불렀으며 숫자로써 그 수를 기록하였다. 그렇다면 갑골문에서의 "읍인"은 자유를 가진 신분으로 성이나 시골의 광범위한 촌락에 거주했던 평민이었음이 분명하다. 하지만 그들은 귀족에 비하면 아직도 하층의 피 통치 계급에 속하는 사람들이었다.

5. 상나라의 형벌과 감옥

형법과 감옥은 국가 기구를 구성하는 중요한 부분이다. 국가가 제정하고 강제로 집행하는 법률은 통치계급의 의지와 이익의 체현이며, 이에 의해 정치제도가 유지되고 사회 구성원의 질서 있는 움직임이 보장된다.

상나라는 하나라를 이은 중국의 두 번째 통일 국가로, 그 형벌과 감옥은 이미 완비되었다. 그래서 옛날에 "형명刑名은 상나라를 따른다"[185]는 말이 있었고, 고대 문헌에서는 성탕成湯이 나라를 세우자 『탕형湯刑』이라는 법전을 반포했는데,[186] 이를 『탕법湯法』이라 부르기도 한다고 했다.[187] 반경은 천도할 때 "법도"를 지킬 것을 강조했으며,[188] 이에 불복

184) 兪偉超, 『中國古代公社組織的考察－論先秦兩漢的單－僤－彈』, 文物出版社, 1990, 53면.
185) 『荀子』「正名」.
186) 『左經』, 昭公 六年. "商有亂政, 而作湯刑."

하는 자는 시범삼아 처리하겠다고 했다. 조갑 때에는 "다시 탕형을 만들었으며重作湯刑",[189] 상나라 말의 주紂왕 때에는 더더욱 "포락의 법炮烙之法"으로[190] 그에 반대하는 자들은 중형으로 억압했다. 상나라 때의 형법 조문은 탕湯임금 때 이미 3백 조항이 넘었다고 하여,[191] 상당한 규모에 이르렀음을 보여준다. 기록에 의하면, 은의 선조들에게 "책冊이 있고 전典이 있었다"[192]고 하며, 그래서 『탕형』이나 『탕법』은 분명히 전책典冊으로 된 근거가 있었을 것이다. 하지만 연대가 오래되어 그 문헌은 이미 존재하지 않는다. 다만 1899년 은허 갑골문의 발견으로 상나라 때의 형벌과 감옥 시설 등은 다년간에 걸친 연구에 의해 그 대강이 밝혀지게 되었다.

1) 형벌의 종류

『탕형湯刑』에는 3백여 조항의 법조문이 있었다고 전해지지만, 그 구체적 내용에 대해서는 확인할 수가 없다. 갑골문에서도 각종 "형벌"의 집행에 관한 내용은 존재하지만 "법"의 내용은 없다.

갑골문의 형벌에 대한 연구는 1929년 곽말약이 「간지에 대한 해석釋干支」에서 경형黥刑에 대해 처음으로 논술했다.[193] 1961년 구석규는 「갑골문에 보이는 5가지 형벌甲骨文中所見的商代五刑」을 발표하였는데,[194] 이것이 상나라 때의 형벌을 종합적으로 논의한 최초의 논문이다. 1973년 호후선

---

187) 『史記』「殷奉紀」: "太甲旣立三年, 不明暴虐, 不遵湯法."
188) 『尙書』「盤庚」上: "以常舊服, 正法度."
189) 今本『竹書紀年』에 보인다.
190) 『史記』「殷本紀」.
191) 『呂氏春秋』「孝行」에서 인용한 『商書』에 보임.
192) 『尙書』「多士」.
193) 郭沫若, 『甲骨文字硏究』「釋干支」, 『郭沫若全集』「考古編」 第1卷, 科學出版社, 1982.
194) 『考古』, 1961年 第2期.

의 「은대의 월형殷代的刖刑」[195]과 1979년 한봉寒峰(왕귀민王貴民)의 「"[illegible]"자의 뜻"[illegible]"字賸義」[196]에서 월刖형에 대한 자의 분석을 했다. 우성오도 『갑골문자 석림』에서 상나라 때의 갑골문에 보이는 형벌에 대해서 많은 고증을 했다.[197] 양승남楊升南도 『중국 희귀 법률 전적 집성中國珍稀法律典籍集成』(갑편)의 제1책에서 여러 학자들의 고증에 근거해 "갑골문 법률 문헌 역주"[198]를 만들었는데, 일종의 전면적인 휘집이자 정리 작업이었다. 갑골문 자료를 고대문헌과 결합하여 상나라 법률제도를 연구한 것으로는 팽형방彭邦炯의 『상사 탐미商史探微』의 "노예주 국가의 준엄한 형법"[199]이 있고, 백강白鋼이 주편한 『중국 정치제도 통사中國政治制度通史』 제2권 제3장 제6절에 양승남이 쓴 "상 왕조의 법률제도"[200]가 있고, 호경균胡慶鈞이 주편한 『초기 노예사회 비교 연구早期奴隷社會比較研究』의 제2편 제6장에 송진호宋鎭豪가 쓴 "상나라 법률제도"[201] 등이 있는데, 모두 갑골문에 보이는 상나라 때의 형벌 종류에 관한 종합적 연구이다. 이상의 연구를 통해 갑골문에 보이는 상나라 때의 형벌에는 사형·육형肉刑·도형徒刑 등 세 가지가 있었음이 확인되었다.

(1) 사형

갑골문에 반영된 상 왕조에서 사람을 죽이는 방법은 매우 다양했고, 매우 잔혹한 극형이 사용되었는데, 이는 통치계급의 야만적인 일면을 보여 주고 있다. 그에는 다음과 같은 방법들이 있다.

첫째, 참수.

---

195) 『考古』, 1973年 第2期.
196) 『南京大學學報』(哲學社會科學), 1979年 第2期.
197) 中華書局, 1979.
198) 科學出版社, 1994.
199) 彭邦炯, 『商史探微』, 重慶人民出版社, 1988, 103~107면.
200) 白鋼 主編, 『中國政治制度通史』(先秦卷), 人民出版社, 1996, 252~267면.
201) 胡慶鈞 主編, 『早期奴隷社會比較研究』, 中國社會科學出版社, 1996, 186~195면.

갑골문에는 "벌伐"과 "해𢦏"의 두 글자가 있는데, 모두 참수형을 나타내고 있다. "벌伐"자는 낫창戈으로 사람의 목을 베는 모습이며, 한 번에 무려 2,656명을 "참수한伐"경우도 있는데(『합집』 7,771편), 이는 집체적으로 이루어진 대학살이었다. "해𢦏"자는 해奚와 무戊자로 구성되었는데, 해奚는 노예의 일종이었으며 "무戊"는 옆으로 치는 무기이다. 그래서 이 글자는 도끼斧나 날이 둥근 월鉞과 같은 무기로 노예의 머리를 자르는 모습을 그렸다. 어떤 자형에서는 해奚자의 옆에 작은 점이 여럿 더해지기도 하여, 피가 흐르는 모습을 형상적으로 그리기도 했다.[202] 갑골문에 "물어 봅니다. 왕께서 '다둔'의 목을 칠까요? 貞王𢦏多屯"(『합집』 810편 뒷면)이라는 내용이 있는데, "다둔多屯"은 많은 노예를 말한다.

둘째, 배 가르기卯.

묘卯자는 물체를 양쪽으로 갈라놓은 모습인데, 동사로 쓰여 사람에게 시행되었던 잔혹한 형벌의 하나였다. 복사에서는 "묘미卯媚"(『합집』 811편 앞면)·"묘강卯羌"(『합집』 26,955·26,961편) 등이 보인다. 미媚는 사람을 부르는 말로, 복사에 "부미婦媚"(『합집』 2,809편)라는 언급이 있는 것으로 보아, 미媚라는 지역의 여자들 중 귀부인에 대한 칭호로 추정된다. 묘卯라는 형벌은 바로 문헌에서 말했던 "부剖"인데, 『사기』 「은본기」에서는 주紂왕이 "비간比干의 배를 갈라 심장을 꺼내 보았다"고 했으며, 『여씨춘추』 「과리過理」에서는 주紂왕이 "임신부의 배를 갈랐다"고 했다.[203]

셋째, 능지처참凌遲.

갑골문에서의 타𢼸나 탁乇(舌·活)은 배를 가르고 창자를 꺼내며 시체를 갈기갈기 찢어 버리는 극형을 말한다. 타𢼸는 뱀蛇을 때려죽이는 모습인데, 우성오는 바로 『설문』에서 말한 "타㱜"자이며, 시施로 읽기도 하고,

202) 胡厚宣, 「甲骨文所見殷代奴隸的反壓迫鬪爭」, 『考古學報』, 1976年 第1期.

203) '卯'자를 王國維는 '劉'의 가차자로 "殺"의 의미로 풀이했다(『戩壽堂所藏殷虛文字考釋』 6면). 사람을 죽이는 것임에는 틀림없으며, 그 구체적인 시행방법은 "剖"刑과 같았을 것이다.

또 이施로 읽기도 한다고 했다. 『장자』「거협胠篋」에 "장홍이萇弘施"라고 했는데, 『석문釋文』에서 "이施는 찢다裂는 뜻이다"고 했으며, "달리 과장刳腸이나 이施라고 한다"고 했다. 갑골 복사에 "타인㲿人"(『합집』 1,074편 앞면)·"타강㲿羌"(『합집』 465편) 등이 보인다. 복사에서 탁乇자는 간혹 구口가 더해지거나 시ネ와 구口가 더해져 탁𠮨이나 탁𥘵 등으로 쓰기도 하는데, 이들은 모두 같은 글자의 이체자이다. 우성오는 이를 탁矺으로 읽었고, 『사기』「이사열전李斯列傳」「색은索隱」에서는 탁矺은 택宅으로 읽으며, 이들은 책磔과 같은 글자로, 고금자에 해당한다고 했다. 책磔은 사체를 찢어 죽이는 방법을 말한다. 복사에 "소녀小女"를 찢어 죽였다矺(『합집』 22,238편), "사람 15명을 찢어 죽였다 矺十人又五"(『합집』 27,020편), "강족 30명을 찢어 죽였다 矺三十羌"는 말이 보이는데, 이는 모두 이들에게 능지처참의 형벌을 시행한 것이었다.204)

넷째, 염장醢刑.

해형醢刑은 살을 저미어 육장肉醬으로 만드는 형벌을 말한다. 『사기』「은본기」에서 "9명의 제후를 염장했다 醢九侯"고 했고, 『여씨춘추』「행론行論」에서는 "옛날 주紂왕은 무도하여 매백梅伯을 죽여 염장했으며, 귀후鬼侯를 죽여 포를 떴다"고 했는데, 고유高誘의 주석에서 "육장肉醬을 해醢, 육숙肉熟을 포脯라고 한다" 했다. 갑골문에는 "두豉"자가 보이는데, 두豆와 수殳로 구성되었다. 우성오는 이를 두豉로 해석하면서 문헌에서 말하는 두剅나 두豆자이며, 타剟자와 통한다고 했다. 『광아』「석고釋詁」에서는 "타剟는 찢다裂는 뜻이다"고 했는데, 지금의 방언에서 물체를 자르는 것을 타剟라고 한다.205) 타剟의 뜻은 미세한 조각편으로 자르다는 뜻이다. 복사에 "두강豉羌"(『합집』 26,956편)·"두인豉人"(『합집』 35,361편)이라는 말이 있는데, 사람에게 시행했다면 해형醢刑이 된다.

다섯째, 화형火刑.

---

204) 于省吾, 『甲骨文字釋林』, 中華書局, 1979, 169면.
205) 于省吾, 『甲骨文字釋林』, 中華書局, 1979, 214면.

갑골문의 "교烄"자는 윗부분이 인人으로 손을 교차시켜 가슴 앞에 둔 사람의 모습이며, 아래쪽은 화火로 구성되었다. 나진옥은 "분명 허신의 책에서 말한 교烄자이다"고 했다.[206] 섭옥삼은 "다리를 교차시켜 묶은 사람을 불 위에 올려놓은 모양"이며, "은나라 초기에는 기우제를 지낼 때 사람을 희생으로 썼는데, 이후 더욱 심하게 변하여 죄인을 타오르는 불 속에다 던짐으로써 가물귀신을 몰아내는 의식을 치렀다"고 했다.[207] 구석규는 윗부분이 사람人의 모습이 아니라 황黃자이며, 이는 "전적으로 '무당이나 곱사등이를 불태우다焚巫尪'고 할 때만 사용되던 '분焚'자의 이체자이다"고 했다.[208] 하지만 선주요單周堯는 '무당이나 곱사등이를 불태웠다'고 풀이한 구석규의 설에 찬동하지 않았다. 그는 기우제를 지낼 때 불태웠던 것은 반드시 무당이나 곱사등이에 한정되는 것이 아니었으며 고대 문헌에 의하면 일반인이 더 많다고 했다.[209] 무왕巫尪은 장애자를 지칭하는데 이 또한 사람을 불태워 희생으로 삼던 기우제를 반영한다. 우성오는 복사에서의 교烄자는 화형火刑 즉 불 속에 던져 태우는 형벌이라고 했다.[210] 복사에는 "교늠烄亩"(『합집』 9,177편 앞면)·"교영녀烄永女"(『합집』 30,172편)·"교소녀烄小女"(『합집』 32,290편) 등이 있는데, 모두 사람을 태우는 일에 관한 기록이다. 불에 태워지는 자는 화형火刑의 벌을 받은 것이다. 은나라 말 주紂임금 때에는 "포락炮烙의 법"(『한비자』「유로喩老」·『여씨춘추』「과리過理」·『사기』「은본기」 등)이 있었는데, 이것은 바로 교烄라는 형벌에 대한 문헌의 기록이다.

여섯째, 생매장活埋.

갑골문에는 구덩이凵 속에 사람人이 들어 있는 모양의 글자가 있는데, 사람을 구덩이 속에 파묻는 모습을 형상화했다. 구덩이 속에 든 사람은

206) 羅振玉,『增訂殷虛書契考釋』中, 東方學會 有印, 1927, 50면 下.
207) 葉玉森,『前編集釋』卷5, 上海大東書局石印, 1933, 35면 下.
208) 裘錫圭,「說卜辭的焚巫尪與作𡆥」,『甲骨文與殷商史』第1輯, 上海古籍出版社, 1983.
209) 單周堯,「說[illegible] [illegible]」,『殷墟博物苑苑刊』(創刊號), 中國社會科學出版社, 1989.
210) 于省吾,「序」,『甲骨文字釋林』, 中華書局, 1979.

꿇어앉은 모습이기도 하고(『합집』 2,279편), 손을 위로 들어 발버둥치는 모습에다 주위로 작은 점을 그려 흙이 떨어지는 모습을 형상화하기도 했으며(『합집』 2,807 · 22,277 · 22,278편), 여女자가 더해진 경우도 있다(『합집』 19,800 · 22,374편). 어떤 경우에는 사람을 구덩이 속에 넣고 절구로 찧는 모습도 보이며, 양쪽에 작은 점들을 그려 흙이나 튀어 오르는 피의 모습을 형상화하기도 했다(『합집』 6,025 · 6,026 · 6,027편). 이 글자들은 빠트려 매장하다陷埋고 할 때의 함陷으로 읽히며,[211] 사람을 산채로 매장하던 형벌이다.

일곱째, 물에 빠트려 죽이기.

사람을 물속에 던져 죽이는 방법인데, 상나라 때에는 이 또한 사람을 죽이는 방법 중의 하나였다. 복사에서는 이렇게 말했다.

> 정사일에 점을 칩니다. '료'제사를 강의 신에게 지내는데 희생 소를 쓰고, 여자 노예를 물에 빠트릴까요? 丁巳卜, 其燎于河牢, 沉㚴.
>
> —『합집』 32,161편

첩㚴은 여자 노예의 일종이다. 『합집』 27,286편의 복사에서 이렇게 말했다.

> 여자를 물에 빠트려 '조정 필'의 제사에 쓸까요? 叀母沉用祖丁必.

"침沉"자는 손과 발을 위로 향하게 한 채 강에 빠트린 사람의 모습인데, 머리와 겨드랑이 부분에 작은 점이 그려져 온 몸에 물이 튀었음을 형상화 했는데, 물속에다 사람을 빠트리는 모습을 그렸다.

갑골문에 상나라 때에 사람을 죽이는 방법이 7가지나 된다는 것은 당시의 형법이 극히 잔혹했음을 알려 준다.

---

211) 于省吾, 『甲骨文字釋林』, 中華書局, 1979, 214면.

(2) 육체형肉刑

육체형은 인체의 일부를 잘라내는 형벌로, 주요한 것으로 한쪽 발을 자르는 월형刖刑, 남자의 생식기를 자르는 궁형宮刑, 코와 귀를 자르는 비형劓刑과 이형刵刑이 있다. 이 세 가지 형벌에 대해서는 구석규의 「갑골문에 보이는 상나라 때의 5가지 형벌」에서 이미 상세하게 논술했으며, 월형刖刑에 대해서는 호후선과 왕귀민이 다른 논문에서 구석규의 설을 보충했다.[212] 갑골문에 반영된 상나라 때의 육형에는 다음과 같은 몇 가지가 보인다.

첫째, 궁형宮刑.

갑골문에서 궁형을 나타내는 글자는 상형자로 칼로써 남자의 생식기를 잘라 내는 모습이다. 즉 ·와 같은 모습인데, 옆에 있는 칼刀은 잘라내다는 뜻을 나타낸다. 당란은 이를 탁椓자로 해석하여 "음경을 제거하다"는 뜻이라 했고,[213] 조패형趙佩馨(즉 구석규)도 그 설에 찬동했다. 『상서』「여형呂刑」에 "궁벽의사宮辟疑赦"라는 말이 있는데, 공안국의 전傳에서 "궁宮은 음형淫刑으로, 남자면 거세하고 여자면 유폐幽閉시킨다"고 했다. 당나라 공영달孔穎達의 소疏에서는 "남자의 음부를 세勢라 하는데, 세勢(즉 양물)를 제거하는 것을 말한다"고 했다. 궁형은 육형 중에서 가장 무거운 형벌이었다. 사마천이 「보임안서報任安書」에서 "수치 중에 궁형보다 더한 것은 없으며", "부형腐刑이 가장 못한 것의 극점에 있다"고 했던 것처럼, 궁형은 사형에 다음가는 중형이었다. 갑골문에서 "탁椓"자는 자주 보이는데(『합집』 925·5,996·5,999편), 비교적 완전한 것으로는 상나라 왕이 강羌 족 노예에게 이 형벌을 시행했는데 죽게 될 것인가에 대해 물은 한 조목이 전한다.

---

212) 胡厚宣, 「殷代的刖刑」, 『考古』, 1973年 第2期; 寒峰(王貴民), 「""字勝義」, 『南京大學學報』(哲), 1979年 第2期.

213) 唐蘭, 『天壤閣甲骨文存考釋』, 北京輔仁大學出版, 1939, 46면.

경진날 점을 칩니다. 왕이 물어 봅니다. 짐이 강족에게 궁형을 시행했는데 죽지 않겠습니까? 庚辰卜, 王, 朕剢羌不死.

—『합집』 525편

둘째, 월형刖刑.

월형刖刑의 월刖자는 갑골문에서 다양한 형태로 등장하는데, 기본적으로는 로 되어, 손에 톱을 들고 사람의 한쪽 발을 자르는 모습이다. 구석규는 이 글자를 올[illegible]로 해석했으며, 발을 자르다斷足는 뜻의 원래 글자이며, 월刖자는 이후에 생겨난 글자라고 했다.[214] 장정낭은 이를 아俄자로 해석하여, "아俄는 사람의 한쪽 다리가 잘렸으므로 제대로 서지 못하게 되며(경사傾斜), 오랫동안 서 있지 못한다(아경俄頃)"고 했다.[215] 호후선은 월刖자로 해석했고,[216] 지금의 갑골 학자들은 일반적으로 월刖자로 해석한다. 갑골문에서는 월형을 시행한 후 형벌을 받은 사람이 죽게 될 것인지를 물은 복사가 자주 보인다.

물어 봅니다. 1백 명에게 월형을 시행했는데, 죽겠습니까? 貞其刖百人, 死?

—『합집』 1,043편

[물어 봅니다] 또 1백 명에게 월형을 시행했는데, 죽겠습니까? [貞]其又刖百人, 其有死?

—『합집』 1,042편

물어 봅니다. 노예 80명에게 월형을 시행했는데, 죽지 않겠습니까? 貞刖僕八十人, 不死?

214) 趙佩馨(裘錫圭), 「甲骨文中所見的商代五刑」, 『考古』, 1961年 第2期.
215) 張政烺, 「釋甲骨文俄·隸·蘊三字」, 『中國語文』, 1965年 第4期.
216) 胡厚宣, 「殷代的刖刑」, 『考古』, 1973年 第2期.

—『합집』 580편 앞면

무오날 점을 칩니다. '영'이 물어 봅니다. 월형을 시행했는데 죽지 않겠습니까? 戊午卜, 永, 貞刖, 不死?

—『고고』 1973년 제2기 114면

위에서 인용한 갑골 복사를 보면, 월형을 당한 사람이 한꺼번에 1백 명에 달하기도 하여 이 형벌이 남용되었음을 알 수 있다. 월형을 받은 대상 중 "인人"으로 지칭된 경우가 많긴 하지만 구체적인 신분은 알 수 없다. 그 다음이 "복僕"이라는 신분이었는데, 『합집』 580편 앞면의 기록에 의하면 한꺼번에 80명이나 이 형벌을 받았다. "복僕"이 월형을 받았던 복사는 이외에도 다음의 예가 있다.

10명의 노예에게 월형을 집행할까요? 刖十僕.

—『합집』 582편

많은 노예들에게 월형을 시행할까요? 其刖多僕.

—『둔남』 857편

물어봅니다. 월형을 시행해도, 죽지 않을까요? 貞刖僕, 不死?

—『합집』 581편

다음의 복사에서처럼 도망갔던 죄인을 다시 사로잡아 오면 월형을 시행하기도 했다.

□□일에 점을 칩니다. '쟁'이 [물어봅니다.] 도망갔던 자에게 월형을 시행했는데 [죽지] 않을까요? □□卜, 爭, [貞]刖㞷, 不[死].

—『합집』 861편

走는 도망하다고 할 때의 망亡자인데,217) 도망한 죄수 노예를 말한다. 그런가 하면 방국方國의 우두머리에게도 월형을 시행한 복사가 보인다.

□사일에 점을 칩니다. '사봉'에게 월형에 시행하고 '여' …… 를 찢어 죽여 읍 사람들에게 내 보일까요? □巳卜, 其刖四丰(封)盧 …… 邑子示.

—『둔남』 2,510편

"사봉四丰封"은 사봉방四封方으로 4개의 방국, 즉 저방叡方 · 강방羌方 · 수방羞方 · 비방轡方을 말하는데, 복사에서 이렇게 말했다.

'후전'에게 알려 '저방' · '강방' · '수방' · '비방'의 목을 베게 하고, 우리가 '후전'을 따르게 하여 '사봉방'을 정벌할까요? 告侯田其冊叡方 · 羌方 · 羞方 · 轡方, 余其從侯田甾戔四封方.

—『합집』 36,528편 뒷면

이학근은 "사봉방四封方"은 저방叡方 등 4개의 방국을 지칭한다고 했다.218) 앞의 인용 복사에서 말한 "사봉四封에게 월형을 시행하다"는 것은 앞서 말한 네 나라의 우두머리에게 월형을 시행하다는 말이다. 이 네 나라는 아마도 상 왕조에 반란을 일으켰다가 정벌을 당해 포로가 되어 이러한 월형을 받았을 것이다. 여盧도 방국의 하나인데, 복사에 "여자盧子"가 보이며(『합집』 26,010 · 26,765편), 탁은 사지를 찢어 죽이는 잔혹한 사형임은 이미 앞에서 말했다. 여盧에 대한 처분이 다른 네 나라의 우두머리들보다 더욱 처참했다.

217) 胡厚宣, 「甲骨文所見殷代奴隸的反壓迫鬪爭」, 『考古學報』, 1979年 第1期.
218) 李學勤, 『殷代地理簡論』, 科學出版社, 1959, 81면.

셋째, 코를 자르는 형벌割鼻.

코를 자르는 것割鼻을 "비劓"라 한다. 『상서』 「강고康誥」에 "사람의 코와 다리를 잘랐다劓刖人"는 말이 있는데, 공안국의 전傳에서 "비劓는 코를 자르다는 뜻이다"고 했다. 『주례』 「추관」 「사형司刑」에는 "5백 명의 죄인에게 비劓를 행했다"는 말이 있는데, 주석에서 "비劓는 코를 절단하는 것을 말한다"고 했다. 비형劓刑은 『상서』 「여형呂刑」에서 5가지 형벌 중의 하나로 열거되었다. 갑골문에 "비劓"라는 모습의 글자가 있는데, 자自와 도刀로 구성되었다. 갑골문에서 "자自"자는 사람의 코를 상징하기 때문에, 구석규는 이 글자가 "코를 잘라내다는 뜻으로, 바로 비劓의 옛날 글자이며, 당시에 이미 비형劓刑이 존재했다는 것은 의심의 여지가 없다"고 했다.219) 갑골문에서 비형劓刑과 관련된 복사는 대부분 잔편인데, 이를 열거해 보면 다음과 같다.

> '정 …… 일에 …… 코를 자르는 형벌을 …… 또한 …… ? 丁 …… 劓 …… 竝 ……
>
> —『합집』 4,389편

> …… 또 …… 코를 자르는 형벌을 …… ? …… 又 …… 劓 ……
>
> —『합집』 5,994편

> 물어봅니다. 불러 코를 자르는 형벌을 시행하면 좋지 않을까요? 貞呼劓, 不若.
>
> —『합집』 5,995편 정면

> 정사일에 점을 칩니다. 긍이 물어봅니다. '우작'에게 코를 자르는 형벌을 시행할까요? 丁巳卜, 亘, 貞劓牛爵.
>
> —『합집』 6,226편

219) 趙佩馨(裘錫圭), 「甲骨文中所見的商代五刑」, 『考古』, 1961年 第2期.

코를 자르는 형벌을 시행할까요? 劓.

—『합집』 8,986편 뒷면

넷째, 귀를 자르는 형벌割耳刑.

귀를 자르는 형벌은 서주 때의 문헌에 보이는데, 『상서』「강고康誥」에서 이렇게 말하고 있다.

> 너 '봉'이 또 독단적으로 사람의 코를 베고 귀를 자를 수 있는 것이 아니니, 네 멋대로 사람의 코를 베고 귀를 자르지 말아라. 非汝封又曰劓刵人, 無或劓刵人.

『상서』「여형呂刑」에서는 "이에 음란한 자들을 비劓·월刖·탁椓·경黥형에 처하게 되었다"고 했는데, 공안국의 전傳에서 "비劓는 코를 자르는 것이요, 월刖은 귀를 자르는 것으로, 가벼운 형벌을 말한다"고 했다. 또 당나라 공영달의 소疏에서는 이렇게 말했다. "비劓는 오형 중에서 코를 자르는 것이다. 또 이刵라는 형벌이 있으나 『주관周官』의 다섯 가지 형벌에는 포함되지 않았으며, 『여형呂刑』에서도 '비이鼻刵'라고 했다. 『역』「서합噬嗑」 상구上九에서 '목에 칼을 씌우고 귀를 자른다何校滅耳'고 했다. 이에 대해 정현鄭玄은 신하가 임금을 따라 연좌된 형벌을 말한다고 했는데, 공안국의 뜻도 그러했는지는 명확하지 않다. 중요한 것은 이刵가 다섯 가지 형벌에 들어 있지 않다는 사실이다." 『상서』 연구가인 주병균은 이刵는 바로 "월刖"자가 잘못된 것이라 보았으며, 『상서이해尙書易解』「여형呂刑」편에서 이렇게 말했다. "이刵는 귀를 자르는 것을 말한다고 했는데, 『설문』에서 이를 인용하면서 월刖이라 했다. 월刖은 발을 자르는 것을 말한다. 다섯 가지 형벌을 살펴보면 원래 월刖은 있지만 이刵는 없었다. 그렇다면 이刵는 월刖이 되어야만 옳다."[220] 귀를 자르는 형벌은 옛

220) 周秉鈞, 『尙書易解』, 岳麓書社, 1984, 290면.

날부터 있어 왔으며, 이미 갑골문에서도 보인다. 이학근의 「해외방고속기海外訪古續記」 2(『문물천지文物天地』 1992년 제6기)에서 독일 커룬科倫 동아시아 미술박물관에 소장된 무정 때의 왼쪽 꼬리 거북딱지의 아래 끝부분의 잔편에 3글자가 새겨졌는데, 이학근은 이렇게 해독했다.

…… 비劓 · 이刵 · 월刖

"이刵"는 도刀와 이耳로 구성되었다. 송진호는 이는 "세 가지 형벌 중의 하나"로 귀를 베는 형벌을 말하며, 이 세 가지 형벌은 가벼운 것으로부터 무거운 것으로의 순으로 배열되어, "비劓劓형과 이刵형은 가벼운 벌에, 월刖형은 무거운 벌에 해당한다"고 했다.[221] 우성오는 갑골문에서 보이는 과戈와 이耳로 구성된 글자가 바로 귀를 자르는 형벌을 말한다고 했다.[222] 이 글자는 『합집』 6,619편에 보이며 그 문장은 다음과 같다.

물어봅니다. □사람이 '이'를 불러 강족을 정벌하게 할까요? 貞□人呼戜伐羌.

우성오는 이 글자를 후세에서 말하는 "괵馘"자로 해석했다. 하지만 위에서 인용한 복사에서 "이戜"는 인명으로, 명사이지 동사가 아니다. 물론 상나라 왕이 귀를 자르는 형벌을 받은 사람에게 명령을 내려 강羌족을 정벌하게 했다고 해석해도 통하기는 한다.

다섯째, 묵형黥刑.

상나라 때의 묵형에 대해서는 곽말약이 『갑골문자연구』 「간지에 대한 해석釋干支」에서 이미 복사에서 "신辛"은 죄인들의 얼굴에 문신을 새기는

221) 胡慶均 主編, 『早期奴隷社會比較硏究』, 中國社會科學出版社, 1996, 192면; 「甲骨文中所見墨刑及有關方面的考察」, 『殷墟發掘70周年學術紀念會論文』, 中國社會科學院考古所 編印, 1998.10.

222) 于省吾, 「序」 · 「釋戜」, 『甲骨文字釋林』, 中華書局, 1979.

도구로 쓰였으며, 그래서 신辛으로 구성된 첩妾·동童·복僕 등은 모두 얼굴에 묵형을 받은 죄인을 말한다고 했다. "신辛"은 복사에서 동사로 쓰여, 어떤 사람에게 묵형을 가하는 행위로 해석된다.

> 을유일에 점을 칩니다. 왕께서 물어봅니다. 내가 짐의 늙은 노동자들에게 묵형을 가하고……? 乙酉卜, 王, 貞余辛朕老工……
>
> —『합집』 20,613편

이는 상나라 왕이 그의 "늙은 노동자들老工"에게 "신辛"(즉 묵형)이라는 형벌을 가한다는 내용이다. 복사에 어떤 사람에게 "신辛"을 했다는 말은 바로 어떤 죄인에게 묵형을 시행했다는 뜻이다.

> 병자일에 점을 칩니다. '부'가 물어봅니다. '민'과 '흥'에게 명하여 묵형을 시행하게 할까요? 庚子卜, 扶, 令民·興辛.
>
> —『합집』 20,236편

> 병인일에 점을 칩니다. 왕께서 물어봅니다. '화'와 '과'에게 명하여 묵형을 시행하게 할까요? 丙寅卜, 王, 令火·戈辛.
>
> —『합집』 20,245편

민民·흥興·화火·과戈는 모두 인명이며, "신辛"은 동사이다. "신辛"이라는 형벌을 가할 때는 또 사람을 파견해 감독하기도 했다.

> 계축일에 점을 칩니다. '빈'이 물어봅니다. '패'에게 명하여 '필'이 묵형을 시행하는지를 감독하게 할까요? 癸丑卜, 賓, 貞叀旬令目畢辛.
>
> —『합집』 4,090편

물어봅니다. '차'로 하여금 '필'이 묵형을 시행하는지를 감독하게 할까요? 貞叉目㚔辛.

—『합집』 6,450편

"목目"에는 시찰하다 · 감찰하다 · 멀리서 살피다 등의 뜻이 있다. 복사에 보이는 "목공방目舌方"(『합집』 6,194편)은 바로 공방을 멀리서 살핀다는 뜻이다. 이 복사는 필㚔이 죄인에게 "신辛"이라는 형벌을 시행하는데 패匎와 차叉를 보내 감독하도록 한 일을 기록한 것이다.

『소둔 남지 갑골』 857편에는 연이어지는 두 조항의 복사가 있는데, 이는 형벌과 관련된 사안으로 그 내용은 다음과 같다.

신미일에 물어봅니다. '다복'에게 묵형을 시행할까요? 辛未, 貞其𡉈多僕?

'다복'에게 월형을 시행할까요? 其刖多僕?

—『둔남』 857편

송진호에 의하면, 앞의 복사에 보이는 𡉈는 독체獨體로 된 표의자로, 자형의 윗부분은 어떤 뾰족하고 예리한 기구로 사람 얼굴의 이마나 눈언저리의 광대뼈 부분을 자해한 모습이며 아랫부분은 토土로 구성되었다. 이는 월형刖刑과 동일한 부류에 속하는 형벌의 이름으로, "묵墨"으로 해석되며, "묵형墨刑을 나타내는 데 쓰는 전문적인 글자"라고 했다.223) 이상에서 든 복사에서 이 글자는 "월刖"자와 대칭해서 점을 쳤기 때문에 글 속에서의 지위도 서로 비슷할 것으로 보인다. 그래서 "월刖"이 발을 자르는 형벌이라면, 다른 조항의 복사에 보이는 𡉈자도 형벌의 일종일 것이다.

이상을 통해 갑골문에 보이는 상나라 때의 육체형에는 궁宮 · 월刖 · 비

223) 宋鎭豪, 「甲骨文中所見商代的墨刑及有關方面的考察」, 『殷墟發掘70周年學術紀念會論文』, 中國社會科學院考古研究所 編印, 1998.10.

劓・이刵・경黥의 다섯 가지가 있었음을 알 수 있다.

(3) 도형徒刑

갑골문에 보이는 도형에는 두 가지가 있는데, 하나는 구속이고 다른 하나는 추방이다.

첫째, 구속에 관해 살펴보자. 갑골문에서 구금에 관한 형벌은 두 가지로 표현되고 있는데, 하나는 줄로 사람을 묶는 것이고, 다른 하나는 특수 제작된 기구로 손이나 발을 채우는 것이다. 줄로 사람을 묶는 것은 자로 표현되었다. 우성오는 이를 계系라 해석하면서 "줄로 사람의 목 부분을 묶었는데", "이는 고대 통치계급이 그들의 수하를 시켜 포로나 죄인의 목을 줄로 묶게 해 끌고 가는 매우 잔혹한 방법이었다"고 했다.[224) 무정 때의 신하였던 부열傅說의 경우, 무정이 찾기 전에는 한 때 "베옷을 입고 포승줄에 묶인 채 부암傅巖의 공사에 동원되었다"(『묵자』「상현尙賢」). 황보일皇甫謐의 『제왕세기帝王世紀』에서는 그를 "서미胥靡"로서 "베옷을 입고 포승줄에 묶인 채" 힘든 노역에 동원되었다고 했다. 서미胥靡는 죄인으로서, 지정된 곳으로 보내져 고된 노역에 종사하는 것을 말한다. 상나라 왕들은 다음의 복사에서처럼 이런 노역에 신료를 파견해 감독하도록 했다.

> '여'를 불러 줄에 묶인 죄인들系을 감독하게 할까요? 8월이었다. 余呼省系. 八月.
>
> —『합집』 39,808편

손과 발에 차는 수갑과 차꼬는 와 로 묘사되었는데, 바로 행幸자이며, 인쇄의 편의를 위해 일반적으로 "행幸"으로 표기한다. 이 글자의 변형에는 여러 가지가 있는데, 어떤 경우에는 지止로 구성된 으로 되기도

224) 于省吾, 『甲骨文字釋林』, 中華書局, 1979, 297~298면.

했는데, 차꼬가 죄인의 발에 채워진 모습이며, 이를 현대 글자로는 "행㚔"으로 옮긴다. 또 어떤 경우에는 사람의 손에 수갑을 채운 모습인 (『합집』 553 · 26,950편 등)인데, 현대 글자로는 "집執"으로 옮긴다. 오늘날 볼 수 있는 손에는 수갑을 발에는 족쇄를 채우는 형벌이 상나라 때에도 이미 보편적으로 사용되었던 것이다. 복사에는 이외에도 죄인에게 수갑을 채우고 목에는 다시 칼을 씌운 모습도 보이는데(『합집』 805 · 806편), 더 심한 형벌임을 볼 수 있다. 또 꿇어앉은 사람에게 수갑을 채우고 목에는 줄을 묶은 모습도 보인다(『합집』 803 · 804편). 이러한 여러 이체자는 모두 "집執"자의 다른 필사법으로서, 상나라 때에 사람을 구속할 때 손에는 수갑을 발에는 차꼬를 채운 이외에도 목에다 칼을 씌우고 포승줄로 목을 묶는 등 다양한 형벌 기구가 사용되었음을 보여준다.

구속되어 감옥에 구금되거나, 혹은 다른 지역으로 보내져 노역에 종사하게 할 때, 상나라 왕은 또 사람을 파견해 그들을 감시하게 했다.

> 갑술일에 점을 칩니다. '내'가 물어봅니다. 다음 정벌 때 또 포로를 감시하고, '척'제사를 …… 甲戌卜, 內, 翌正又省執, 陟 ……?
>
> —『합집』 5,828편

구금된 사람들은 그 이름이 책에 기록되었는데, 백멱伯戠이 그 일을 주관하기도 했다.

> □□일에 점을 칩니다. 물어봅니다. '백멱'에게 포로들의 일을 주관하게 할까요? 4월이었다. □□卜, 貞伯戠典執. 四月.
>
> —『합집』 5,945편 앞면

"전典"은 바로 그 일을 주관하다는 뜻이며, 장부에다 이름을 올리다는 뜻으로도 해석된다.

둘째, 추방에 관해 살펴보자. 갑골문에는 발에 차꼬를 채운 사람이 길에 있는 모습을 그린 자가 있으며(『합집』 6,664편), 두 손을 머리 뒤로 올린 채 길에 놓여진 자도 있는데(『안명』 935편), 모두 형구를 찬 "죄인을 거리로 추방하여" "거리로 끌고 나간" 모습으로써 추방이라는 형벌을 형상화 했다.[225] 앞에서 든 『합집』 6,664편의 그 글자는 복사에서 어떤 사람의 신분을 나타내는 데 사람이 희생물로 쓰이기도 했다.

> 물어봅니다. 희생 양 한 마리를 '상갑'께 올리고, '고'제사에 우리 죄수들을 바칠까요? 貞一宰于上甲, 告我報.
>
> 물어봅니다. '유'제사를 '상갑'께 올리는데 희생 양 3마리를 쓰고, '고'제사에 우리 죄수들을 바칠까요? 貞侑于上甲三宰, 告我報.

이는 추방당한 죄인들로 이미 인권이 없는 계층으로 몰락한 상태였다.

2) 감옥監獄

갑골문에서 감옥을 나타내는 글자로는 다음과 같은 세 유형이 있다.

첫째,  『합집』 139편 뒷면, 521편 뒷면
 『합집』 584편 뒷면, 5,980편
 『합집』 6,666편
둘째,  『합집』 5,972편 · 5,973편
 『합집』 138편 · 522편 뒷면 · 5,974편 · 36,419편
 『합집』 5,976편 · 6,057편

225) 宋鎭豪의 설. 胡慶鈞 主編, 『早期奴隸社會比較硏究』(中國社會科學出版社, 1996), 194면에 보인다.

셋째, 『합집』 5,991편

『합집』 599편

첫째 유형은 수갑을 찬 사람이 네모 테두리 속에 든 모습이다. 둘째 유형은 첫째 유형이 단순한 형태로 변한 것으로, 형구인 수갑만 보이거나 "테두리□"로 사람이 존재함을 나타냈을 뿐이다. 이 두 유형을 구성하는 "□"은 집의 평면을 나타낸다. 셋째 유형은 손에는 수갑을 발에는 차꼬를 찬(지止는 발을 뜻한다) 사람이 집 아래에 있는 모습이다. 집은 측면의 모습으로 표현되었는데, 이는 평면을 그린 "□"와 의미가 동일하다."[226] 첫째 부류를 지금의 글자로 옮기면 어圉, 두 번째 부류는 어圉, 세 번째 부류는 어⿱宀執이나 어⿱宀執가 된다. 이효정은 첫째 부류와 둘째 부류의 글자들은 번체와 간체의 차이일 뿐인 같은 글자로 보았고 모두 어圉자의 아래에다 배열해 두었는데,[227] 이 또한 가능한 해석이다. 둘째 부류의 글자를 섭옥삼葉玉森・손해파孫海波・왕양王襄・우성오・호후선・제문심齊文心 등은 모두 어圉로 해석했으며,[228] "어圉는 감옥囹圄으로 죄인들을 가두던 곳이다"고 한 『설문』의 해설에 근거해 "죄인을 감옥 속에 가두어 둔 모습"이라 했다. 첫째와 셋째의 부류는 "죄인을 감옥에다 가두어 둔 모습"임이 더욱 분명한데, 이러한 글자는 모두 감옥을 그대로 그린 모습이다.

제문심은 상나라 때의 감옥에 대해 계통적으로 연구했는데, 그녀는 상나라 때 각 지역에 설치되었던 감옥과 수감자의 신분에 대해 이렇게 말했다.

은나라 때에는 동촌東村・돈敦・빙冰・효爻・궁弓・과戈를 비롯한……촌

226) 劉海年・楊升南 等, 『中國珍稀法律典籍集成』 甲編 第1冊, 科學出版社, 1994, 101면.
227) 李孝定, 『甲骨文字集釋』 제10권, 臺北史語所專刊之五十, 1970, 3,235면.
228) 이들의 해석에 관해서는 우성오의 『갑골문자고림』(중화서국, 1996), 2,585~2,586・2,591・2,593~2,597면에 보인다.

疛·방방旁方·미경微京 등지에 모두 감옥이 설치되었다. 그중에서도 돈敦·궁 ? ·촌疛·방방旁方 등의 감옥은 국경 부근에 만들어졌고, 이러한 감옥에서는 강羌·복寇(즉 복僕-인용자 주)·추芻 등과 같은 노예들이 자주 도망쳤다는 기록이 보이는데, 이는 이들 감옥이 주로 전쟁포로로 잡힌 이민족의 노예를 수감하기 위한 것이었음을 보여 준다.[229]

감옥이 설치되었던 지점으로는 제문심이 든 몇 곳 이외에도 필畢과 육六 등도 있다.

……'필전'에 감옥을 만들까요? …… 畢奠有圉.

—『합집』 5,974편

"필전畢奠"은 바로 귀족이었던 필畢의 영지이다. 육지六地의 감옥을 "육어六圉"라 불렀는데, 『합집』 22,333편에 보인다. 복사가 잔편이라 여余와 차此 두 글자만 보인다. "육六"은 상나라 때의 봉국封國의 하나였다.[230]

감옥에 갇힌 사람들은 주로 이민족의 전쟁 포로나 노예였지만, 이에 그치지 않고, 통치계급에 속하는 귀족이 구금되기도 했다. 무정 때 활약했던 귀족인 월戉·명鳴·작雀 등도 한때는 구금된 적이 있었다. 다음의 복사를 보자.

물어봅니다. '월'을 구금할까요? 2월이었다. 貞圉戉. 二月.

—『합집』 5,983편

'명'과 '작'을 구금 …… 까요? …… 萠圉鳴·雀.

229) 齊文心, 「殷代的奴隸監獄和奴隸暴動-兼甲骨文"圉"·"戎"二字用法的分析」, 『中國史研究』, 1979년 제1기(창간호).

230) 齊文心, 「"六"爲商之封國說」, 『甲骨探史錄』, 三聯書店, 1982.

—『합집』 5,984편

감옥에 구금된 노예들은 고통을 견디지 못하고 도망을 하면서 반항하였고, 심지어는 "융戎"족을 동원하여 폭동을 일으키기도 했다.[231] 그러자 상나라 통치자들은 감옥에 대한 통제를 강화할 수밖에 없었고, 수시로 사람을 파견해 다음의 복사처럼 감옥의 "감찰省"과 순찰을 강화했다.

…… 감옥을 순찰하게 할까요? …… 呼省圉.

—『합집』 5,980편

"호呼"의 앞부분 내용은 잘려 나갔다. 복사에서 "호呼"자는 사동을 나타내는 조동사이며, "호呼"를 하게 한 사람은 상나라 왕이거나 왕실의 귀족관리였다.

6. 상나라의 군대와 군사 편제

고대 문헌에 남아 있는 상나라 때의 군대와 관련된 자료는 대단히 드물며, 게다가 서주 이후부터는 등장하는 기록에는 서로 간에 차이도 보이고 있다.[232] 1899년 상나라 때의 갑골이 발견된 이후, 상나라 사람들의 1차 문자 자료가 제공됨으로써 비로소 상나라 군대의 기본적인 정황

231) 齊文心, 「殷代的奴隷監獄和奴隷暴動－兼甲骨文"圉"·"戎"二字用法的分析」, 『中國史研究』, 1979 第1期(創刊號).

232) 예컨대 湯이 桀을 정벌할 때의 군사력에 대해, 『呂氏春秋』「簡選」에서는 湯이 良車 70乘과 必死軍 6천 명으로 "桀을 정벌했다"고 했으나, 『墨子』「明鬼」 下에서는 湯이 "전차 9輛"으로 夏나라를 멸망시켰다고 했다.

을 이해할 수 있게 되었다.

1) 상나라의 군사 체제

상나라 때의 군대를 갑골복사에서는 "사師"라 불렀는데, 손이양은 『계문거례』에서 이미 이를 고석해 냈다. 그는 "사𠂤는 '사師'의 생략된 모습인데, 「우정盂鼎」에서 '군사를 잃었다喪師'고 할 때 사𠂤라고 적은 것으로써 이를 증명할 수 있다"고 했다.[233] 곽말약은 『은계수편』 「고석」에서 퇴堆자로 고쳐 해석했으며, "둔취屯聚라고 할 때의 둔屯으로 읽는다"고 했다.[234] 하지만 조광현은 "복사에 둔屯자가 있는데", 사師자와는 "절대 같지도 않아 한 글자로 볼 수는 없다", 그래서 이는 "사師자임에 의심의 여지가 없다"고 했다.[235]

상 왕조의 국가체제에서 "내 · 외복內外服"제도가 시행되어, 상나라 왕이 직접 통치하는 왕기王畿와 제후들의 영지領地를 소유했음은 물론 강대한 귀족들도 대규모의 토지를 소유하고 있었다. 그래서 상나라 때의 군사 역량은 다층적인 구조를 가질 수밖에 없었는데, 국가의 군대, 제후국의 군대, 귀족의 무장역량으로 구성되었다.[236]

(1) 국가의 군대

국가의 군대는 다음의 복사들처럼 "왕사王師", "짐사朕師", "아사我師", "아려我旅", "왕려王旅", "왕행王行" 등으로 불렸다.

233) 孫詒讓, 「釋官」, 『契文擧例』(樓學禮樣點本), 齊魯書社, 1993.
234) 郭沫若, 『殷契粹編考釋』, 科學出版社, 1965, 84면.
235) 趙光賢, 「殷代兵制述略」, 『中華文史論叢』 第35集, 上海古籍出版社, 1985.
236) 楊升南, 「略論商代的軍隊」, 『甲骨探史錄』, 三聯書店, 1982.

주변국이 읍으로 쳐들어왔는데, 오늘 밤 왕의 군사를 놀라게 하지 않겠습니까? 方來入邑, 今夕弗震王師.

—『합집』 36,443편

'대방'이 출정하여 우리 군사들을 정벌하게 될까요? 大方出伐我師.

—『합집』 27,882편

우리 군사가 재앙을 입지 않을까요? 我師亡啓戠.

—『합집』 11,274편 앞면

임진일에 …… '의'제사 …… 짐의 군사 …… ? 壬辰 …… 衣 …… 朕師 ……

—『합집』 36,127편

□□일에 점을 칩니다. 왕의 군사가 …… ? □□卜, 王旅 ……

—『합집』 5,823편

'부'가 우리 군사에게 군량미를 제공할까요? 缶其𩜁我旅.

—『합집』 1,027편 앞면

(2) 제후국의 군대

제후국의 군대는 "모사某師"라는 이름으로 불렸는데, 복사에서 "필사弜師"(『합집』 5,810편) · 오사吳師(『합집』 5,812편) · 필사畢師(『합집』 6,051편) · 작사雀師(『합집』 8,006편) · 견사犬師(『합집』 27,915편) · 전사戔師(『합집』 7,766편 · 호사虎師(『영국 소장』 2,326편 · 기후부사曩侯缶師(『합집』 36,525편) 등이 보인다. "사師"의 앞에 놓인 글자는 제후의 이름이거나 지명이며, 이렇게 불린 "사師"는 바로 제후국의 지방 군대였다.[237] 제후국의 군대는 다음의 복사처럼 왕실의 통제를 받아야 했으며, 왕을 따라 출정하기도 했다.

> 남쪽 영토에서 일이 생겼는데, 오른쪽은 '아'가, 가운데는 '여'가, 왼쪽은 '증'이 따르게 할까요? 立事于南, 右從我, 中從輿, 左從曾.
>
> —『합집』 5,504 · 5,512편

아我 · 여輿 · 증曾은 상나라 때의 "남쪽 영토"에 있던 세 제후국이다. "남쪽 영토에서 일이 있었다"는 것은 상나라 왕이 남쪽 영토에서 군사 임무를 집행했다는 말이며,[238] 우 · 중 · 좌는 상나라 때의 "삼사三師"이다. "종從"자는 양수달이 "이끌다率領"로 해석했다.[239] 이는 상나라 왕이 왕사王師와 "남쪽 영토"의 세 제후국의 군사를 이끌고 적을 맞아 작전을 펼친 것으로, 무정 때 이루어졌던 형초荊楚의 대규모 정벌 전쟁을 말한 것임에 틀림없다.[240] 임운은 "종從"을 "비比"로 해석하여, 상나라 왕과 방국이 연합한 군사행동으로서 주종의 관계나 통솔와 피통솔의 관계가 존재하지 않았다고 했는데,[241] 이는 제후들의 상 왕실에 대한 상하 관계 및 신속臣屬 관계를 무시한 해석이다.

(3) 귀족의 군대

갑골문에 보이는 "족族"에는 왕족王族 · 자족子族(항상 "다자족多子族"이라는 명칭으로 활동하는데, 여러 자족子族의 집합 칭위이다) · 삼족三族 · 오복五族 등

237) ① 위에서 인용한 楊升南의 글에 보인다. ② 왕귀민, 『商周制度考信』, 대만 명문서국, 1989.3, 226~227면; 송진호, 「商代軍事制度」, 『早期奴隸社會比較研究』(호경균 주편), 중국사회과학출판사, 1996.4, 제2편 제9장; 陳思林, 『先秦軍事制度研究』, 吉林文史出版社, 1991, 34~40면.

238) 楊升南, 「卜辭"立事"說」, 『殷都學刊』 第2期, 1984.

239) 楊樹達, 「釋從比」, 『積微居甲文說』, 上海古籍出版社, 1986.

240) 『詩』 「商頌」 「殷武」.

241) 林澐, 「甲骨文中的商代方國聯盟」, 『古文字研究』 第6輯, 中華書局, 1981.

이 있다. 연구에 의하면 이러한 "족族"은 모두 귀족의 씨족 조직을 말한다고 한다. 하지만 삼족三族과 오족五族에 대해 어떤 학자는 귀족의 씨족 집단이 아니라 3개와 5개의 족族이 모여 구성한 친족 조직으로 보기도 한다.[242)]

정산은 "족族"자의 본래 의미가 "군사의 조직"을 말하는 것이 분명하다고 했다.[243)] 족族은 갑골문에서 군사 정벌이나 국가 수비에 관한 활동을 하였는데, 우성오가 주편한 『은허 갑골각사 유찬殷墟甲骨刻辭類纂』에 휘집된 자료에 근거하면 그들은 다음과 같은 군사 활동을 했다.

• 왕족王族 : "소방을 추격함 追召方"(『합집』 33,017편에 1번 보임), "인방의 옛날 성을 평정함 敦人方邑舊"(『둔남』 2,064편에 1번 보임), "주변 국가를 몰아냄 宄方"(『둔남』 2,301편에 1번 보임), "왕족으로 하여금 정벌하게 함 令王族戈"(『합집』 14,915편에 1번 보임), "왕족에게 명하여 '삽'을 따르게 함 令王族從臿"(『둔남』 190편에 1번 보임) 등이 있다. 이외에도 "왕의 일을 돕게 했다 叶王事"(『합집』 14,912편에 1번 보임)이 있는데, "왕의 일을 돕게 했다 叶王事"는 것을 반드시 전쟁에 관한 일로 볼 수는 없으나, 어떤 경우에는 군사행동을 포함하고 있다.

• 자족子族 : "견후를 따르게 해 '주'에서 군사행동을 함 從犬侯有事于周"(『합집』 6,812 · 6,813 · 6,820편에 3번 보임), "정벌을 위해 다자족을 보내 '주'에서 군사행동을 함 旃致多子族有事于周"(『합집』 6,814편에 1번 보임), 다자족多子族이 "왕의 일을 도움 叶王事"(『합집』 5,450 · 6,813편에 2번 보임) 등이 있다. 자족子族은 주周와 관계를 많이 일으키고 있다. 주周자 앞의 旃를 곽말약은 처음에는 구寇로 해석했다가 나중엔 빙聘으로 해석했고, 다시 보寶로 해석했으며 뜻은 '보호하다保'는 뜻이라고 했다.[244)] 어떤 학자는 박璞, 즉 박벌扑伐로 해석하여 정벌하다는 뜻이라

242) 劉釗, 「卜辭所見殷代的軍事活動」, 『古文字研究』 第16輯, 中華書局, 1989.

243) 丁山, 『甲骨文所見氏族及其制度』, 科學出版社, 1956, 34면.

244) 郭沫若, 『甲骨文字研究』 「釋寇」. 또 『十批判書』 「古代研究的自我批判」에서는 聘으로 고쳐 해석했다.

했는데, 곽말약의 해석과 같다.[245] 이들은 자족子族이 참여했던 군사 활동을 보여 주고 있다.

• 삼족三族 : 지멱沚戓을 따르게 하여 토방土方을 정벌한 것이 1번 보이며(『합집』 6,438편), 왕이 소방召方을 추격하라고 한 것이 1번 보인다(『합집』 32,815편).

• 오족五族 : 오족五族의 경우 국가를 지키는 일에 관한 직책만 보이는데, 『합집』 26,879 · 26,880 · 28,053 · 28,054편에 보인다. 『합집』 28,053편에서는 "오족이 강방을 방어한다五族戍羌方"고 했는데, 이는 변방을 수비했음을 말한다. 『합집』 28,054편에는 "오족이 '삽'을 방어하고…… 정벌할까요? 五族戍臿 …… 伐𢦏" 라는 내용이 실렸는데, 여기서의 수戍 또한 정벌에 관한 일이다.

족族의 군사 활동과 전체 갑골문에 반영된 상나라 때의 군사정벌을 비교한 연구는 드물다. 어떤 연구자들은 "은대의 군사 활동은 주로 족族의 무장에 의해 이루어졌다"고 했는데,[246] 이는 족族의 무장 기능을 지나치게 높게 평가한 측면이 있다.

2) 상나라 군대의 편제

갑골문에는 사師 · 족族 · 행行 · 수戍 등이 보이는데, 이들은 상나라 때의 편제명칭으로 알려져 있다.

(1) 사師

사師가 군대의 편제로 쓰였음은 복사에 보이는 우右 · 중中 · 좌사左師라는 명칭으로부터 알 수 있다. 무을 · 문정 시기의 복사에서 이렇게 말했다.

---

245) 唐蘭, 『殷墟文字記』, 北京大學 講義 石印本, 1934, 34면.
246) 劉釗, 「卜辭所見殷代的軍事活動」, 『古文字硏究』 第16輯, 中華書局, 1989.

정유일에 물어봅니다. 왕께서 우·중·좌의 삼사를 만들까요? 丁酉, 貞王作三師右·中·左.

—『합집』 33,006편

같은 내용의 복사가 1989년 고고연구소가 발굴한 소둔촌의 마왕묘馬王廟 서남쪽의 T8③의 갑골(제148편)에서도 보인다. 즉 "정유일에 물어봅니다. 왕께서 우·중·우의 삼사를 만들까요? 丁酉, 貞王作三師右中右"가 그것인데, 마지막의 "우右"자는 "좌左"자의 오각으로 보인다. 유일만은 지층 분석에 근거해 볼 때 이 갑골은 무을·문정 시대에 속한다고 했다.[247] 무을과 문정 때 "삼사三師를 만들었다"는 것은 결코 고립된 증거가 아니며, 이 두 편의 갑골로 볼 때 그 당시 "삼사를 만든" 것은 국가적의 중대한 조치였다.

"삼사三師"는 무정 때 이미 있었다. 무정 때의 복사에 "중사中師"라는 명칭이 있고(『합집』 5,807편), "우사㞢(右)師"라는 명칭도 있다(『합집』 1,253·5,805편 등). 송진호는 그렇다면 "당연히 '좌사左師'도 있었을 것이다"고 했는데,[248] 합리적인 해석이다. 『합집』의 5,504편과 5,512편에는 같은 두 문장이 출현한다.

을미일에 점을 칩니다. '빈'이 물어봅니다. 남쪽영토에서 일이 생겼는데, 우사는 '아'가 따르고, 중사는 '여輿'가 따르고, 좌사는 '증曾'이 따르도록 할까요? 乙未卜, 賓, 貞立事于南, 右從我, 中從輿, 左從曾.

"우·중·좌"는 우사右師·중사中師·좌사左師를 말한다. 무정 때에 이미 삼사三師가 있었고, 무을 문정 복사에서는 "왕께서 삼사를 만드셨다王作三師"는 말은 분명 이때의 군대 확장을 지칭한 것일 것이다. 상나라 왕

247) 劉一曼, 「安陽小屯殷代刻辭甲骨」, 『中國考古學年鑒』 1990, 文物出版社, 1991, 248면.
248) 胡慶均 主編, 『早期奴隸社會比較硏究』, 中國社會科學出版社, 1996, 197면.

국의 군대는 무정 때의 3사師에서 6사師로 확장되었다.[249)]

사師의 인원수에 대해 동작빈은 "정해진 숫자가 없다"고 했고,[250)] 패총무수는 백 명이라 했다.[251)] 유교는 "사師"가 상나라 왕의 보위대로서 서주 때의 "호분虎賁"에 상당하며 그 수는 백 명이라고 했다.[252)] 진은림은 1사師는 3천 명이고, 사師 아래에 여旅가 있었으며, 1여旅는 3백 명이라고 했다.[253)] "사師"는 상나라 군대에서 가장 큰 편제 단위였으며, 그 인원수는 만 명이라 보는 것이 합리적이다.[254)] 장정낭은 상나라 때의 군사제도는 씨족제도와 상관되어 있기 때문에 모두 10진수를 사용했다고 했다.[255)] 주나라 초에 "천부장千夫長·백부장百夫長"이라는 말이 있었고, 『상서』「목서牧誓」에도 "아려亞旅·사씨師氏" 뒤에 놓여 있으므로, "사師"는 만 명이었을 것이다.

(2) 여旅

여旅도 군대 편제의 하나로 사師와 마찬가지로 좌려左旅·우려右旅라는 명칭이 있었음이 『둔남』 2,328편과 2,350편의 두 복사에 보인다. "중려中旅"라는 명칭은 아직 보이지 않는데, 혹자는 복사에 보이는 "왕려王旅"가 바로 중려中旅라고 주장하지만,[256)] 좀 더 살펴보아야 할 것이다. 하지만 "사師"에 "왕사王師"가 있고 또 "중사中師"가 있다는 점은 이러한 해석에

---

249) 劉展 主編, 『中國古代軍制』, 軍事科學出版社, 1992, 49면.

250) 董作賓, 「武丁日譜」, 『殷曆譜』, 史語所專刊, 1945.

251) 貝塚茂樹, 「本文篇」, 『京都大學人文科學研究所藏甲骨文字』, 日本 京都大學 人文科學研究所, 1960, 292면.

252) 劉釗, 「卜辭所見殷代的軍事活動」, 『古文字硏究』 第16輯, 中華書局, 1989.

253) 陳恩林, 『先秦軍事制度硏究』, 吉林文史出版社, 1991, 44면.

254) 江鴻(李學勤), 「盤龍城與商王國的南土」, 『文物』, 1976年 第2期; 楊升南, 「略論商代的軍隊」, 『甲骨揮史錄』, 三聯書店, 1982; 肖楠, 「試論卜辭中的師和旅」, 『古文字硏究』 第6輯, 中華書局, 1981.

255) 張政烺, 「古代中國十進制的氏族組織」, 『歷史教學』, 1951年 第3期.

256) 이 설은 위에서 인용한 肖楠과 陳恩林의 글에 보인다.

의문을 던져준다.

사師와 여旅의 관계에 대해, 엄일평은 "한 개의 사師에 아마도 세 개의 여旅가 귀속되었을 것이다"고 했다.[257] 진은림은 여旅가 3백 명이고 사師는 3천 명으로 된 편제로, 10여旅가 1사師였을 것으로 추측했다. 초남도 10진법으로 추정했는데, 10여旅가 1사師라고 했다.[258] 유교와 송진호는 "여旅"는 "사師"의 아래에 만들어진 정규 군사편제의 명칭이 아니라 민병조직으로 보았는데, 유교는 "여旅는 많은 족씨族氏들에서 추출한 사람들로 구성된 군사조직"으로 왕조의 통괄을 받았으며, 국가의 무장부대에 속했다고 했다.[259] 송진호는 "부서의 편제를 가진 족병族兵이면 모두 '여旅'라 불렀으며", 늠신·강정 이후로는 "족병의 편제였던 여旅가 이미 '사師'의 3편제 방식을 따라 다시 조직되었다"고 했는데,[260] 전체 종족으로 구성된 것인지 아니면 종족에서 뽑은 인원으로 구성한 것인지에 대해서는 설명이 없었다. 유교에 의하면, "사師"는 왕실의 보위대이며, "여旅"는 "족씨族氏"의 성원에서 뽑아 구성한 "민병民兵"이고, "족族"은 전체 족씨族氏의 성원으로 구성된 지방의 부대라고 했다. 이렇듯 상나라 때에는 국가의 군대라는 것이 존재하지 않았고, 그래서 상나라 때의 전쟁도 주로 "족族의 무장 세력에 의해 담당되었다"고 그는 보았다.

(3) 행行

갑골문의 경우, "행行"에는 "중행中行"(『화이트』 1,504편), "우행右行"(『합집』 19,755편), "상행上行"·"동행東行"(『화이트』 1,464편), "대행大行"(『화이트』 1,581편)

257) 嚴一萍, 「殷商兵志」, 『中國文字』, 新7期, 藝文印書館, 1983; 王貴民, 『商周制度考信』, 臺彎明文書局, 1989, 222면.

258) 肖楠, 「試論卜辭中的師和旅」, 『古文字研究』 第6輯, 中華書局, 1981; 陳恩林, 『先秦軍事制度研究』, 吉林文史出版社, 1991, 45면.

259) 劉釗, 「卜辭所見殷代的軍事活動」, 『古文字研究』 第16輯, 中華書局, 1989.

260) 胡慶鈞 主編, 『早期奴隷社會比較研究』, 中國社會科學出版社, 1996, 204면.

등이 보인다. 또 인명이나 지명과 함께 쓰여 "복행畐行"(『합집』 20,447편), "단행單行"(『합집』 21,457편), "영행永行"(『합집』 23,671편), "늠행亩行"(『합집』 27,978편), "유행𣐩行"(『합집』 27,978편), "의행義行"(『합집』 27,979편) 등처럼 "모행某行"의 형식으로 나타나며, 또 "왕행王行"(『합집』 24,445편)이라는 말도 보인다. 한봉에 의하면, 상행上行은 좌행左行이고, 동행東行은 우행右行으로, "행行" 또한 우·중·좌의 편제로 되었으며, 1행行은 백 명이었던 것으로 추정되며, "대행大行"은 비교적 큰 단위의 편제로 천 명으로 이루어졌을 것이라 했다.[261] 송진호와 진은림은 "행行"을 보병의 편제라고 했다. 송진호는 그 수가 3백 명 혹은 3천 명이며, "대행大行"은 1"사師"에 해당하며, 3개의 "행行"으로 1개의 "대행大行"을 구성하였으며, 인원수는 9백 명이나 9천 명이라고 했다.[262] 엄일평은 갑골문에서의 "행行"은 "행군 때의 배치로, 사냥이나 군사 작전 때의 비정규적인 군대 편제"라고 했다.[263] 서주 시대 공왕恭王 때의 「여존盠尊」에 "육사六師와 왕행王行"이라는 말이 있고, 춘추 때의 진晉나라 문공文公이 "삼행三行"을 만들어 적을 막았다고 했는데, 모두 보병의 편제를 말한다. 갑골문에서의 "행行"도 군사 편제로 보는 것이 합리적이다.

보졸을 "행行"이라는 편제로 불렀던 것은 당연히 상주 때의 작전에 사용했던 방진方陣 전술과 관련되어 있다. 『상서』 「목서牧誓」에서 주나라 무왕武王이 군사들 앞에서 선서를 할 때 장사들에게 이렇게 호소했다. "오늘의 일은, 여섯 발자국 일곱 발자국을 넘지 않고서, 멈추어 대오를 정비하라. 장사들이여, 힘써 주시오! 네 번 공격 다섯 번 공격 여섯 번 공격 일곱 번 공격을 넘지 않고서, 멈추어 대오를 정비하라. 장사들이여 힘써 주시오! 今日之事, 不愆于六步七步, 乃止齊焉, 夫子勖哉! 不愆于四伐五伐六伐七伐,

---

261) 寒峰(王貴民), 「甲骨文所見的商代軍制數則」, 『甲骨探史錄』, 三聯書店, 1982.

262) 宋鎮豪, 『早期奴隸社會比較硏究』, 中國社會科學出版社, 1996, 200~201면. 陳恩林의 설은 위에서 인용한 책, 47면에 보인다.

263) 嚴一萍, 「殷商兵志」, 『中國文學』 新7期, 藝文印書館, 1983.

乃止齊焉, 夫子勖哉!" 진은림에 의하면, "큰 방진方陣은 매번 여섯 걸음·일곱 걸음씩 전진하고, 치고 박을 때에는 여섯 번·일곱 번, 심지어는 네 번·다섯 번을 치고서는 멈추어 서서 대오를 정비함"으로써, 질서정연한 행렬을 유지하도록 했다고 한다.264) 이렇게 볼 때 "행行"은 바로 군사상의 실천적 필요에 의해 생겨났음을 알 수 있다.

(4) 수戍

수戍에도 우·중·좌의 구분이 있었음이 『둔남』 2,320편에 보인다. 그 편제법은 사師·여旅·행行과 같으며, 이 역시 군사편제의 하나였을 것이다.265) 그래서 수시로 군사행동이 있었는데, "'삽'과 '강방'을 방어한다戍臿羌方"(『합집』 27,977편), "저방에 이르기까지 방어한다戍及𢼄方"(『합집』 27,997편), "포로를 지키고 '계방'을 정벌하다戍執征𣪕方"(『둔남』 2,651편) 등이 그렇다. 수戍의 주요 직책은 방어였으며, 한 곳에 머물면서 방어하는 기간도 비교적 길었다.266) 그래서 방어 활동은 대부분 족군族軍을 사용했으며(『합집』 26,879·26,880편), 게다가 "치중雉衆", 즉 "중衆"을 군대에 편입시킬 것인지에 대해서도 자주 물었다. "중衆"은 군사 활동에 참여한 이외에도 방어지에서의 생활이 자급자족할 수 있도록 잡역의 임무도 함께 맡았다.

3) 병력兵의 종류

상나라 때의 병력의 종류에는 주로 보졸步卒과 거병車兵이 있었으며,

---

264) 陳恩林, 『先秦軍事制度硏究』, 吉林文史出版社, 1991, 48면.
265) 寒峰(王貴民), 「甲骨文所見的商代軍制數則」, 『甲骨探史錄』, 三聯書店, 1982.
266) 劉展 主編, 『中國古代軍制史』, 軍事科學出版社, 1992, 51면(이 부분은 楊升南이 집필함).

기병騎兵과 주병舟兵도 출현하고 있다.

(1) 보병

앞 절에서 말한 군사의 편제 중 "행行"은 보병에 의해 구성되었다. 복사에 "보벌步伐"이라는 말이 보인다. 호후선은 "보벌步伐이란 수레나 말을 타지 않은 채 보졸步卒로써 정벌하는 것을 말한다"[267]고 했는데, 보병으로 정벌을 했던 전쟁을 말한다.

(2) 전차병車兵

수레車는 이미 상나라 때의 여러 유적지에서 발견되었다. 은허에서 1928년 과학적 발굴이 시작된 이래 상나라 때의 수레 수십 대輛가 발견되었다.[268] 수레는 두 개의 바퀴輪와 독립된 끌채輈에 두 마리의 말이 끄는 것을 기본 형식으로 하였으나 네 마리가 끄는 것도 있었다. 갑골문의 "거車"자에는 여러 가지 형식이 있으나 모두 두 개의 바퀴를 선명하게 그려냈다.[269] 복사에 의하면 수레로 사냥을 하기도 했고(『합집』 584 · 1,045 · 11,466편), 전쟁을 하기도 했으며(『합집』 6,834편), 후기 복사에는 위방危方과의 전쟁에서 위방의 전차 두 대 이상을 포획한 것도 기록해 두고 있다(『합집』 36,481편). 이는 상나라 당시 전차의 사용이 이미 상나라에서만 사용된 것이 아님을 보여 준다.

상나라 군대의 전차의 편대는 5량 · 25량 · 100량 · 300량 등의 구별이 있었다.[270] 왕귀민은 "마馬"가 수레의 숫자를 표시하는데, 복사에는 30마

---

267) 胡厚宣, 「殷代舌方考」, 『甲骨學商史論叢』 初集, 成都, 1944.

268) 中國社會科學院考古研究所, 『殷墟的發現與研究』, 中國社會科學出版社, 1994, 138～142면.

269) 孫海波, 『甲骨文編』, 中華書局, 1965, 531～532면 참조.

270) 楊升南, 「略論商代的軍隊」, 『甲骨探史錄』, 三聯書店, 1982.

馬(『합집』 500편 앞면)라는 말이 보이므로 30량의 전차를 1개 편대로 하였으며, 그 이상의 경우 100량이나 300량으로 된 전차군단이 있었을 것이라고 했다.[271] 송진호는 은허에서 5량과 25량의 전차가 매장된 것이 발견되어, 왕실 군대의 거병車兵은 3·5 편대, 즉 전차병 3개 부대에, 각 부대마다 25량의 전차로, 또 각각의 부대는 다시 5개의 소대로 나누어지고 각 소대는 5량의 전차로 구성되었음을 알 수 있다고 했다. 각 부대는 전차 상의 갑사甲士 이외에도 보졸步卒과 말 기르는 병사가 있었다. 이 외에도 각각의 대대에는 50량에서 150량에 이르는 우차牛車 가 배치되어 군수물자를 수송하게 했다. 송진호는 『합집』 5,825편의 "물어봅니다. 좌·우·중 전차부대와 3백 명의 사졸을 앞세울까요? 貞肇馬左右中人三百"에서의 좌우중左右中은 3개 부대의 전차병을 말하며, "인삼백人三百"은 각각의 전차부대에 배속된 잡역 인원은 물론 기병까지 포함한 모든 사졸을 말한다고 했다. 또 각각의 "사師"에는 3개의 전차부대가, 각각의 부대에는 25량의 전차 등 75량의 전차가 가 배치되었으며, "삼사三師"라면 125량의 전차가 있었을 것이라고 했다.[272] 양승남과 왕귀민은 복사에 백사百射·삼백사三百射에 관한 점복 내용이 있고, 도방남의 "사射는 바로 전차 1량에 배치된 사사射士를 단위로 하는 편제"[273]라는 의견에 근거해, "백사百射"는 바로 100량의 전차이며, 삼백사三百射는 300량의 전차를 말한다고 했다. 상나라 무정 때에 삼사三師가 있었으며 각각의 사師는 100대의 전차를 갖고 있었다.[274]

왕우신은 마馬와 사射가 전차의 숫자를 말한다는 의견에 반대했다. 그는 "사射"는 단지 사수射手를 말할 뿐 수레와는 관련이 없다고 했다. 상나

---

271) 王貴民, 「就殷墟甲骨文所見試說"司馬"職名的起源」, 『甲骨文與殷商史』, 上海古籍出版社, 1993. 또 『商周制度考信』(臺彎明文書局, 1989), 221면에도 보인다.

272) 胡慶鈞 主編, 『早期奴隷社會比較硏究』, 中國社會科學出版社, 1996, 199·201면.

273) 島邦男, 『殷墟卜辭硏究』(中譯本), 臺北鼎文書局, 1976, 460면.

274) 楊升南, 「略論商代的軍隊」, 『甲骨探史錄』, 三聯書店, 1982; 王貴民, 「就殷墟卜辭所見試說"司馬"職名的起源」, 『甲骨文與殷商史』, 上海古籍出版社, 1983.

라 때에는 100명이나 300명의 사수 부대가 조직되어 왕의 곁에 배치되었으며, 그 임무는 "보위衛" 즉 왕의 안전을 보호하는 것이었다. 마馬에 대해서도 그는 갑골문에 "거마車馬"와 "인마人馬"의 구분이 있기 때문에 단지 "거마車馬"처럼 서로 함께 불려진 마馬의 경우만 전차를 지칭하며, 단지 "마馬"라고만 했을 경우에는 "인마人馬"를 말하는 것으로 이는 단기병單驥兵을 지칭한다고 했다. 『합집』 5,825편의 "조마좌우중인삼백肇馬左右中人三百"은 바로 "인마人馬"에 관한 복사로, 그 뜻은 "각 백 명의 '사람人'으로 구성된 말부대"라고 했다.[275] 그렇다면 3백 명의 기병 부대가 된다. 엄일평도 "사射는 활과 화살을 갖춘 사병을 말하며",[276] 전차와는 관련이 없다고 했다.

(3) 기병騎兵

왕귀민은 상나라 때에는 아직 기마술이 없었기 때문에 기병이 존재하지 않았으며, 그렇기 때문에 말의 숫자는 전차의 숫자를 말한다고 했다.[277]

하지만 상나라 때에 기마술이 존재했다는 고고학적 증거를 찾을 수 있다. 1936년 역사어언연구소에서 진행한 제13차 안양 은허 발굴 때, 사람과 말이 함께 합장된 무덤(M164)이 발견되었는데, 무덤 속에는 사람 1명과 말 1마리, 개 1마리와 한 세트의 무기와 옥자玉刺 1점이 들어있었다. 발굴에 참여했던 석장여石璋如는 이 사람은 기사騎士라고 했다.[278] 복사에도 "선마先馬"라는 명칭이 있는데, 우성오는 이것이 말 타는 병사를 말하

275) 王宇信, 「甲骨文馬・射的再考察－兼駁馬・射與戰車的相配置」, 『第三屆國際中國古文字學硏討會論文集』, 홍콩 中文大學, 1997.

276) 嚴一萍, 「殷商兵志」, 『中國文字』, 新7期, 1983.

277) 王貴民, 「就殷墟甲骨文所見試說"司馬"職名的起源」, 『甲骨文與殷商史』, 上海古籍出版社, 1983.

278) 石璋如, 「殷代的策」, 『歷史語言硏究集刊』 第22本.

며, "은나라 때에는 단기單騎와 기사騎射가 이미 '모두' 성행했었다"고 했다.[279] 왕우신도 상나라 때에는 이미 상당한 규모의 기병대가 존재했으며, 우·중·좌 편대로 나누어졌고, 각 편대는 백 명의 기병으로 구성되었다고 했다.[280] 송진호는 갑골문에서의 "사師"는 전차와 기병이 서로 조합된 구조로, 각각의 사師는 3개의 전차부대와 3개의 기병대로 구성되었고, 각각의 기병대는 3백 명으로 구성되었다고 했다.[281] 그렇다면 각각의 사師는 9백 명의 기병으로 이루어지고, 삼사三師는 총 2천7백 명의 기병으로 이루어져 있다. 하지만 이러한 추정은 실제 증명이 더 필요하다. 상나라 때에 기사가 이미 출현했다는 것에는 물론 문제가 없겠지만, 그 규모를 너무 크게 잡아서는 아니 될 것이다. 상나라 때의 전쟁이 전차와 보졸이 서로 결합된 형태를 위주로 했지만 보졸을 전차에 배치했기 때문에, 춘추 시대 때까지도 각국에서 병력을 계산할 때 여전히 전차의 숫자인 "승乘"으로 계산했던 것이다.

(4) 주병舟兵

갑골문에 주舟자가 출현하며, 강에서 배 두 대가 함께 가는 모습을 그린 (『합집』 11,477편)은 선단을 말한다. 갑골문의 "수受"자는 배를 주고받는 모습을 그렸다. 양수달은 복사에서의 수受자는 "두 손又과 배舟로 구성되었는데, 아마도 한 사람이 한손으로 배舟를 주고 다른 한 사람이 한 손으로 그것을 받는 모습일 것이다"[282]고 해, 배를 주고받는 모습에서 "수受"자가 만들어졌다고 했다. 이는 배舟가 당시 사회에서 이미 매우 보편적인 존재였으며 그것으로 글자를 만들어도 대중이 알아 볼 수 있었

---

279) 于省吾, 「殷代的交通工具和馹傳制度」, 『東北人民大學社會科學學報』, 1973年 第2期.
280) 王宇信, 「甲骨文馬·射的再考察－兼駁馬·射與戰車的相配置」, 『第三屆國際中國古文字學研討會論文集』, 홍콩 中文大學, 1997.
281) 胡慶鈞 主編, 『早期奴隸社會比較研究』, 中國社會科學出版社, 1996, 201면의 表.
282) 楊樹達, 『卜辭瑣記』, 上海古籍出版社, 1986, 19면.

음을 보여준다. 갑골복사에는 배舟가 정벌에 동원되었던 내용도 보인다.

> '미'가 왕실의 함대를 이용해 '약'으로 가서 '저방'을 정벌하면 군사들이 다치지 않을까요? 叀微用㳄[illegible]于之若, 戋𢦏方, 不雉衆.
>
> —『합집』 27,996편

송진호는 이것이 "왕실의 주병舟兵이 미微의 통솔 아래, 물길을 따라서 아래로 내려가 저방𢦏方까지 가서 전쟁을 친 것"이라고 해, 상나라 때 이미 주병舟兵이 만들어졌다고 했다. 게다가 주병舟兵은 전차병車兵·기병驥兵·보병步兵처럼 일정한 편제를 갖고 있었다고 했다. 그는 『합집』 5,507편 뒷면의 "입이사, 유□탁주立二史, 有□橐舟"에 근거해 "주병舟兵은 적어도 좌우의 편제로 설치되었으며, 관리를 지명해 그것을 관장하도록 했다"고 했다.[283)]

4) 군대의 훈련

전쟁의 승리를 보장하기 위해서는 군대의 훈련이 필수적인데, 상나라 때도 마찬가지였다. 갑골문에는 사수射手를 훈련시키는 내용이 보이는데 다음처럼 "상사庠射"라 불렀다.

> 물어봅니다. '필'로 하여금 사수를 훈련키게 할까요? 貞令𢀛庠射.
>
> '필'로 하여금 3백 명의 사수를 훈련시키게 할까요? 令𢀛庠三百射.
>
> —『합집』 5,570편

283) 胡慶鈞 主編, 『早期奴隸社會比較硏究』, 中國社會科學出版社, 1996, 202~203면.

진몽가에 의하면 이는 "필𢦔로 하여금 3백 명의 사수三百射에게 활쏘기射를 가르치라고 한 것"인데,[284] "새로 온 사수新射"(『합집』 32,996편)에게 훈련이 필요했기 때문이다.

또 말을 훈련시킨 내용도 보인다.

> 왕께서 말 타기를 배우지 않으면 질병이 없어질까요? 王弜學馬, 亡疾.
>
> —『합집』 13,705편

"학마學馬"는 바로 "교마教馬"로 말을 훈련시키는 것을 말한다. 말 타기든 아니면 수레 몰기든 모두 훈련을 거쳐야만 할 수 있는 일이다.[285]

또 "중衆"을 훈련시킨 경우도 있다.

> 왕께서 "중"을 훈련시켜 '완방'을 정벌할까요? 王學衆伐于莞方.
>
> —『합집』 32편

손해파는 "학중學衆"은 "당연히 교중教衆으로 읽어야 한다"[286]고 했는데, 바로 중衆을 훈련시키다는 뜻이다. 완방莞方의 정벌을 위해 먼저 "중衆"을 훈련시켰다는 뜻이다. 전쟁을 치르기 직전 "중"을 훈련시켰다는 것은 다급한 나머지 부처의 다리라도 껴안는 격이었지만 그래도 어느 정도 유용했을 것이다.

더욱 큰 훈련은 실전 연습이었다. 갑골문에는 "진려振旅"라는 표현이 보인다.

> 병자일에 점을 칩니다. 물어봅니다. 다음 정축일에 왕께서 군사연습을 하는

---

284) 陳夢家, 『殷虛卜辭綜述』, 科學出版社, 1956, 513면.

285) 王貴民, 「從殷墟甲骨文論古代學校教育」, 『人文雜志』, 1982年 第2期.

286) 孫海波, 『甲骨文編』, 中華書局, 1965, 147면.

데, 주둔하면 큰 비를 만나지 않을까요? 좋을 것이다. 丙子卜, 貞翌日丁丑王其振旅, 征迍, 不遘大雨, 茲御.

—『안명』 3,139편

정축일에 왕께서 점을 칩니다. 물어봅니다. 군사연습을 할 때 '우'에 주둔하면 오가는데 재앙이 없겠습니까? 丁丑王卜, 貞其振旅, 征迍于盂, 往來亡災.

—『합집』 36,426편

김상항에 의하면, "진려振旅"는 바로 『좌전』 「은공隱公」 5년 조의 "3년 동안 병사를 다스려 진려에 투입했다三年而治兵, 入于振旅"고 한 "진려振旅"를 말하는데,[287] 이는 군사 연습에 관련된 명칭의 하나이다. 『주례』 「대사마大司馬」 "중춘에 진려를 훈련시켰는데, 사마가 깃발로 백성을 불러 모았고, 편평하게 진을 펼쳤는데 마치 전쟁 때의 진처럼 보였다中春敎振旅, 司馬以旗致民, 平列陳, 如戰之陳"고 했다. 각종 소리를 내는 기구의 용도를 익히고, "앉아서 나가고 물러서는 방법과 속도와 소개하는 방법 등"의 보법步伐을 연습하고, 그 후에 "수전蒐田" 즉 포획 활동을 진행했다. 옛날의 군사 훈련은 수렵과 결합되었는데, 곽말약은 상나라 때의 "정벌과 수렵은 대부분 분리되지 않았으며, 행사行師들의 행차 때 수렵이나 선회를 하곤 했다"고 했다.[288] 그래서 수렵은 사실 군사 연습이었다. 앞에서 든 복사의 "진려振旅"는 우盂에서 이루어졌는데, 우盂는 상나라 왕의 주요 사냥터였다.[289] 이는 바로 수렵과 결합된 군사훈련이었음을 분명하게 보여준다.

갑골문에서 수렵과 군사 활동은 밀접하게 결합되었는데, 전쟁에서도 "인원의 차출登人"이 필요했지만 수렵 때에도 "인원의 차출登人"이 필요했다(『합집』 40,159편). 전쟁 때 출발하기 전 먼저 선조에게 제사를 지냈고, 수렵을 나갈 때에도 이와 같았다(『합집』 33,526편). 전쟁 때에는 적을 사로

---

287) 金祥恒, 「從甲骨卜辭中研究商代軍旅中之王旅三行三師」, 『中國文字』 第55冊.
288) 郭沫若, 「考釋」, 『卜辭通纂』, 科學出版社, 1983, 162면.
289) 李學勤, 『殷代地理簡論』, 科學出版社, 1959, 23~30면.

잡았지만, 수렵 때에도 수시로 강羌족을 잡기도 했다(『합집』 195・199편). 수렵 때 쓰는 용어, 즉 필隼・구遘・정征・수受・수祟・행幸・태兌・정阱・𡴂 등은 모두 전쟁과 동일한 용어들이다.[290] 어떤 때에는 "사師"로써 "사냥田"을 수행하기도 했다. 예컨대 "왕께서 □에서 사냥을 하는데, 견사를 뒤따르게 하면 사로잡겠습니까? 재앙이 없겠습니까? 王其田于□, 叀犬師從, 擒, 亡𢦏"(『합집』 27,915편) 여기서의 "견사犬師"는 견후국犬侯國의 군대를 말한다. 상나라 때에 수렵지를 빌려 군사연습을 했다는 것은 갑골문에서 실제 증거를 찾을 수 있다. 사계절마다 수렵을 함으로써 군대를 훈련했다는 『주례』「대사마」의 기록은 상나라 때에 이미 "일찍부터 존재했던" 사실이다.

7. 상나라의 대외전쟁

옛날 "나라의 큰일에는 제사祀와 전쟁戎이 있었다"는 말은 갑골문으로부터 충분히 확인되었다. 갑골문에는 상 왕조의 대외전쟁에 관한 내용이 상당한 비중을 차지하고 있기 때문에, 상나라 때(주로 갑골 시대, 즉 반경의 천도 이후의 2백여 년간을 지칭)의 대외전쟁은 갑골 학자들의 주목을 받았다.

1) 정벌 복사의 정리

전쟁 복사를 최초로 정리한 학자로는 나진옥을 들어야 할 것이다. 그

290) 寒峰(王貴民),「甲骨文所見的商代軍制數則」,『甲骨探史錄』, 三聯書店, 1982.

는 1914년 필사본으로 석인 출판한 『은허서계 고석』의 제6부분인 "복사"에서 통독할 수 있는 복사들을 지금의 해서체로 옮기고 이를 분류하였는데, 6번째 부류가 "정벌 복사"이며 이에는 총 35조목의 복사가 들어 있다. 1927년의 증정본에서는 61조목으로 늘어났으며, 언급된 정벌 대상의 방국에는 유猷 · [illegible] · 공방舌方 · 완방莞方 · 토방土方 · 하위下危 · 中方 · 인방人方 · 방方 등이 있다.

나진옥의 복사 정리 방법은 이후 왕양에 의해 갑골 탁본의 저록으로 옮겨갔다. 왕양이 1925년 출판한 『보실은계징문』은 바로 사류事類의 순서에 의해 배열되었고, 이 책의 제9편 "정벌"류에는 탁본 52점이 수록되었다. 이후의 갑골 저록서에서는 과학발굴에 의한 갱위 번호로 저록한 경우를 제외하면 대부분 이렇게 분류하여 배열하는 방식을 채택했으며, 전쟁과 관련된 갑골을 정리하여 배열하기도 했다. 용경容庚과 구윤민瞿潤緡의 『은계 복사殷契卜辭』(1933), 곽말약의 『복사 통찬』(1933)과 『은계 수편』(1937), 나진옥의 『은허서계 속편』(1933), 손해파孫海波의 『갑골문록甲骨文錄』(1937), 당란의 『천양각 갑골문존』(1939), 김조동金祖同의 『은계 유주殷契遺珠』(1939), 이단구李旦丘의 『은계 척유殷契摭遺』(1942)와 『은계척유 속편殷契摭遺續編』(1950), 호후선의 『전후 북경 천진에서 새로 얻은 갑골집』(1954년이 책은 시대의 순서에 따라, 먼저 시기구분을 한 다음 분류로 편차를 매겼다)과 『갑골속존』(1955), 패총무수의 『경도대학 인문과학연구소 소장 갑골문자』(1959), 허진웅의 『멘지스 소장 갑골문자』(1972), 『은계복사 후편』(1972), 엄일평嚴一萍의 『철운장귀 신편』(1975) 등이 모두 그러했다. 곽말약이 주편하고 호후선이 총 편집을 맡았던 『갑골문 합집』(1982)은 이전 학자들이 배열했던 선례를 참고하여, 먼저 시기구분을 한 후 내용을 분류하여, 각 시기의 전쟁에 관한 갑골탁본을 함께 모아두었으며, 다시 정벌 대상국에 따라 집중적으로 배열했다. 여기에서 수록한 갑골은 1966년 이전, 즉 1966년 이전에 출토된 갑골에 대해 전쟁과 관련된 내용을 시기별로 정리해 두었다. 하지만 한 편의 갑골에도 여러 내용이 함께 들어 있기 때문에 내용이 서로 교차된다. 예컨대 수렵이나 농업류에 분류된 갑골에도 정벌에 관한 내용이 등장하는 경우 그 부분만 따로 잘라 해당 부류에 넣을 수가 없기 때문에 사용할 때 주의해야 한다.

도방남의 『은허복사 종류』과 요효수姚孝遂와 초정肖丁이 주편한 『은허갑골각사 유찬殷墟甲骨刻辭類纂』은 표제자와 해당 글자가 들어가는 복사 전체를 함께 제시해 두었기 때문에, 전쟁에 관한 복사가 관련 표제자의 아래에 집중되어 있어 검색에 대단히 편리하다. 이러한 방법은 복사분류에 따라 정리했던 나진옥의 방식에 비해 더욱 발전한 것이었다.

2) 대외전쟁에 관한 연구

갑골문에 기록된 상나라 때의 대외전쟁에 관한 연구 방법에는 다음의 세 가지가 있다. 하나는 어떤 특정 방국의 전쟁에 대한 연구로, 진몽가의 「'추이'에 대한 고찰隹夷考」,[291] 동작빈의 「은대의 강과 촉殷代的羌與蜀」,[292] 호후선의 「은대의 공방에 대한 고찰殷代𢀛方考」,[293] 주방포朱芳圃의 「토방에 대한 고찰土方考」,[294] 왕옥철王玉哲의 「귀방의 고찰에 대한 보충鬼方考補正」[295] 등이 있다.

둘째는 진행된 특정 전쟁의 배보排譜에 관한 연구이다. 동작빈의 『은력보』에서의 「무정일보武丁日譜」에서는 4년 반에 걸친 토방土方과 공방𢀛方의 전쟁 과정을 기술했으며, 「제신일보帝辛日譜」에서는 인방人方의 정벌에 관한 복사를 배열했다. 인방人方을 정벌한 일보日譜의 배열은 동작빈의 뒤를 이어 진몽가·이학근·도방남·정숙丁驌·등소금鄧少琴·온소봉

291) 『禹貢半月刊』 5卷 10期, 1936.
292) 『說文月刊』 3卷 7期, 『巴蜀文化專號』, 1942.
293) 『甲骨學商史論叢』 初集 第2冊, 1944.
294) 『開封師範學報』, 1962年 第2期.
295) 『考古』, 1986年 第10期.

溫少峰 등이 연구했으며,[296] 이들은 동작빈의 일보日譜를 수정하고 보충하거나 재배열했다. 인방人方을 정벌하면서 거쳤던 지명으로는 제齊·회淮가 있고, 마지막 전쟁은 "임방을 격파한缶林方" 것이었다. 동작빈은 처음에는 "제齊"가 임치臨淄라고 생각해, 인방人方의 정벌이 오늘날의 산동성에서 이루어졌다고 했다. 하지만 곽말약은 인방의 정벌이 "회淮"를 지나갔기 때문에 중국 동남쪽의 회하淮河 유역에서 이루어졌다고 했는데,[297] 동작빈은 이후 이 의견을 받아들였다. 진몽가와 도방남 등은 모두 "임방林方"이 은殷의 동남쪽인 회수淮水 유역에 있었다고 했다. 하지만 이학근이 배열한 "제을 10년에 보이는 인방의 정벌 노선帝乙十祀征人方路程"에서는 정벌의 노선이 서쪽으로 향했으며, "회淮"가 지칭하는 "회수淮水는 바로 포수褒水로, 한漢나라 때에는 무공武功의 경내에 속했으며, "지금의 미현郿縣 동쪽이다"고 했다.[298] 등소금과 온소봉의 경우, 인방人方은 강한江漢에서 전쟁을 쳤으며, 정벌한 "임방林方은 바로 『좌전』「문공文公」16년조에서 초楚나라를 정벌하면서 지나갔던 "대림大林"으로 지금의 호북성 당양當陽현이라고 했다. 하지만 인방의 정벌이 지금의 섬서성이나 호북성의 강한江漢 지역 내에서 이루어졌다는 학설을 믿는 학자는 많지 않다. 대다수는 인방은 은殷의 동남쪽에 있었을 것이며, 지금의 회수淮水 유역이라고 생각한다. 1973년 산동의 연주兗州 이촌李村에서 주나라 초기의 "색索"씨氏 청동기가 발견되었는데, 이학근에 의하면 이 "색索"이 바로 제을 때 정벌했던 시방尸方(즉 인방人方)에 관한 지명임이 분명하다고 하여, 이전의 학설을 수정했으며, 동작빈과 곽말약의 설에 찬동했다.[299]

---

296) 陳夢家, 『殷虛卜辭綜述』, 科學出版社, 1956, 301～310면; 李學勤, 『殷代地理簡論』, 科學出版社, 1959, 37～60면; 島邦男, 『殷墟卜辭研究』(中譯本), 臺北鼎文書局, 1976, 389～400면; 丁驌, 「重訂帝辛征人方日譜」, 『董作賓先生逝世十四周年紀念刊』, 臺灣藝文印書館; 鄧少琴·溫少峰, 「論帝乙征"人方"是用兵江漢」, 『社會科學研究』, 成都, 1982, 第3·4期.

297) 郭沫若, 「考釋」, 『卜辭通纂』, 科學出版社, 1983, 568편의 考釋.

298) 李學勤, 『殷代地理簡論』, 科學出版社, 1959, 55면.

299) 李學勤, 『走出疑古時代』(增訂本), 遼寧大學出版社, 1997, 331～335면.

세 번째 각 시기 갑골문에 보이는 대외전쟁을 종합적으로 연구하는 것이다. 이 방법은 앞의 두 가지 연구방법을 기초로 하여 종합한 것이다. 이러한 방식은 전쟁 내용과 관련된 갑골복사를 전면적으로 정리한 후에야 가능하다. 이러한 방식으로 연구하여 성과를 이룬 학자로는 진몽가와 일본의 도방남을 들어야 할 것이다. 진몽가는 『은허복사 종술』의 제8장 "방국 지리方國地理"에서 무정 때의 방국方國 39개를 열거했는데, 그중 산서성 남쪽에 위치한 것이 10개였다. 그는 파방巴方을 인방印方으로, 소방召方을 여방黎方으로 해석해 일반학자들과는 달리 해독했다. 무정 후의 방국은 제을 이전과 제을 이후의 두 시기로 구분했으며, 제을 이전의 경우 7개 방국을 제시했다. 그중 "북방北方"은 특정한 방국 이름인지 아니면 북방 지역의 한 방국인지, 아니면 북쪽 지역을 지칭하는 개념인지 확정할 수 없다. 그밖에 무정 때의 방方·대방大方·소방召方·강방羌方은 무정 이후에도 여전히 적국이었다. 제을 제신 때 정벌한 방국으로 인방人方·우방盂方·임방林方·방方·강방羌方 등을 들었다.

도방남은 『은허복사 연구』의 하편 제2장 "은의 방국"에서 갑골문에서 "방方"으로 불렸던 51개국을 열거했는데, "그중 어떤 것은 은나라 왕실에 귀속된 것도 있고, 어떤 것은 적국으로서" 정벌되기도 했다. 도방남에 의하면 무정 때 정벌된 방국은 총 22개이며, 조경·조갑 때가 1개, 늠신·강정 때가 7개, 무을·문정 때가 16개, 제을·제신 때가 9개였다. 도방남은 은 주周와 상商 간의 악전고투는 문정 시기에 시작된 것으로 추정했으며, 무정 때라면 주는 은의 속국이었다고 했다. 또 대부분의 중국 학자들이 "박동璞同"이라고 해석했던 단어에 대해 곽말약이 "구주寇周"를 "빙주聘周"로 바꾸어 해석한 것에 찬동했다. 이러한 의견은 따를 만하다 하겠다.

장병권은 『갑골문과 갑골학』(1988)의 제7장 「수렵과 정벌」의 제4절 "전쟁의 기록"에서 제1기 때 정벌된 방국이 21개, 제2기 때가 1개, 제3기 때가 1개, 제4기 때가 7개, 제5기 때가 8개라고 했으며, 주周는 1기 때 정벌의 대상으로, “박주璞周”를 “대주戴周”로 해석했다. 종백생이 수집한 방국의 수는 84개인데, 그중 무정 때가 44개, 무정 이후가 40개이다. 동방이 4개, 남방이 10개, 서방이 28개, 북방이 1개, 방위를 확정할 수 없는 것이 28개라고 했다.[300] 요종이가 주편한 『갑골문 통검甲骨文通檢』 제2책 「지명」(1994)의 제4권 “방국”에서는 총 89개가 수록되어 있다.

지금 초보적인 통계에 의하면, 상나라 때의 각 왕세에서 정벌되었던 주변국들은 다음과 같다.

제1기(무정) : 81개 방국(책이름을 표시하지 않은 것은 모두 『합집』의 번호이며, 편폭을 줄이기 위해 예를 한 가지씩만 들었다)

马方 (6664 正), 𢀛方 (6214)、巴方 (6467)、莞方 (6543)、羌方 (6623)、土方 (6416)、祭方 (6964)、井方 (33044)、龙方 (6476)、弗方 (6540)、湔方 (6566 正)、基方 (6570)、[illegible]方 (6639)、[illegible]方 (6647)、[illegible]方 (6648)、[illegible]方 (6657 正)、[illegible]方 (6658)、[illegible]方 (6659)、[illegible]方 (6662)、旁方 (6666)、虎方 (6667)、御方 (6800)、[illegible]方 (8612)、下危 (32 正)、夷 (6459)、人 (6475 反)、方 (6733 正)、缶 (6834)、[illegible] (6559)、壴 (6)、[illegible] (53)、[illegible] (248)、猷 (3061 正)、戎 (6906)、異长 (5663)、[illegible] (5775)、盧任 (5944)、伯伊 (5949)、马羌 (6624)、北羌 (6626)、羌龙 (6630)、[illegible] (6648)、[illegible] (6649 甲正)、不 (6834)、先 (6834)、权 (6834)、[illegible] (6835)、[illegible] (6840)、[illegible] (6844)、[illegible] (6853)、[illegible] (6878)、[illegible] (6887)、亘 (6948 正)、鼓 (6945)、目 (6946)、桑 (6959)、[illegible] (6959)、戈 (6959)、犬 (6979)、[illegible] (6980)、陟 (6981)、望戉 (6983)、微 (6986)、[illegible] (6990 甲正)、[illegible] (7076)、[illegible] (7076)、[illegible] (7000)、[illegible] (7024)、[illegible] (7032)、[illegible] (7037)、[illegible] (7038)、[illegible]取 (7040)、郭 (7047)、[illegible] (7048)、归 (7049)、[illegible] (20510)、[illegible] (7051)、[illegible] (7056)、[illegible] (7056)、大方 (10223)、[illegible] (19957)。

제2기(조경 · 조갑) : 2개 방국

공방𢀛方(24,145) · 방方(24,156)

이 시기의 복사에 “‘유’제사에 강족을 가져와 쓸까요? 又來羌用”(22,539)라는 말이 있는데, 이는 강방羌方의 정벌이 여전히 진행되고 있었음을 보여 준다. 또 “서쪽에서 또 어려움이 닥쳐왔다. 自西又來艱”(24,146) · “남쪽에서 또 어려움이

300) 鍾柏生, 『殷商卜辭地理論叢』, 藝文印書館, 1989, 167~254면.

닥쳐왔다自南又來艱"(24,147)는 서방과 남방에서 침입 경고를 알려온 것인데, 그 정벌 대상은 불명확하지만, "서쪽으로부터自西"라는 말로 보아 분명 공방·강방과 관계있을 것이다. "남쪽으로부터自南"의 적에 대해서는 복사에 상세히 보이지 않는다.

제3기(늠신·강정): 17개 방국

羌方（27972）、𢦔方（27990）、𧨗方（27990）、絴方（27990）、大方（27882）、㚤方（27997）、羞（27998）、邶方（28000）、人方（屯南 2064）、微（28029）、危方（28092）、耳龙（28021）、望（28089）、封方（屯南 2279）、[illegible]方（屯南 2301）、夷（屯南 2370）、殸方（屯南 2651）。

제4기(무을·문정): 28개 방국

召方（31973）、刀方（33034）、龙（31972）、危方（32026）、羌方（32035）、[illegible]（32103）、汩方（32103）、絴方（33109）、方（33033）、大方（33049）、夷方（33039）、[illegible]方（33043）、井方（33044）、商（33066）、归（33069）、徣（33069）、[illegible]侯（33072）、[illegible]（33074）、翼（33080）、[illegible]（33082）、[illegible]（33086）、㝷（33092）、竝（33119）、土方（屯南 994）、人方（屯南 2038）、卄方（屯南 2260）、盧羊（屯南 994）、猷（屯南 2351）。

제5기(제을·제신): 8개 방국

인방人方(36,482편)·우방盂方(36,509편)·위방危方(36,481편)·저방𢦔方·강방羌方·수방羞方·경방庚方(36,528편 뒷면)·임방林方(36,968편).

제1~5기까지의 정벌 대상국은 총 136개이다. 그중 어떤 정벌 대상은 강방羌方처럼 각 시기마다 다 들어 있는 경우도 있고, 위방危方·방方·대방大方·인방人方·이방夷方·저방𢦔方처럼 몇 시기에 걸쳐 들어있는 경우도 있다. 토방土方은 주로 제1기 때 활동하였다. 『둔남』 994편의 "토방土方"의 "토土"자는 일부만 남아 있는데, 고고연구소의 해석문에서 "토방土方"이라 해독한 것은 더 생각해 보아야 할 것이다.

갑골복사에 반영된 것으로 볼 때, 제1기 때의 정벌 대상국으로는 공방𢀛方·토방土方·강방羌方·기방基方·하위下危·𠀠方·완방莞方 등이 있었다. 고증에 의하면, 공방·강방·토방·기방은 은의 서방과 북방에, 하위는 은의 동남쪽에, 𢀛방은 남쪽에 있었다. 『합집』 6,536편에서 "왕께서 '증'에 머물면서 '난𢀛'을 부를까요? 王次于曾迺呼䜌𢀛[方]"이라 했는데, "증曾"은 상나라의 남쪽 영토南土에 있었다. 『합집』 5,504편과 5,512편은 같은 문장으로 다음과 같이 기록하고 있다.

> 을미일에 점을 칩니다. 물어봅니다. 남쪽 영토에서 일이 생겼는데, 오른쪽은 '아'가, 가운데는 '여'가, 왼쪽은 '증'이 따르게 할까요? 12월이었다. 乙未卜, 貞立事于南, 右從我, 中從輿, 左從曾. 十二月.

호북성 수隨현 뇌고돈擂鼓墩에서 증후을묘曾侯乙墓가 발견됨으로써 증曾이 호북성의 한수漢水 동쪽에 위치했음을 알게 되었으며, 이곳을 상 왕조의 남쪽 영토南土라 불렀다.[301]

제2·3기 때에는 큰 전쟁이 없었고, 제4기 때의 주요 적국은 소방召方과 도방刀方이었다. 이학근은 소방召方이 바로 도방刀方이라고 하면서, "소방召方은 달리 도방刀方으로 적기도 했는데" 은의 서쪽에 있었다고 했다.[302] 진몽가는 이를 여黎로 해석했고, 바로 주나라 문왕文王이 정벌했던 여黎나라로, 지금의 산서성 상당上黨에 있었다고 했다.[303] 도방남은 "그 위치는 은의 서남쪽 소성召城 부근이었다"고 했다.[304] 제5기 때의 주요 적국은 우방盂方과 인방人方이었다. 이 두 방국의 정벌에 대한 점복이 대량으로 등장한 것으로 보아 이들과의 전쟁은 상나라 말기 대단히 힘겨웠던 전쟁이었음을 알 수 있다.

---

301) 江鴻(李學勤), 「盤龍城與商朝的南土」, 『文物』, 1976年 第2期.
302) 李學勤, 『殷代地理簡論』, 科學出版社, 1959, 83면.
303) 陳夢家, 『殷虛卜辭綜述』, 科學出版社, 1956, 287면.
304) 島邦男, 『殷墟卜辭硏究』(中譯本), 臺北鼎文書局, 1976, 400~401면.

3) 무정시기 전쟁에 대한 시기구분 연구

갑골문 출토지인 안양의 은허는 반경이 천도한 이후의 상나라 후기 때의 도성으로, 거기서 총 273년의 시간을 지냈는데, 이때를 상나라 갑골 시기라 부르기도 한다. 동작빈의 시기구분법에 따르면, 무정은 하나의 시기로 잡아야 한다. 무정은 59년 동안 재위한 것으로 알려져 있다. 『갑골문 합집』의 시기구분 배열에 의하면, 총 13책 중 7책 이상이 무정 때의 것이다(제13책은 모사본으로 1~5기 갑골을 수록하고 있다). 『합집』에 수록된 갑골이 총 41,956편인데, 무정 때의 갑골 탁본만 해도 22,536편이며, 모사본(제13책) 1,338편을 합치면 총 23,874편에 이르러 전체의 절반 이상을 차지하고 있다. 무정의 재위 기간이 길었기 때문에, 정벌한 대상도 81개국에 이르렀다. 무정 때의 복사를 다시 시기구분 할 필요가 있지만, 지금도 시험 중에 있다. 전쟁 복사 연구자들은 무정 때의 전쟁을 시기구분함으로써, 무정복사의 시기구분 연구를 최전선에 설 수 있게 만들었다.

왕우신은 "빈賓조 복사"에 실린 전쟁과 관련된 복사를 시기구분하면서 이렇게 말했다. "'빈조 복사'는 수량이 많고 내용도 풍부하며, 갑골문 제1기 무정시기의 전형적인 복사이다." 그래서 이 빈조 복사로부터 시작했다. "빈조 복사"에 기록된 전쟁은 "전기와 후기"의 두 시기로 구분된다. 그 표준은 부호婦好라는 인물의 활동 시간을 계기로 삼았는데, 부호가 "후기의 전기에 죽었기" 때문이다. 그래서 "부호가 참가했던 전쟁은 그 시간대가 비교적 일러 무정 때의 전기라 할 수 있지만, 부호가 죽은 후의 전쟁은 상대적으로 전기에 비해 그 시간대가 뒤지기 때문에 무정의 후기로 볼 수밖에 없다." "공방의 정벌을 부호께 빌까요? 勽𢀛方于好"(『합집』 6,153편)라는 갑골문의 기록은 상나라 왕이 공방을 정벌하는 데 부호의 가호를 받아 승리할 수 있기를 기원한 것으로, 공방의 정벌이 부호의 사후에 이루어졌음을 보여준다. 또 조경 때의 정인이었던 "출出"이 점을 쳤던 "필이 공방을 사로잡게 될까요? 畢擒𢀛方"(『합집』 24,145편)는 공방에 대한 전쟁이 무정 후기에서 조경 때에 이르러서야 비로소 마무리되었으며, 그래서 공방과의 전쟁은 무정 후기에 있었음을 보여준다. 이 때문에 부호가 참가했던 전쟁을 비롯해, 부호의 방국 정벌과 공판共版의 관계에 있는 방국 및 부호와 연관된 인물이 참가한 전쟁을 무정의 "전기"에 배치했다. 그리고 공방에 대한 전쟁 및 공방을 정벌할 때 출현한 인물들이 수행했던 전쟁을 무정의 "후기"에 이루어진 전쟁으로 보았다. 그리하여 다음처럼 전후의 두 시기로 구분했다.

전기 :

① 부호가 참가했던 전쟁 : 토방土方 · 하위下危(공판共版) · 파방巴方 · 이夷 · 용방龍方(공판).

② 무정 전기 전쟁과 공판 관계에 있는 방국 : 中方 · 완방莧方 · 긍亘 · 유猷 · 冥.

③ 무정 전기 인물이 정벌했던 방국 : 전방湔方 · 호방虎方.

후기 :

공방의 정벌 및 공방의 정벌과 관계된 인물이 정벌했던 방국 : 공방𢀛方 · 주周 · 용龍 · 마방馬方 · 畀 · 재방𢦏方 · 방方 등.[305]

임소안林小安과 범육주范毓周는 무정 때의 전쟁복사를 초 · 중 · 후기의 세 시기로 구분했다. 임소안은 동시대의 인물, 다음 세대代의 인물, 한 세대代를 뛰어 넘은 인물 등의 방법에 근거해 무정 때의 신료들을 3조組로 구분했다. 즉 첫째 작雀 · 자상子商 · 필弜 · 豙 등을 포함한 작雀조, 둘째 부호婦好 · 사반師般 · 삽臿 · 월戉 · 망승望乘 · 지멱沚戜 등을 포함한 부호婦好조, 셋째, 필𠦪 · 오吳 · 견지犬征 · 자궁子宮 · 魆 · 악岳 · 추𠭯 · 읍邑 ·

305) 王宇信, 「武丁時期戰爭卜辭分期的嘗試」, 『甲骨文與殷商史』 第3輯, 上海古籍出版社, 1991.

현玄·위韋·복㠯·각㚐 등을 포함한 필畢조로 나누었다. 복사의 경우 동시대 인물 간에는 동판 관계와 동일 사안을 점친 현상들이 다소 많이 존재하지만, 다음 대代의 사람들 사이에는 동판 관계와 동일 사안이 적어 대부분 동판관계도 아니고 동일 사안도 아닌 현상이 존재한다. 또 한 세대代를 넘은 사람들 사이엔 동판 관계가 전혀 존재하지 않으며 동일 사안에 대한 점복도 전혀 없다. 그는 이러한 원리에 근거해 작雀조와 필畢조는 한 세대代를 넘은 사람들의 관계라고 했다. 그리고 필畢조의 여러 신료들은 모두 조경 때의 정인이었던 "출出"과 동판 관계이며 동일 사안의 관계를 갖고 있기 때문에, 필畢조가 무정 후기의 것임을 알 수 있다고 했다. 그래서 필畢조와 한 세대代 뛰어 넘은 관계인 작雀조는 초기에, 부호婦好조는 중기에 속하며, 각 조의 인물들이 참가했던 전쟁에 근거해 무정 때의 전쟁을 다음의 세 시기로 나누었다.

첫째, 초기에 정벌되었던 방국과 지역은 보甫·지沚·장㞷(장長)·이異·망望·월戉·미후叡侯·추芻·미微·엄㸒·시眣·계癸·목目·예蓺·衡·㝬·상桑·주壴·과戈·㠯邑·척陟·𢀛·방方·라羅·설백薛伯·화畵·유獶(유猷)·융戎·긍亘·강羌·𤰈·주宙·부缶·기방基方·𡦹 등 약 40여 국에 이르렀다(괄호 안은 이 책에서 현대의 글자로 옮긴 것이며, 원형을 모사한 어떤 자형들은 이 책의 체제에 의해 현대 글자체로 고친 경우도 있다. 이하 마찬가지).

둘째, 무정 중기 때 정벌되었던 방국에는 인방人方·파방巴方·하위下危·𢍰·휴睢·재방𢦏方·팽彭·용방龍方·강방羌方·토방土方 등이 있다.

셋째, 무정 후기 때 정벌된 방국에는 용방龍方·강방羌方·전방湔方·𠂤方·완방莧方·주방周方·공방𢀛方 등이 있다.[306]

범육주는 근년에 이루어진 역歷조 복사와 사𠂤조 복사의 시기구분 연

306) 林小安, 「武丁臣屬征伐與行祭考」, 『甲骨文與殷商史』 第2輯, 上海古籍出版社, 1986.

구에 관한 새로운 학설, 즉 무정 복사의 발전이 "사조 복사→사·역 사이조 복사→역조 복사(부을 유)"의 순서로 이루어졌다는 연구에 근거하고, 또 YH127갱의 복사를 분석하여, 이 갱의 갑골인 빈賓조 복사에서 "작雀"은 대단한 활약을 보였던 인물임을 발견했다. "'작雀'을 주요 인물로 삼은 복사라면 일반적으로 비교적 이른 시기의 특징을 갖고 있으며, 후기의 특징을 분명하게 가진 일부 복사에서는 '작雀'이라는 인물의 활동은 거의 찾아 볼 수 없다. 그리고 이 두 복사들은 또 공교롭게도 역·사 사이조 복사와 역조 복사(부을 유)와 대체로 대응을 이룬다." 그래서 범육주는 "작雀"이라는 인물의 활동을 무정복사의 시기를 둘로 구분 짓는 표준으로 삼았다.

역조 복사의 부을父乙 류는 무정 후기 때의 복사이다. 빈조 복사의 글자체 중 후기의 특징을 분명하게 가진 일부 복사는 역조복사의 부을 류와 서로 대응하고 있기 때문에, 이에 근거하여 무정 후기 때의 복사로 확정되었다. "작雀"이 활동한 "빈조" 복사의 글자체 특징이 "역·사 사이조" 복사와 서로 대응하고, "역·사 사이조" 복사는 글자체로부터 내용에 이르기까지 모두 후기의 과도기적 특징을 분명하게 갖고 있다. 그래서 범육주는 "작雀"의 활동과 관련된 빈조복사를 "무정 중기 복사"로 확정하고, 자子조·오午조 복사를 중기에 귀속시켰다. 무정 복사에서 위의 두 조의 복사를 제외하고, 남은 것이 바로 초기 복사가 된다. 이 복사들에는 사조 복사, 비교적 초기의 특징을 갖춘 "사·역 사이조" 복사, 그리고 빈조의 초기적 특징을 갖춘 복사가 포함된다. 이로부터 무정 때의 전쟁을 초·중·후기의 세 시기로 구분했으며, 정벌된 방국은 각각 다음과 같았다.

첫째, 초기에 정벌된 방국으로는 다음의 것들이 있다.

雩（䨝）、归、通（俑）、羌、戎、先、[illegible]、望、戉、畀（異）、微、陟、叔侯、豕、目、[illegible]、沚、𢀛、衛、[illegible]、[illegible]方、[illegible]方、盧（𨟻）、屰、𢦏（𢦏）、利、[illegible]、洣（湍）、㚔、[illegible]、羊、[illegible]、眣、[illegible]、牧等。

둘째, 무정 중기 때 정벌된 방국으로는, 치甾(주宙)・부缶・비丕(부不)・기방基方・유獯(유猷)・긍亘・융戎・아我・[illegible]・강羌・마방馬方・상桑・주壴・과戈・제祭・[illegible] 등이 있다.

셋째, 무정 후기 때 정벌된 방국으로는, 이夷・파巴・용龍・완莞・하위下危・용방龍方・토방土方・공방𢀛方・주방周方・방方・[illegible]方・재𢦏・[illegible]・휴鵂(휴睢)・전방湔方 등이 있다.307)

이 세 사람의 연구는 무정시기의 전쟁에 대한 복사를 시기구분 해보자는 데 있었다. 이는 갑골의 내용에 대한 심화 연구였으며, 그 연구 성과는 모두 받아 들일만 한다. 그들이 도출한 결론으로 볼 때, 왕우신과 임소안의 결론은 비교적 비슷하다. 하지만 임소안은 왕우신의 "초기"를 초기와 중기의 두 시기로 다시 세분했다. 그중 부호婦好와 정벌된 토방土方을 시기구분의 표준으로 삼아 "전기" 혹은 중기에 놓았고, 범육주는 글자체의 특징에 근거해 후기에다 넣었다. 범육주와 임소안도 같이 구분했다. 이러한 구분은 그들 간에 서로 같은 부분도 또 다른 부분도 있지만, 모두 무정 복사의 시기구분에 관한 선하를 이루었다. 그 결론과 내용에는 아직 검토할 부분이 있긴 하지만 그러한 방법은 모두 참고할 만하며, 이후의 연구에 선구적인 길을 터 주었다.

4) 전쟁의 절차

전쟁이란 방어든 공격이든 그 진전의 과정에는 한 국가의 실력과 전

307) 范毓周, 「殷代武丁時期的戰爭」, 『甲骨文與殷商史』 第2輯, 上海古籍出版社, 1991.

쟁 기술의 수준이 반영되기 마련이다. 무정 시기의 풍부한 전쟁 복사에 근거해 볼 때, 상나라 때의 전쟁의 과정은 다음의 몇 단계로 구성된다.

(1) 적정의 정찰

갑골복사에서의 "후侯"는 일종의 제후를 말한다. 『일주서』「직방職方」의 "구복九服"에 대해 공조孔晁가 주석을 달면서 "후侯는 왕의 척후병斥候을 말한다"고 했다. 구석규는 이렇게 말했다. "글자로 볼 때 '후候'자는 '후侯'로부터 분화되어 나왔다. 하지만 언어적 측면에서 볼 때 제후諸侯의 '후侯'는 도리어 척후斥候(적의 형편을 관찰함)의 '후候'라는 단어에서부터 분화되어 나왔음이 분명하다. 제후侯의 전신은 분명 변경 등지에서 '왕의 척후斥候'를 섰던 무관이었을 것이다."[308] 이 설은 극히 옳다. 주나라 초기의 「대우정大盂鼎」에서는 상나라의 제후를 "은변후전殷邊侯甸"이라 불러 "후侯"에다 "변邊"자를 한 글자 더 더했는데, 바로 "척후斥候"의 직책을 말한다. "은의 변방殷邊"에 설치되었던 "후전侯甸"은 적의 동태를 수시로 정찰하여 왕실에 보고했다. 예컨대 "공방이 출현하면 불행한 일이 생길까요? 舌方出隹有作禍"(『합집』 6,092편), "공방이 밤에 출현하지 않을까요? 舌方不亦(夜)出"(『합집』 5,520편) 등은 적의 출현 여부에 관한 소식으로, 모두 정찰을 담당하는 전문적인 직책에 있던 사람의 보고이다. "후侯"는 바로 그들의 일종이었다.

이밖에, 적정의 정찰을 갑골문에서는 "망望"이나 "목目"이라 불렀다. "공방을 정찰하게 할까요? 呼望舌方"(『합집』 6,186편), "공방을 정찰하게 할까요? 呼目舌方"(『합집』 6,194편) 등이 그렇다. 요종이에 의하면 망望은 "후망候望"으로, 한나라 때 "변방에 후관候官을 설치했다는 사실이 거연居延 죽간에 보인다. '공방을 정찰했다望舌'고 할 때의 망望으로부터 이러한 제도가 이미 은나라 때부터 존재했음을 알 수 있다"고 했다.[309] "공방을 살

308) 裘錫圭, 「甲骨文中所見的"田""牧""衛"等職官的硏究」, 『文史』 第19輯, 中華書局, 1985.

폈다 目𢀛方”에서의 “목目”은 망望과 같은 뜻으로, ‘살피다’는 뜻이며, 이후 ‘관찰’의 뜻으로 파생되었고, 공방의 동태를 감시한다는 뜻이다.[310]

적의 움직임이 있으면 정찰 책임자는 곧바로 왕실에 보고를 하는데, “대방이 출현하여 우리 군사를 정벌했다고 알려왔다 來告大方出, 伐我師”(『합집』 27,882편), “지멱이 알려 오기를, 토방이 우리의 동쪽 변방에 출현했다고 했다 沚戓告曰, 土方征于我東鄙”(『합집』 6,057편), “이르길, 공방이 ‘彖토’에 이르렀다고 했다 曰. 𢀛方其至于彖土”(『합집』 6,128편) 등과 같다. 복사에는 서쪽, 북쪽, 남쪽으로부터 “어려움이 보고되었다有來艱”고 한 것이 자주 보이는데, 곽말약은 이것은 바로 “변방 지역에서 은의 수도로 보고된 것이다”고 했다.[311]

종백생鍾柏生은 복사에서의 “칭책책稱冊𣏟+모방某方”의 내용이 바로 변방의 보고를 전달한 것이라고 했다. “칭책稱冊”을 이전에는 주로 전쟁 전 장수를 임명하던 의식으로 해석했다. 하지만 종백생은 만약 “장수의 임명”이라고 한다면 다음과 같은 복사들은 합리적으로 해석할 방법이 없다고 했다.

왕께서 ‘벽’에서 ‘미지’로 사람을 보내 ‘망’을 정벌하게 하면 왕께서 보살핌을 받겠습니까? 王于僻, 史人于美之, 及伐望, 王受又又?

‘벽’이 ‘미’의 ‘오’를 취해 ‘지’로 보내 ‘망’을 정벌하게 하면, 왕께서 보살핌을 받겠습니까? 그렇게 하라. 대길하리라. 僻取美䢅史于止, 及伐望, 王受又又? 隻用. 大吉.

왕께서 ‘망’으로부터 온 보고에 따라 ‘광’이 ‘망’을 정벌하게 하면 왕께서 후회하지 않을까요? 또 정벌될까요? 대길하리라. 王其從望爯冊. 光及伐望, 王弗每? 又𢦏? 大吉.

‘사저’로 하여금 ‘미’의 ‘오’를 취하게 하여 …… ? 師貯其乎取美䢅 ……

309) 饒宗頤, 『殷代貞卜人物通考』, 香港大學, 1957, 168면.
310) 趙誠, 「甲骨文行爲動詞探索」 1, 『古文字研究』 第17輯, 中華書局, 1990.
311) 郭沫若, 「考釋」, 『卜辭通纂』, 科學出版社, 1983, 112면(513편 考釋).

—『남』 상 100편, 『척속』 41편, 『철』 2 · 78, 『합집』 28,089편 앞면

이 갑골들은 망望을 정벌할 사실을 분명하게 말하고 있지만, 망望은 또 "칭책稱冊"하면서 책명冊命의 의전에 참여하여 주재하고 있다. 게다가 "책명冊命"은 서주 때의 금문의 예에 근거해 보면 책명冊命을 받는 자가 반드시 등장해야만 하는데, 복사에는 전혀 보이지 않는다. 그래서 그는 도방남의 다음과 같은 해석에 찬동했다.

"칭책稱冊"은 바로 간책簡冊을 받들어 올린다는 뜻이다. 또 "책䇲"을 『설문』에서는 "보고하다告는 뜻이다"고 했다. 그래서 "책토방䇲土方"은 바로 토방土方의 정황을 보고하다는 뜻이다. 이로부터 "지멱칭책토방沚戜稱䇲土方"은 바로 지멱이 간책을 올려 토방의 정황을 보고하다는 뜻이다. "왕종벌王從伐"은 바로 이 보고를 들은 후 왕이 내용을 따라 그를 정벌했다는 뜻이다.

종백생은 "제가들의 해설을 동원해 복사를 통독해 본 결과, 도방남의 해석이 가장 정확함을 알 수 있었다"고 했다. 그래서 "칭책稱冊"은 "이민족이 변경(혹은 변경의 안)에 침입했으며, 제후 혹은 영토의 우두머리가 사자를 파견해 보고한(혹은 직접 보고함) 것이다. (…중략…) 서책을 은나라 왕에게 올리고(즉 앞에서 토론했던 것처럼 군사의 정황과 관련된 '칭책稱冊' 부분), 은나라 왕이 동의한 후 군사를 일으켜 정벌함을 말한다."[312] "책토방䇲土方"이나 "책공방䇲𢀛方"은 바로 토방과 공방이 변경을 침입했다는 적군의 정황을 은나라 왕에게 보고한 것이다.

312) 鍾柏生, 「卜辭中所見殷代的軍政之一－戰爭啓動的過程及其準備工作」, 『中國文字』 新14期, 1991. 이하 종백생의 해설을 인용할 때에는 모두 이 논문의 인용이며, 따로 주석을 달지 않는다.

(2) 조상에 대한 제사와 장수의 선발과 민중의 소집

조상에 대한 제사祭祖는 적이 쳐들어온 사실을 선조에게 보고하고 전쟁에서 승리하도록 보살펴주길 기원하는 것을 말한다. 예컨대 복사에서의 "공방의 일을 상갑께 보고할까요? 告舌方于上甲"(『합집』 6,131편 앞면), "보을께 공방의 일을 보고할까요? 于報乙告舌方"(『합집』 6,132편), "공방의 일을 당께 보고할까요? 告舌方于唐"(『합집』 6,138편), "대갑께 공방이 침입한 일을 보고할까요? 于大甲告舌方出"(『합집』 6,142편), "공방의 일을 조갑께 보고할까요? 告舌方于祖乙"(『합집』 6,145편) 등이 그렇다.

장수의 선발選將은 누가 군대를 이끌고 출정할 것인가를 결정하는 것을 말한다. "'공방'이 출현하면 왕께서 직접 출정할까요? 舌方出王自征"(『합집』 6,098편)에서처럼 때로는 상나라 왕이 스스로 임무를 맡기도 했으며, 때로는 신료를 이끌고 정벌에 나서기도 했다. 예컨대 "왕께서 '망승'을 이끌고 '하위'를 정벌할까요? 王從望乘伐下危"(『합집』 32편 앞면)의 경우 "종從"을 양수달楊樹達은 "이끌다"로 해석했다.313) 어떤 경우에는 장수로 하여금 출정을 명하고 왕 자신은 직접 참여하지 않았는데, "'필'이 보병으로 '공방'을 정벌하게 할까요? 畢乞步伐舌方"(『합집』 6,292편), "'다윤'으로 하여금 '망승'을 이끌고 '공방'을 정벌하게 할까요? 令多紨從望乘伐下危"(『합집』 6,524편 정면) 등은 신하가 출정한 경우이다.

민중의 소집聚衆는 바로 병력의 소집을 말하는데, 일종의 임시 징집제도를 말한다. 이 방법은 무정 때 자주 보이며, 무정 이후로는 무정 때 이미 정식 군사편제인 "사師"가 확립되었기 때문에 더 이상 전쟁에 임박해 민중을 불러 모으는 이러한 일은 등장하지 않는다.314) 민중의 소집은 먼저 깃발을 세우는 것부터 시작하는데, 이를 "입중立中"이라 부른다. 예컨대 "왕께서 깃발을 세울까요? 王立中"(『합집』 7,365편), "우리가 깃발을 세울

313) 楊樹達, 「釋從比」, 『積微居甲文說』, 上海古籍出版社, 1986.
314) 楊升南, 「略論商代的軍隊」, 『甲骨探史錄』, 三聯書店, 1982.

까요? 我立中"(『합집』 811편 앞면) 등이 그렇다. "입중立中"은 바로 깃발을 세워 민중을 소집한다는 뜻이다. 『주례』「대사마大司馬」에 "대사大師가 있을 경우 (…중략…) 대상大常의 깃발을 세우고 군중을 불러 모았는데 늦게 도착하는 자는 목을 베었다"고 했다. "대사大師"는 정벌의 일을 말한다. 민중의 소집을 무정 복사에서는 다음에서처럼 "등인登人"·"공인供人"·"𠙵人"이라 불렀다.

> 물어봅니다. 3천 명을 소집해 '궁방'을 정벌하면 보살핌을 받겠습니까? 貞登人三千呼伐𢀛方受有佑.
>
> —『합집』 6,168편

> 왕께서 5천 명을 소집해 '토방'을 정벌할까요? 王供人五千征土方.
>
> —『합집』 6,409편

> '부호'의 3천 군사와 '여'의 1만 군사를 소집해 □을 정벌할까요? 登婦好三千登旅萬呼伐□.
>
> —『합집』 39,902편

> 3천 명을 소집해 …… 을 정벌할까요? 𠙵三千人伐 ……
>
> —『합집』 7,345편

징집 인원이 부족할 경우에는 노역 계급이었던 신臣·복僕·중衆도 전장에 파견되어, 창을 들고 적을 살상하기도 했고 군대에 필요한 잡역을 담당하기도 했다. 예컨대 "다신으로 하여금 공방을 정벌케 할까요? 呼多臣伐𢀛方"(『합집』 613편), "다복으로 하여금 공방을 정벌하게 할까요? 呼多僕伐𢀛(『합집』 540편), "왕께서 "중"을 모아 공방을 정벌하게 할까요? 王乞致衆伐𢀛"(『합집』 29편) 등이 그렇다. 이러한 노역계급이 정벌에 참여할 경우, 통치자들도 마음을 놓지 못했다. 그래서 다음처럼 그들에게 형구를 채워야 할지의 여부를 물어보기도 했다.

> 신유일에 점을 칩니다. '쟁'이 물어 봅니다. '다복'을 불러 모아 '공방'을 정벌하게 하면 신의 보살핌을 받지 못하겠습니까? 辛酉卜, 爭, 貞勿呼致多僕伐𢀛方弗其受侑佑.
>
> 물어봅니다. '다복'에세 수갑을 채워 '공방'을 '탁'에서 정찰하게 할까요? 貞勿幸多僕呼望𢀛方其橐.
>
> —『합집』 547편

"행幸"은 손에 형구를 찬 모습을 형상했다. 그리고 신臣·복僕·중衆이 전장에 투입될 때에는 언제나 "호呼"나 "치致"와 같은 단어를 사용했다. 게다가 구체적인 숫자 없이 "다多"라는 말로써 개괄적으로 말했는데, 이는 정확한 숫자가 표시되었던 "인人"의 경우와는 다르다. 이는 그들의 숫자가 중시되지 않았고, 그들을 전투의 주요 역량으로 보지 않았음을 보여 준다.

(3) 전쟁물자의 징수와 보급

전쟁물자의 보급은 전쟁의 승패를 결정짓는다. 소위 "군마軍馬가 움직이기도 전 양식과 건초가 먼저 간다"는 말은 이를 두고 한 말이다. 복사에는 "주둔지次"에 보급을 해야 할지를 점친 것이 보인다.

> 물어봅니다. 주둔지에 물자를 보급해야 할까요? 貞呼供貯次.
>
> —『합집』 777편 앞면

> 물어봅니다. 주둔지에 물자를 보급하게 할까요? 貞呼供次.

—『합집』 18,917편

"차次"는 군대가 행군하는 과정에 주둔하는 곳을 말한다.315) 『좌전』 「장공莊公」 3년 조에서 "군대가 하루를 머물면 사舍, 이틀을 머물면 신信, 이틀 이상을 넘으면 차次라고 한다"고 했다. 복사에서의 "호공차呼供次"는 주둔하고 있는 군사들에게 양식·말·말의 먹이 등과 같은 각종 군수물자를 제공할 것인가를 물은 것이다.

'㲋'에게 30마리의 말을 보내면 과연 '강족'을 사로잡을까요? 㲋致三十馬允其幸羌.

—『합집』 500편 앞면

'구'에게 '다마'를 보내 '의'를 지키게 할까요? 冓致多馬衛醫.

—『합집』 5,712편

『합집』 93편의 뒷면에는 다음과 같은 두 복사가 있는데, 하나는 파방巴方의 정벌을 점친 것이고, 다른 하나는 소 1백 마리를 제공할 것인지, 즉 전쟁에서 물자를 징수할 것인지를 물은 복사이다.

물어봅니다. 왕께서 '지멱'을 따르게 하여 '파방'을 정벌할까요? 貞王從沚戠伐巴方.

병오일에 점을 칩니다. '빈'이 물어봅니다. 소 1백 마리를 가져오게 할까요? 왕께서 점괘를 해석해 말했다. '길하리라. 보내라.' …… 에 이르러 …… 丙午卜, 賓, 貞呼取牛百, 致. 王占曰, 吉. 致, 其至 ……

장병권張秉權에 의하면, 이는 파방巴方을 정벌하기 위해 물자를 조달한

315) 劉釗, 「卜辭所見殷代的軍事活動」, 『古文字硏究』 第16輯, 中華書局, 1989.

것이라 한다.[316] 갑골문에는 "'부'가 우리 군사에게 군량미를 보내올까요? 缶其𩰫我旅"에 대해 물은 복사(『합집』 1,027편 앞면)가 있는데, 종백생鍾柏生은 "'색아려嗇我旅'는 당연히 '곡물을 우리 군사에게 제공하다'는 뜻이 되어야 한다"고 했는데, 그는 색𩰫을 색嗇으로 해석했다.

(4) 군대의 포진

군대의 포진을 갑골문에서는 다음에서처럼 "입立"이라 불렀다.

> 신미일에 점을 칩니다. '쟁'이 물어봅니다. 부호가 '지멱'을 따르게 하여 파방을 정벌하는데, 왕께서 동쪽에서 치면, '융'이 '부호'의 군진에 함락될까요? 辛未卜, 爭, 貞婦好其從沚𢦏伐巴方, 王自東𠬝伐, 戎陷于婦好立.
>
> —『합집』 6,480편

"입立"은 "위位", 즉 포진을 말한다.[317] "부호입婦好立"은 부호婦好의 군진을 말하는데, 이 복사는 상나라 왕과 부호가 협력하여, 부호의 진지에다 매복했음을 말해 주고 있다.[318]

상나라 군대의 포진은 일반적으로 우·중·좌의 진법을 사용했는데, 탕이 걸桀을 정벌할 때에도 이러한 진법이 사용되었다. 즉 소위 말하는 "조진안행鳥陳雁行"법이 그것이다.[319] 앞서 인용했던 무정 때의 복사에서 말한 "남쪽지역에서 일이 생겼는데, 오른쪽은 '아'가 중간은 '여'가 왼쪽은 '증'이 따르게 할까요? 立事于南, 右從我·中從輿·左從曾"(『합집』 5,504·5,512편)는 바로 형초荊楚의 정벌 전쟁 때 사용되었던 포진이었다.[320] 상나라

316) 『殷虛文字丙編』 中輯 2, 臺北史語所出版, 1965, 399片의 考釋.
317) 王貴民, 「甲骨文所見的商代軍制數則」, 『甲骨探史錄』, 三聯書店, 1982.
318) 王宇信 等, 「試論殷虛五號墓的"婦好"」, 『考古學報』, 1977年 第2期.
319) 楊升南, 「略論商代的軍隊」, 『甲骨探史錄』, 三聯書店, 1982.
320) 『詩』「商頌」「殷武」에서 "날쌔고 씩씩한 은의 무위는, 능히 초나라를 쳐 부수사, 험

의 군대인 사師・여旅・행行・수戍가 모두 우・중・좌의 편제로 되었다는 것은 바로 전쟁에 임한 포진의 실천과정에서 형성된 것이다.

(5) 전쟁

전쟁을 치기 전 먼저 선행부대가 적과 접촉하여 적의 허실을 정탐하게 되는데, 갑골문에서는 이를 "계啓"라고 했다. 예컨대 "멱이 정탐을 하면 왕께서 공방을 사로잡을 수 있겠습니까? 𢦏啓, 王其幸𢀛方"(『합집』 6,332편), "지멱이 정탐을 하면, 왕께서 따르게 하여 파방을 정벌할까요? 沚𢦏啓, 王從伐巴方"(『합집』 6,471편 앞면) 등이 그렇다.

적과 마주하여 작전을 펼 때에는 정征・벌伐・돈敦・재𢦏 등과 같은 용어가 사용되었는데, 장정낭은 「'재'의 해석釋𢦏」에서 이렇게 말했다.

> 정征・벌伐・돈敦・재𢦏는 모두 동사로, 그 행위는 모두 전쟁과 관련되어 있지만 글자들의 함의는 같지 않다. 정征과 벌伐은 모두 큰 전쟁을 말하며, 돈敦은 어떤 경우 앞에다 대大자를 더하기도 하는데 이는 작지 않은 전쟁임을 보여 준다. 재𢦏는 복사에서 주로 단독으로 사용되는데(『합집』 7,670~7,733편－편집자 주: 이는 『합집』의 번호이다), 먼저 '재'를 쓰고 그 뒤에 정征이나 벌伐이나 돈敦을 쓴 경우는 보지 못했다. 아마도 '재'가 전쟁의 세절에 관계되었으며, 그 행동이 비교적 구체적이었기 때문일 것이다. 정征・벌伐・돈敦이 전제라면 '재'는 성과로 추측된다.[321]

"성과"는 바로 전쟁에서 승리를 거두고 포로를 잡았다는 의미이다. 관섭초는 "재𢦏"를 "첩捷"으로 해석하기도 했는데,[322] 그 의미는 장정낭의

준한 그 땅에 쳐 들어가, 초나라의 무리 사로잡았네 撻彼殷武, 奮伐荊楚. 罙入其阻, 裒荊之旅"라고 했는데, 여기서 찬송한 것은 이 전쟁을 말한 것일 것이다.

321) 『古文字研究』 第6輯, 中華書局, 1981.

322) 管燮初, 「說𢦏」, 『中國語文』, 1978年 第3期.

해석과 일치한다.

전쟁 복사에서 자주 보이는 "역벌逆伐"이라는 단어(『합집』 6,197~6,205편)는 정면에서 통격을 가하다는 뜻이다. 적군이 패해서 도망하면 추격하기도 했는데, 갑골문에서는 이를 "추追"라 했다. 예컨대 "'삽'이 가서 '용'을 추격하는데, '柒'을 따르게 하면 서쪽을 따라잡을까요? 臿往追龍, 從柒西及"(『합집』 6,594편), "삼족에게 왕께서 '소방'을 추격하라고 명하면 '柒'에서 따라잡겠습니까? 三族王其令追召方及于武"(『합집』 32,815편)와 같다. "급及"은 추격해 잡는다는 뜻이다.

(6) 승리의 개선, 포로의 헌상, 조상에 대한 제사

전쟁에서 포로를 잡고 전쟁을 마친 후 조상에게 제사를 드리는 활동은 "소신장小臣墻"의 골판骨版 각사가 가장 전형적인데, 다음과 같이 기록되어 있다.

> 소신 '장'이 정벌에 참여하여 '위'의 우두머리 '미'와 …… 사람 20명과 사람 4명과 1,570명을 사로잡았습니다. 또 말 1백 …… 필, 수레 2량, 방패 183개, 화살통 50개, 화살 …… 를 포획했습니다. 또 '백경'을 '대을'께 바치고, '추'의 우두머리를 죽여, …… '조을'께 '𩞁'을, '조정'께 '미'를 죽여 제사지냈다. '염'이 말했다. '큰 상이 내려지리라' …… 小臣墻從伐, 禽危美 …… 人廿人四, 而千五百七十, 𩞁百 …… 兩匹, 車二兩, 盾[323]百八十三, 函五十, 矢 …… 又伯㦤于大乙, 用𨿅伯印 …… 𩞁于祖乙, 用美于祖丁, 僼曰京易 …… .
>
> —『합집』 36,481편 앞면

323) 盾자에 대해 裘錫圭는 櫓의 처음 글자로, 鹵로 가차되었다고 하면서, 『說文』에서의 "櫓는 큰 방패大盾를 말한다"고 한 말을 인용했다. 「說"揜函"-兼釋甲骨文"櫓"字」, 『華學』 第1期, 中山大學出版社, 1995 참조.

이 골판은 기사 각사인데 골판의 큰 부분이 잘려 나갔다. 하지만 남은 부분만으로도 풍성한 노획이 있었음을 알 수 있다. 복사의 마지막 부분의 "백모伯某"는 위방危方의 우두머리의 이름이며, "미美"는 위방危方의 수령으로 복사에 자주 보인다. "용用"은 죽여서 신에게 제사를 드리다는 뜻이다. 이는 상나라 사람들이 전쟁을 마친 후 노획한 적의 머리로 조상에게 제사를 드린 것인데, 출정 전에 조상께 올렸던 "보고告"와 상응하며, 전쟁이 승리로 마감되었음을 나타내 준다.

부대가 개선할 때면 상나라 왕은 다음처럼 환영 축제를 열어 주었다.

> 경진일에 왕께서 점을 칩니다. '매'에서 물어봅니다. 오늘 군사를 맞이하는데 □을 '동단'에서 하면, 재앙이 없겠습니까? 庚辰王卜, 在妹貞今日其逆旅以□于東單, 亡災.
>
> —『합집』 36,475편

> 왕께서 남문에서 강족을 맞이할까요? 王于南門逆羌.
>
> —『합집』 32,036편

> 왕께서 종묘의 문에서 강족을 맞이할까요? 王于宗門逆羌.
>
> —『합집』 32,035편

"종문宗門"은 종묘의 문이다. 포로의 헌상과 고집告執의 예禮는 종묘에서 거행되었다.

> 물어봅니다. 고집의 예를 남실에서 거행하는데 희생양 3마리를 바칠까요? 貞告執于南室, 三宰.
>
> —『합집』 806편

"남실南室"은 당연히 종묘에 있던 어떤 방을 말할 것이고, 그곳에는 선조의 신위가 모셔져 있었을 것이다. 전쟁이 종결된 후 왕도로 돌아와 포로를 헌상하고 고집告執의 예를 행함으로써 전쟁에서 승리할 수 있도록 도와주신 조상의 공에 감사를 표했다.

8. 상나라 때의 방역方域 지리

갑골문의 지리 연구는 갑골학 연구의 중요한 부분이다. 갑골문이 발견되기 전, 상나라 때의 지리에 관한 지식은 주나라 이후의 제한적인 문헌 기록에만 의존했기 때문에 매우 부정확했다. 그래서 갑골문 발견까지의 상나라 때의 지리에 관한 연구는 일종의 공백 상태에 있었다고 할 수 있다. 이 때문에 갑골문이 발견된 이후 상나라의 지리에 관한 연구는 곧바로 학자들의 대단한 주목을 받았으며, 백 년 동안 그 성취도 뛰어났다. 비록 학자 간에 의견의 차이가 존재하기는 하지만 상나라 때의 지리에 관한 지식은 이미 크게 발전되었으며, 상나라 때 지리적 윤곽은 이미 기본적으로 분명해진 상태이다.

1) 복사에 보이는 지명의 확정과 지명의 통계

지명 연구는 지리 연구의 기초 작업이다. 복사에 보이는 지명의 고석은 갑골학 연구에서 어려운 문제 중의 하나이다. 요종이는 최근 지명 고석에는 세 가지의 어려움이 있는데, 첫째는 글자 해독識字의 어려움이요, 둘째는 문장 해독斷句의 어려움이요, 셋째는 한 가지 지명에 여러 이름이 존재하는 어려움이라고 했다.[324] 소위 "문장 해독斷句의 어려움"은 바로 복사에서 어떤 것을 지명으로 확정해야 할 것인가에 관한 부분이다. 복사의 지명 연구는 어떤 것이 지명인지를 확정하는 것이 가장 중요하다.

어떤 것이 지명인지를 확정하는 문제에 대해 가장 먼저 주목했던 이는 나진옥이다. 그는 1914년의 『은허서계 고석』 초판본에서 지명을 확정하는 16가지의 표준을 제시했으며, 1927년의 증정본에서는 17가지로 늘였다. 나진옥은 이렇게 말했다.

> 복사에 보이는 지명은 총 2백30가지에 이르는데, 17가지의 부류로 나눌 수 있다. 즉 왕재모王在某·벌우모伐于某·지우모至于某·왕우모往于某·출우모出于某·보우모步于某·입우모入于某·전우모田于某·수우모狩于某·구우모驅于某·주우모舟于某·재모차在某次·우모于某·종모從某·벌모伐某·정모征某·모방某方이라고 한 것이 그것이다. 이에 해당하는 글자는 해독이 된 것도 있고 해독이 되지 않은 것도 있지만 문례文例로 볼 때 지명임이 분명하다.[325]

나진옥이 개괄하면서 갑골문에 보이는 지명을 확정할 수 있었던 17가지 표준은 당시 볼 수 있던 갑골문의 상황을 기본적으로 반영함으로써 학자들의 지지를 받았다. 하지만 그 중 "종모從某"의 "모某"는 대부분 인명이며, 지명으로 쓰인 경우는 매우 드물다. 당시에 보았던 갑골이 제한적이었으므로 이러한 표준은 결코 완전할 수 없었다. 예컨대 자주 보이는 "자모自某"는 바로 복사의 지명을 확정하는 중요한 표준이다. 종백생은 「기사각사에 보이는 은대의 지명記事刻辭中的殷代地名」에서 "자모自某"를 기사각사의 지명을 확정짓는 중요한 표준으로 제시했다. 그에 의하면, 기사각사의 지명은 두 가지로 구분되는데, 하나는 개사 "자自"·"재在"·"우于"의 뒤에 놓이는 명사이고, 다른 하나는 "입入"·"래來"·"저氐"의

324) 饒宗頤, 「前言」, 『甲骨地名通檢』, 홍콩 中文大學, 1994.
325) 羅振玉, 『增訂殷虛與契考釋』 上, 東方學會 石印, 1927, 14면 上.

앞에 놓이는 명사를 비롯해 "모골某骨"(어떤 지역의 뼈를 지칭함)이라고 할 때의 모某가 이에 해당한다.326)

복사에 보이는 지명의 구성 형식을 이해하는 것도 복사의 지명을 확정하는 중요한 방법이다. 복사의 지명에는 한 글자로 된 것과 여러 글자로 된 것이 있는데, 여러 글자로 된 지명의 구성은 한 글자로 된 지명의 앞이나 뒤에다 구별을 위한 한 두 글자를 더하는 형식으로 되어 있다. 호후선은 복사의 지명은 "대부분 한 글자로 되었으며", 한 글자로 된 이름에다 "한 두 개의 구별자를 더해 두 세 글자로 된 지명이 존재하게 되었다"고 했다.327) 진몽가에 의하면, 한 글자로 된 지명의 앞뒤에 구별자를 더한 형식은 4가지가 있다. 첫째 사𠂤와 餗으로 된 것들은 군대가 주둔하며 지키는 곳을 말하며, 둘째 높은 지형을 말하는 것으로 록麓·경京·퇴陮(퇴堆) 등이 있으며, 셋째는 인위적인 거처와 건축물로 읍邑·비鄙·유囿·사社·단單(즉 대臺) 등이 있으며, 넷째 자연적인 지형을 말하는 것으로 천泉·산山·수水 등이 있다.328) 그 외에도 한 가지 부류를 추가했는데, 즉 , 동東·남南·서西·북北·중中·상上·하下·고高 등과 같은 방위方位가 그것이다.

갑골문의 지명을 변별하는 표준과 방법이 학자들에 의해 제시됨으로써 갑골문의 지명은 이러한 표준과 방법에 의해 확정되었고 또 갑골문에서의 지명의 숫자도 통계가 가능해졌다. 나진옥은 『은허서계 고석』 초판본에서 193개의 지명을, 증정본에서는 232개의 지명을 열거했다. 호후선은 「복사의 지명과 옛사람들은 구릉에 살았다는 학설卜辭地名與古人居丘說」(1944)에서 "복사의 지명은 약 1천여 개에 이른다"고 했다. 진몽가는 1956년 출판된 『은허복사 종술』에서 호후선의 숫자는 믿을 수 없으며 복사에 보이는 지명은 "약 5백 개 이상이다"고 했다.329) 도방남은 『은허

326) 鍾柏生, 『殷商卜辭地理論叢』, 藝文印書館, 1989, 350~351면.
327) 胡厚宣, 「卜辭地名與古人居丘說」, 『甲骨學商史論叢』 初集 第4冊, 1949.
328) 陳夢家, 『殷虛卜辭綜述』, 科學出版社, 1956, 254~255면.

복사 연구』에서 542개의 지명을 열거했다. 종백생은 『은상 복사 지리 논총殷商卜辭地理論叢』에서 수렵 지명 374개 · 방국方國 지명 84개 · 농업 지명 98개 · 기사 각사의 지명 162개 등 총 718개를 열거했다. 하지만 이 네 부류의 지명에는 중복 출현하는 것도 있어, 기사 각사의 지명과 수렵 · 방국 · 농업 등에 중복 출현하는 것이 48개이기 때문에 실제로는 7백 개에는 못 미친다. 하지만 이 숫자는 이미 진몽가와 도방남의 숫자를 넘어섰다. 요종이가 주편하고 심건화沈建華가 편집한 『갑골문 통검甲骨文通檢』 제2책 「지명」 분책에서는 요종이가 "전언前言"에서 한 말에 근거해 이 책에서 수록한 지명이 총 1,027개에 이른다고 했는데, 여기에는 수렵 지명은 포함되지 않은 상태이다. 그렇게 본다면 호후선이 "1천 개에 이른다"고 한 것은 결코 과장이 아니다.

2) 복사에 보이는 지명의 고증

갑골문 지명의 고증에는 두 가지 문제가 존재하는데, 하나는 글자의 해독이고, 다른 하나는 지리적 위치에 관한 것이다. 글자의 해독은 선결해야 할 임무인데, 글자의 해독이 부정확하면 잘못된 글자에 근거해 지리적 위치를 말하게 되므로, 마치 미친 사람의 잠꼬대처럼 되어버리고 만다. 예컨대 손이양은 『계문거례』의 "석지釋地"편에서 20개에 가까운 지명을 고증했다. 하지만 글자의 해독이 대부분 부정확한 바람에 고증했던 지리적 위치도 정확하지 못했다. 글자의 해독 문제는 지금까지도 완전히 해결되지 않고 있으며, 지명 중 해독하지 못한 글자는 아직도 많다. 또 이미 해독한 글자라도 이전에는 옳다고 생각했지만 다시 새롭게 고석해야 할 필요가 생긴 것도 있다. 글자의 해독이 달라지면 그것의 지리

329) 陳夢家, 『殷虛卜辭綜述』, 科學出版社, 1956, 249면.

적 위치도 그에 따라 달라진다. 예컨대 자의 경우, 나진옥은 악噩자로 해석했지만 우성오는 상喪자로 해석했다. 곽말약은 나진옥의 해석을 따랐으며, 지명으로 쓰일 때에는 악鄂자와 같다고 했다. 악후鄂侯는 주紂 임금 때 삼공三公의 하나였다. 악鄂은 또 우邘로 쓰기도 하며, 지금의 하남성 심양沁陽현의 서북쪽에 있었다. 도방남은 은의 동남쪽에 위치한 지명이며, 상구商丘의 북쪽에 있었다고 했다.[330] 종백생은 상喪자로 해석했으며 지리적 위치는 도방남과 같다고 했다.[331] 정걸상은 상喪을 상桑으로 고쳤고, 이는 후세에서 말하는 상간桑間으로, 지금의 하남성 활滑현 동남쪽의 상림桑林에 해당한다고 했다.[332] 이처럼 아직 고석되지 않은 글자를 지속적으로 고석해야겠지만 이미 고석한 글자도 주의해 다시 고증하고 확정해야 한다.

복사 지명의 지리적 위치에 대한 고증은 손이양의 『계문거례』에서 이미 단초를 열었다. 하지만 지명의 고증에 진정으로 종사했던 이는 왕국유이다. 왕국유의 고석은 정교하고 타당했다. 그는 나진옥을 따라 갑골과 금문을 오랜 기간 동안 연구했으며, 1914년 나진옥의 『은허서계 고석』 초고가 완성된 후 나진옥을 대신해 이 책을 베껴 쓰기도 했다.[333] 이 책에서 나진옥은 이미 복사에 보이는 193개의 지명을 수록했으며, 대부분 현대 글자로 옮겨 적는 작업을 해 두었다. 이듬해 왕국유는 「은허 복사에 보이는 지명에 대한 고찰」이라는 글을 썼는데, 2백여 개의 지명 중에서 그의 생각에 해석 가능하며 후세의 기록에서도 보이는 공龔·우盂·옹雍·박亳·조曹·기杞·치截(대戴)·고雇 등 8개의 지명을 고석해 내었다. 왕국유의 지명 고증 방법은 복사와 후세의 문헌을 서로 비교하여 복사에 보이는 지명의 지리적 위치를 확정하는 방식이었다. 이후 일본의

330) 島邦男, 『殷墟卜辭研究』(中譯本), 臺北鼎文書局, 1976, 360~361면.
331) 鍾柏生, 『殷商卜辭地理論叢』, 藝文印書館, 1989, 84~85면.
332) 鄭杰祥, 『商代地理概論』, 中州古籍出版社, 1994, 124면.
333) 陳夢家, 『殷虛卜辭綜述』, 中國社會科學出版社, 1956, 56면.

임태보林泰輔 및 중국의 많은 학자들이 이러한 방법을 받아들였다.

이러한 왕국유의 고증 방법은 볼 수 있던 갑골이 제한적이었던 당시의 상황에서는 가능한 유일한 방법이었다. 하지만 복사의 지명을 문헌과 단순히 비교하는 이러한 방법은 신빙성이 많이 떨어질 수밖에 없었다. 왜냐하면 다른 곳이지만 같은 이름을 가진 지명이나 같은 곳이지만 다른 이름을 여러 개 가진 지명들이 자주 보여 복사에서의 지명을 정확하게 확정하기 어렵기 때문이다. 곽말약은 『복사통찬』 「서」에서 왕국유 방법의 부족한 점을 지적하면서, "왕씨의 「지명에 대한 고찰」은 원래부터 너무나 간략하였고, 그 방법도 개별적 지명에서 성류聲類를 매개로 삼았기 때문에 도출한 결론에는 의문이 갈 수 밖에 없다"고 했다. 곽말약은 복사의 지명을 고립적으로 고증했다는 왕국유의 한계를 거울삼아 몇몇 지명을 연계시켜 일련의 지명군을 계통적으로 고증하는 방법을 제시하고 운용했는데, 이를 복사의 "지명 계련법系聯法"이라 부른다. 그는 『복사통찬』 「서」에서 제을 때의 수렵 지역에 대해 이러한 방법을 이용해 이렇게 고증했다.

> 제을 또한 수렵 나가기를 좋아했으며, 그가 수렵 나갔던 지역은 대부분 지금의 하남성 심양沁陽현 부근에 있었으며, 이러한 사실은 다음의 몇몇 갑골로부터 증명할 수 있다.
>
> 무진일에 점을 칩니다. '악'에서 물어봅니다. 왕께서 '의'에서 사냥을 할까요? 戊辰卜, 在噩, 貞王田于衣(제635편, 편수는 『복사통찬』의 분류에 따른 숫자이며 이하 마찬가지이다).
>
> 신미일에 점을 칩니다. '우'에서 물어봅니다. 왕께서 '의'에서 사냥을 할까요? 辛未卜, 在盂, 貞王田衣(제657편).
>
> 신축일에 점을 칩니다. 물어봅니다. 왕께서 '악'에서 사냥을 하면 오가는데 재앙이 생기지 않을까요? 대단히 길하리라. 辛丑卜, 貞王田于噩, 往來亡災, 弘吉.
>
> 임신일에 점을 칩니다. 물어봅니다. 왕께서 '옹'으로 사냥을 나가면 오가는데 재앙이 생기지 않을까요? 壬寅卜, 貞王田雝, 往來亡災(제642편).

이 네 편의 갑골로부터 악噩・의衣・우盂・옹雍의 네 곳은 가까운 곳에 있었음을 알 수 있는데 (…중략…) 네 곳은 모두 심양沁陽에 있었다. (…중략…) 지금 나는 이 네 곳을 귀납하는 데 조금의 의심도 가지지 않는다.

이러한 방법은 복사의 지명이 들어 있는 복사의 내용에 근거해 서로 연계지어 복사의 지명군을 찾아내고, 다시 후세의 문헌 기록에 근거해 그것의 지리적 위치를 고증한 것이어서 신빙성이 매우 높다. 곽말약의 이러한 방법이 제시된 후, 동작빈・호후선・진몽가・이학근・도방남・종백생・정걸상 등 복사의 지리연구에 종사하는 학자들은 모두 이러한 방법을 채택했다. 이러한 방법은 종백생에 의해 세 가지 측면으로 개괄되었다. 첫째 간지干支 계련법, 둘째 동판同版 계련법, 셋째 이판異版 계련법 등이다. 종백생은 이 방법이 지리연구에서 가지는 기능에 대해 이렇게 평가했다.

> 복사의 지명은 위에서 말한 세 가지 방법의 계련을 거친 후, 비로소 지명과 지명 간에 비교적 고정된 관계가 생기게 되었다. 일단 그중에서 중요한 몇몇 지명이 고증되어 나오면 한 조 한 조씩 사냥 노선과 지명 네트워크가 순조롭게 그려질 수 있게 된다.[334]

계련법으로 지명군의 네트워크를 수립하게 되면, 개별 지명의 지리적 위치를 고립적으로 고증하게 되는 자의성을 면할 수 있게 된다. 하지만 지명군의 네트워크도 결국 오늘날의 지도 위에 올려질 수 있어야만 한다. 복사 지명의 지리적 위치의 고증은 피할 수 없는 부분이다. 복사 지명군의 네트워크 고증에는 지금 후세의 문헌 기록을 이용하는 외에도 고고 발견, 그중에서도 특히 고문자 재료의 발견에 특별히 주목하여야 한다. 이것은 고고학이 크게 발전한 이후 복사의 지명 고증에 제공된 새로운 수단

334) 鍾柏生, 『殷商卜辭地理論叢』, 藝文印書館, 1989, 35면.

이다. 고고 발굴에서 출토된 지하의 고문자 자료를 복사의 지명과 연계시킬 수만 있다면, 그 지명의 정확한 지점은 확실하고 믿을 수 있게 된다. 예컨대 갑골문에 박亳이라는 지명이 있는데, 고대문헌의 기록에 의하면 상나라 때 박亳이 3개나 있었으며, 상나라의 도읍 이름이라고 했다. 정주鄭州에서 발견된 전국시대 때의 도기에 "박亳"자가 들어 있었으며, 언사偃師의 당나라 때 무덤에서 "서박西亳"이라는 명칭이 발견되었는데, 이는 언사偃師와 정주鄭州가 옛날 어떤 일정 시기에는 모두 "박亳"이라 불렸음을 보여준다. 언사와 정주에서는 모두 대단한 규모의 상나라 전기 때의 성곽이 발견되었으며, 후세 문헌에서 정주를 박亳이라 부르고 언사를 "서박西亳"이라 불렀던 기록이 존재한다. 그래서 언사와 정주가 상나라 때에 박亳이라 불렸고, 차례로 상나라의 수도였다는 사실은 믿을 만하다.

3) 복사 지명의 분류 연구

복사에 보이는 지명은 언제나 특정한 사안과 관련되어 있으며, 복사의 내용에 포함된 사류事類는 상나라 사람들의 각종 활동을 반영한다. 복사 지명에 대한 분류 연구는 상나라 사람들의 활동의 지리적 범위를 이해할 수 있게 해주며, 이로부터 상나라 때의 역사적 사건을 더욱 정확하게 이해할 수 있다.

복사 지명의 분류법에 대해 호후선은 일찍이 지명의 "이름 붙인 연유"로부터 추측해 나가는 방법을 제시했는데, 그는 「복사지명과 옛사람들이 구릉에 살았다는 학설」에서 이렇게 말했다.

> 이름을 붙이게 된 이유를 추측하여 알 수 있는 경우도 있다. 예컨대 래來·맥麥·미米·화禾·적耤·백帛·계系·상桑·촉蜀 등은 농업 지역을 말한다. 우盂·부缶·보簠· 고鼓·작爵·월戉·과戈·모矛·함函 등은 공업 지역을 말한

다. 용龍 · 상象 · 호虎 · 마馬 · 강羌 · 견犬 · 계鷄 · 록鹿 등은 목축 지역을 말한다. 임林 · 록麓 · 고槀 · 기杞 · 망杧 · 석析 · 추桕 · 류柳 · 율栗 · 얼臬 · 족椊 · 도梌 등은 삼림 지역을 말한다. 과果 · 포圃는 원림 지역을 말한다. 패貝 · 구龜는 수산 지역을 말한다. 만萬 · 작雀은 새나 벌레와 관련된 지역을 말한다. 고高 · 구丘 · 릉陵 · 비陴는 바로 지세가 높아서 붙여진 이름일 것이다. 하河 · 한漢 · 조洮 · 옥沃 · 낙洛 · 쇄洒 · 원洹 · 회淮 · 담淡 · 여濾 · 경涇 · 난灤 · 횡潢 · 적滴 · 발潑 · 료潦 · 도滔 · 역瀝 · 낙濼 · 유游 · 포泡 등은 물길 때문에 붙여진 이름일 것이다.

호후선이 위에서 든 각종의 "지역區"은 산이나 물 같은 지세를 제외하면 모두 인문 활동의 흔적이다. 이러한 지명이 처음 이름 붙여질 때에는 당연히 그 지역적 특색과 관련되었을 것이다. 하지만 어떤 경우에는 그 내력이 아주 오래되어 상나라 때 만들어진 것이 아닐 수도 있으며, 또 어떤 경우에는 시대의 변천을 따라 이름이 붙여지게 되었던 처음의 인문적 특색을 이미 상실했을 수도 있다. 그래서 지명을 나타내는 글자의 본래 의미에 근거해 지명을 분류하게 되면 상나라 사람들의 활동과 관련된 지리적 범위를 반영할 수 없게 된다.

갑골문은 상나라 사람들, 특히 상나라 왕과 귀족의 활동을 기록한 것이기 때문에, 역사적 사실이라 할 수 있다. 복사의 지명이 포함된 복사의 내용에 근거해 상나라 사람들의 각종 활동의 지리적 범위를 이해할 수 있게 된다. 예컨대 농업과 관련된 지명은 상나라 사람들의 농업의 지리적 분포, 목축업이나 목장의 설치와 관련된 지명은 상나라 때의 목축 경제의 발전, 수렵과 관련된 지명은 상나라 왕의 수렵지, 전쟁과 관련된 지명은 상 왕조의 강역의 상황을 이해하게 해 준다. 지명이 포함된 복사의 사안에 근거해 복사의 지명을 정리하고 연구한 학자 중, 곽말약 · 진몽가 · 이학근 · 도방남 · 송환도웅松丸道雄 · 진위담陳煒湛 등은 수렵 지명을, 동작빈은 인방人方의 정벌에 관련된 지명을, 진몽가 · 이학근 · 도방남 등은 방국의 지리에 대해 정리하고 연구했는데, 모두 뛰어난 성과를 거두었다.[335] 종백생은 복사의 지명 연구, 특히 복사 지명의 분류연구에 온 힘을 쏟았다. 그는 복사의 지명을 9부류, 즉 농업, 토목공사土工, 천상天象과 제사祭祀, 수렵田游, 복순卜旬·복석卜夕·잡복雜卜, 기사 각사記事刻辭, 목축芻牧, 정벌征伐과 방국方國, 기타 복사 지명 등으로 나누었다.[336] 그는 그중에서도 수렵·방국·농업·기사 각사 등 4가지 부류를 전문적으로 연구했으며, 이를 한데 모아 『은상 복사 지리 논총殷商卜辭地理論叢』으로 출판했다. 정걸상은 『상대 지리 개론商代地理概論』의 "수렵田獵 지구"라는 장에서 상나라 왕의 주요 수렵지에 대해 고증했다.[337]

4) 상나라 왕의 사냥터에 대한 연구

사냥은 통치계급의 오락 활동이었을 뿐 아니라 고대사회에서는 군사 훈련의 기능도 갖고 있었고, 일정한 경제적 가치도 갖고 있었다. 그래서 은허의 갑골문에는 사냥에 관한 복사가 상당한 비중을 차지한다. 진위담의 통계에 의하면, 지금까지 출토된 10여 만 편의 갑골 중, 사냥과 관련된 복사가 약 4천5백 편이며, 해독 가능하고 연구 자료로 쓸 수 있는 완전한 것이 약 3천5백 편이며, 중요하며 글자가 분명하고 명확한 것이 약 5백 편, 사냥 다닌 곳은 276곳에 이른다고 했다.[338] 그래서 수렵 지역에 대한 연구는 줄곧 갑골학 연구자들의 주목을 받아왔다.

---

335) 郭沫若, 『『卜辭通纂』의 「序」 및 수렵류에 관한 고석』, 科學出版社, 1983; 陳夢家, 『殷虛卜辭綜述』의 제8장 "方國地理", 科學出版社, 1956; 李學勤, 『殷代地理簡論』(科學出版社, 1959)의 "商西獵區", "征人方路程", "殷代多方"의 3개 장에서 3가지 측면에서의 地名을 연구했다; 島邦男, 『殷墟卜辭研究』에 "殷代地域", "方國"의 2개 장이 있다; 松丸道雄, 「關于殷墟卜辭中的田獵地」에서 수렵지역의 地名을 고찰했다. 『東洋文化研究紀要』 第33冊, 1963; 陳煒湛, 『甲骨文田獵刻辭研究』, 廣西教育出版社, 1994, 38~69면.

336) 鍾柏生, 『殷商卜辭地理論叢』, 藝文印書館, 1989, 2~11면.

337) 鄭杰祥, 『商代地理概論』, 中州古籍出版社, 1994.

338) 陳煒湛, "甲骨文各期田獵地名表", 『甲骨文田獵刻辭研究』, 廣西教育出版社, 1995, 40~59면.

상나라 왕의 사냥터에 대한 백 년 동안의 연구는 크게 두 가지 견해로 요약된다. 하나는 상나라 왕이 고정된 사냥터를 가졌다는 것으로, "사냥 구역田獵區" 설이 바로 이것이다. 다른 하나는 고정된 사냥터가 없었으며, 사냥터는 상나라 왕국의 각 지역에 산재되어 있었다는 것인데, 이는 "분산설分散說"이라 부를 수 있을 것이다.

"사냥 구역"설을 지지하는 학자들 사이에는 사냥 구역의 지리적 위치에 대해 서로 다른 주장이 존재하는데, 다음의 몇 가지로 귀납 가능하다.

첫째, 곽말약의 심양沁陽 수렵구 설.

곽말약은 가장 먼저 수렵 복사에 주목했고, 사냥터에 고정된 구역이 있었다는 설을 주장했다. 그는 『복사통찬』「서」에서 "제을도 사냥을 좋아했는데, 그 사냥 지역은 대부분 지금의 하남성 심양沁陽 부근에 있었다"고 했다. 『복사통찬』「서」에서 그는 지명의 지리적 위치를 고증할 때 복사 계련법을 제창했으며, 그 방법에 근거해 악噩·의衣·우盂·유潍라는 4개의 사냥터가 "서로 근접했음"을 발견했다. 그는 우盂가 하내河內군의 야왕野王현 서북쪽의 우성邘城에, 유潍는 하내군 산양山陽현에 위치했다는 왕국유의 견해를 받아들였고, 다시 악噩은 바로 악후국鄂侯國으로 우盂와 근접한 위치에 있었으며, 의衣는 바로 은殷으로 위치는 온현溫縣의 은성殷城에 있었음을 고증했다. 이 네 지역은 모두 지금의 심양沁陽현 지역에 위치했다.

진몽가는 곽말약이 고증한 사냥터의 위치에 대해 찬동하였으며, 곽말약에 제창한 복사 계련법을 이용해 심양의 수렵지에서 상나라 왕이 사냥했던 지명을 25개로 확대시켰다. 그는 또 은성殷城을 갑골문에서 말하는 "대상읍大邑商"이라고 했다. "심양 수렵구沁陽田獵區"라는 명칭은 바로 그에 의해 제시된 것으로, "심양의 수렵구"의 범위는 "심양을 중심으로 하여, 서쪽으로는 원곡垣曲현 동쪽의 소원邵源진을 넘지 않고, 동쪽으로는 무원源武까지 이르렀으며, 북쪽 경계는 획가獲嘉·수무修武·제원濟源을, 남쪽은 대하大河를 경계로 삼았다. 이는 태행산太行山의 심수沁水와 황하黃

河 사이의 동서 5백 킬로미터, 남북 50킬로미터에 이르는 규모로, 지점은 산록과 소택 사이에 위치했다"고 했다.[339)]

이학근은 "심양 수렵구"를 "상나라 서쪽 수렵구商西獵區"라는 이름으로 바꾸었다. 그는 복사에서의 "상滴"수水가 바로 오늘날의 심수沁水임을 고증했으며, "의衣"는 지명이 아니라 부사로 "함께同"나 "합쳐서合"의 의미에 상당한다고 했다. 그는 심수沁水를 경계로 삼아, 동서로 이르는 "상나라 서쪽 수렵구"는 다시 4개의 지역으로 나눌 수 있으며, 각 지역에서 가장 대표적인 하나의 지명을 그 지역의 이름으로 삼아 각기 범凡지구(심수 동쪽 지역으로, 5개 지명)・돈敦지구(심수 서쪽 지역의 가장 동쪽, 13개 지명을 포함. 우盂지구 돈敦구역 서쪽 지역으로, 23개의 지명을 포함)・소邵지구(우盂지구의 서쪽 지역으로, 15개의 지명을 포함)라 부를 수 있다고 했다. "상나라 서쪽 수렵구"의 범위는 "동쪽은 지금의 하남성 휘輝현으로부터 시작해, 서쪽으로는 산서성 서남쪽 및 그 이서 지역, 태행산 이남, 황하의 이북에 이른다"고 했다.[340)] 이는 진몽가가 말한 범위에 비해 동・서 양 쪽에서 모두 확장되었다.

둘째, 동작빈의 태산泰山・몽산蒙山 지구 설.

동작빈도 상나라 왕이 고정된 수렵 구역을 갖고 있다는 설에 찬동했으며, 은나라 사람들에게는 "동쪽 지역에 '수렵구역'이 있었는데, 무정 때부터 제신 때까지 역대 왕들이 수렵 때 반드시 찾았던 곳이었다"고 했다. 동작빈은 33개의 수렵 지명을 고증해 내었는데, "그 범위는 5백 리 내외를 넘지 않으며", 지리적 위치는 "모두 대읍상大邑商의 부근, 특히 상의 동쪽 및 동북・동남쪽이 많았다. 방위를 보면 태산泰山과 몽산蒙山의 서쪽이며, 남으로는 회淮에, 북으로는 제濟에 이르는 지역이라고 했다.[341)] 동작빈은 자신이 불렀던 상商과 대읍상大邑商은 같은 지역으로 지금의 하남성

339) 陳夢家, 『殷虛卜辭綜述』, 科學出版社, 1956, 259~262면.
340) 李學勤, 『殷代地理簡論』, 科學出版社, 1959, 1~36면.
341) 董作賓, 『殷曆譜』 下篇 卷9, 中央硏究院歷史語言硏究所專刊, 1945, 62면.

상구商丘라고 생각했다. 장병권도 동작빈의 학설에 찬동하여 "수렵 구역의 방위는 분명 동작빈 선생의 학설이 비교적 믿을 만하다"고 했다.342)

셋째, 송환도웅松丸道雄의 왕도王都 주위 설.

1963년 송환도웅은 「은허복사의 사냥터에 관하여關于殷墟卜辭中的田獵地」라는 장편의 논문을 발표했는데, 사냥 구역에 대한 제가들의 학설에 대해 평가하면서, 모두 잘못과 모순을 갖고 있어 믿을 수 없다고 했다. 그는 무을부터 제신에 이르는 4명의 왕이 재위했던 백 년간, 10일(10간지 일) 중 고정된 두세 가지 간지일을 선택해 연속으로 수렵을 했으며, 이 시기의 수렵복사에서는 항상 "오가는데 재앙이 없겠습니까?往來亡灾"라는 표현을 사용하고 있다. "오가다往來"는 것은 당일에 이루어진 일을 말한다. 그래서 상나라 왕의 수렵은 분명히 상나라 왕이 상주하던 중심점을 출발해 반나절 이내의 반경 내에 있어야만 한다. 당시는 기마가 교통도구로 이용되지도 않았고, 상나라 왕은 수레를 탈 수 있었지만 뒤따르는 사람들은 도보로 걸어야만 했다. 그래서 하루에 왕복할 수 있는 거리는 멀어도 15~20킬로미터를 넘지 않는다. 송환도웅에 의하면 상나라 왕이 상주했던 중심점은 왕도, 즉 지금의 안양 은허일 것이며, 상나라 왕의 수렵 구역 지명의 범위는 은허를 핵심으로 하여 반경 15~20킬로미터 의 구역 내에 있었다고 했다.343)

넷째, 복양濮陽 수렵구 설.

이것은 정걸상이 제기한 것으로, 『상대 지리 개론』의 "상나라 왕의 주요 사냥 구역商王的主要田獵區"이라는 장에서 60개의 수렵 지명의 지리적 위치를 고증했다. 그는 "심양沁陽 수렵구"설과 "태산泰山·몽산蒙山 수렵구"설의 몇몇 수렵 지명이 위치가 준浚현·활滑현·복양濮陽시 일대에 있음을 고증했다. 예컨대 그는 소召를 고조성古洮城 혹은 도성桃城으로, 지금의 복양濮陽시 동남 백마강白馬崗 일대이며, 膏은 이학근의 해석을 따라

342) 張秉權, 『甲骨文與甲骨學』, 臺北國立編譯館, 1989, 487면.

343) 松丸道雄, 「關于殷墟卜辭中的田獵地」, 『東洋文化研究所紀要』 第31冊, 1963.

척戚으로 고석하고 그 위치는 지금의 복양시 남쪽의 척성촌戚城村이며, 돈敦은 돈구頓丘로 그 위치는 지금의 하남성 준浚현 서북쪽이며, 우盂는 종백생이 염우斂盂를 말한다고 했는데 그 위치는 지금의 복양이고, 악噩은 상桑으로 해석할 수 있으며 위치는 지금의 활滑현 동남의 상촌桑村, 즉 옛날의 명칭인 상간桑間 복상濮上이라고 했다.344) 이렇게 해서 "복양 수렵구" 설이 나오게 되었다.

이에 반해 고정된 수렵구가 없다는 설은 주로 도방남과 종백생에 의해 주장되었다. 도방남에 앞서 일본학자인 임태보가 이 학설을 견지했다. 그는 「귀갑 수골문에 보이는 지명 고龜甲獸骨文所見地名考」(1919)에서 30개의 사냥터를 추정하였는데, 하남성과 하북성의 두 성을 중심으로 하였고, 산동·강소·산서·섬서성 등에 이르는 대단히 광범위한 수렵구역이라고 했다. 1958년 도방남은 『은허복사 연구』를 출판하면서 105개의 복사에 보이는 지명의 위치를 추정했다. 그에 의하면, 갑골문에서의 "자상玆商"은 안양安陽을, 상商·구상丘商·대상大商·중상中商·대읍상大邑商은 지금의 하남성 상구商丘를 말하며, 이를 정점으로 하여 각 지명의 위치를 추정했다. 갑골문에서의 수렵 지명은 대부분 은의 동쪽을 비롯해 동남쪽에 설치되었으며, 서쪽과 남쪽에도 수렵지가 있었는데, 소召가 바로 은의 서쪽에 위치했다고 생각했다. 소召는 상나라 왕의 중요한 수렵지였다.

갑골문에 보이는 수렵 지리의 연구에서 가장 공을 들인 연구자는 종백생이었다. 그는 갑골문에 보이는 수렵 관련 지명 374개를 정리했다. 어떤 지명은 분명 아직 논의의 여지가 있긴 하지만, 지금껏 복사의 수렵 지명을 가장 많이 정리해 낸 사람의 하나임은 분명하다. 게다가 그는 연구방법도 대단히 중시하여, 복사 계련법을 정확하게 이용함으로써 훌륭한 의견을 도출했기 때문에 그의 연구는 주목을 받았다. 그는 136개의 사냥터의 지리적 위치를 고증해 내었는데, 이러한 지명은 3개의 지구로

---

344) 鄭杰祥, 『商代地理概論』, 中州古籍出版社, 1994, 79~156면.

나뉘며, 은의 동쪽 및 동북쪽이 59개, 은의 남쪽 및 동남쪽이 50개, 은의 서쪽이 27개라고 했다. 각각의 지역은 다시 몇 개의 조組로 나뉘며, 그림으로 작성해 두었다. 그의 결론은 "은나라 왕의 수렵 지역은, 북쪽의 경계는 대략 북위 38도, 남쪽은 대략 북위 32도, 동쪽은 대략 동경 119도, 서쪽은 대략 동경 110도의 범위 속에 있었다는 것이다. 그 지역은 지금의 하북·산서성의 남반부, 산동·하남 두 성의 전부, 그리고 강소·안휘성의 북반부에 해당한다." 그의 연구는 기본적으로 도방남의 아이디어를 따라 확대한 것이다. 종백생은 수렵 복사를 연구하면서 이외에도 "다른 지역이지만 이름이 같은異地同名" 갑골복사 지명의 현상에 대해 제시했으며, 복사에 보이는 지명 중 돈敦과 우盂가 그렇다고 했는데, 이러한 의견은 갑골 지리 학자들의 주목을 끌었다.[345)]

진위담은 무정부터 제신에 이르는 250년간 고정된 사냥 구역나 수렵 중심이 있었다는 설에 찬동하지 않았다. 그는 276개의 수렵 지명을 체계적으로 정리해 시기구분법에 근거해 시대를 구분해 본 결과, 각 왕의 사냥터의 절대 다수가 서로 다르다는 사실을 발견했다. 무정 및 이후의 각 왕들이 수렵했던 지점은 단지 유斿와 궁宫 두 곳뿐이며, 그곳의 구체적 위치에 대해서는 확정하기가 어렵다고 했다. 그는 "4천여 편의 수렵 각사에서 270여 개의 수렵 지명과 마주치면서, 상나라 때에 소위 고정된 사냥 구역이 있었다는 것에 대해서조차 의심하였으며, 현재 상나라 왕의 수렵구가 당시의 실제 정황에 맞을까 추측하고 가설을 세우고 있다. (…중략…) 말을 하게 되면 사람들의 흥을 시들게 만들겠지만, 사실이 이렇다고 할 수 밖에 없다"고 했다.[346)]

진위담의 결론은 다소 비관적인 일면이 있다. 갑골문의 사냥 구역 및 사냥터의 연구는 각각의 견해가 다르긴 하지만 진위담이 말했던 것처럼 "각각의 설에는 모두 합리적인 부분이 있다." 이후의 연구에서는 어떻게

345) 鍾柏生, 「卜辭中所見殷王田獵地名考」, 『殷商卜辭地理論叢』, 藝文印書館, 1989.
346) 陳煒湛, 『甲骨文田獵刻辭研究』, 廣西教育出版社, 1995, 67면.

여러 학자들의 "합리적인" 성분을 받아들이고, 그 불합리한 주관적 가설과 추론 부분을 제거할 것인가가 문제이다. 연구 방법에서도 다음의 몇 가지에 주의해야만 한다. 하나는 지명에 관련된 글자를 정확하게 고석하는 것이다. 지명에 관련된 문자를 고증 확정한 후 자형과 독음의 통가通假라는 측면에서 신중하게 처리해야 하며, 자의적으로 해석해서는 아니 될 것이다. 단옥재段玉裁의 말처럼 "하나의 소리부가 1만 자의 독음을 표시할 수 있기一聲可諧萬字"347) 때문에, 표준 없이 제멋대로 통가通假하면 넘치고 만다. 두 번째는 고대 지명의 이지동명異地同名 현상에 유의해야 한다. 복사의 지명과 문헌에 기록된 고대 지명을 비교해 확정할 때, 어느 지점으로 낙점할 것인가에 대해서는 전체적인 고려를 해야만 한다. 세 번째는 복사 계련법을 너무 지나치게 운용해서는 아니 된다는 점이다. 이 점에 대해서는 이미 종백생과 진위담이 훌륭한 평론을 한 바 있다. 네 번째는 고고재료 속의 고문자자료의 이용에 주의해야 한다는 점이다. 지하에서 출토된 고문자 자료에 실린 지명이 복사의 지명과 상관되어 있다면, 복사 지명의 위치 확정은 신빙성을 가지게 된다. 이상의 몇 가지에 주의한다면 수렵 지리의 연구는 새로운 돌파와 진전이 이루어질 것이다.

5) 상 왕국의 정치적 지리 구조

상 왕국의 정치 지리적 구조에 대해 진몽가는 왕도, 왕기, 제후 방국의 세 가지 층차로 구분했다. 그는 다음과 같이 표로 제시했다(그림 7).

347) 段玉裁, 『六書音均表』「表一」.

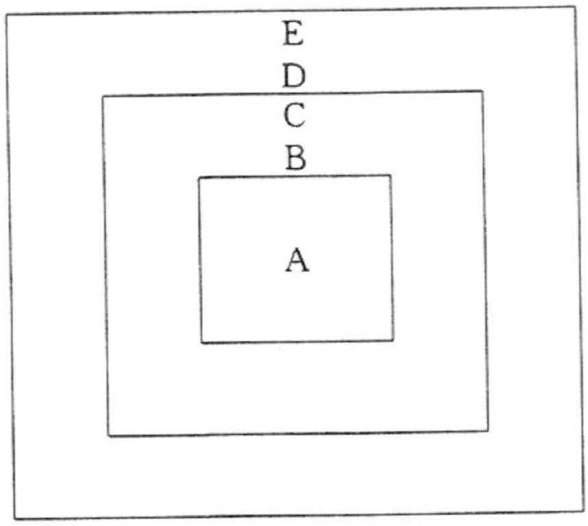

〈그림 7〉

갑골 복사와 서주 문헌에서 각 층차의 명칭은 다음과 같이 대응된다.

	복사의 명칭	서주 때의 기술
A	상商, 대읍大邑	상읍商邑, 천상읍天邑商
B	전奠	
C	사토四土, 사방四方	은국殷國, 은방殷邦, 대방은大邦殷
D	사과四戈	은변殷邊
E	사방四方, 다방多方, 방방邦方	사방四方, 다방多方, 대소방大小邦[348]

첫째 권역은 왕도王都, 두 번째 권역은 왕기王畿, 세 번째 권역은 상 왕조에 귀속된 제후 및 방국方國이다. 권역의 바깥은 상의 적대국 및 미개척 지역일 것이다. 송진호는 읍邑이라는 각도에서 상 왕조의 정치지리 구조를 다음처럼 나누고 세 단계로 표시했다.

왕읍王邑 ┌ 왕기 지역의 읍畿內邑
　　　　 └ 제후 신하에 소속의 읍諸侯臣屬邑 —— 변방 지역의 읍鄙地群邑

348) 陳夢家,『殷虛卜辭綜述』, 科學出版社, 1956, 325면.

왕읍王邑은 왕도王都를 지칭하며, 그 바깥은 왕기王畿이고 그 밖은 제후諸侯이다. 제후의 지리구조는 왕의 나라王國와 같아, 중심의 도읍과 주변의 취락읍聚落邑이 있었다.349)

초량경은 상나라의 행정구획을 다음처럼 5단계로 나누었다.

중앙中央 — 사방四方 — 제후諸侯 — 읍邑

└ 전奠(비鄙 · 전田) — 읍邑 · 전田

위의 그림에서 "읍邑" 이하의 "전奠"은 전甸을 말하며, 읍邑의 지리 구성을 말한다. 『이아』「석지釋地」에서 "읍邑의 밖을 교郊라 한다"고 했는데, 교전郊甸은 바로 성읍城邑 밖의 지역을 말하며, 백성들에게 농사지을 땅으로 제공되었다. "읍邑과 전田"은 작은 취락과 경작지의 관계를 지칭한다.350) 그렇다면 지리적 구조로 볼 때, 사실은 왕도王都(중앙) · 왕기王畿(사방) · 제후諸侯의 3개의 층차로 구성되었을 뿐이다.

왕도의 지리적 위치는 이미 고고학적으로 증명되었다. 지금의 하남성 안양 소둔의 은허가 반경이 천도한 이후 주紂 때 멸망하기까지의 왕도였다. 갑골문에서는 왕도를 "자읍玆邑"이라 불렀는데, 복사에서 이렇게 말했다.

> 원수가 왕도에 재앙을 입히지 않을까요? 洹弗作玆邑禍.
>
> —『합집』 7,859편

"자읍玆邑"의 "자玆"는 지시 대명사이지 다른 특수한 뜻이 있는 것은 아니다. 그래서 "자읍玆邑"을 생략해 다음처럼 "읍邑"이라 부르기도 했다.

---

349) 宋鎭豪, 『夏商社會生活史』, 中國社會科學出版社, 1994, 46면.

350) 肖良瓊, 「商代的都邑邦鄙」, 『全國商史學術討論會論文集』, 1985.

신묘일에 점을 칩니다. '대'가 물어봅니다. 원수가 읍을 크게 위협하지 않을까요? 7월이었다. 辛卯卜, 大, 貞洹弘弗敦邑. 七月.

—『합집』 23,717편

원수洹水의 위치로부터 "자읍兹邑"과 "읍邑"이 모두 상의 왕도를 지칭하며, 지금의 안양 은허임을 확정할 수 있다. 점복자들이 대부분 왕도에 있었고, 왕도는 또 상 왕조의 정치 중심지였기 때문에 주목을 받았다. 그래서 "자읍兹邑"이 왕도를 지칭한다는 것은 옳다.

나진옥과 왕국유 이후, 상의 왕도는 갑골문에서 상商·중상中商·대읍大邑·대읍상大邑商·천읍상天邑商 등으로 불렸다고 했다. 동작빈은 제신이 인방人方을 정벌한 역보를 배열하면서, 상商·대읍大邑·대읍상大邑商은 하남의 상구商丘를 가리킨다고 했다.[351] 진몽가도 상商이 상구商丘를 가리킨다는 동작빈의 설에 동의 했지만, 대읍상大邑商은 심양沁陽을, 천읍상天邑商은 조가朝歌(지금의 기淇현), 중상中商은 안양安陽을 가리킨다고 했다.[352] 도방남은 "자읍兹商"이 안양安陽을 가리키는 것을 제외하면, 나머지 상商·구상丘商·대상大商·중상中商·대읍상大邑商 등은 모두 상구商丘를 가리킨다고 했다.[353] 정걸상은 이와 반대로, 상商·대읍상大邑商·천읍상天邑商은 모두 왕도 즉 지금의 안양이나 조가朝歌를, 중상中商은 안양 부근을 가리킨다고 했다.[354] 종백생은 이 몇 가지 단어들에 대해 시기를 구분 했으며, 5시기 중의 "상商"과 관련된 호칭을 다음의 표처럼 나열했다.[355]

---

351) 董作賓,『殷歷譜』「日譜五」. 또『大陸雜志』第6卷 第1期.
352) 陳夢家,『殷虛卜辭綜述』, 科學出版社, 1956, 255~258면.
353) 島邦男,『殷墟卜辭研究』(中譯本), 臺北鼎文書局, 1975, 360면.
354) 鄭杰祥,『商代地理概論』, 中州古籍出版社, 1996, 4~18면.
355) 鍾柏生,『殷商卜辭地理論叢』, 藝文印書館, 1989, 48면.

〈표 19〉 복사 지명 시기구분 표

시기구분 칭위	제1기	제2기	제3·4기	제5기	지리적 위치
	상商 구상丘商	상商	상商 대읍大邑	상商 대읍상大邑商 천읍상天邑商	지금의 하남성 상구商丘현
	자읍兹邑 중상中商	읍邑	중상中商	상商	지금의 하남성 안양현 소둔의 은허

갑골문에서 상商은 좁은 의미와 넓은 의미의 두 가지를 갖고 있다. 좁은 의미로는 어떤 한 지역을 지칭하는데, 복사에 "상에서在商"(『합집』 36,501편), "상으로부터自商"(『합집』 24,228편)라는 말이 있고, 인명으로 쓰인 "'상'을 불러 '역'을 취하게 할까요? 呼商取逆"(『합집』 7,058편), "자상子商"(『합집』 371편 앞면), "후상侯商"(『둔남』 1,059편) 등이 있는데, 이는 사람과 지명이 같은 이름으로 된 현상이다. 넓은 의미로서의 "상商"은 상나라의 왕기王畿를 지칭하는데, 『합집』 20,650편은 상商과 중상中商에 대한 대정對貞으로 그 내용은 다음과 같다.

> 정축일에 점을 칩니다. 물어봅니다. '상'에 풍년이 들겠습니까? 丁丑卜, 貞商受年.
>
> 풍년이 들지 않겠습니까? 弗受有年.
>
> 무신일에 점을 칩니다. 왕께서 물어봅니다. '중상'에 풍년이 들겠습니까? 7월이었다. 戊申卜, 王, 貞受中商年. 七月.

도방남은 이 갑골편을 해석하면서 "중상中商은 바로 상商이다"고 했다.[356] 왕기는 제후국 속에 위치했기 때문에 상商과 사방四方·사토四土를 대칭적으로 구분해 불렀다.

> 동방·북방·서방·남방·상. 東方·北方·西方·南方·商.

356) 島邦男, 『殷墟卜辭硏究』(中譯本), 臺北鼎文書局, 1975, 360면.

—『둔남』 1,126편

기사일에 왕께서 점을 칩니다. 물어봅니다. [올]해 상나라에 풍년이 들겠습니까? 왕께서 점괘를 해석해 말했다. '길하리라.' 己巳王卜, 貞[今]歲商受年. 王占曰, 吉.

동쪽 영토에 풍년이 들겠습니까? 東土受年.

남쪽 영토에 풍년이 들겠습니까? 南土受年.

서쪽 영토에 풍년이 들겠습니까? 西土受年.

북쪽 영토에 풍년이 들겠습니까? 北土受年.

—『합집』 36,975편

왕기의 밖은 제후들이 지키긴 했지만, 때로는 다음의 복사처럼 외적의 공격을 받는 등 위험이 존재했다.

'상'에서 방국을 방어하게 할까요? 呼御方于商

임오일에 점을 칩니다. '사'가 물어봅니다. 왕께서 '다𠱠'에게 명하여 [상]에서 방국을 방어하게 할까요? 壬午卜, 𠂤, 貞王令多𠱠御方于[商].

—『합집』 2,045편

□사일에 점을 칩니다. 왕께서 물어봅니다. '중상'에서 방국을 방어하게 할까요? □巳卜, 王, 貞于中商呼御方.

—『합집』 20,453편

이 두 편의 갑골은 무정 후기의 "사조 복사"에 속한다. 만약 상商과 중상中商이 왕도라고 한다면 상나라 왕이 왕도에서 "이민족方"의 공격을 막아낸 것이 되는데, 이는 불가능해 보이며, 𠱠은 "남쪽 영토南土"에 위치해 있었을 것이다.

기미일에 점을 칩니다. 물어봅니다. '다𠱠'가 남쪽 영토에서 불행한 일이 없겠습니까? 己未卜, 貞多𠚤亡禍在南土.

—『합집』 20,576편 앞면

갑골문에서의 "방方"은 어떤 특정한 "나라方"라는 적국을 지칭한 것은 아니며, 나라 밖의 적국에 대한 통칭인데, 후侯·백伯·자子·부婦가 통칭으로 쓰인 것과 같다. 『합집』 20,450편의 "'다𠚤'에게 명하여令多𠚤" "방어御"하게 했던 "방方"은 적국이 상나라의 남부 변경 지역을 침입한 것을 말했지 왕도를 보위한 것을 말한 것은 아니다. 그래서 넓은 의미의 상商 및 중상中商은 상나라 왕국의 왕기를 말한다.

상 왕조의 왕기를 고대 문헌에서 "내內"라 불렀고, 제후국은 이와 대응해 "외外"라 불렀다. 그래서 왕조의 직관을 "내복內服", 제후의 우두머리를 "외복外服"이라 불렀다. 『상서』「주고酒誥」에서는 상나라의 제도를 언급하면서 "무릇 내복外服에는 후侯·전甸·남男·위방백衛邦伯이, 내복內服에는 백료百僚·사윤庶尹·유아惟亞·유복惟服·종공宗工 등이 있다"고 했으며, 「대우정大盂鼎」전우정全盂鼎의 명문에서는 "은변후전과 은정백벽殷邊侯田(甸)雩(與)殷正百辟"이라고 했다.

이학근에 의하면, 왕기의 범위는 서쪽의 남쪽 경계가 심수沁水이고, 서쪽 경계의 북쪽 끝은 대략 태행산이었으며, 남쪽 경계는 바로 송宋으로 지금의 상구商丘 이북이며, 동쪽 경계는 곡부曲阜 이서 지역이고, 북쪽 경계는 확정할 수 없다고 했다.357)

상나라 왕국의 왕도·왕기·제후국 지역의 지리적 구조는 고대문헌에서 기록했던 세 단계의 기록과 상응하고 있다. 먼저, 『전국책』「위책魏策1」에 기록된 오기吳起가 말한 것은 상나라 후기의 왕도를 비롯해 그 부근 지역을 지칭한 것임에 분명하다.

---

357) 李學勤, 『殷代地理簡論』, 科學出版社, 1959, 95~97면.

은주殷紂의 나라는 좌로는 우문孟門에서 우로는 장부漳釜(부淦)에 이르며, 앞으로는 강을 안고 뒤로는 산이 에워쌌다.

또 고본 『죽서기년』에서는 주紂 때의 왕도의 규모를 이렇게 말했다.

반경이 은으로 천도한 후 주紂가 멸망할 때까지, 273년간 더 이상 수도를 옮기지 않았다. 주紂 때 도읍을 약간 확장했는데, 남쪽으로는 조가朝歌에, 북쪽으로는 한단邯鄲 및 사구沙丘에 이르렀으며, 모두 이궁離宮과 별관別館들이 설치되었다.

그리고 서한 때의 가연지賈捐之가 말한 무정 때의 강역은 바로 왕기의 범위를 말한 것이다. 『한서』「가연지賈捐之전」에서 이렇게 말했다.

무정과 성왕成王은 은나라와 주나라의 위대한 성인이다. 그러나 그 땅은 동쪽으로는 강황江黃에 이르지 않았고, 서쪽으로는 저강氐羌을, 남쪽으로는 형만荊蠻을, 북쪽으로는 삭방朔方을 넘지 않았다.

가연지가 지칭한 지리적 범위는 대체로 지금의 산동성 서부 이서 지역, 섬서 감숙성 이동 지역, 하북성 중부 이남 지역, 호북성 북부 이북 지역을 말한다. 이 지역에서 최근 수십 년 동안 고고 발굴에서 출토된 상나라 때의 문물로 볼 때 모두 전형적인 상나라 문화 즉 중원형中原型 상나라 문화의 분포 지역이다.[358] 이러한 범위를 제외하면, 제후와 방국에 귀속된 지역이 된다. 『회남자』「진족훈秦族訓」의 기록은 바로 이들을 가리킨다.

358) 楊升南, 『商代經濟史』, 貴州人民出版社, 1992, 15~22면.

> 주紂의 땅은 좌로는 동해東海에, 우로는 유사流沙에, 앞으로는 교지交趾에, 뒤로는 유도幽都에 이르렀다.

여기서 말한 "좌"와 "뒤"에서 언급한 지역에서 출토된 고고 문물이 이미 여러 사람의 주목을 받은 바 있고, "우"와 "앞"에서 언급한 부분도 근거가 없는 것이 아니다. 안양의 은허와 강서성 신간新干 대양주大洋洲의 상나라 때 무덤에서 출토된 옥기는 감정을 거친 결과 많은 부분이 신강의 화전和闐에서 온 옥이었다.[359] 고대 옥 전문가인 양백달에 의하면 매우 이른 시기부터 중원中原과 신강의 서추西陲 사이에는 "옥석玉石 로드"가 존재했다고 한다.[360] 아연 동위원소의 측정에 의하면, 은허에서 출토된 청동기의 동銅 재료는 운남성 동북부의 영선永善·소통昭通·교가巧家 등의 동광산에서 왔다.[361] 최근 홍콩의 남쪽 Y도島의 대만大灣 유적지에서 옥으로 만든 상아 도장玉牙璋이 출토되었는데, 그 형태가 낙양의 이리두二里頭 및 섬서 신목神木과 사천 광한廣漢의 삼성퇴三星堆에서 출토된 상아 도장과 매우 흡사했으며, 대만大灣 유적지에서 출토된 채색 토기와 호북성 대계大溪 문화 유적지에서 나온 유물과 유사했다.[362] 고고 발굴에서 출토된 상나라 때의 청동기를 고찰해 보면, "북으로는 내몽골, 동으로는 산동성, 서로는 섬서와 감숙성 일대, 남으로는 광서성에 이르는 지역의 기물은 모두 상문화의 특징을 갖고 있다".[363] 이는 『회남자』에서 말했던 지역과 기본적으로 일치한다. 요종이는 상나라 때의 지명을 고증할 때 "세 가지의 병폐를 버려야 한다"고 했는데, 첫째 병폐가 바로 "은의 강토가 황하 유역

359) 曲石,「關于我國古代玉器材料問題」,『文物』, 1987年 第4期; 江西省文物研究所 等,「江西新干大洋洲商墓發掘簡報」,『文物』, 1991年 第10期.

360) 楊伯達,「中國古代玉器概述」,『中國玉器全集』「原始社會卷」, 河北美術出版社, 1992.

361) 金正耀,「晚商中原青銅的礦料來源研究」,『科學史論集』, 中國科技大學出版社, 1987; 金正耀,「晚商中原青銅的礦料來源」,『第三屆國際中國科學史討論會論文集』, 科學出版社, 1990; 李曉岑,「商代中原青銅礦料來源的再研究」,『自然科學史研究』第12卷 第3期, 1993.

362) 饒宗頤(李學勤 著),「序」,『比較考古學隨筆』, 廣西師範大學出版社, 1997.

363) 李學勤,「引言」,『比較考古學隨筆』, 廣西師範大學出版社, 1997.

에 한정되었을 것이라 생각하는 것이다. 왕정안王靜安의 지명 고증은 황하의 남북에 한정되었는데, 근년에 들어 사천과 강서성의 각지에서 은나라의 기물이 지속적으로 출토됨으로써, 정인 훈訓이 점복했던 '촉에 이르다至蜀'는 언급이 사천의 촉蜀을 말하는 것임을 알게 되었다."[364] 이러한 고고 발견은 상나라의 강역의 범위를 인식할 때 과거의 한계를 과감하게 벗어나야 함을 증명해 주었다. 이러한 방면에서의 연구는 앞으로도 진일보된 노력이 이루어져야 할 것이며, 아직 많은 작업이 이루어져야만 할 것이다. 그래서 "은대 지리의 논의는 현재 아직 걸음마 단계에 놓여 있다"[365]고 한 요종이의 지적은 결코 빈 말이 아니다.

9. 공납貢納 제도

문헌기록에 의하면 탕湯이 하나라를 멸망시키고 상 왕조를 세웠을 때 상 왕조에 대한 제후들의 공납제도가 규정되었다고 한다. 『일주서』「왕회해王會解」의 뒤에 붙은 『상서』「이윤조헌伊尹朝獻」편에서는 탕湯이 이윤伊尹에게 명하여 제후들의 공납제도를 만들게 한 것과 이윤이 제정한 「사방[헌]령四方[獻]令」이 실려 있는데 그 내용은 다음과 같다.

> 탕湯이 이윤伊尹에게 물었다. 제후들이 와서 알현을 하는데, 어떤 제후는 말이나 소가 생산되지 않아 먼데서 일부러 가져온 것을 바치기도 하는데, 이는 현실과 배치되어 이롭지 않다. 그런 즉 지금 나는 그 지세에 따라 헌상하도록 할

364) 饒宗頤, 「前言」, 『甲骨地名通檢』, 香港 中文大學出版社, 1994.
365) 饒宗頤, 「殷代西北西南地理研究的定點」, 『第三屆國際中國古文字學研討會論文集』, 香港中文大學, 1997.10, 7면.

> 것이며, 필시 쉽게 구할 수 있고 비싸지 않은 것으로 하고자 하는 바, 이를 사방의 제후들에게 영으로 내리기를 바란다.
>
> 이윤이 영을 받들었고, 그리하여 「사방[헌]령」을 만들었다.

이윤은 「사방[헌]령」에서 동서남북 사방의 제후국에서 바쳐야 할 공물을 이렇게 규정했다. 정 동쪽의 부류국符類國 등에서는 "물고기 껍질로 만든 칼집魚皮鞞·오즉으로 만든 장鯸鰂之醬·교순鮫獻·예리한 검利劍을 헌상하고", 정 남쪽의 구등국甌鄧國 등에서는 "주궤珠玑·대모瑇瑁·상아象齒·무늬 코뿔소文犀·물총새 깃翠羽·균학菌鶴·키 작은 개短狗를 헌상하고", 정 서쪽의 황륜幌侖·구국狗國 등에서는 "단청丹青·백모白旄·비계紕罽·강력江歷·용각龍角·신귀神龜를 헌상하며", 정 북쪽의 사동空同·대하국大夏國 등에서는 "낙타橐駝·백옥白玉·야생말野馬·도도騊駼·사제駃騠·양궁良弓을 헌상한다." 『시』「상송」「은무殷武」에서는 성탕成湯의 건국을 찬양하면서 "옛날 성탕成湯 때에는 저 저강氐羌부터 시작해서 제사드리러 오지 않는 자가 없었고, 와서 공물을 바치지 않는 자가 없었다네"라고 했다. "내향來享"과 "내왕來王"은 바로 조정으로 찾아와 상나라 왕에게 공납함을 말한다. 「현조玄鳥」라는 시에서도 무정 때 제후들이 조공을 바치는 성황을 기술하면서 "용 깃발이 열 수레, 큰 복이 이어졌네龍旂十乘, 大禧是承", "사해에서 모두 찾아와, 축복하고 축복 드리네四海來假, 來假祁祁"라고 했다. 『순자』「해폐解蔽」편에서는 탕湯이 이윤을 등용해 하나라를 멸망시키면서 "아홉 가지를 받았고受九有" "먼 곳에서도 진귀한 것을 바치지 않는 자가 없었다"고 했다. 황보밀皇甫謐의 『제왕세기帝王世紀』에서는 더더욱 탕이 하나라를 멸망시키기 전 제후들이 걸桀에게 등을 돌리고 탕湯에게 귀의했으며, "같은 날 공물을 바친 나라가 5백이나 되었다同日職貢者五百國"고 했다. 이러한 기록들은 상나라 때에 공납제도가 확실히 존재했음을 보여준다. 은허 갑골문이 발견된 이후, 학자들의 연구를 통해 문헌 기록이 믿을 수 있음이 증명되었다.

갑골문에는 대량의 공납활동이 기록되어 있는데, 학자들은 공납 용어, 공납물의 종류, 공납자의 지역 등의 측면으로부터 상나라 때의 공납제도의 구체적인 정황을 밝혀내었다.

1) 공납에 관한 용어

갑골문에 기록된 공납 용어로는 저氏(치致)·공共(공供)·입入·견見(헌獻)·등登·취取·[illegible]·개匃·래來·지至 등 10가지가 있다. 호후선은 「무정 때의 5종 기사각사에 대한 고찰武丁時五種記事刻辭考」에서 타동사로 쓰인 "입入"·"래來"·"저氏(치致)"가 모두 공납 용어임을 밝혔다. 그는 이렇게 말했다. "귀갑각사에서 '모입약간某入若干', '모래약간某來若干', '모저약간某氏若干'이라고 한 것은 어떤 나라 혹은 어떤 사람이 어떤 물건을 보내온 것을 말한 것이 분명하다." 갑교甲橋 부분에 새겨진 이 세 가지 동사는 어떤 나라 혹은 어떤 사람이 왕실에 거북을 공납으로 바친 것을, 뒷면의 숫자는 공납으로 바쳐진 거북의 수량을 말한다.366)

공共(공供)자와 견見(헌獻)자는 왕실에 납공을 바친 행위라는 것이 비교적 명백하다. "점을 칩니다. '오'를 불러 소를 바치게 할까요? 貞呼吳共(供)牛"(『합집』 8,937편), "□술일에 점을 칩니다. 물어봅니다. '필'이 소 1백 마리를 바쳤는데 '상시'부터 시작되는 제사에 사용할까요? □戌卜, 貞畢見(獻)百牛幾用自上示"(『합집』 102편) 등에서 오吳와 필畢이 왕실에 소를 바쳤다. "등登"에는 올리다登進·진헌하다進獻 등의 뜻이 있다. 『예기』「월령月令」에서 "농사가 이루어지면 보리를 올린다農乃登麥"고 했는데, 주석에서 "등登은 드리다進는 뜻이다"라고 했다. 갑골문의 등登은 두豆와 공廾으로 구성되어, 제기豆를 두 손으로 받들어廾 진헌하는 모습이다. 명사의 앞에 놓이면 이러

366) 胡厚宣, 『甲骨學商史論叢』 初集 第3冊, 1944.

한 물건을 진헌하다는 뜻인데, "양 3백 마리를 올렸다登羊三百"(『합집』 8,959편)는 것은 왕실에 양 3백 마리를 공납으로 바쳤다는 뜻이다. "취取" 자는 윗사람이 아랫사람에게 물건을 빼앗는 것을 말할 때 쓰이는데, 『한시외전韓詩外傳』 5에서 "임금이 신하에게서 빼앗는 것을 취取라고 한다"고 했으며, 『의례』 「향음주鄕飮酒」에서 "빈賓이 취하라取고 말했다"는 언급이 있는데, 소疏에서 "높은 자가 낮은 자의 물건을 가지는 것을 취取라 한다"고 했다. 갑골 복사에는 각종 물품을 불러 빼앗았다는 말이 보인다. 예컨대 "물어봅니다. 소를 가져오게 할까요? 貞呼取隹牛"(『동경』 273편), "물어봅니다. 말을 가져오게 할까요? 貞呼取馬"(『합집』 8,814편), "물어봅니다. 양을 가져오게 할까요? 貞呼取羊"(『합집』 8,813편 뒷면) 등이 그렇다.

□·개匄·걸乞·지至도 공납 용어이다. 갑골문에는 "소를 바치다□牛"(『합집』 9,041편)·"양을 바치다□羊"(『합집』 40,186편) 등의 용어가 보인다. 무정 때에는 사람 몇 명을 "바쳐□" 적국을 정벌하기도 했는데, "사람 3천 명을 불러 공[방]을 감시하게 할까요? □人三千呼望□[方]"(『합집』 6,185편)·"사람 3천 명을 바치게 해 …… 을 정벌할까요? □三千人伐 ……"(『합집』 7,345편) 등이 그러하다. 이는 자주 보이는 "등인登人"이나 "공인供人" 등이 적국을 정벌하는 것과 관계된 용어와 마찬가지로, "□"에도 올리다登·제공하다供 등의 뜻이 들어 있다.[367] 개匄자는 갑골문에서 망亡과 인人으로 구성되었는데, 『설문』에서 "빌다乞는 뜻이다. 록안逯安에 의하면 망亡과 인人의 결합이 개匄이다"라고 했다. 주준성朱駿聲의 『설문통훈정성說文通訓定聲』에서는 "당연히 구하다求로 풀이해야 한다. 망亡과 인人이 합쳐진 것으로, 도망亡한 사람人으로, 타향에서 구걸하다는 뜻이다"고 했다. 『옥편』에서도 "개匄는 빌다乞, 취하다取는 뜻이다"고 했으며, 『집운』에서는 "개匄는 구하다求는 뜻이다"라고 했다. 그렇다면 개匄에는 구하여 취하다求取는 뜻이 들어 있다. 갑골문에 보이는 "개마匄馬"(『합집』 21,007편)는 '말을 구하여 취하

367) 이 글자는 복사에서 동사와 명사의 두 가지 용법이 있는데, 동사로 쓰일 때에는 자주 보이는 供·登과 同例로서 貢獻하다는 뜻으로 보아야 한다.

다'는 뜻이다. 갑골문에서 걸乞자는 중간이 짧은 가로획이고 상하가 긴 가로획으로 세 개의 가로획으로 이루어졌는데, 그 뜻은 구하여 취하다求取이다. 『광아廣雅』「석고釋詁3」에서 "걸乞은 구하다求는 뜻이다"고 했다. 복사에서의 "주에게 명령을 내려 소를 구하게 할까요? 令周乞牛"(『합집』 4,884편)는 상나라 왕이 주周로 하여금 가서 소를 가져오게 하다는 뜻, 즉 공물을 징수하다는 뜻이다. 골구骨臼 각사에 자주 보이는 "약간의 소 어깻죽지뼈를 구했다 乞若干屯"에서의 "둔屯"은 소의 어깻죽지 뼈牛肩胛骨를 말한다.368) "지至"와 "래來"는 의미가 비슷하여, 도달하다到達는 뜻이다. 복사에서 "물어 봅니다. 소 백 마리가 오게 할까요? 貞百牛至"(『합집』 9,214편), "물어봅니다. 올해 13월에 '지멱'으로 하여금 경쇠 10개를 갖고 들여오게 할까요? 貞今十三月沚戠[至]十石"(『합집』 39,680편, 『영국 소장』 126편)에서의 "석石"은 경쇠磬를 말한다. 부호婦好 묘에서 옥으로 만든 경쇠 1점이 발견되었고, 그 위에 "임죽이 경쇠를 보내왔다 妊竹入石"는 글이 씌어져 있었는데,369) "석石"이라 불렀지만 사실은 경쇠磬를 말한다.

위에서 말한 공납과 관련된 10개의 용어는 서로 간에 의미의 사용에 있어서 구별이 있었을 것이데, 대체로 두 부류로 나눌 수 있다. 하나는 공납자의 각도에서 쓰인 용어로, 치致・공供・견見(헌獻)・입入・등登이 이에 속하며, 다른 하나는 왕실의 각도에서 공물을 받거나 징수하는 데 쓰인 용어로, 취取・[illegible]・개匃・래來・지至 등이 이에 속한다.370) 공물의 헌납은 왕국에 경제적인 의미를 가질 뿐 아니라 제후와 방국方國에는 정치적으로 신하로 복속함臣屬을 의미한다. 그래서 상나라 초기, 나라를 세웠을 때 성탕은 바로 이윤에게 「사방[헌]령」을 만들어 복속국이 헌납해야 할 특산품을 규정하게 했던 것이다. 고의로 혹은 주동적으로 헌납하지

368) 胡厚宣, 「武丁時期五種記事刻辭考」, 『甲考學商史論叢』 初集 第3冊, 1944.

369) 中國社會科學院考古研究所, 『殷墟婦好墓』, 文物出版社, 1980, 199・136면 그림, 75.1.

370) 楊升南, 『商代經濟史』, 貴州人民出版社, 1992, 625면. 또 「卜辭所見諸侯對商王室的臣屬關係」, 『甲骨文與殷商史』 第1輯, 上海古籍出版社, 1983.

않는다는 것은 명령의 위반이며, 명령을 위반하면 정벌을 받게 된다. 그래서 『시』「상송」「은무殷武」에서는 스스로를 뽐내면서 "저 저강氐羌으로부터 와서 감히 제사지내지 않는 자가 없었고, 와서 감히 공물을 바치지 않는 자가 없었네"라고 했던 것이며, "감히 …… 하지 않는 자가 없었다"를 두 번이나 쓴 것은 그 속의 의미를 그대로 내비친 것이리라.

2) 공납물의 종류

공납물 중에서도 호후선이 가장 먼저 주목한 것은 점에 쓸 거북의 내원이었다. 「은대 점복용 거북의 내원殷代卜龜之來源」이라는 글에서 거북은 대부분 남방에서 생산되었으며, 거북딱지의 내원을 기록한 갑교甲橋・갑미甲尾・등딱지背甲 등의 여러 각사에서는 "어떤 사람某人"이 "어떤 곳에서 들여왔다 某來"는 내용이 여러 차례 기록되었는데, "은대의 점복용 거북이 대부분 남방과 서방에서 공물로 들여온 것임을 말해준다"고 했다. 호후선은 당시에 볼 수 있었던 자료에 근거해 "거북의 공납이 총 4백91차례에 총 1,234판을 보내왔다"고 했다.[371] 점에 쓸 거북의 내원에 관해 논의하면서, 그는 또 갑골문에서 공납으로 보낸 말・소・코끼리・강羌족 등에 대해서도 언급했다. 왕귀민은 갑골문에 보이는 공물의 종류를 다음과 같은 7가지로 귀납했다.

첫째, 짐승: 말馬・양羊・소牛・개犬・돼지豕.

둘째, 들짐승: 사슴鹿・새끼사슴麑・무소兕・코끼리象・특이한 동물異獸.

셋째, 뼈骨・상아牙・옥석玉石.

넷째, 곡물: 기장黍・벼禾秉.

---

371) 胡厚宣, 『甲骨學商史論叢』 初集 第4冊, 1944.

다섯째, 재물: "저貯" · "저寧" 및 개별 직조품.

여섯째, 대종을 이룬 복갑卜甲 · 복골卜骨.

일곱째, 사람: 노예奴隸, 강인羌人, 어떤 나라 사람某方人, 여자 노예女奴 등.372)

왕귀민이 개괄한 7가지의 공납물은 대체로 갑골문에 반영된 정황을 모두 포함하고 있다. 하지만 부류별과 종류에서는 완전한 모습은 아니다. 갑골문에 보이는 공납은 실제 다음과 같은 8가지로 나눌 수 있으며, 각 부류마다 몇 가지 물품들이 포함된다.

(1) 노예

왕귀민이 지칭한 "사람人身"으로, 그 명칭에는 여러 가지가 있다. 첫째, 추芻이다. 『합집』 93편에서 "곧바로 목축 노동자 506명을 데려오게 할까요? 卽致芻其五百隹六"라고 했는데, 이는 한꺼번에 노예인 추芻를 506명이나 데려왔다는 내용이다. 추芻는 또 "강추羌芻"라 부르기도 했는데, 한 번에 50명을 데려 온 경우도 보이는데, 『합집』 94편의 "을묘일에 정말로 '광'에서부터 왔는데, 강추 50명을 데려 오게 하였다 乙卯允又來自光, 致羌芻五十"는 것이 그것이다. 둘째, 강羌이다. 강羌의 경우 50명을 데려오게 해야 하는지를 물은 것이 있는데, 『합집』 226편의 "龟가 강족 50명을 보내오지 않을까요? 龟不其來五十羌"가 그것이며, 10명의 강羌을 데려 오게 한 것도 있다(『합집』 257편). 어떤 경우에는 몇 명의 강羌을 공납으로 들일 것인가를 말하지 않고 단지 강羌을 공납했다는 말로만 기록한 것도 있는데 이런 경우는 예시할 수 없을 정도로 많다. 셋째, 복僕(구寇 · 재宰 · 예隸 등으로 해독하기도 한다)이다. 예컨대 『합집』 552편의 "'목'을 불러 노예를 보내게 하지 말까요? 勿呼沐致僕", 『합집』 554편의 "견이 노예를 보내올까요? 犬致

372) 王貴民, 「試論貢 · 賦 · 稅的早期歷程－先秦時期貢賦稅源流考」, 『中國經濟史研究』, 1988年 第1期.

僕" 등이 예이다. 복僕의 공납은 숫자로 계산된 경우가 보이지 않는다. 넷째, 신臣이다. 『합집』 635편 뒷면의 "신을 바치게 할까요? 供奠臣", 『합집』 5,566편의 "왕의 '신'을 제공하게 할까요? 供王臣" 등의 예이다. 다섯째, 여女인데, 『합집』 536편의 "'여'와 '자'를 보내오게 할까요? 呼取奠女子", 『합집』 675편의 "수에게 많은 '여'를 제공하게 할까요? 令須供多女" 등이다. 여섯째, 첩妾으로, 『합집』 65편의 "태첩을 취해 오게 할까요? 取汰妾"과 같다. 일곱째, 둔屯으로, 『합집』 824편의 "'필'이 노예를 보내왔는데, 목을 자를까요? 畢來屯, 戠." 여기서의 "둔屯"은 사람이지 소의 어깻죽지 뼈가 아니다. 복사에 "후둔侯屯"(『합집』 32,187편)이 보이고, 해戠는 목을 자르다는 뜻인데, 모두 사람에게 쓰인 용어이다.

(2) 짐승

공물로 바친 짐승에는 다음의 것들이 있다. 첫째, 소牛로, 가장 많은 경우에는 한번에 400마리를 보냈고(『합집』 8,965편), 그 다음은 100마리(『합집』 93편 뒷면, 102 · 8,966 · 9,041편) · 50마리(『합집』 8,967 · 8,968 · 6,000편) 등이다. 수량이 표시되지 않은 치致 · 공貢 등도 자주 보인다. 둘째, 양羊으로, 가장 많은 경우에는 한번에 "양 300마리를 올렸다 登羊三百"(『합집』 8,959편)이다. 셋째, 말馬로, 가장 많은 경우는 한번에 30필을 보내와 이로써 강족 노예를 잡도록 한 경우이다(『합집』 500편). 말의 공납에서 특별히 주의해야 할 것은 백마白馬의 공납인데, 복사에서 "물어봅니다. 해가 백마 5마리를 보내오겠습니까? 貞奚來白馬五"(『합집』 9,177편)라고 했다. 넷째, 돼지豕인데, 시豕는 저猪를 말한다. 복사에서 돼지를 공납으로 보낸 숫자가 가장 적으며, 단 한 번만 나타나며 그것도 2마리에 불과하다(『합집』 11,432편). 다섯째, 개犬인데, 개의 공납 숫자는 비교적 많은데, 복사에는 한번에 200마리까지 보낸 경우도(『합집』 8,979편), 또 한 번은 100마리를 보낸 경우(『합집』 8,980편)도 보인다.

(3) 농산품

농산품은 주로 곡물이며, 구체적 품목으로는 다음의 것들이 보인다. 첫째 『합집』 235편 앞면의 "기장을 올릴까요? 登黍"와 같이 기장黍이다. 또 『화이트』 448편의 "등으로 하여금 검은 기장을 가져오게 할까요? 令登取涅穄"와 같이 제穄도 보인다. 기장黍과 검은 기장穄은 이삭이 흩어지며散穗, 오늘날 북방에서는 서자黍子라 부르며, 껍질을 벗긴 것을 대황미大黃米로 부른다. 찰진 정도에 따라 구분되는데, 찰진 것은 더욱 진귀하다. 갑골문에서 수水가 붙은 서黍는 찰진 기장을 말함이 분명하며, 수水가 붙지 않은 서黍를 따로 제穄라 불렀는데, 파종이 쉬운 품종이다. 둘째, 차조秫이다. 차조秫는 조粟(껍질을 벗겨 내면 소미小米라 부른다)의 일종으로, 오늘날 북방에서는 점곡자粘穀子라 부른다. 복사에 "새로 수확한 차조를 올릴까요? 見(獻)新秫"(『합집』 24,432편 앞면), "차조를 올릴까요? 登秫"(『합집』 34,587편)라는 말이 보인다. 셋째 보리麥이다. 보리麥를 갑골문에서는 달리 래來라 부르기도 했는데, 복사에 "보리를 올릴까요? 登來", "보리를 보내올까요? 致來"(『합집』 914편), "보리를 보내올까요? 以來"(『합집』 28,011편)라는 말이 있는데, "이以"는 "치致"와 같은 뜻이며, 공납 용어이다.

상 왕조의 왕실 군대는 전쟁을 치를 때 국경을 지나거나 도착한 곳에서 그 지역의 제후와 방국에 대해 다음의 복사에서처럼 군량미를 제공할 의무를 부과했다.

> '부'가 우리 군대에게 군량미를 제공하겠습니까? '부'가 우리 군대에게 군량미를 제공하지 않겠습니까? 缶其嗇我旅. 缶不嗇我旅.
>
> —『합집』 1,027편 앞면

부缶는 방국의 이름이며(『합집』 6,860~6,863편에 보임), 색嗇은 가색稼穡이라 할 때의 색穡으로 농작물을 말하는데, 『설문』에서 "색嗇은 수확할 수 있는 곡식을 말한다"고 했다. 위에서 인용한 복사에서의 "색嗇"은 동사로, 부缶가 우리 군대에게 군량미를 제공해 줄 것인지를 물었다.[373] 이 또한 공납 방식의 하나였다.

(4) 들짐승

들짐승은 사냥에서 잡은 것으로, 이 또한 공납품의 일종이었다. 갑골문에서 공납으로 바쳐진 짐승에는 다음의 것들이 있다. 첫째, 코끼리象로, 『합집』 8,984편의 "작이 코끼리를 보내올까요? 雀致象"와 같다. 둘째, 긴팔원숭이猱인데, 원숭이와 유사하며, 『합집』 8,984편의 "작이 긴팔원숭이를 보내올까요? 雀致猱"와 같다. 셋째 사슴鹿으로, 『합집』 40,061편의 "늠이 사슴을 보내올까요? 亩致鹿"와 같다. 넷째 큰사슴麋으로, 『영국 소장』 215편 뒷면의 "큰 사슴을 보내올까요? 見(獻)麋"와 같다. 미麋는 사슴과에 속하는 동물의 일종이다. 다섯째 새끼 사슴麑인데, 『동경』 242편의 "물어봅니다. 새끼 사슴을 보내올까요? 貞見致麑"와 같다. 예麑는 새끼 사슴을 말한다. 여섯째, 외뿔소兕인데, 『합집』 9,172편 앞면의 "화가 외뿔소를 보내올까요? 畵來兕", 『합집』 9,174편의 "외뿔소를 보내오지 않을까요? 弜來兕"와 같다. 시兕는 청색을 띤 들소를 말한다. 일곱째 새隹로, 추隹는 새鳥를 말한다. 사냥 때 대량으로 포획하기도 했는데, 복사에는 상나라 왕이 도梌라는 곳에서 한번에 148마리를 잡은 기록이 있으며(『합집』 37,513편), 공물로 쓴 것은 『합집』 21,225편의 "새를 올릴까요? 登隹"와 같다. 새의 종류는 매우 다양한데, "추隹"는 그에 대한 통칭이다. 여덟째 호랑이虎인데, 『합집』 11,003편의 "'니'로 하여금 목축지 근교에서 호랑이를 보내오도록 할까요? 呼伲取虎于牧鄙"와 같다.

---

373) 鍾柏生, 「卜辭中所見殷代的軍政之一－戰爭啓動的過程及其準備工作」, 『中國文字』, 新14期, 藝文印書館, 1991.5.

(5) 조개貝·옥玉·상아象齒 등과 같은 진귀품

조개貝는 패貝라 부르기도 하고 붕朋이라 부르기도 하는데, 조개를 보내온 것은 "과가 과연 돼지 2마리와 조개 …… 를 보내왔다 戈允來豕二, 貝 ……"(『합집』 11,432편)과 같다. 조개를 공납으로 보낸 최대의 숫자는 10붕朋이었다(『합집』 11,432 · 11,445편). 갑골문에서 옥玉은 달리 각珏이라 부르기도 했는데, 옥玉이나 각珏을 취해왔다는 복사로는 『합집』 4,720편의 "원으로 하여금 약에서 옥을 취하게 할까요? 令員取玉于龠", 『합집』 39,525편의 "사반으로 하여금 각을 가져오게 할까요? 呼師般取珏" 등이 있다. 옛날에는 옥玉이 두 개 모인 것이 각珏이라 했는데, 왕국유는 복사에서의 각珏자의 자형에 근거해 10개의 옥玉이 각珏이라고 했다.374) 상아象齒는 갑골문에서 단지 치齒로만 부르기도 했는데, 치齒를 공납한 복사는 자주 보인다. 예컨대 "상이 상아를 보내오겠습니까? 商其致齒"(『합집』 17,302편), "혁이 상아를 보내올까요? 革來其致齒"(『합집』 17,303편 뒷면) 등이 그렇다.

(6) 공예품

공예품 중에서 왕실에 공납된 것으로는 다음의 것이 있다. 첫째 청동기로, 복사에서의 "유를 보내올까요? 致卣"(『동경』 286편)와 같다. 유卣는 술그릇의 하나로 상나라 때에는 청동으로 만들어졌다. 은허의 부호 묘에서 발견된 적잖은 청동기가 방국이나 귀족들에게서 공납으로 바쳐진 것이었으며, 이러한 청동기에는 언제나 "아필亞弜" · "아기亞其" · "아계亞啓" · "속천束泉" 등과 같이 공납자의 국명國名이나 족명族名이 새겨져 있었다.375) 둘째 석제품으로 경쇠磬가 있는데, 갑골문에서는 석石이라 불렀다. "지멱이 경쇠 10개를 가져왔다 沚戠至十石"(『합집』 39,680편, 『영국 소장』 126편)

374) 王國維, 「說珏朋」, 『觀堂集林』 卷3, 中華書局, 1959.

375) 中國社會科學院考古硏究所, 『殷墟婦好墓』, 文物出版社, 1980, 57 · 83 · 84면.

고 했는데, 석石은 경쇠磬를 말한다. 부호 묘로부터 이 묘에서 출토된 1점의 석경石磬에 "임죽이 경쇠를 보내왔다妊竹入石"고 한 글이 있음을 발견했다. 옥과玉戈의 공납도 부호 묘에 보인다. 이 묘에서 옥과玉戈가 1점 출토되었는데, 위에 "여방에서 5점의 과를 보내왔다盧方皆入戈五"는 명문이 새겨져 있었다.[376] 석궤石簋는 1935년 봄 안양의 후가장侯家莊 1,003호 대묘가 발굴되었는데, 귀耳가 하나 떨어져 나간 석궤石簋가 출토되었으며, 위에 "신축일에 소신 𢆶가 들여왔으며, '필의'가 '혜'에서 궤를 만들었다辛丑, 小臣𢆶入, 畢宜在惠以簋"라는 12자의 명문이 새겨져 있었는데, 이는 소신小臣 𢆶가 돌로 된 궤石簋를 왕실에 바쳤다는 뜻이다.[377] 셋째 골기骨器이다. 골제품의 경우 갑골문에서는 공납된 기록이 보이지 않는다. 하지만 후가장 서북강西北岡의 1,001호 왕릉 대묘 속에서, 뼈로 만든 비녀骨笄 1점이 출토되었는데, 계모笄帽에는 "'목'이 2개를 보내왔다𣅀入二'는 세 글자가 새겨져 있었다.[378] 목𣅀을 갑골문에서는 후侯라 불렀다(『쿨링』 379편). 넷째, 배舟이다. 배舟를 공납품으로 한 것은 복사 "물어봅니다. '필'이 배를 보내오겠습니까? 물어 봅니다. '필'이 배를 보내오지 않겠습니까? 貞畢來舟. 貞畢不其來舟"(『합집』 11,462편 앞면)인데, 이는 필畢이 배를 왕실에 공물로 보내 올 것인지를 물은 것이다. 다섯째 소금鹽이다. 식염을 갑골문에서는 노鹵라 불렀는데, 복사에 "소금을 보내오지 말게 할까요? 令弜取鹵"(『합집』 7,022편), "소금을 보내왔다致鹵"(『합집』 19,497편), '속'이 또 소금을 침소로 보내올까요? 東又致鹵于寢"(『합집』 41,021편)고 했는데, 모두 소금의 공납에 관한 점복이다.[379] 여섯째, 직조물이다. 갑골문에 근新자가 보이는데, 왕귀민은 이것이 직조물일 가능성이 높다고 했다.[380] 복사에 "훼

376) 中國社會科學院考古硏究所, 『殷墟婦好墓』, 文物出版社, 1980, 97・131・199면.
377) 胡厚宣, 「殷代卜龜之來源」, 『甲骨學商史論叢』 初集 第4冊, 1944.
378) 胡厚宣, 「殷代卜龜之來源」, 『甲骨學商史論叢』 初集 第4冊, 1944.
379) 楊升南, 「從"鹵小臣"說到武丁北征的經濟目的」, 『甲骨文發現百周年學術硏討會論文集』, 臺灣文哲出版有限公司, 1998.5.
380) 王貴民, 「試論貢・賦・稅的早期歷程－先秦時期貢・賦・稅源流考」, 『中國經濟與硏究』,

가 직조물을 보내왔다蠱致紤"(『합집』 9,002편)는 예가 있는데, 공납품으로 삼은 경우이다. 일곱째 활弓과 화살矢이다. 『합집』 9,827편의 "물어봅니다. 오에게 활을 가지고 오라고 할까요? 貞呼吳取弓", 『합집』 8,283편의 "물어봅니다. 사반으로 하여금 팽과 용에서 화살을 보내오지 말라고 할까요? 貞勿令師般取矢于彭·龍"와 같은데, 이는 활弓과 화살矢이 공납으로 등장한 경우이다.

(7) 읍邑

"읍邑"은 전읍田邑을 말하는데, 읍에 거주하는 주민과 경작할 토지까지를 포함하기 때문에 일종의 재산이며, 그리하여 공납물의 하나가 되었다. 복사에 "취읍取邑"이라는 말이 보이는데, "물어봅니다. 읍을 취할까요? 貞呼取邑"(『합집』 39,987편), "물어봅니다. 전을 따라가게 하여 활을 취하고 3개의 읍을 받게 할까요? 貞呼從奠取炋受鄙三邑"(『합집』 7,074편) 등이 그러하다. 또 치읍致邑이라는 말도 보이는데, "내읍을 보내왔다致乃邑"(『합집』 8,986편 뒷면)가 그러하다.

(8) 점복용 거북卜龜과 점복용 뼈卜骨

점복용 거북의 공납에 대해서는 호후선이 이미 상세하게 논의했다.[381] 왕귀민의 통계에 의하면, 거북 공납의 경우 많을 때에는 한번에 1,000개를 공납한 경우가 28번, 800개를 공납한 경우가 2번, 500개를 공납한 경우가 4번, 400개를 공납한 경우가 1번 보이며, 250개, 200개, 100개를 공납한 경우도 자주 보인다.[382] 소 어깻죽지 뼈牛胛骨의 공납에 관

1988年 第1期.

381) 胡厚宣, 「殷代卜龜之來源」, 『甲骨學商史論叢』 初集 第4冊, 1944.

382) 王貴民, 「試論貢·賦·稅的早期歷程－先秦時期貢·賦·稅源流考」, 『中國經濟與硏究』, 1988年 第1期.

련된 용어로는 "걸乞"을 가장 많이 썼는데, 가장 많은 경우는 한 번에 뼈 500둔屯을 "요구한乞" 경우이며(『합집』 9,396~9,399편), 그 다음이 40둔屯(『합집』 13,055편 뒷면), 20둔屯(『합집』 5,580편), 10둔屯과 10둔屯 이하도 자주 보인다. 소 어깻죽지 뼈의 공납 수량이 거북딱지보다 훨씬 적은데, 호후선은 소는 그곳에서 생산되었기 때문에 공납이 적었다고 했다.

3) 공납자의 지역

공납자의 지역에는 변경 지역의 방국方國 부락, 그리고 제후와 제자諸子·제부諸婦·왕신王臣 등이 있다. 제후 지역은 왕기王畿의 바깥에, 방국 부락은 다시 제후의 바깥에 위치했다. 그래서 "먼 곳의 나라遠方之國"라 불리게 되었고, 제부諸婦와 제자諸子, 왕신王臣 등은 "내복內服" 직관으로 불렸으며, 그들의 영지는 대부분 왕기 안에 있었다.

(1) 변경 지구의 방국 부락

이는 후侯·백伯·자子·남男 이외 지역의 방국 부락을 말한다. 이러한 방국 부락은 원래 상 왕조에 속해 있지 않았다. 하지만 그들은 상 왕조의 문명과 교통을 하고자 하는 바람에서, 혹은 상 왕조의 군사적 위력에 의해 공납을 하게 되었으며, 소위 "감히 와서 제사 드리지 않는 사람이 없었다莫敢不來享." 이러한 부류의 공납자들은 다음과 같다.

> '흥방'이 '강'을 보내왔는데 '상갑'부터 '하을'까지 드리는 제사에 쓸까요? 興方致羌用自上甲至下乙.
>
> —『합집』 270편

물어봅니다. '용'에게 '강'을 보내오게 할까요? 貞呼龍致羌.

—『합집』 272편 뒷면

'여'가 보내 온 '강'을 쓸까요? 用盧致羌.

—『합집』 258편

'해'가 백마 5마리를 보내올까요? 奚來白馬五.

—『합집』 9,177편

올해 봄 '해'가 소를 보내올까요? 今春奚來牛.

—『합집』 9,178편

'위방'이 소를 바치는데, 갑신일에 보내올까요? 危方以牛其登, 于來甲申.

—『합집』 33,191편

'방'의 뼈와 말을 취하게 하지 말까요? 勿呼取方骨馬.

—『합집』 8,796편

여자를 '임(방)'에서 취해 오게 할까요? 呼取女于林(方).

—『합집』 9,741편 앞면

'주'가 여자를 보내올까요? 周致嫀.

—『합집』 1,086편 앞면

"용龍"은 용방龍方을 말하는데, 복사에서 "왕께서 용방을 정벌할까요? 王叀龍方伐"(『합집』 6,583편), "부정으로 하여금 용방을 정벌하지 말게 할까요? 勿呼婦姘伐龍方"(『합집』 6,585편) 등이 보인다. 여盧의 우두머리를 "여방백

盧方伯"(『둔남』 667편)이라 불렀으며, 부호 묘에서 나온 옥과玉戈에 "여방에서 창 5개를 보내왔다 盧方皆入戈五"는 명문이 새겨져 있었다. 해奚는 변발을 한 민족으로, 상나라 때의 방국의 하나였다.[383] 주周는 "주방周方"(『합집』 6,657 · 8,472편)이라 불렀다. 방국에서 들여온 공납은 상과의 우호관계를 보이기 위함이었다.

(2) 후侯 · 백伯 · 자子 · 남男 등의 제후

이러한 제후들은 상 왕실의 "내복外服"으로 불렀다. 그들은 영토를 갖고 있었으며, 경제적으로나 정치적으로 상대적인 독립성을 유지했던 정치 실체의 하나였다. 그들은 상의 왕기 주변에 있었기 때문에, "은변후전殷邊侯田(甸)"(「대우정」 명문)이라 불리기도 했다. 상 왕조에서 영토를 수호하는 외에도 공납을 해야 했다.

> '후'가 뼈와 목축 노동자를 보내왔다. 侯致骨芻.
>
> —『합집』 98편

> '견후'가 '강족'을 보내왔는데 쓸까요? 犬侯以羌其用.
>
> —『둔남』 2,293편

> '솔백'으로 하여금 소를 보내오게 할까요? 呼供帥伯出牛.
>
> —『합집』 8,947편

> '광'이 '강'과 목축 노동자 50명을 보내왔다. 光致羌芻五十.
>
> —『합집』 94편

---

383) 于省吾, 『甲骨文字釋林』, 中華書局, 1979, 65면.

'멱'이 우리에게 백마를 보내오지 않을까요? 戠不我其來白馬.

—『합집』 9,176편

'지멱'이 경쇠 10개를 보내왔다. 沚戠至十石.

—『합집』 39,680편, 『영국 소장』 126편

'당'이 10개를 들여왔다. 唐入十.

—『합집』 892편 뒷면, 7,440편 뒷면

'죽'이 10개를 들여왔다. 竹入十.

—『합집』 902편 뒷면

'전'이 2개를 들여왔다. 奠入二.

—『합집』 151편 뒷면

광光은 달리 "후광侯光"(『합집』 2,005편)이라 불리기도 했으며, 지멱沚戠은 달리 지백沚伯(『동경』 945편)으로, 당唐은 또 "후당侯唐"(『합집』 39,703편), 죽竹은 "죽후竹侯"(『합집』 3,324편), 전奠은 "후전侯奠"(『합집』 3,351편)으로 불리기도 했다. 당唐・죽竹・전奠이 "보내왔던" 것은 거북이었다.[384)]

(3) 왕실 귀족

이러한 귀족은 제자諸子나 제부諸婦와 왕의 관리 등을 말한다. 예컨대 왕실에 소牛・상아齒・새로 빚은 술新鬯・강羌・노비屯奴를 공납하고 거북龜을 보냈던 필畢은 "자필子畢"(『합집』 3,226편 앞면)이라 불렸는데, 그는 상 왕실과 혈연관계를 가진 자성子姓 귀족이었다. 필畢은 왕실에서 중요

384) 胡厚宣, 「武丁時五種記事刻辭考」, 『甲骨學商史論叢』 初集 第3冊, 1994.

한 직무를 담당하여, 상 왕조의 중신으로서 아직亞職을 맡았기에 "아필亞𢀛"(『합집』 32,272 · 33,114편, 『둔남』 580편)이라 불렸으며, 또 "우목필右牧𢀛"(『둔남』 2,320편)으로 불려 목축업을 관장하기도 했다. 그는 지위가 높았고 왕실에서 높은 자리에 있었기 때문에 "소신小臣"으로 존칭되어 "소신필小臣𢀛"(『합집』 5,571편 뒷면, 5,572편 뒷면)로 불리기도 했다. 탕湯을 보좌했던 큰 신하 이윤伊尹도 "이소신伊小臣" 「숙이존叔夷鐏」이라 불렸던 것을 보면 "소신小臣"의 지위가 대단했음을 알 수 있다.

그런 필𢀛이 상 왕실에 공납의 의무를 가졌던 것은 그가 봉지를 소유했기 때문이다. 갑골문에는 "'필'에게 풍년이 들겠습니까? 𢀛受年"(『합집』 9,802편)라는 말이 있는데, 이는 필𢀛의 봉지에서 풍년이 들지를 물은 것이다. 필𢀛은 노예인 "중衆"도 소유하고 있었는데, 복사에서 "'필'이 노예를 잃게 될까요? 𢀛隹其喪衆"(『화이트』 1,639편)라는 말이 있는데, 이는 필𢀛의 "중衆"이 도망갈 것인지를 점친 내용이다. 필𢀛은 또 "중衆"을 왕실에 공납으로 바쳤는데, "'필'로 하여금 노예를 보내오게 할까요? 令𢀛致衆"(『합집』 26 · 27 · 28편)에서의 "영令"을 하달했던 것은 당연히 상 왕조의 중앙정부였을 것이며, 영을 내려 필𢀛에게 "중衆"을 상 왕실에 바치도록 했던 것이다. 필𢀛은 또 자신의 군대도 갖고 있었는데, 복사에서는 "필사𢀛師(6,051편)라 불렀다. 필𢀛이 영지도 갖고 있고, 노예도 필요했으며, 군대도 갖고 있었다면, 이는 정치와 경제의 실체였다. 그래서 경제적으로 왕조에 납공을 해야 했다.

제부諸婦의 공납으로는, 부호婦好가 거북을 공납했고(『합집』 10,133편의 "부호가 50개를 보내왔다 婦好入五十"),385) 부정婦姘이 공납을 했다(『합집』 8,992편의 "부정이 잔치상을 보내왔다 婦姘致燕(宴)"). 상나라 때의 제부諸婦 중에는 봉지를 갖고 있는 사람도 있었는데, 부호婦好의 봉읍은 "부호읍婦好邑"(『합집』 32,761편)이라 불렸으며, 그 읍에서 풍년이 들지를 점치기도 했다(『합

385) 胡厚宣, 「武丁時五種記事刻辭考」, 『甲骨學商史論叢』 初集 第3冊, 1944. 또 「殷代卜龜之來源」, 『甲骨學商史論叢』 第4冊에도 보인다.

집』 9,848편의 "부호에게 풍년이 들까요? 婦好[受]年"). 복사에는 "부정에게 기장 풍년이 들까요? 婦姘受黍年"(『합집』 9,968 · 9,972 · 9,973편)처럼 부정婦姘에게 풍년이 들 것인지를 점친 경우가 자주 보인다. 부호는 또 군대도 갖고 있었는데, 그녀의 읍에서는 3천 명의 병력을 차출해 상 왕국의 작전에 참여할 수 있었는데, 『합집』 39,902편의 "물어봅니다. 부호의 병사 3천 명을 올리게 하고, '여'의 군사 1만 명을 올려 …… 을 정벌할까요? 貞登婦好三千登旅萬呼伐 ……"가 그것이다. 영지를 소유하면 왕실에 일정한 공납을 해야만 했는데, 제자와 제부들은 봉지를 갖고 있었다.[386)]

왕의 신하에는 오吳 같은 사람이 있었는데, 복사에서는 그를 "소적신小耤臣"(『합집』 5,603 · 5,604편)이라 불렀으며, 농업 노동자인 "중衆"을 관리하기도 했다(『합집』 5,597편의 "물어봅니다. '오'를 노예를 관리하는 신하로 삼을까요? 貞叀吳呼衆人臣"라고 했는데, 복사에서의 "혜叀"는 목적어를 전치하는 기능이 있기에, 이 복사의 뜻은 "호를 불러 노예들을 관리하는 신하로 삼을까요?"라는 의미이다. 그렇다면 오吳는 중인衆人을 관리하는 신하의 우두머리臣正가 된다). 오吳가 농사를 주관했기 때문에, 자주 곡식창고를 시찰하기도 했다. 복사에서의 "기유일에 점을 칩니다. 오로 하여금 남쪽 곡창을 시찰하게 할까요? 己酉卜, 貞令吳省在南廩"(『합집』 9,638편), "경자일에 점을 칩니다. 오로 하여금 곡창을 시찰하게 할까요? 庚子卜, 令吳省廩"(『합집』 33,237편)가 그것이다. 오吳는 농업 관리 외에도 여러 가지 왕실 업무를 담당했는데, 적을 맞아 작전을 펴기도 했고(『합집』 6,630편의 "강을 치다 戈羌", 『합집』 32,048편의 "증을 치다 戈曾"), 도망자를 체포하기도 했으며("𡧊를 체포했다 幸𡧊", 『합집』 846편), "복을 체포하고執僕"(『합집』 578편), 공납품을 징수하기도 했으며(『합집』 9,827편의 "오로 하여금 활을 가져오게 할까요? 呼吳取弓 · 『합집』 7,854편의 "오에게 뼈를 취하게 하고 '임'에게 '치'를 정벌하게 할까요? 呼吳取骨任伐致"), 복속자들을 안치하기도 했다(『합집』 32,832편의 "신유일에 점을 칩니다. 물어봅니다. '오'로 하여금 '자방'을 '병'에 안치하도록 할까요?

---

386) 胡厚宣, 「殷代封建制度考」, 『甲骨學商史論叢』 初集 第1冊, 1944.

辛酉, 貞王令吳以子方奠于并").[387] 왕실을 위한 노동을 통틀어 "협왕사叶王事"(『합집』 177편)라 불렀다. 왕실의 중신임에 틀림없음에도 공납의 의무도 가졌다. 예컨대 "오에게 양을 보내오게 할까요? 匄羊于吳"(『합집』 11,199편), "오가 강을 보내올까요? 吳致羌"(『합집』 264편 앞면), 오吳가 "돼지를 보내왔다 致豖"(『합집』 8,981편), "오가 50개를 보내왔다 吳入五十"(『합집』 13,338편 뒷면) 등이 그렇다. 오吳가 공납의 의무를 가졌던 것은 그가 영지를 소유했기 때문인데, 복사에서는 "오에 갔다 往于吳"(『합집』 8,111편), "오에 사람을 보냈다 使人于吳"(『합집』 14,474편 앞면, "또 오에 이르렀다 㞢至自吳"(『합집』 8,109편) 등이 그렇다. "오의 군사를 오게 할까요? 呼涉吳師"(『합집』 5,811편)에서처럼 오吳는 또 군대도 갖고 있었으며, 그래서 오吳의 행차를 차次라 불렀다(『합집』 7,359편의 "오가 방에 머물까요? 吳次于龐)" 『좌전』 「장공」 3년 조에서 "군사가 하루 묵으면 사舍, 이틀 묵으면 신信, 신信을 넘으면 차次라고 한다고 했다." 오吳는 자신의 영지 내에서는 왕王으로 불리기도 했는데, 복사에서 "경오일에 점을 칩니다. '출'이 물어 봅니다. '오'의 왕이 비축했던 보리를 보내올까요? 보내왔다 庚午卜, 出, 貞王吳曰, 致犭寧齊. 致"(『합집』 41,020편)라고 했으며, 또 "오왕吳王"(『합집』 32,830편)이라 부르기도 했다.

상 왕조는 노예제 왕국으로 자신의 농지를 경영했으며,[388] 목장과 수공업의 공방이 있었다.[389] 왕실에서 필요한 것들은 이 3대 산업에서 제공되었다. 공납은 전체 경제에서 일정한 부분을 차지하고 있었지만, 방국과 제후들의 공납은 정치적인 의미가 더 컸다. 제부와 제자와 왕실 관리들의 공납은 제사를 도운다는 의미가 더 컸으며, 제사는 상 왕실의 재정 지출에서 커다란 비중을 차지했다. 그래서 공납은 상나라 때의 재정의 중요한 수입원의 하나이기도 했다.

---

387) 裘錫圭, 「說殷墟卜辭中的奠－試論商入處置服屬者的一種方法」, 『史語所集刊』 第64本 第3分冊, 1993.
388) 王貴民, 「就甲骨文所見試說商代的王室田莊」, 『中國史研究』, 1990年 第3期.
389) 楊升南, 『商代經濟史』, 貴州人民出版社, 1992, 624면.

제12장 상나라 사회 경제

1. 상나라 때의 농업(상)

갑골문 발견 백주년이 되는 오늘날, 농업이 상나라 때의 주요 생산 부문이었다는 사실에 대해서는 이미 인식의 일치를 보았다.[1] 상나라 때의 농업이 대단히 원시적이라거나, 심지어 아직 "수렵 유목 시대"에 처해 있었다는 그런 견해[2]는 갑골문에 기록된 농업 관련 자료에 의해 성립 불가능한 것으로 증명되었다. 갑골문에 반영된 농업의 상황으로 볼 때 당시의 농업생산은 이미 상당히 발달한 수준이었음을 알 수 있다.

1) 胡厚宣, 「卜辭中所見之殷代農業」, 『甲骨學商史論叢』 2集 上冊, 1944; 陳夢家, 『殷虛卜辭綜述』, 科學出版社, 1956, 523면.
2) 吳其昌, 「甲骨金文中所見的殷代農稼情況」, 『張菊生先生七十生日紀念論文集』, 商務印書館, 1937.

1) 농작물의 품종

상나라 때의 농작물 품종은 갑골문에 이미 매우 풍부하게 반영되어 있다. 후세에서 말하는 "오곡"이 모두 갖추어져 있었고, 어떤 농작물의 경우에는 찰진 것과 찰지지 않은 것의 품종 구별도 존재하고 있다.

(1) 조禾粟와 차조秫

화禾자는 갑골문에서 다음의 두 가지 모습으로 등장하고 있다.

a 『합집』 28,231 · 28,232편

b 『합집』 19,804 · 40,889편

자형 b는 이삭이 모여 아래로 머리를 숙인 농작물을 대단히 사실적으로 그렸다. 구석규에 의하면, "조의 이삭은 모여 아래로 고개를 숙이지만, 기장의 이삭은 흩어져 있으며, 보리의 이삭은 곧장 위로 향하고 있다." 그래서 갑골문에서의 "화禾"는 조를 그렸는데, 껍질을 벗긴 것을 좁쌀이라 부른다.[3] 그의 이러한 구분은 정확한 견해라 하겠으며, 조는 북방 지역의 주요 식량 작물이다.

갑골문에 보이는 "년年"자는 화禾와 인人자로 구성되어 사람人이 기장禾을 지고 가는 모습을 그렸다. 무정 때의 빈賓조 복사에는 "수년受年"이나 "구년求年"의 여부를 물은 것을 자주 볼 수 있는데, 역歷조 복사에서는 일률적으로 "년年"이 "화禾"로 변해, "수화受禾"나 "구화求禾"로 표현되었다. 그래서 이는 "수년受年"이나 수화受禾, 즉 조의 수확이 가능할 지를 물어본 것이다. 『갑골문 합집』·『소둔 남지 갑골』·『영국 소장 갑골집』

3) 裘錫圭, 「甲骨文中所見的商代農業」, 『古文字論集』, 中華書局, 1992. 이하 이 절에서 인용하는 구석규의 설은 모두 이 글에서 인용하였으며, 따로 주석을 달지 않는다.

등에 수록된 "수년受年" · "수화受禾" 및 "수×년受×年"으로 된 복사는 총 5백97예가 존재한다. 그중 "수년受年"으로 된 것이 338예로 전체의 56.6%, "수화受禾"로 된 것이 97예로 16.2%이고, 이 둘을 합치면 435예로 전체의 72.8%를 차지하고 있다.[4] 이렇게 볼 때 조의 수확은 상나라 왕의 가장 큰 관심사였음을 알 수 있다.

갑골문에는 또 (『합집』 10,024편 앞면) · (『합집』 30,982편)과 같이 화禾로 구성된 글자에 조의 줄기와 잎 사이에 몇 개의 작은 점이나 둥근 점이 더해진 모습의 자형이 있다. 잎 사이에 더해진 작은 점은 적을 경우 2개, 많을 경우에는 5개에 이르며, 점이나 원의 크기는 일정하지 않고 5개가 일반적이다. 이러한 글자를 구석규는 기장黍 류에 속하는 농작물에 귀속시키고, 서黍의 이체자로 보았다. 하지만 이러한 글자의 기본적인 구조를 보면 이삭이 모여 아래로 고개를 숙인 모습이지 흩어진 이삭의 모습이 아니어서, 기장 류의 작물로 볼 수는 없다. 우성오는 이 글자가 화禾로 구성되었다고 했는데, 옳은 해석이다. 그리고 화禾자의 중간에 더해진 작은 점이나 둥근 원은 갑골문에서의 "제齊자에 보이는 점"이기 때문에 이 글자를 제穧, 즉 문헌에 등장하는 직稷자로 보아야 하며, 이는 껍질을 벗긴 것을 좁쌀이라고 부르는 조를 말한다고 했다.[5] 하지만 갑골문에서의 제齊자는 모두 모가 난 세 개의 도형 모양을 하고 있다. 한 개가 위에 두 개가 아래에 놓이기도 하고(『합집』 14,356편), 두 개가 위에 한 개가 아래에 놓이기도 하여(『합집』 36,804편), 가지런하다는 의미를 나타냈으며, 점이나 둥근 원으로 된 경우는 없다. 게다가 이 글자는 화禾 사이에 점이나 원이 뒤섞여 있어, "가지런하다齊"는 뜻을 찾아볼 수가 없다. 그래서 이 글자를 제穧로 해석하는 것은 생각해 보아야 할 것이다. 이 글자의 점이나 원은 물방울을 뜻할 것이며, 그래서 화禾와 수水로 구성된 글자로, 현대 글자로 옮기자면 화沶가 될 것이다. 또 우성오는 화禾 사이에 점이 두 개

4) 楊升南, 『商代經濟史』, 貴州人民出版, 1992, 113면.

5) 于省吾, 「商代的穀類作物」, 『東北人民大學人文科學學報』, 1957, 第1期.

더해진 글자를 乘라고 하면서, 이는 래來자의 초기 모습으로, 보리를 말한다고 했다.[6] 하지만 이러한 자형은 모두 "이삭이 모여 아래로 고개를 숙인" 모습인데 반해 보리의 이삭은 구석규의 말처럼 "곧게 위로 솟은" 모습이다. 이 글자들은 어떤 경우에도 위로 솟은 이삭의 모습으로 볼 수 없기 때문에 이 글자를 보리 류의 농작물이 아니라 조禾 류에 속하는 농작물로 보아야만 할 것이다. 구석규가 그것과 세 점 이상이 더해진 글자와 둥근 점이 더해진 글자를 모두 같은 부류의 농작물로 귀납한 것은 옳은 일이다. 다만 이삭이 흩어진 기장黍이 아니라 이삭이 모아진 조禾와 같은 농작물임에 분명하다.

여기에다 물방울이 더해진, 이삭은 모여 고개를 아래로 숙인 농작물은 조禾 류에 속한다. 다만 물방울이 더해지지 않은 조禾와는 구별되어야만 할 것인데, 아마도 조禾의 다른 종류를 말한 것일 것이다.

조의 별종에 차조秫라는 것이 있는데, 『설문』에서 "차조秫는 찰진 기장黏稷을 말한다"고 했다. 제사화齊思和에 의하면 "화禾와 직稷은 같은 것을 말한다"고 했는데,[7] 고대 문헌에서의 직稷은 사실 조, 즉 갑골문에서의 화禾를 지칭한다. 작은 점이나 둥근 원이 더해진 조禾는 출秫, 즉 차조를 말한 것임이 분명하다.

(2) 기장黍과 검은 기장穄

서黍자를 보면 흩어진 이삭의 모습을 하고 있는데, 오늘날 북방에서 기장黍子 혹은 메기장糜子이라 부르는 것으로, 껍질을 벗겨낸 것을 기장쌀大黃米이라고 한다. 기장黍도 찰진 것과 찰지지 않은 두 품종으로 나뉜다. 찰진 것을 서黍라고 하는데, 『설문』에서 "서黍는 조禾의 부류에 속하

6) 于省吾, 『甲骨文字釋林』, 中華書局, 1979, 247~249면.
7) 齊思和, 「毛詩穀名考」, 『燕京學報』 第36期, 1949.6. 또 『中國史探研』(中華書局, 1982), 19면에도 보인다.

면서 찰진 것을 말한다禾屬而黏者也"고 했다. 찰지지 않은 것은 미糜나 제穄라 부른다.[8] 갑골문에 보이는 서黍에는 두 가지 자형이 있는데, 수水가 더해진 것과 그렇지 않은 것의 두 가지이다.

A형, 『합집』 547편

B형, 『합집』 11편, 『합집』 9,937편

이전에는 이 둘 모두를 서黍자로 해석했지만 사실 타당해 보이지는 않는다. 복사에서 이 두 글자의 용법은 대체로 같으며, 갑골문에 출현하는 빈도도 비슷하다. 다만 『합집』 제4책의 농업생산 부분만 가지고 보면, 제9,472번부터 제10,196번까지의 725편의 갑골에, A형은 77번, B형은 94번 출현하고 있다. "수확을 기원한受年" 복사에서는 A형이 52번, B형이 59번 등장한다.

그러나 한 가지 사안에 대해 여러 번 점을 쳤거나 대정對貞과 관련된 복사에서는 이 두 가지가 혼용되어 쓰이지 않았다. 다음을 보자.

> 계미일에 점을 칩니다. '쟁'이 물어봅니다. 기장(B형)을 수확할 수 있을까요? 癸未卜, 爭, 貞受黍(B型)年.
>
> 기장(B형)을 수확할 수 없을까요? 弗其受黍(B型)年.
>
> —『합집』 10,047편

> 물어봅니다. 우리가 기장(B형)을 수확할 수 있을까요? 貞我受黍(B型)年.
>
> 물어봅니다. 우리가 기장(B형)을 [수확할] 수 없을까요? 貞我不其受黍(B型)[年].
>
> —『합집』10,043편

---

8) 齊思和, 「毛詩穀名考」, 『燕京學報』 第36期, 1949.6, 5면.

……‘돈’에서 제사를 드리면, 응낙을 얻어, 기장(A형)을 수확할 [수 있을까요]? …… 于敦祀, 若, [受]黍(A型)年.

…… 기장(A형)의 수확할 수 없을까요? …… 弗其受黍(A型)年.

—『합집』 9,817편

이러한 현상, 즉 수水가 더해졌느냐의 여부는 글자를 새기는 사람이 마음대로 결정할 수 있는 것이 아니었으며, 이는 다른 두 농작물을 구별하여 불러야 했음을 보여 준다. 수水가 더해진 글자는 찰진 기장을 말하는 것이 분명하다. 『설문』에서 이렇게 말했다. “서黍는 조의 부류에 속하면서 찰진 것을 말하며, 화禾가 의미부이고 우雨의 생략된 모습이 소리부이다. 공자는 기장으로 술을 담을 수 있다고 했다. 그래서 조禾를 물水에 담근다는 의미이다. 조의 부류에 속하면서 찰진 것을 말한다 禾屬而黏者, 從禾雨省聲. 孔子曰, 黍可以入酒, 故從禾入水也.” “조禾를 물水에 담그는” 의미를 그린 서黍자는 바로 갑골문에서의 B형 자형이다. 수水가 더해진 B형 자형은 서黍이고, 수水가 더해지지 않은 글자는 『설문』에서 말한 미穈, 즉 제穄를 말한다. 『설문』에서 “미穈는 메기장穄을 말한다”고 했으며, 또 “제穄는 미穈를 말한다”고 했다. 이는 찰지지 않은 품종을 말한다.[9)]

(3) 보리麥

맥麥자는 갑골문에서 래來와 치夂로 구성되었는데, 이에 대한 이견은 없다. 맥麥은 다음에서처럼 지명으로 사용되었다.

왕께서 ‘맥’에서 사냥을 할까요? 王田于麥.

—『합집』 24,228편

9) 齊思和, 「毛詩穀名考」, 『燕京學報』 第36期, 1949.6, 5면.

계사일에 왕께서 물어 봅니다. '맥'에서 점을 쳐 10일 동안 불행한 일이 없을지를 물어 볼까요? 癸巳王卜, 在麥貞旬亡禍.

—『합집』 36,809편

갑골 복사에는 "식맥食麥"이라는 말도 등장한다.

정월을 '식맥'이라 부른다. 月一正, 曰食麥.

—『합집』 24,440편

곽말약에 의하면, 이는 "맹춘지월에는 보리와 양고기를 먹는다孟春之月, 食麥與羊"고 한 『예기』 「월령月令」의 습속과 같다고 했다.10) 그래서 "식맥食麥"은 바로 "보리를 먹다"는 뜻이다. 먹을 수 있는 보리라면, 이는 농작물의 일종이며, 지금도 맥麥이라 부르고 있는 중국 북방에서의 주식이다.

갑골문에서 "래來"자도 농작물임에 분명한데, 다음의 복사에 등장하는 "래來"를 보자.

을해일에 점을 칩니다. 보리를 수확할 수 있을까요? 乙亥卜, 受來年.

—『합집』 33,260편

□□일에 점을 칩니다. '고'가 물어봅니다. 우리 농토에서 보리가 날까요? □□卜, 𡆥, 貞我田有來.

—『속』 5・29・1편

보리의 수확을 기구하는데, '묘'제사를 '상갑'께 드려 '탁'제사를 올리면 수확

10) 郭沫若, 「考釋」, 『卜辭通纂』, 科學出版社, 1983, 2면 上.

할 수 있을까요? 求年來, 其卯于上甲𢀛, 受年.

—『합집』 28,272편

물어봅니다. '함'이 보리를 벨까요? 貞咸刈來.

—『합집』 9,565편

'아'가 보리를 보내올까요? 亞致來.

—『합집』 914편

물어봅니다. 보리를 보내왔는데, '돈'으로 갈까요? 貞曰, 致來, 迺往于敦.

—『합집』 11,406편

보리를 먹을 수 있을까요? 食來.

—『합집』 914편

예刈는 베다는 뜻이다. 치致는 보내오다는 뜻이다. "구년래求年來"에 대해, 굴만리는 "내來는 보리의 이름麥名이며, 구년래求年來는 보리의 풍성한 수확을 기구하다는 뜻이다"고 했다.[11] "식래食來"는 앞의 복사에서 인용했던 "식맥食麥"과 같은 뜻이다. 래來가 맥麥이라는 설은 나진옥에 의해 일찍부터 밝혀진 것으로, 그는 복사에서 자주 보이는 왕래의 래來라는 뜻은 가차 의미라고 했다.[12]

맥麥과 래來의 구별에 대해, 우성오는 래來는 소맥小麥을, 맥麥은 대맥大麥을 말할 것이라고 했다.[13] 하지만 구석규는 자료가 너무 제한적이어서 결론을 내리기가 어렵다고 했다.

11) 屈萬里, 『殷虛文字甲編考釋』 3,587편, 臺北, 1961.
12) 羅振玉, 『增訂殷虛書契考釋』 中, 東方學會 石印本, 1927, 34면 下.
13) 于省吾, 「商代的穀類作物」, 『東北人民大學人文科學學報』 第1期, 1957.

(4) 두𠦪, 

이 글자는 현대 글자로 두𠦪로 옮긴다. 복사에서 "수두년受𠦪年"이라고 한 것이 20여 차례 보이는데, 언제나 다음처럼 "기장을 수확할까요? 受黍年"와 대정對貞으로 물어보는 곳에 등장한다.

> 계미일에 점을 칩니다. '쟁'이 물어봅니다. 콩을 수확할 수 있을까요? 癸未卜, 爭, 貞受𠦪年.
>
> 물어봅니다. 콩을 수확할 수 없을까요? 2월이었다. 貞弗其受𠦪年. 二月.
>
> 계미일에 점을 칩니다. '쟁'이 물어봅니다. 기장을 수확할 수 있을까요? 癸未卜, 爭, 貞受黍年.
>
> 물어봅니다. 기장을 수확할 수 없을까요? 貞弗其受黍年.
>
> —『합집』 10,047편

> 기장을 수확할 수 있을까요? 受黍年.
>
> 물어봅니다. 콩을 수확할 수 없을까요? 貞不其受𠦪年.
>
> —『합집』 10,050편

이 글자가 농작물의 이름이라는 것에는 이설이 없지만, 어떤 농작물을 지칭하는지에 대해선 아직 정해진 견해가 없다. 나진옥이 추酋로 해석한 것[14] 외에도, 김조동은 속粟으로,[15] 진몽가는 거秬 즉 흑서黑黍로,[16] 당란은 도稻로,[17] 우성오는 두豆, 즉 고문에서 말하는 숙菽으로[18] 해석했으며, 구석규裘錫圭는 이것이 어떤 농작물을 지칭하는지는 더 연구해 보

---

14) 羅振玉, 『增訂殷虛書契考釋』 中, 東方學會 石印本, 1927, 72면 下.

15) 金祖同, 『殷墟遺珠』 「發凡」, 『孔德圖書館叢書第1種』, 中法文化出版委員會, 1939, 35면.

16) 陳夢家, 『殷墟卜辭宗述』, 科學出版社, 1956, 527면.

17) 唐蘭, 『殷墟文字記』, 北京大學講義石印本, 1934, 32~34면. 또 中華書局, 1981.

18) 于省吾, 「商代的穀類作物」, 『東北人民大學人文科學學報』 第1期, 1957.

아야 한다고 했다.

하지만 우성오의 해석처럼 두豆로 풀이하는 것이 독음과 의미에 있어서 다른 학자들보다 장점을 가지므로 참고하기 바란다. 그가 제시한 이유들 중 다음의 두 가지는 주목해 볼 만하다.

> ① 독음의 측면에서, 두𦰡는 미米가 의미부이고 후冝가 소리부이다. 후冝의 독음은 후厚와 같다. 고대음에서 후厚와 두豆는 모두 후侯부에 속하며, 숙菽은 유幽부에 속하는데, 후侯부와 유幽부는 서로 통하여 해음이 가능하다. 성뉴로 말하자면, 고대음에서 숙菽, 후厚, 두豆는 모두 설두음이며, 후厚가 숙菽과 두豆로 읽히는 것은 후음과 설음의 전음轉音이다.
>
> ② 자형의 측면에서, 이 글자의 윗부분은 미米로 구성되었는데, 고대에는 두豆도 미米라 불렀다. 단옥재의 『설문』 주석에서 "맥두麥豆를 미米라 부르기도 한다"고 했다. 고대인들은 그것으로 밥을 만들어 먹기도 했는데, 『예기』 「단궁檀弓」에서 "콩 밥을 먹고 물을 마시네. 啜菽飲水"라 했고, 『전국책』 「한책韓策」에서는 "콩 밥과 콩잎 국豆飯藿羹"이라 했다.

두𦰡는 2월에 심었는데, 복사에서 이렇게 말했다.

> 기축일에 점을 칩니다. 물어봅니다. 콩을 □에 뿌리고 제사를 드릴까요? 2월이었다. 己丑卜, 貞𦰡于□享. 二月.
>
> —『합집』 9,551편

「사민월령四民月令」에 기록된 것을 보면 2월에 파종하는 농작물로 조禾·대두大豆·저마苴麻·호마胡麻 등이 있는데, 농사 절기가 맞아떨어진다. 두豆는 『시경』에서 "임숙荏叔"이라 불렀는데, 제사화에 의하면, 『시경』에 총 8번 출현하여 『시경』에 보이는 곡물 중 4번째로 많이 등장하고 있다고 했다.[19] 이는 동주의 춘추시대 때 이미 중요한 양식의 하나가

되었다는 것을 말해주며, 그렇다면 상나라 때에는 이미 콩豆과에 속하는 작물이 존재했을 것이다.

(5) 돌벼秜(벼稻)

니秜가 갑골문에서 농작물로 쓰인 경우는 지금까지 단 한 예만 보인다.

> 정유일에 점을 칩니다. '쟁'이 물어봅니다. 보甫를 불러 '자'에서 돌 벼를 심게 하면, 수확할 수 있겠습니까? 丁酉卜, 爭, 貞呼甫秜于始受有年.
>
> —『합집』 13,505편

복사에서 "니秜"는 동사로 쓰였고, 보甫는 사람이름이며, '자'는 중요한 농업지역이다. 그래서 복사의 의미는 보甫를 불러 '자'라는 곳에서 돌벼를 심게 한다는 뜻이다. 우성오는 『설문』에서 "니秜는 벼稻로 올해 이삭이 떨어져 이듬해가 되면 스스로 자라나는 것을 말한다"고 한 말에 근거해, "야생 벼를 지칭하는 고유명사"라고 했다.[20] 니秜가 만약 벼稻라면, 위의 복사에 근거해 볼 때 보甫라는 사람이 농업지역인 '자'에서 그것을 파종하였다고 했으므로, 이미 야생이 아니라 재배된 농작물임을 알 수 있다.

(6) 고량高粱

무정 때의 복사에 "龠을 수확할 수 있을까요? 受龠年"라는 복사가 있는데, "기장을 수확할 수 있을까요? 受黍年"와 "검은 기장을 수확할 수 있을까요? 受穄年"와 동판同版 관계에 있는 복사이다.

---

19) 齊思和, 「毛詩穀名考」, 『燕京學報』 第36期, 1949.
20) 于省吾, 「商代的穀類作物」, 『東北人民大學人文科學學報』 第1期, 1957.

기사일에 점을 칩니다. '각'이 물어봅니다. 우리가 검은 기장을 수확하지 못할까요? 己巳卜, 殼, 貞我弗[其]受穄年.

…… 畬을 수확하지 못할까요? …… 弗[其]受畬年.

—『합집』 9,946편 갑 앞면

기사일에 점을 칩니다. '각'이 물어봅니다. 우리가 기장을 수확하지 못할까요? 己巳卜, 殼, 貞我受黍年.

…… 畬을 수확하지 못할까요? …… 受畬年.

—『합집』 9,946편 을 앞면

이상의 복사로부터 이 글자가 농작물의 품종을 지칭함을 알 수 있다. 진몽가는 이 글자의 윗부분에 있는 제齊자에 가까운 마름모꼴에 근거해 이것이 『설문』에서의 자秶자이며, 혹체로 자秶로 적기도 하는 직稷자로 풀이했다.21) 온소봉溫少峰과 원정동袁庭棟은 이 글자의 윗부분이 여余로 구성되어, 현대 글자로 옮기면 도畬가 되며, 독음은 도稌이고, 오늘날 북방에서 말하는 메벼粳稻라고 했다.22)

구석규는 이 글자가 "'밭'에 심겨진 위쪽의 이삭이 크고 곧추 선 작물"로 보고서, 이를 "고량으로 보는 것은 합리적이다"고 했는데, 이 설은 따를 만하다. 신시기 시대의 앙소仰韶문화 유적지에서부터 전국시대의 유적지에서 발견된 곡물 중 고량이 언제나 포함되어 있음이 농학자들에 의해 감정된 바 있다.23) 화북지구에는 또 일종의 야생종인 "낙고량落高粱"이 존재하는데, 심어 기르는 집 고량은 이것으로부터 변한 것이다.24) 이렇게 볼 때 중국에서 선진 시기에는 고량이 존재하지 않았다는 근거

21) 陳夢家, 『殷墟卜辭宗述』, 科學出版社, 1956, 528면.

22) 溫少峰・袁庭棟, 「科學技術篇」, 『殷墟卜辭硏究』, 四川社會科學院出版社, 1983, 176~177면.

23) 楊升南, 『商代經濟史』, 貴州人民出版社, 1992, 129~130면.

24) 吳汝祚, 「甘肅青海地區的史前農業」, 『農業考古』, 1990, 第1期(總第19期).

는 불충분해 보인다.

학자들의 연구에 의하면, 갑골문에서부터 고변해 낸 농작물의 품종은 조粟(조・차조秫), 기장黍(기장・검은 기장穄), 보리麥(보리・래來), 콩菽(콩豆), 벼稻(돌 벼秜), 고량高粱 등 6가지이다. 어떤 작물은 이미 신품종이 생산되기도 했다. 예컨대 조粟와 기장黍은 찰진 것이냐의 여부에 따라 품종이 나뉘었는데, 이는 바로 재배기술이 지속적으로 개선되었음을 반영한다. 물론 상나라 때 실제로 재배되었던 농작물의 품종은 갑골 학자들이 갑골문에서 찾아낸 것보다 분명히 더 많았을 것이다.

2) 농업 생산 공구

갑골문에 보이는 농업 생산 공구에는 다음의 몇 가지가 있다.

(1) 흙을 일구는 농기구

흙을 일군다는 것은 흙을 파서 뒤집는 공구를 말하는데, 갑골문에 보이는 것으로는 다음의 것들이 있다.

① 가래鍤

이는 고대 문헌에서 뢰耜라 불렀다. 『설문』에서는 "뢰耜는 가래臿를 말한다"고 했다. 오늘날 북방에서는 이를 추鍬라 부르며, 쇠로 만들었기 때문에 "철추鐵鍬"라고도 한다. 갑골문에서의 "력力"자는 바로 가래鍤라 불리는 이러한 농구를 그렸다. 갑골문에서의 력力자와 력力으로 구성된 글자는 다음의 것들이 있다.

력力, 『합집』 18,510・20,686편 등

협劦, 『합집』 1・2・3・4편

우耦, 『합집』 5,434・6,573・7,002・10,410편 뒷면

남男, 『합집』 3,451・3,453・3,457편

『합집』 3,452・3,454・3,455편

『합집』 21,954편

상나라 유적지 중에서 이러한 가래鍤로 흙을 판 흔적이 있는 유적이 자주 발견되는데, 하남 탁성拓城 맹장孟莊의 상나라 때의 교혈窖穴 벽과 안양 은허 서쪽 지구의 묘장군의 일부 묘벽에서 날의 넓이가 6~10센티미터에 이르는 삽으로 긁어낸 흔적이 발견되었다.[25] 상나라 유적지 및 묘장 속에서 청동으로 된 가래鍤도 자주 발견되는데, 나무로 만든 가래로, 날의 끝 부분을 금속으로 덧씌운 가래였을 것이다. 그리고 청동으로 된 삼각형의 자루 구멍銎을 가진 가래鍤耜도 발견되었다.[26]

② 쟁기耒

서중서는 「뢰사에 대한 고찰耒耜考」에서 "쟁기耒는 아래쪽이 갈라졌다"[27]고 했는데, 쟁기耒의 형상을 정확하게 묘사했다. 갑골문에서 "자耤" 자는 바로 사람이 쟁기를 타고 밭을 가는 모습으로 다음과 같이 그렸다.

『합집』 8・5,604편

『합집』 9,507편 앞면

갑골문에서 "자耤"는 다음에서처럼 동사로 쓰여 밭을 갈고 파종하는

25) 「河南拓城孟莊商代遺址」, 『考古學報』 第1期, 1982; 「1969~1977殷墟西區發掘報告」, 『考古學報』 第1期, 1979.

26) 「江西新干大洋洲商墓發掘簡報」, 『文物』 第10期, 1991.

27) 徐中舒, 「耒耜考」, 『歷史語言硏究所集刊』 第2本 第1分冊, 1930.

것을 지칭한다.

> 물어봅니다. '뢰'를 불러 '명'에서 파종을 하게 할까요? 貞呼雷藉于明.
>
> —『합집』 14편 앞면

> 병진일에 점을 칩니다. '쟁'이 물어봅니다. 불러서 '퇴'에서 파종하게 하면 풍년이 들겠습니까? 丙辰卜, 爭, 貞呼藉于隹受有年.
>
> —『합집』 9,504편

뢰雷는 사람 이름이고, 명明과 퇴隹는 땅 이름이다. 이는 뢰雷에게 명하여 명明 땅으로 가 "파종을 하게하고", 어떤 사람으로 하여금 퇴隹 땅에서 "파종을 하게 하면" 수확할 수 있을 지를 점쳐 물은 것이다.

중국에서는 매우 일찍부터 쟁기耒를 사용해 왔는데, 지금으로부터 7천여 년 전의 하북성 무안武安 자산磁山 유적지에서 발견된 일부 회갱灰坑의 갱벽坑壁에서 쟁기로 판 흔적이 발견되었다.[28] 안양 은허의 상나라 때의 교혈窖穴, 묘벽墓壁, 회갱灰炕의 벽에서도 종종 두 날雙齒로 된 도구로 판 흔적이 발견된다. 예컨대 대사촌大司村 H112갱의 벽에서는 두 날로 된 도구의 흔적이 남아 있었는데, 날 사이의 거리가 4센티미터, 날의 길이가 18센티미터, 날의 넓이가 4센티미터였다.[29] 이러한 두 날로 된 도구가 바로 갑골문에서 "자藉"자를 구성하고 있는 도구, 즉 뢰耒이다.

③ 우경犁耕

갑골문에는 우牛와 물勿로 구성된 , 자 등이 보인다.[30] 왕국유는 이를 물物자로 해석하면서, 여러 색깔이 섞인 소라고 풀이했고,[31] 동작빈

28) 「河北武安磁山遺址」, 『考古學報』, 1981年 第3期.
29) 「1958～1959年殷墟發掘簡報」, 『考古』, 1961年 第4期.
30) 孫海波, 『甲骨文編』, 中華書局, 1965, 37면.

과 곽말약은 이를 려黎로 풀이했다.[32] 호후선은 물勿자는 본래 쟁기耒, 즉 려犁의 모습을 그렸고, 쟁기를 끌고 밭을 가는 소牛는 바로 물소水牛인데, 그 색깔이 검은 색이므로 해서 이에 검다黑는 뜻이 담기게 되었다고 했다. 글자의 본래 뜻으로부터 가차된 의미로까지의 변화를 볼 때, 먼저 물勿이라는 물체가 있었을 것이고, 그 다음에 물勿이라는 색깔이 있을 것이다. 그런즉슨 밭을 가는 소가 먼저 있었고 그 다음에 물勿이라는 색깔이 있었을 것이다. 복사를 보면 이 두 글자는 이미 색깔을 나타내는 데 사용되고 있다. 그렇다면 쟁기질을 하는 소의 본래 뜻은 복사의 시대보다 이전임을 알 수 있다. "이렇게 볼 때 은대에는 이미 우경이 이루어졌음에 분명하다"고 했다.[33] 이러한 견해에 반대하는 학자들에 의하면, 물勿자는 칼刀의 모습이지 쟁기耒의 모습일 수는 없으며, 그래서 이 글자를 려黎, 즉 리犁로 해석할 수는 없다고 했다. 이후 심지유는 상해 박물관에서 새로 수집한 갑골 편들 속에서 "유물우幽勿牛"와 "황물우黃勿牛"가 대칭되어 기록된 것을 발견했는데, 그는 여기서의 유幽와 황黃은 이미 색깔을 말하며, "물物이 여러 색이 섞인 소雜色牛라고 한다면 그 앞에 유幽나 황黃과 같은 색을 나타내는 글자가 수식할 수 없을 것이다. 그래서 '물우勿牛'는 '물物'이 아니고, 잡색雜色이라는 의미도 아니며, '리犁'자여야 한다"[34]고 하였다. 하지만 구석규에 의하면 "이는 유색幽色을 위주로 한 잡색우雜色牛와 황색黃色을 위주로 한 잡색우雜色牛라고 풀이해도 의미상 문제가 되지 않는다"고 했다. 그는 물勿이 어떤 색깔을 말한 것임에 분명하며, 이를 "절대 끌고 쟁기질을 하는 소로 해석할 수는 없으며", 고대 문헌에서의 "리우犁牛"도 잡색雜色의 소를 지칭하지 쟁기를 끄는 소를 말하지는 않는다고 했다. 허진웅은 이를 리犁자로 해석했을 뿐 아니라, 복사

31) 王國維,「釋物」,『觀堂集林』, 中華書局, 1959.

32) 董作賓·商承祚의『殷契佚存考釋』(金陵大學 中國文化研究所 叢刊 甲種, 1933) 32면의 인용. 郭沫若,「釋勿物」,『中國古代銘刻棠考續編』, 또『古文字研究』(1952)에도 수록됨.

33) 胡厚宣,「卜辭中所見之殷代農業」,『甲骨學商史論叢』2集 上冊, 1944.

34) 沈之瑜,「甲骨卜辭新獲」,『上海博物館集刊』, 1986年 第3輯.

에 보이는 양(襄)자와 부자도 모두 쟁기 끝이 흙을 일구는 모습을 그린 글자라고 했는데, 양襄자는 두 손으로 쟁기를 잡고 소가 이를 끄는 모습을 그렸다고 했다.[35]

갑골문에 보이는 이러한 글자들이 우경을 지칭하는지에 대해서는 학자마다 의견이 다르다. 하지만 고고 발굴 과정에서 상대에 이미 쟁기가 발명되었을 뿐더러 청동으로 제작되었음이 증명되었다. 가장 분명한 증거는 강서성 신간新干 대양주大洋洲의 상나라 무덤에서 출토된 두 점의 청동 쟁기犁와 가래鏵이다.[36] 이렇게 볼 때 상나라 때에 쟁기犁로 밭을 갈았다는 것은 엄연한 사실이다.

(2) 사이갈이中耕 농기구

중경中耕은 풀을 제거하는 것을 말한다. 갑골문에 한 개의 목木(혹은 초艸)과 신辰과 우又로 구성된 글자가 보이는데, 다음처럼 쓰고 있다.

『합집』 10,474편

『합집』 583편 뒷면 · 9,498편 뒷면

『합집』 9,492 · 9,497편

나진옥은 이를 농農으로,[37] 호후선은 욕耨으로 해석했다.[38] 이 글자의 아랫부분이 신辰으로 구성되었기 때문에, 곽말약과 양수달은 이를 조개나 대합으로 만든 것이라고 했다.[39] 구석규는 아래 부분의 "신辰"자가

---

35) 許進雄, 「甲骨文所表現的犁耕」, 『古文字研究』 第9輯, 中華書局, 1984.
36) 「江西新干大洋洲商墓發掘簡報」, 『文物』, 1991年 第10期.
37) 羅振玉, 增訂 『殷虛書契考釋』 中, 東方學會石印本, 1927, 71면.
38) 胡厚宣, 「甲骨文所見殷代奴隷的反壓迫鬪爭」, 『考古學報』, 1970年 第1期.
39) 郭沫若, 『甲骨文字研究』 「釋干支」, 『郭沫若全集』 「考古編」 第一卷, 科學出版社, 1982; 楊樹達, 『積微居甲文說』, 『楊樹達文集之五』, 上海古籍出版社, 1996, 44면.

반드시 조개로 만든 것에만 한정되는 것은 아니며, 석石으로 구성되어 원래는 돌로 만든 것일 가능성도 있고, 갑골문에서의 "근斤"자와 "대단히 유사해" 자귀斤나 괭이钁와 비슷하게 생긴 농기구였을 수도 있다고 했다. 또 "신辰은 초목을 정리하는 데 쓰이던 농기구였으며", 이 글자는 "농農"으로도 해석 가능하고 "욕耨"으로도 해석 가능하다고 했다. "욕전耨田"은 잡초를 메는 활동을 말한다.

갑골문에 자가 있는데(『합집』 10,571편), 구석규는 이를 삼芟으로 해석하면서 몽둥이芟로 풀을 쳐서 밭을 정리하는 모습을 그렸다고 했다. 팽방형은 이 글자에 반영된 도구는 낫鏟이지 몽둥이芟杖는 아니라고 했는데,[40] 구석규의 해석보다 합리적이다. 수殳는 송곳錘 모양으로 한 손으로 잡을 수 있지만, 낫鏟은 네모 모양으로 반드시 두 손으로 잡아야만 하는데, 이 글자의 아랫부분을 보면 두 손으로 잡은 모습을 하고 있기 때문이다. 산鏟도 밭을 갈고 풀을 베는 공구의 하나였다. 『제민요술齊民要術』 제1권에서 "모苗를 키우는 방법에는 호미鉏가 욕耨만 못하고, 욕耨은 잔剗만 못하다…… 땅을 깎고 풀을 베는 데 쓰인다"고 했다. 『광아廣雅』 제14권에서는 "잔剗은 산鏟의 고문이다"고 했다.

(3) 수확 농기구

수확 농기구로서 발굴된 것에는 낫鐮과 칼刀이 있다. 칼은 반월형과 장방형의 두 가지가 있는데, 북방에서는 "조렴爪鐮"이라 부른다. 갑골문에는 이삭을 따는 것과 줄기를 베는 것의 두 가지 수확 방법이 보인다. 조의 이삭을 따는 것은 으로 표현했는데, 두 개의 유卣와 하나의 우又로 구성되었다. 진몽가와 진방회는 이를 채采자로 해석하고서 "손으로 조의 이삭을 따는 모습이다"고 했다.[41] 하지만 구석규는 이를 수叡로 옮기고

40) 彭邦炯, 『商史探微』, 重慶出版社, 1988, 215면.

41) 陳夢家, 『殷虛卜辭綜述』, 科學出版社, 1956, 536면; 陳邦懷, 「小屯南地甲骨所見的若干

서, 수榤로 읽었다. 수䱏를 구성하는 유卣는 원래 "유𠧪"와 같은 글자였으며, 고대음에서 수秀와 비슷하여, 수䱏자의 의미부 겸 소리부로 쓰였다고 했다. 손으로 조의 이삭을 따는 데 사용했던 공구는 바로 오늘날 북방에서 "조렴爪鐮"이라 부르는 칼이며, 고대문헌에서는 질銍이라 불렀다. 복사에서는 이렇게 말하고 있다.

> 병진일에 점을 칩니다. '빈'이 물어봅니다. 왕께서 남쪽에서 기장을 수확할까요? 7월이었다. 庚辰卜, 賓, 貞叀王䱏南同黍. 七月.
>
> —『합집』 9,574편

> 정해일에 점을 칩니다. 차조를 수확하는데 이번 정해일에 할까요? 丁亥卜, 其䱏秫, 叀今丁亥.
>
> —『둔남』 794편

이는 기장黍이나 차조秫(찰진 조)의 이삭을 딸 것인가에 대한 점복이다.

갑골문에는 𣏟자도 보이는데(『합집』 9,557~9,569편), 얼𥝮자로 옮길 수 있다. 𣏟은 일종의 낫鐮刀과 같은 공구인데, 이 글자를 구성하고 있는 화禾자를 보면 조의 뿌리와 줄기 사이에 칼의 가로획이 들어가, 칼로 이곳을 절단했음을 나타내고 있다. 그래서 이는 줄기까지 함께 벤 것을 말한다. 진몽가는 이를 얼糱자로 해석하면서 "누룩 만드는 것을 말한다"고 했다.[42] 요종이는 이를 얼孽자로 보고서 해를 입은 조禾害라고 했다.[43] 구석규는 예刈로 해석하고서 낫鐮과 같은 도구라고 했다. 팽방형은 칠䅓로 해석하고 낫과 같은 도구로 이삭을 잘라 낸 조의 줄기를 그렸다고 했다.[44] 이 글자의 경우 농작물의 수확으로 풀이하는 것이 복사의 본래 뜻

重要史料」,『歷史研究』, 1982年 第2期.

42) 陳夢家,『殷虛卜辭綜述』, 科學出版社, 1956, 539면.

43) 饒宗頤,『殷代貞卜人物通考』, 香港大學出版社, 1959, 95면.

에 부합해 보인다.

신축일에 점을 칩니다. '각'이 물어봅니다. 왕께서 가서 직접 수확을 하는데, '지멱'을 따르게 할까요? 丁丑卜, 㱿, 貞王往立(莅)刈, 祉從沚或.

—『합집』 9,557편 앞면

물어봅니다. 왕께서 가서 직접 기장을 수확할까요? 貞王往立(莅)刈黍.

—『합집』 9,558편

갑자일에 점을 칩니다. 차조를 수확하지 말까요? 甲子卜, 弜刈秫.

—『합집』 9,563편

신해일에 점을 칩니다. 물어봅니다. 모두 함께 보리를 수확할까요? 辛亥卜, 貞咸刈來(麥).

—『합집』 9,565편

예刈자 다음에 대부분 농작물이 놓이고 줄기秆는 놓이지 않는 것으로 보아, 농작물 수확에서 낫鐮보다 예刈가 줄기를 베는 데 더 적합했던 것 같다.

44) 彭邦炯, 『商史探微』, 重慶出版社, 1988, 222면.

2. 상나라 때의 농업(하)

1) 농업 생산 과정

경작지의 선택에서부터 수확과 저장에 이르는 상나라 때의 농업 생산 전 과정이 갑골문에 모두 반영되어 있다. 그 구체적인 부분은 다음과 같다.

(1) 경작지의 선택

경작지를 선택하는 활동을 "성전省田"이라 불렀다. "성전省田"과 관련된 복사는 많이 보이는데, 초보적인 통계에 의하면 186편의 갑골에서 총 237차례가 등장한다. 혹자는 복사에서의 "성전省田"을 수렵과 관련된 점복으로 보기도 한다.[45] 하지만 관련 복사를 모두 살펴보아도 "성전省田"에 의해 짐승을 잡았다는 내용은 한 번도 보이지 않으므로, 많은 연구자들이 수렵에 관련된 행위보다는 농사지을 땅을 살펴보는 행위로 보고 있다. 우성오는 "'왕께서 경작지를 살필까요? 王叀田省', 혹은 '왕께서 경작지를 살필까요? 王叀省田' 등과 같은 형식으로 등장하고 있는데, 이는 왕이 농사지을 땅을 살피는 것을 말한다"고 했다.[46] 구석규도 이는 "대단히 정확한 해석"이라고 했다.[47] 갑골문의 수렵에 관한 복사를 전문적으로 연구했던 진위담도 일반적으로 볼 때 "성전省田"의 "전田"을 농사지을 땅이나 농사일로 보는 것이 비교적 적합하며, "성전省田"이나 "성모전省某田"은 상나라 왕이 농업을 중시했던 표현방식의 하나였다"고 했다.[48]

---

45) 聞一多, 「釋省㑭」, 『聞一多全集』 第3卷, 三聯書店, 1982.
46) 于省吾, 『甲骨文字釋林』, 中華書局, 1979, 138면.
47) 裘錫圭, 『古文字論集』, 中華書局, 1992, 174면.
48) 陳煒湛, 『甲骨文田獵刻辭硏究』, 廣西敎育出版社, 1995, 35면.

"성전省田"의 "성省"은 농사 준비 활동의 하나인데, 복사에서 농작물을 시찰하거나 살피는 것을 나타낼 때 "기장을 살피다省黍"와 같이 "성省"을 특별히 사용했다.

> 물어봅니다. 왕께서 가서 기장을 살피지 말아야 할까요? 貞王勿往省黍.
>
> —『합집』 9,612편

> …… 가서 기장을 살피고, 제사를 드리면, 허락할까요? …… 往省黍, 祀, 若.
>
> —『합집』 9,613편

"성전省田"의 목적은 땅의 성질을 살펴 어떤 작물을 심을 것인지를 알아보기 위한 것이었다.『여씨춘추』「맹춘기孟春紀」에 의하면, "구릉丘陵·비탈阪·험준한 땅險·평원原·습지隰 등을 잘 살피고, 그 땅에 적당한 오곡을 심음으로써 백성을 가르치고 이끈다"고 했다. 상나라 때의 농업에서 이미 토지의 높낮이와 평원과 습지를 구분했는데, 복사에는 상전上田과 습전濕田이라는 이름으로 구분하고 있다.

> 언덕 위에다 농사를 지으면, 수확이 있겠습니까? 叀上田𡆥征, 受年.
>
> 습지에다 농사를 지으면, 수확이 있겠습니까? 叀濕田𡆥征, 受年.
>
> —『둔남』 715편

"상전上田"은 언덕 위에 있는 토지를 말하며, 이와 대칭되는 "습전濕田"은 저지대의 움푹한 토지를 말한다. 상나라 말의「작책우정作冊羽鼎」의 명문을 보면, 토지를 네 가지로 구분했다. 즉 "경오일에 왕께서 '침의'에게 명하여 북쪽 농지 4가지를 살피게 하였다. 2월이었다庚午, 王令寢農省北田四品, 在二月." "2월"은 바로 경작을 시작하기 전의 계절이므로, 이 "성전省田"은 먼저 땅을 선택하는 것을 말함을 알 수 있다.

갑골문에는 “토전土田”과 “토전洼田”도 등장하고 있다.

‘견’으로 하여금 농지를 측량하게 하지 말까요? 弜犬征土田.

—『합집』 33,214편

계미일에 점을 칩니다. ‘빈’이 물어봅니다. ‘필’이 농지를 측량하고서 돌아오지 않을까요? [1]2월이었다. 癸未卜, 賓, 貞畢洼田不來歸. [十]二月.

—『합집』 10,146편

물어봅니다. 농지를 측량하지 말게 할까요? 11월이었다. 貞勿令洼田. 十一月.

—『합집』 10,148편

장정낭은 “토洼”가 지止와 토土로 구성되었으므로, 토土로 읽힌다고 했다. “토전土田”은 바로 “농지를 측량하다度田”는 뜻이다.49) 이는 농지를 개간하기 전에 토지를 측량하는 것으로, “농사 때 밭을 나누어서 경작하기” 편하게 하기 위한 준비 작업이었다.

(2) 농지의 초목 제거

옛날, 밭을 갈고 씨를 뿌릴 때에 제일 처음 해야 할 일은 땅에 난 초목을 제거하는 일이었다. 『시』 「재삼載芟」에서 “풀 베고 나무 뽑고載芟載柞”라고 했는데, 모씨毛氏 전傳에서 “풀을 제거하는 것을 삼芟이라 하고 나무를 뽑는 것을 작柞이라 한다”고 했으며, 정현의 전箋에서는 “경작을 할 때, 먼저 풀을 베고 나무를 뽑는다”고 했다. 갑골문에도 “작柞”자가 등장한다.

49) 張政烺, 「釋甲骨文尊田及土田」, 『中國文獻硏究集刊』 第2集, 1983.

을축일에 왕께서 '이방'에서 나무를 제거할까요? 乙丑王柞蒉方.

을축일에 '이방'에서 김매기를 할까요? 乙丑耨蒉方.

—『합집』 20,624편

구석규는 이 두 복사에서의 "작柞"을 "욕耨"과 대칭시켜 "나무를 제거하다"는 뜻으로 풀이해야 한다고 했다. 갑골문에 "고잉告艿"라는 말이 보이는데, 이 또한 논밭의 잡초를 제거하는 것과 상관이 있다. 다음의 복사를 보자.

기묘일에 물어봅니다. 왕께서 '경'에 있는데, '하'가 와서 풀을 제거하고, 왕께서 [기장을 파종하면 될까요]? 己卯, 貞在冏, 咼來告艿, 王[其穄].

왕께서 기장을 파종하지 말까요? 王弜穄.

경진일에 물어봅니다. 왕께서 '경'에 있는데, '하'가 와서 풀을 제거할까요? 庚辰, 貞在冏, 咼來告艿.

왕께서 기장을 파종하지 말까요? 王弜稀.

—『합집』 33,225편

잉艿의 경우, 『옥편』에서 『설문』을 인용하여 "옛날 풀을 제거하지 않았는데 새 풀이 다시 난 것을 말한다舊草不芟新草又生曰艿"고 했다. 제穄는 동사로 기장을 파종하다는 뜻이다. 엄일평에 의하면, "이 복사는 아마도 왕이 '경' 땅에다 기장을 파종하려 하는데(사실은 제穄자인데 수水가 첨가되지 않았다—인용자 주) 안晏(즉 '하咼')이 그곳에는 옛날 풀도 제거되지 않았고 새 풀까지 자라난 상태라고 보고해 옴에 따라 기장을 파종할 수 없다는 것을 말한 것이다"고 했다.[50] 이 복사는 파종 전 농지의 잡초 제거에 대한 언급이다.

50) 嚴一萍, 「釋艿」, 『中國文字』 第16冊.

(3) 개간裒田

갑골문에서 보이는 "부전裒田"의 "부裒"자는 장정낭의 해석을 따랐다. 이 글자는 갑골문에서 번체와 간체의 두 가지가 있는데, 번체의 경우 "용用"과 토土와 두 손으로 구성되어, 두 손으로 "용用"을 잡고서 흙을 일구는 모습을 그렸다(『합집』 22 · 9,485 · 9,486편 등). 간체는 두 손과 토土로만 구성되어 "용用"은 생략되었는데(『합집』 9,477 · 9,484 · 33,223편, 『둔남』 2,260편 등), 한 손으로만 된 것도 있다(『합집』 5,814 · 34,239편 등). 이 글자에 대한 학자들의 견해는 많이 다른데, 양수달은 이를 굴掘자로 보고, 광물을 채취하는 것이라 했다.[51] 서중서는 귀貴로 해석하여 "귀전貴田"은 김매기耨田와 같다고 했는데,[52] 호후선도 이 설을 따랐다.[53] 진몽가는 거름주기糞田라고 했으며,[54] 곽말약은 "간墾"이라 해석하고 간전墾田은 채소밭을 일구는 것이라 했다.[55] 요종이는 옹壅이라 하면서, "옹전壅田"은 농작물에 배토를 하는 것이라 했는데,[56] 구석규도 이 설을 따랐다. 우성오는 곽말약의 설을 따라 간墾으로 해석했지만, "간전墾田"을 개간으로 보았다.[57] 장정낭은 부裒로 보았고, "부전裒田"은 "개간"과 같은 뜻이라고 했다.[58] 이의 의미를 "개간"으로 보는 것이 복사의 원래 의미에 부합한다. 장정낭에 의하면, "부전裒田"은 5 · 6 · 12월의 세 달에 걸쳐 기록되고 있다고 했다.

을유일에 점을 칩니다. '쟁'이 물어봅니다. "중인"들을 불러 '만'을 따르게 하

51) 楊樹達, 「甲骨文中開礦的紀載」, 『耐林廎甲文說』(『楊捌達文集之五』), 上海古籍出版社, 1986.
52) 徐中舒, 「試論周代田制及其社會性質」, 『四川大學學報』, 1955年 第2期.
53) 胡厚宣, 「說貴田」, 『歷史硏究』, 1957年 第7期.
54) 陳夢家, 『殷虛卜辭綜述』, 科學出版社, 1956, 537~538면.
55) 郭沫若, 『殷契粹編考釋』, 科學出版社, 1965, 1221片.
56) 饒宗頤, 『殷代貞卜人物通考』, 香港大學出版社, 1959, 258면.
57) 于省吾, 「從甲骨文看商代的農業墾殖」, 『考古』, 1972年 第4期.
58) 張政烺, 「卜辭裒田及其相關問題」, 『考古學報』, 1977年 第1期.

여 왕의 일을 돕게 할까요? 5월이었다. 己酉卜, 爭, 貞供衆人呼從受叶王事. 五月.

갑자일에 점을 칩니다. '각'이 물어봅니다. 왕께서 '만'에게 □□에서 개간을 하게 할까요? 甲子卜, 品, 貞令受裒田于□□.[59]

—『합집』 22편

계사일에 점을 칩니다. '빈'이 물어봅니다. "중인"들로 하여금 '양방'에 들어가 개간을 하게 할까요? 6월이었다. 癸巳卜, 賓, 貞令衆人取(趨)入羊方裒田. 六月.

물어봅니다. "중인"들에게 시키지 말까요? 貞勿令衆人.

—『합집』 6편

계□일에 [점을 칩니다]. '□'이 물어봅니다. '선후'에게 개간을 하게 할까요? 12월이었다. 癸□[卜], □, 貞令裒[田]于先侯. 十二月.

—『합집』 9,486편

5・6월이라면 채소밭을 일굴 수 없는 시점이고, 12월이라면 김매기, 퇴비 주기, 곡식에 배토하는 것도 농사의 때와 맞지 않다. 12월 겨울에 황무지를 개간하고, 5월과 6월에는 묵정밭을 개간한 것인데, 여름철 개간은 물이나 불을 이용해 잡초를 죽이기가 쉽기 때문이다.

(4) 흙 뒤집기

흙 뒤집기를 갑골문에서는 "협전劦田"과 "적전耤田"이라 부른다. 이미 앞에서 농업 도구에 대해 이야기 할 때 언급했듯이, "협전"의 "협劦"자는 삽鍤 즉 보습耜으로 흙을 일구는 것이며, "적전"의 "적耤"자는 두 날로 된

59) (역주) 品은 宀이 더해진 모습으로 나타나기도 하는데, 玨으로 옮겨지고, 瑴의 원래 글자이다. 옥 두 개가 그릇에 담긴 모습을 그렸는데, 위쪽의 口는 玉 덩이를 뜻한다. 饒宗頤, 『殷代貞卜人物通考』, 318・662면.

쟁기로 흙을 일구는 것이다. "협전"의 "협"자는 세 자루의 삽鍤으로 구성되어 삽이 많음을 나타냈다. 복사에서 "협전"을 말하면서 "중인에게 크게 영을 내리다大令衆人"는 식으로 표현하여 그 규모를 묘사했다.

> ……[왕께서] "중인"에게 크게 영을 내려 말했다. 흙을 일구면 풍년이 들 것이다. 11월이었다. ……[王]大令衆人曰, 劦田, 其受年. 十一月.
>
> —『합집』 1편

"협전"에 관한 일을 기록한 달을 보면 위의 복사에서 말한 것처럼 "11월" 이외에도 "12월"이 있는데(『합집』 9,499편), 구석규에 의하면 "협전"은 아마도 이듬해 봄의 파종을 위한 준비로서 겨울에 이루어졌던 대규모 흙 뒤집기 작업이라고 했다. 이는 "보리 파종"으로 보았던 동작빈의 해석보다 합리적이다.60)

"협전" 때에는 아마 "두 사람이 나란히 밭을 갈던耦耕" 제도가 있었던 것 같다. 갑골문에는 "우耦"자가 보이는데, 손으로 두 개의 삽鍤(보습)을 잡은 모습을 그렸다(『합집』 5,345·6,753·7,002편, 10,410편 뒷면 등). 하지만 복사들이 모두 부서진 조각이어서 농경과 직접 관계가 있는 지의 여부는 알 수 없다. 『고공기』에는 "두 개의 보습으로 하는 것을 '우'라고 한다二耜爲耦"고 했고, 『논어』「미자微子」에는 "장저長沮와 걸익桀溺이 두 개의 보습으로 밭을 갈고 있었다耦而耕"고 했다. 두 사람이 힘을 합쳐 흙을 일구는 것은 고대 중국의 협력 노동의 형식인데, 갑골문에서의 "우耦"는 바로 이러한 협력 노동 방식에 의해 만들어진 글자이다.

"적전耤田"을 했던 시기에 대해, 복사에 보이는 것은 12월과 3월이다(『합집』 9,500·900편 앞면). 12월은 "협전"을 했던 때와 동일하여, 이것도 봄 파종 이전 흙을 뒤집던 농사활동을 말한다.

---

60) 董作賓, 『殷歷譜』 下編 卷4, 『中央研究院歷史語言研究所專刊』(石印本), 1945, 6면 下.

흙을 뒤집는 일이라면 우경犁耕에 관한 문제도 존재하는데, 이에 대해서는 이미 앞에서 기술했기에 줄인다.

(5) 토지의 정리

토지 정리 작업을 갑골문에서는 "준전墫田"과 "작룡作龍(혹은 작농作壟)"이라 부르고 있다. "준전墫田"은 『합집』 9편에 보인다.

> 신미일에 점을 칩니다. '쟁'이 물어봅니다. "중인"들이 …… 토지를 정리할까요? 辛未卜, 爭, 貞曰衆人 …… 蹲田 ……

준墫은 흙을 모으다는 뜻이다. 장정낭에 의하면 "준전墫田은 개간 때 나온 흙으로 밭이랑壟을 만들고, 이를 정식 농경지로 만드는 작업을 말한다"고 했다.[61] 복사에는 "작룡作龍"이라는 말이 있는데, 이것은 바로 "작농作壟" 즉 밭이랑을 만들다는 뜻이다.

> 모든 밭에 이랑을 만드는데, 비가 올까요? 其作龍于凡田, 有雨.
>
> —『합집』 29,990편

용龍은 농壟과 같다. "작농作壟"은 바로 밭 사이에 이랑을 만드는 것을 말하며, 이랑 위에다 곡물을 심는데, 이는 "준전墫田"과 같은 작업을 말하며, 표현법만 다를 뿐이다. 논밭에서 이랑壟은 고랑溝과 서로 합쳐져 배수의 편리는 물론 이랑 사이에 물이 들어가 관리하기 쉽도록 만들어 주며, 햇빛을 충분히 받고 통풍이 잘되도록 만들어 준다. 『여씨춘추』 「임지편任地篇」에서는 "이랑은 넓고 편평하게, 고랑은 작고 깊게 해야 하며, 아래는 음지가 위는 양지가 되어야 모두가 잘 자랄 수 있다畝欲廣以平,

61) 張政烺, 「釋甲骨文尊田及土田」, 『中國文獻硏究集刊』 第3集, 1983.

圳欲小以深, 下得陰, 上得陽, 然後咸生"고 했다. 농작물의 생장에 큰 도움이 된다는 말이다.

(6) 퇴비 주기糞種

갑골문에 [illegible]자가 있는데, 이는 시𡲬자로 옮긴다.62) 이 글자는 언제나 "전田"과 "수년受年"과 관련되어 나타나는데, 다음의 복사를 보자.

경진일에 점을 칩니다. 다가오는 계미일에 '서단'의 농지에 퇴비를 하면 풍년이 들까요? 13월이었다. 庚辰, 貞翌癸未𡲬西單田, 受有年. 十三月.

—『합집』 9,752편

병신일에 점을 칩니다. '쟁'이 물어봅니다. 侯에게 영을 내려 농지에 퇴비를 주게 하면 풍년이 들까요? 丙申卜, 爭, 貞令侯𡲬有田, 受年.

—『합집』 9,575편

물어봅니다. '익'이 퇴비를 내어 수확이 있으면 농지를 개간할까요? 貞翌𡲬有正乃裒田.

—『합집』 9,480편

물어봅니다. 禽를 시켜 밭에다 퇴비를 주게 할까요? 貞令禽𡲬有田.

—『합집』 9,750편

"시전𡲬田"에서의 "시𡲬"를 어떤 학자는 "선택하다選"로 풀이하기도 하는데, 구석규는 파종 전 경작지를 선택하다는 의미로 해석했다. 혹자는

---

62) (역주) 𡲬의 해석은 분분하나, 胡厚宣의 견해를 따라 屎로 옮기고, 독음을 '시'로 표기한다.

"사전徙田", 즉 농지를 바꾸다는 뜻으로 해석하기도 했는데, 농촌에서 다시 토지를 재분배하는 활동을 말한다.[63] 그런가 하면 혹자는 설屑 즉 "초肖"로 해석하였는데, "초전肖田"은 황무지를 개간하거나 풀을 제거하는 작업을 말한다고 했다.[64] 또 혹자는 퇴비주기, 즉 시비施肥를 말한다고도 했다.[65] 이상의 여러 가지 설을 참조해 볼 때, "퇴비를 주는" 것이라는 해석이 원래의 의미에 비교적 가깝다. "퇴비를 주었다"고 기록된 달을 보면 13월과 2월(『합집』 9,577편)의 두 경우가 있는데, 이때는 마침 오늘날 중국 북방의 농촌에서 퇴비를 내는 시기와 일치한다. 화북 평원의 농촌에서는 퇴비주기를 매우 중요시하는데, 흙을 뒤집고 파종을 하기 전, 먼저 물기를 뺀 농가의 퇴비를 음력설이 되기 전 밭으로 가져가 묻어두었다가, 흙을 뒤집기 전에 다시 철제 가래로 흩어 두고, 밭을 갈 때 퇴비가 흙 속으로 들어가게 만든다. 이러한 작업을 보면, 복사에서 말한 것처럼 "13월" 새해가 오기 전에 비료를 내 놓았다가, 복사에서 말한 것처럼 "2월" 새해가 되어 퇴비를 뿌린다. 상나라 사람들은 소·말·양·돼지 등을 모두 이미 우리에 가두어서 키웠기 때문에, 이들 짐승의 분뇨를 퇴비로 사용할 수 있다는 것은 그들이 이미 잘 알고 있는 사실이었다. 「사승지서氾勝之書」에서도 이미 기록되어 있듯이, 이윤伊尹이 백성들에게 "퇴비를 하고 파종을 하는" 일에 대해 가르쳤다고 하는데, 복사에서의 기록과 일치하고 있다.

(7) 파종

파종에 관한 복사에서는 명사로 된 농작물의 품종을 동사로 사용하고 있다. 즉 다음의 예처럼 어떤 농작물을 파종하였다는 식으로 표현했다.

---

63) 兪偉超, 『中國古代公社組織的考察』, 文物出版社, 1990, 6~20면.

64) 張政烺, 「甲骨文"肖"與"肖田"」, 『歷史硏究』, 1978年 第3期.

65) 胡厚宣, 「殷代施肥說」, 『歷史硏究』, 1955年 第1期; 「殷代施肥說補正」, 『文物』, 1963年 第5期; 「再論殷代施肥問題」, 『社會科學戰線』, 1981年 第1期.

왕께서 가서 "중"을 보내 '경' 땅에서 기장을 심을까요? 王往致衆黍于冏.

—『합집』 10편

'보'를 불러 '자'에서 돌 벼를 심게 하면, 풍년이 들까요? 呼甫秜于娟, 受有年.

—『합집』 13,505편 앞면

['명'과] '향'에서 콩을 심으면 수확을 할 수 있을까요? 2월이었다. 菽于[名]享, 受年. 二月.

—『합집』 9,551편

'보'가 가서 찰기장을 심으면 수확을 할 수 있을까요 1월이었다. 甫往秫, 受年. 一月.

—『합집』 20,649편

물어봅니다. 검은 기장을 '용'에다 심으면 수확을 할 수 있을까요? 2월이었다. 貞穄, 在龍囿沓, 受有年. 二月.

—『합집』 9,552편

다만 상나라 사람들이 파종을 할 때 흩뿌려 심기撒播를 했는지, 점뿌림點播을 했는지, 줄 파종條播을 했는지에 대해서는 알 수 없다.

(8) 농지의 관리

농지 간의 관리에 관한 것으로 복사에 보이는 것은 다음의 몇 가지가 있다.

① 사이갈이中耕 때의 제초除草

『합집』 10,571편에는 두 손으로 삽鍤을 들고 풀을 제거하는 모습의 글자가 보이는데, 구석규는 이를 삼芟으로 해석했다.

…… '백'이 …… 사이갈이를 …… 농지에 …… 하지 않을까요? …… 白 …… 芟 …… 田弗 ……

이는 농사를 지을 때의 잡초 제거와 관련 있어 보인다. 앞에서도 이미 지적했다시피 초艸(혹은 목木)와 신辰과 우又로 구성된 욕蓐자는 김매다耨나 잡초를 제거하다艻 등의 뜻을 가져, 모두 농지의 잡초를 없애는 것을 말한다.

갑골문에는 순𦥑자(『합집』 28,228 · 28,230편, 『둔남』 71 · 3,004편 등)가 있는데, 이 뒤에는 대부분 "수확이 있을까요? 受年"나 "기장의 수확이 있을까요? 受禾"라는 말이 따라 온다. 구석규는 이 글자의 소리부가 순旬이라 보고서 김매다耘는 뜻으로 해석했는데, 이는 경작과정에서 논밭의 잡초를 없애는 작업을 말한다.

② 관개灌漑

갑골문에서의 "전田"자는 가로와 세로로 교차된 물길을 그렸는데, 이는 일종의 배수시설로 알려져 있다. 갑골문에서의 "백정百汫"라는 단어(『합집』 18,770편)의 경우, 정汫자를 보면 우물 옆으로 물이 흘러나오는 모습인데, 이는 우물을 파서 논밭에 물을 대는 모습을 그린 것으로 풀이하기도 한다.66) 침지유는 이 정汫자를 정阱으로 보았다. 그는 『주례』 「추관秋官」 「옹씨雍氏」에서 "봄이 되면 영을 내려 관정을 파게 하였는데, 이는 관정이 농사에 주는 이로움을 보호하기 위함이었다春令爲阱, 護溝瀆之利于民者"고 했는데, 정현은 "구溝 · 독瀆 · 회澮는 모두 논밭 사이를 통하는 물

66) 溫少峰 · 袁庭棟, 『殷墟卜辭硏究』 「科學技術篇」, 四川社會科學院出版社, 1983, 202면.

길을 말한다溝瀆澮, 田間通水者也"고 풀이했다. 『옥편』에서도 정洴자의 뜻을 "작은 물길을 말하며, 달리 표류하다는 뜻도 있다小水貌, 又, 漂流也"고 했다. 그렇다면 "백정百洴은 백 개의 붓도랑이라는 의미이다."[67] 우물에서 물을 가져와 논밭에 관개하였다면 물론 작은 물길이었을 것이다. 『세본』에는 "탕 임금 때 가뭄이 들자, 이윤은 백성들에게 논밭의 머리 부분에 우물을 파서 관개를 하도록 했다湯旱, 伊尹教民田頭鑿井以灌田"고 기록하고 있다. 그래서 "1백 개의 관개수로百洴"라는 장관이 펼쳐질 수 있었을 것이다.

갑골문에 라는 글자가 보이는데, 진방회는 이를 우圩자라고 하면서, 제방을 축조하다는 뜻으로 풀이했다.[68] 복사에서는 다음의 예처럼 "정하正河"와 연결되어 출현한다.

> □묘일에 점을 칩니다. '쟁'이 물어봅니다. 왕께서 영을 내려 강의 물길을 다스리는데 새로운 제방을 축조하게 하면, 정말로 수확이 있을까요? [1]1월이었다. □卯卜, 爭, 貞王迄令正河新圩, 允正. [十]一月.
>
> —『합집』 16,242편

> 경술일에 점을 칩니다. '쟁'이 물어봅니다. 왕께서 강의 물길을 다스리는데 새로운 제방을 축조하게 하면, 정말로 수확이 있을까요? 庚戌卜, 爭, 貞王迄正河新圩, 允正.
>
> —『합집』 16,243편

"정하正河"를 곽말약은 "치하治河"로 보았다.[69] 즉 강의 물길을 다스릴 때 새로 제방을 축조해 농지에 물을 대거나 홍수로부터 농지를 보호하

---

67) 沈之瑜, 「"百洴"·"正河"解」, 『上海博物館集刊』 第4輯, 1987.
68) 陳邦懷, 『殷代社會史料徵存』, 天津人民出版社, 1959.
69) 郭沫若, 『殷契粹編考釋』, 科學出版社, 1965, 77면 上.

는 설비를 말한다. 이는 상나라 때의 수리시설이다. 갑골문을 보면 "영역하令逆河"라는 표현이 등장하는데(『합집』 14,626편), 왕귀민은 이를 두고 제방을 헐어 물길을 트다는 뜻이라고 했는데,[70] 이것도 치수 활동의 하나였다.

③ 병충해 다스리기

갑골문을 보면 "蝱"자가 있는데, 곤충을 닮았다. 혹자는 귀뚜라미라고도 하고 시절을 나타내는 단어로 쓰여 "가을秋"을 말한다고도 한다. 이 글자는 여러 뜻을 가진 단어이지만, 다음의 복사에서는 가을이라는 뜻의 "추秋"로 해석하면 의미가 잘 통하지 않는다.

> 물어봅니다. 갑신일에 蝱(메뚜기 떼)가 생겨 밤까지 이어졌는데, 이를 안정시키는 '녕'제사를 드리는데 큰 희생 소 세 마리를 쓸까요? 貞甲申蝱夕至, 寧, 用三大牢.
>
> —『둔남』 930편

가을이 "밤에 이를夕至" 수는 없는 일이며, "밤에 이를夕至" 수 있는 존재는 분명 사람이거나 생명체야 한다. 그리고 갑골 복사에는 또 다음처럼 "녕추寧秋"라는 말도 등장한다.

> 을해일에 점을 칩니다. 蝱(메뚜기 떼)을 안정시키는 '녕'제사를 '순'에서 올릴까요? 乙亥卜, 其寧蝱于𦎫.
>
> —『합집』 32,028편

> 물어봅니다. 蝱(메뚜기 떼)을 안정시키는 '녕'제사를 상제의 다섯 신하에게 올리고, 태양 신에게도 고할까요? 貞其寧蝱于帝五玉臣, 于日告.

70) 王貴民, 「商代農業概述」, 『農業考古』, 1985年 第2期(總第10期).

—『둔남』 930편

갑골문에서의 "녕寧"자는 재앙을 종식시키는 제사의 일종으로, "녕수寧水"(『둔남』 930편) · "녕풍寧風"(『합집』 13,372편) · "녕우寧雨"(『합집』 32,992편) · "녕질寧疾"(『둔남』 1,059편) · "녕가寧戠"(『합집』 14,370편) 등과 같다. 물水 · 바람風 · 비雨 · 질병疾 · 재앙戠 등은 모두 사람을 해치는 것들이다. 그래서 그 해악을 멈추어 달라고 신에게 제사를 드린다. 이 때문에 "寧蝱"에서의 "蝱"자를 누리螽로 보기도 하고 황충蝗虫이라고 할 때의 황蝗자로 보기도 하는데, 모두 메뚜기를 가리킨다[71]는 것이 옳다. 복사의 경우 이 존재에 대해 점을 친 것을 보면, 대부분 이러한 것들이 닥쳐 올 것인지의 여부, 상갑上甲 · 강河 · 산岳 · 기夔 등에게 제사를 올려 그것을 안정시켜줄 방법을 구하는 등에 관한 것이다. 하지만 어떤 경우 "蝱"자의 아랫부분에 화火자가 들어간 경우도 있어(『합집』 29,715 · 32,854 · 32,968편 등), 그것을 불로 태워 죽이는 적극적인 방법을 보여주고 있다. 즉 불로 메뚜기 떼를 태워 죽이는 방법인데, 이는 오늘날에도 하남 지역 등에서 사용되고 있는 방법의 하나이다. 하남성 사람의 이야기에 의하면, 이전에 메뚜기 떼의 습격을 받아 사람들이 함께 메뚜기 떼를 퇴치한 적이 있는데, 잡은 메뚜기의 크기가 대단히 컸고, 구덩이를 파서 묻거나 불더미에 넣어 태웠다고 한다. 화火자가 들어간 "蝱"은 상나라 때에도 메뚜기 떼를 없앨 때 불로 태워 죽이는 이러한 적극적인 방법이 사용되었음을 보여준다.

(9) 수확

수확에는 이삭 따기와 줄기 채 베기의 두 가지가 있다. 앞에서 도구에

71) 彭邦炯, 「商人卜螽說」, 『農業考古』, 1983, 第2期(總第6期); 范毓周, 「殷代的蝗災」(同上); 郭若愚, 「釋蝱」, 『上海師範學院學報』, 1979年 第2期.

대해 기술할 때, 이미 유𢼸와 얼𥞤자(즉 예𠛱자)에 대해 말한 바 있다. 갑골문을 보면 화禾와 구口로 구성된 𥝩자가 등장하는데, 이는 𥝩자로 옮길 수 있다. 곽말약은 이를 볏짚禾秆이라고 할 때의 간秆자로 보았고,[72] 구석규는 열裂자로 해석하여, "조나 기장과 같은 곡물의 대를 말한다"고 하면서, 곽말약과 같은 견해를 피력했다. 이 글자가 동사로 쓰이면 조의 줄기를 처리하는 행위를 말한다. 상나라 사람들은 곡물의 대를 절단하고 물기를 스며들게 하여 썩혀서 퇴비로 사용했다. 다음의 복사를 보자.

> 다가오는 '경'일에 조의 대를 수확하여 비가 오도록 기도를 드리고, 이를 모아 놓으면 오는 '경'일에 큰 비가 내릴까요? 翌日庚其𥝩乃舞, 𢓊(比)至來庚有大雨.
>
> 다가오는 '경'일 조의 대를 절단하여 비가 오도록 기도를 드리면, 큰 비가 오지 않겠습니까? 來庚𨛜𥝩乃舞, 亡大雨.
>
> —『합집』 31,199편

무舞雨는 비를 내리게 해 달라는 기도 행위이다. 얼𨛜자를 구석규는 제制로 해석하고서 절단하다는 뜻으로 풀이했다. 그래서 "𨛜𥝩"은 조의 대를 절단하다는 뜻이다. 조의 대를 절단한 후 비가 내려 빠른 시일 내에 썩도록 기도했던 것이다.

(10) 탈곡脫穀

갑골문을 보면 𣪊자가 있는데, 𣪊(『합집』 27,123편, 𣪊『합집』 28,173편) 등의 모습으로 등장한다. 동작빈은 이 글자를 두고서 왼쪽은 래來자로 보리를 그렸고, 오른쪽은 손으로 나무막대를 잡고 있는 모습으로 도리깨를 그렸다고 했다. "옛날의 보리타작 하는 모습을 완전하게 표현한 것으로 '손으로 도리깨를 잡고 보리를 타작하는' 모습을 그렸다. 맥麥자 아래쪽에

72) 郭沫若, 『殷契粹編考釋』, 科學出版社, 1965, 113면 上.

우又가 더해진 것은 바로 '한 손으로 보리의 뿌리를 잡고, 한 손으로는 막대를 쥐고서 보리의 알갱이가 떨어지도록 하는 모습'을 그려 더욱 사실적으로 표현했다." 갑골문에서 이 글자는 단지 복을 내려주거나 보살핌을 주는 의미로만 쓰였지 동사로는 쓰이지 않았다. 동작빈은 이러한 의미 또한 보리의 타작에서부터 온 뜻으로, "보리타작을 하면 보리의 알갱이가 줄기로부터 떨어져 나온다.(…중략…) 수확은 바로 하늘의 보살핌을 받아야만 매년 큰 수확을 얻게 된다. 그래서 여기에 복을 내려주고 보살핌을 주다는 뜻이 있게 되었다"고 했다.[73] 참고할 만한 학설이다.

(11) 저장

양식의 저장을 갑골문에서는 늠㐭이라 불렀는데, 이는 창고倉廩라고 할 때의 늠廩으로, (『합집』 9,638 · 9,639편 등)이나 (『합집』 33,236 · 33,237편) 등의 형태로 나타난다. 진몽가는 이렇게 말했다. "지붕이 없는 낫가리의 모습을 그렸다. 지금도 북방의 농민들은 보리 타작마당에다 원형의 낮은 대를 쌓고, 그 위에다 보릿대와 보리 쭉정이를 쌓고, 꼭대기를 덮개 모양을 덮은 후 다시 진흙으로 칠을 한다. 이를 '화람자花籃子'라고 부르는데, 이와 닮았다."[74] 이는 갑골문에서의 늠㐭에 대한 가장 적절한 해석으로 보인다. 상나라 사람들의 곡식창고는 왕도王都의 남쪽에 만들어졌는데, 이를 "남름南廩"이라 불렀다(『합집』 5,708편 앞면 · 9,636 · 9,637 · 9,639 · 9,640편 등). "남름南廩"은 아마도 『사기』 「은본기殷本紀」에서 말한 "거교의 곡식鉅橋之粟"이라고 할 때의 "거교鉅橋"로 된 곡식 창고였으며, 여기에는 대량의 양식이 저장되었을 것이다. 그래서 갑골문을 보면 남름南廩 "시찰省"에 대한 점복이 대단히 자주 등장하며, 이러한 임무를 부여받은 사람으로는 속인束人(『합집』 9,636편) · 오吳(『합집』 9,638편) · 병竝(『합집』 9,639편) · 선

73) 董作賓, 「釋"馭嫠"」, 『安陽發掘報告』 第4期, 1933.
74) 陳夢家, 『殷虛卜辭綜述』, 科學出版社, 1956, 536면.

先(『합집』 9,641편) 등이 있었다.

"남름南廩"이 왕도의 남쪽 교외에 만들어졌다면, 나머지 다른 곳에서도 곡식 창고가 만들어졌을 것이다. 예컨대 이㖟와 만𤔲 같은 곳이 그러하다. 이㖟에 세워진 곡식 창고는 상당히 멀리 떨어져 있었기 때문에, 상나라 왕은 여러 사람을 연합해 순시하도록 했으며, 두 제후국과 큰 강 하나를 건너가야만 했다.

> 을해일에 점을 칩니다. 물어봅니다. '다마아' · '니' · '구' · '극' 등으로 하여금 '이'에 있는 곡식창고를 시찰하게 하여, '창후'까지 이르게 할까요? 다시 '격천'을 따라서 '수후'를 따르게 할까요? 乙亥卜, 貞令多馬亞·䛐·遘·𥛝省㖟廩, 至于倉侯. 從㷟川, 從垂侯.75)
>
> —『합집』 5,708편

동일한 지점에 세워진 곡식창고는 당연히 많았을 것이다. 갑골문에 기록된 어떤 해의 11월, 복僕과 재宰가 만𤔲에서 힘들게 일 했지만, 밤에 3곳의 곡식창고가 불타고 말았다는 기록이 보인다.

> 왕께서 점괘를 해석해 말했다. 재앙이 있으리라. '부'와 '광'에게 재앙이 생기리라. 그날로부터 6일째 되던 무오일에 과연 [재앙이 왔다]. 노복이 '만'에서, 재노宰奴가 □에서 그 힘들게 □ 잡초 제거 작업을 하고 있었는데, 그날 밤 곡식창고 3곳이 불탔다. 11월이었다. 王占曰, 有祟, 婦·光其有來艱. 迄至六日戊午允有[來艱], 有僕在𤔲, 宰在□, 其□薅, 亦(夜)焚廩三. 十一月.
>
> —『합집』 583편 뒷면

곡식 창고는 종종 공격을 받아 파손되기도 했다. 그래서 상나라 왕은

---

75) (역주) "'다마아' · '니' · '구' · '극' 등으로 하여금"을 王宇信은 "대마아인 '니'와 귀족 '극'을 만나게 하여"로 해석했다. 『甲骨文精粹解釋』, 1,481면.

사람을 보내 "시찰하게" 하고, 순찰하게 함으로써, 다음의 복사처럼 그 안전을 도모하곤 했다.

> 물어봅니다. '선'으로 하여금 남쪽 창고를 시찰하게 할까요? 貞先省在南廩.
>
> —『합집』 9,641편

> 물어봅니다. '다마아'·'니'·'구'·'극' 등으로 하여금 '이'에 있는 곡식창고를 시찰하게 할까요? 貞令多馬亞·俔·遘·祴省陮廩.
>
> —『합집』 5,708편

> 계사일에 점을 칩니다. '필'로 하여금 곡식창고를 시찰하게 할까요? 癸巳卜, 令皁省廩.
>
> —『합집』 33,236편

> '녕'제사를 지내고 '고'로 하여금 곡식창고를 시찰하게 할까요? 叀寧鼓令省廩.
>
> '마'로 하여금 곡식창고를 시찰하게 할까요? 叀馬令省廩.
>
> —『둔남』 539편
>
> ……"중"이 곡식창고를 시찰할까요? …… 衆以省廩
>
> —『둔남』 180편

2) 노동자의 신분

갑골문에 보이는 농업 노동자로는 오직 "중衆"이나 "중인衆人"으로 불리는 한 가지가 있을 뿐이다.[76)]

76) 趙錫元, 「試論殷代的主要生産者"衆"和"衆人"的社會身份」, 『東北人民大學人文科學學報』, 1956年 第6期; 王承紹, 「試論殷代的直接生産者－釋羌和衆」, 『文史哲』, 1954年 第6期.

……(왕께서) 크게 영을 내려 '중인'에게 말하기를 '함께 협력해 밭을 갈면 풍년이 들리라'라고 했다. 11월이었다. ……(王)大令衆人曰, 劦田, 其受年. 十一月.

—『합집』 1편

물어봅니다. '중인'에게 영을 내려 '상방'으로 가게 하여 개간하게 할까요? 貞令衆人取(趨)入絴方裒田.

—『합집』 6편

물어봅니다. '중'이 밭을 갈면 잃지 않을까요? 貞衆作耤不喪.

—『합집』 8편

'소신'이 '중'에게 영을 내려 기장을 심게 할까요? 小臣令衆黍.

—『합집』 5,597편

이외에도 복僕과 재宰가 있긴 하지만, 갑골문에서 농업과 관련된 활동에 종사한 경우는 단 1차례 나타날 뿐이다.

노복이 '만'에서, 재노宰奴가 □에서 그 힘들게 □ 잡초 제거 작업을 했는데, 그날 밤 곡식창고 3개가 불탔다. 11월이었다. 有僕在曼, 宰在□, 其□蓐, 亦焚廩三. 十一月.

—『합집』 583편 앞면 · 뒷면

11월 때의 김매기蓐라면 제초 활동을 말한다.

이러한 노동은 상나라 왕과 관련 신료들의 조직 하에서 집체적으로 진행되었으며, 그 지점도 고정되었던 것이 아니라 위에서 인용했던 『합집』 6편에서처럼 그들로 하여금 '상방絴方'으로 보내 농지를 개간하도록 했다. 또 『합집』 10편에서처럼 "왕께서 가서 '중'을 보내 '경'에서 기장을 심게 할까요? 王往致衆黍子冏"에서처럼 그들을 '경' 땅으로 보내 기장을 심게 하였다. 이렇게 볼 때 중인衆人들의 노동 장소는 왕실의 농경지였지,[77] 자신들이 소유한 식량 제공지에서 진행된 것은 아님을 알 수 있다.

갑골문에는 "읍인邑人"이라는 호칭이 보이지만(『합집』 799편, 9,741편 뒷면, 14,211편 뒷면) 그들이 농업생산에 종사했던 갑골 기록은 보이지 않는다.

3) 농사 관리

농사 관리라는 측면에서 상나라 때에는 이미 비교적 완전한 체제가 만들어졌다. 먼저 상나라 왕이 직접 출두하여 농업활동에 종사할 것을 명령한 경우도 있다.

> 왕께서 영을 내려 '다윤'에게 서쪽 지역에서 개간을 하게 하면 조의 수확을 얻을까요? 王令多尹裒田于西, 受禾.
>
> —『합집』 33,209편

"다윤多尹"은 관직이름으로, 상나라 왕이 여러 "윤尹"에게 서쪽 지역의 농경지 개간을 명령한 것이다.

> 왕께서 영을 내려 '중인'들에게 '함께 밭을 갈라'고 할까요? 王大令衆人曰, 劦田.
>
> —『합집』 1편

이는 상나라 왕이 생산자인 중인衆人들에게 함께 경작할 것을 직접 명령한 것으로, 한 포기 한 포기 철저하게 심으라는 명령이라 하겠다.

---

77) 王貴民, 「就甲骨文所見試論商代的王室田莊」, 『中國史研究』, 1980年 第3期.

왕실에는 농사를 주관하는 관직이 설치되었는데, 이를 "소적신小耤臣"이라 불렀다.

을해일에 점을 칩니다. '소적신' '오'에게 영을 내릴까요? 己亥卜, 貞令吳小耤臣.

—『합집』 5,603편

농업에 직접 참여하는 노동자인 중인衆人을 관리하는 관리를 "소중인신小衆人臣", 즉 "중인소신衆人小臣"이라 불렀다.

물어봅니다. '소중인신'을 부를까요? 貞叀呼小衆人臣.

—『합집』 5,597편

수확을 관장하던 관리는 "소예신小刈臣"이라 불렀다.

……'소예신'을 부를까요? …… 呼小刈臣.

—『을』 2,813편

'소예신'을 …… ? 小刈臣.

—『을』 5,915편

구석규에 의하면 "소예신小刈臣"은 수확을 총괄하던 왕실 관리를 말한다.

갑골문에는 "준畯"자도 보이는데(『합집』 5,605 · 5,610편), 이 글자는 나진옥에 의해 해독되었지만 해당 복사가 모두 잘려 나간 상태라 의미가 불분명하다. 『시』 「빈풍豳風」 「칠월七月」에 "전준이 이를 기뻐한다네 田畯至喜"라는 시구가 있는데, 「모시전」에서는 "전준田畯은 농사를 관장하는 대부田大夫를 말한다"고 했다. 만약 주나라 때의 제도로써 추측해 보면 갑골문에서의 "준畯"도 아마 농사를 주관하는 관리의 하나였을 것이다.

갑골문에서의 "윤尹"은 관리라는 뜻인데, 굴만리는 "윤尹은 주관하는 관리를 말한다"고 했다.[78] 복사를 보면 윤尹·다윤多尹 등은 농사의 관리에 종사하였다.

영을 내려 '윤'에게 크게 농사를 지으라고 할까요? 令尹作大田.[79]

—『합집』 9,472편

영을 내려 '다[윤'에게] '상방'으로 [가서] 개간을 하도록 할까요? 多[尹入]絴方裒田.

—『합집』 33,213편

"다윤多尹"이 모두 농업생산의 관리 활동에 종사하였다는 사실로 볼 때, 상 왕조에서는 농사가 중시되었음을 알 수 있다. 갑골문에 출현한 인명은 모두가 귀족이며, 그들은 왕실의 각종 관직을 담당했다. 갑골문에 종종 등장하는 왕, 혹은 왕이라고 거론하지 않은 채 "호呼"나 "영令"을 사용해 누구에게 어떤 농업활동에 종사하게 했다고 한 것들은 모두 왕의 관리가 파견되어 관리했던 어떤 농사활동을 말한다.

'필'로 하여금 '경'에서 개간을 하게 할까요? 令畢裒田于京.

—『합집』 9,473편

'뢰'를 불러 '명'에서 밭을 갈게 할까요? 呼雷耤于明.

—『합집』 14편 앞면

---

78) 屈萬里, 『殷虛文字甲編考釋』, 中央硏究院歷史語言硏究所, 1961, 118면.

79) 이 복사에서의 "田"자는 위쪽에 "V"자 모양의 骨花가 있는데, 『乙編』 新版本의 拓印이 깨끗한데, 자세히 살펴보면 사실은 契刻한 것이 아니기 때문에 "畎"으로 해석하는 것은 근거가 없다. 이에 대해서는 裘錫圭가 이미 그 오류를 바로잡은바 있다.

'보'를 불러 '자'에서 돌 벼를 심게 할까요? 呼甫秜于始.

—『합집』 13,505편 앞면

'부정'으로 하여금 가서 기장을 심게 할까요? 呼婦姘往黍.

—『합집』 9,533편 앞면

상나라 왕과 신료들의 농사에 대한 관리는 농사의 전 과정에 걸쳐 등장하고 있다. "농지를 살피고省田" 농지를 선택하는 것으로부터 수확과 저장한 "곡창의 시찰"까지 어느 하나 중시되지 않은 것이 없다. 이에 대해서는 이미 앞의 관련 부분에서 많은 예를 들었기 때문에 여기서는 생략한다.

상나라 왕은 농사 관리에 직접 종사하고 신료들에게 농업을 관리하라고 명령을 내린 외에도, 갑골문에는 그들이 지속적으로 신에게 제사를 올려 풍년을 빌고 누가 농사에 해를 끼치는지를 찾았음도 볼 수 있다. 예컨대 갑골문에 자주 보이는 구년求年·구화求禾·타년巷年·타화巷禾·수년受年·수화受禾에 관한 점복이 그러하다. 이러한 예는 열거할 수 없을 정도로 많다. 이에 대해서는 팽방형彭邦炯의 『갑골문 농업자료의 고변과 연구甲骨文農業資料考辨與研究』(길림문사吉林文史출판사, 1997.12)에 수록된 제334~614편의 자료를 참고하기 바란다. 이러한 내용이 책 전체에서 수록한 농업 자료의 거의 절반을 차지하고 있다. 상나라 사람들은 대단히 미신적이었으며, 상나라 왕은 신령에게 복을 빌었다. 이는 그들이 농업을 대단히 중시했다는 사실을 반영해 준다. 상나라 왕의 거동을 지금의 관점으로 보아 "미신"이나 "사기" 등으로 보아서는 절대 아니 된다. 상나라 왕들이 보기에 이러한 행위는 그들이 할 수 있는 가장 유효한 행동이었으며 이러한 행동에 의해 농업 생산이 관리되었다.

4) 농업 구역

갑골문에 보이는 농업 관련 구역의 확정에 대해, 호후선은 1938년에 완성한 장편의 논문 「복사에 보이는 은대의 농업卜辭中所見之殷代農業」에서 두 가지 표준을 제시했다. 즉 "어떤 지역에서 수확을 했거나 어떤 지역에서 경작을 한 것"으로 보았다. 그 이후 농업구역을 전문적으로 연구한 이는 종백생鍾柏生이다. 그는 1982년 9월 호놀룰루에서 개최된 "상대 문명 토론회"에서 「복사에 보이는 은대의 농업지리卜辭所見的殷代農業地理」라는 논문을 발표했으며, 이후 수정을 거쳐 1989년 출판된 『은상 지리 논총殷商地理論叢』에 실었다. 종백생은 이 논문에서 농업지명을 확정하는 표준에는 4가지가 있다고 했는데, ① 농사에 대해 점을 친 것, ② 수확에 관해 점을 친 것, ③ 농업과 관련한 제사복사, ④ 농업과 관련한 기후와 재해에 대해 점을 친 것 등이다. 이러한 4가지 표준 중에서 사실은 ①과 ②만이 농업의 지명문제와 관련되어 있다. ③에서 보이는 "추雈"에 대해 종백생은 이를 관觀으로 해독하고 관제灌祭를 말한다고 풀이했다. 하지만 복사에서의 "관觀"은 시찰이나 순시 등으로 보는 것이 좋을 것이며, 그가 들었던 "왕기추적王其雈耤"(『통』 455편)은 밭 갈기耤田를 시찰한 것으로 해석하는 것이 합리적이다.

양승남楊升南은 『상대 경제사商代經濟史』의 "농업"장에서 농업지역을 확정하는 표준으로 다음의 5가지를 제시했다. ① 어떤 지역의 "수년受年"이나 "수화受禾"의 여부를 점복한 복사, ② 어떤 지역에서 어떤 농사활동을 할 것인가에 대한 점복이 그것이다. ③ 갑골문의 "전田"자에는 여러 가지 뜻이 있는데, 그중 가장 기본적인 것은 농지農田라는 뜻이며, 그래서 지역을 가진 전田자 중에서 농지로 해석되는 경우 이 지역은 분명히 상나라 때의 농업 구역으로 볼 수 있다. ④ 곡창倉廩이 있는 곳, ⑤ "성전省田"과 관련된 복사로부터 상나라 때의 농업지역을 알 수 있다. 팽방형은 『갑골문 농업자료의 고변과 연구』에서 "어떤 지역에서 구년求年"을 했다면 이는 농업지이라고 하면서, “상에서 풍년을 빌다求年于滴”(『합집』 40,110편) · “‘심’에서 풍년을 빌다求年于阸”(『합집』 28,246편)에서의 ‘상’과 ‘심’은 농업지라고 했다.[80] 하지만 인용한 두 복사에서 ‘상’과 ‘심’은 구년求年의 대상이며, 구년求年의 대상은 모두 신의 이름이다. 예컨대 “대갑에게 풍년을 빌다求年于大甲”(『합집』 10,115편), “시임에게 풍년을 빌다求年于示壬”(『합집』 10,112편), “상갑에게 풍년을 빌다求年自上甲”(『합집』 10,111편), “고조에게 풍년을 빌다求年于高祖”(『합집』 33,308편) 등이 그러한데 이들은 모두 선조의 이름이다. 그래서 ‘상’과 ‘심’도 신의 이름이지 지명은 아니다.

갑골문에 보이는 농업지의 경우, 연구자들이 각기 다른 확정 기준을 적용한 탓에 발견한 농업지역의 이름에 대한 숫자도 차이를 보이게 되었다. 호후선은 동 · 서 · 남 · 북방의 농업 관련 점복 외에도 30개의 구체적인 농업지명을 발견했다. 그는 지리적 위치를 확정할 수 있는 지명 15곳과 확실하게 획정하지 못하는 6개의 지명 등에 근거해 “은대의 농업구역도”를 그려냈고, 은대 농업 구역의 범위가 “서쪽으로는 지금의 섬서성 흥평興平현 경계까지, 동남쪽으로는 지금의 강소성 휴녕睢寧현 경계까지, 남쪽으로는 지금의 하남성 석천淅川까지, 동쪽으로는 지금의 산동성 임치臨淄까지 이르며, 이는 지금의 황하 유역의 강소 · 안휘 · 산동 · 하남 · 산서성 등의 지역에 해당한다”고 했다.[81]

『갑골문과 갑골학』의 제16장 “농업과 사회”의 제2절이 “농업구역”인데, 거기서 장병권은 농업지구로 65개가 있다고 했다. 그는 이 65개의 지점을 3가지 정황으로 나누었다. ① 지리적 위치를 알 수 없는 경우로 26곳, ② 어떤 방국에 있다는 것만 알 수 있는 경우로 24곳, ③ 지리적 위치를 확정할 수 있는 경우로 15곳이 있다. 그에 의하면, 상나라 때의 농업구역의 범위는 대체로 호후선이 말했던 지역에 해당한다. 즉 “동쪽으로는 지금의 산동성 임치臨淄현 경계, 서쪽으로는 지금의 섬서성 흥평興平

80) 彭邦炯, 『甲骨文農業資料考辨與硏究』, 吉林文史出版社, 1998, 590～591면.
81) 胡厚宣, 「卜辭中所見之殷代農業」, 『甲骨學商史論叢』 第2集 上冊, 成都, 1944.

현 경계, 남쪽으로는 강소성 휴녕睢寧현 경계, 북쪽으로는 산서성 항곡桓曲현 경계에 이르러, 대체로 지금의 하남·섬서·산서·산동·강소·안휘 등 6개 성에 이르고 있다. 다만 이는 최소한으로 산정한 것이며, 실제로는 확정할 수 없는 지명과 대체로 확정 가능한 지명이 확정된 지명보다 두 배나 더 많다. 농업구역의 분포로 볼 때도 은대 농업의 보급과 발달 개황을 알 수 있다."[82]

종백생이 종합한 갑골문의 농업지는 98개에 이른다. 그는 논문의 뒷부분에서 "농업지역표"를 제시했으며, 각종 지명의 숫자를 분류해 열거했다. 즉 농사 류의 지명이 32개, 수확과 재해나 제사 류의 지명이 38개이다. 방위를 확정할 수 있는 지명으로는 상商(중상中商·대읍상大邑商·대읍大邑·구상丘商), 동쪽 지역(5개), 서쪽 지역(28개), 남쪽 지역(3개), 북쪽지역(1개) 등이며, 방위가 불분명한 경우가 22개이다.[83]

양승남은 『상대 경제사』의 "농업"장에서 "갑골문에 보이는 농업지명"을 부록으로 제시하면서 104개의 지명을 제시했으며, 각각의 지명 아래에 갑골 복사의 내원도 밝혀놓았다.[84] 최근 출판된 팽방형의 『갑골문 농업자료의 고변과 연구』의 "복사에 보이는 농업지명 집요輯要 고략 표목考略表目"(527~573면)에서 총 120개의 지명을 제시했는데, 복사를 열거했을 뿐 아니라 방위에 대해서도 고증해 두었다.

농업지명의 확정에 대해서는 학자들 간의 의견이 분분하다. 예컨대 "성전省田"과 관련된 복사를 종백생과 팽방형 모두 농업과 관련된 것이 아닌 것으로 보았다. 하지만 '상滴'이나 '심阠'(종백생은 '陧'으로 해독함)과 같이 수확을 비는 대상을 농업 지명으로 본 종백생과 팽방형의 견해는 재고되어야 할 부분이다. 이 두 가지는 지명이긴 하지만 수확을 비는 대상으로 쓰이기도 했는데, 다음의 예에서는 이미 더 이상 지명이 아닌 것으로

82) 張秉權, 『甲骨文與甲骨學』, 臺北國立編譯館, 1988, 449면.
83) 鍾柏生, 「卜辭中所見的農業地理」, 『殷商卜辭地理論叢』, 藝文印書館印行, 1989.
84) 楊升南, 『商代經濟史』, 貴州人民出版社, 1992, 106~110면.

보인다.

…… '상'에게 수확을 빌까요? …… 祈年于滴.

—『합집』 40,110편

…… '상'에게 조의 수확을 빌면 큰 비가 내릴까요? …… 祈禾于滴有大雨.

—『합집』 28,243편

'심'에게 수확을 빌까요? 其征祈年于阭.

—『합집』 28,246편

'심'에게 조의 수확을 빌까요? 其祈禾于阭.

—『합집』 28,247편

이를 다음의 복사들과 비교해 보면 분명해 진다.

'기'에게 수확을 빌까요? 祈年于夔.

—『합집』 10,067편

황하 신에게 수확을 빌까요? 祈年于河.

—『합집』 10,085편

'상갑'에게 수확을 빌까요? 祈年于上甲.

—『합집』 10,109편

'고조'에게 수확을 빌까요? 祈年于高祖.

—『합집』 23,717편

기夔 · 황하河 · 상갑上甲 · 고조高祖 등은 모두 신의 이름이다. 이외에도 "전田+우于+어떤 지명"으로 된 복사에서의 "전田"자도 수렵지를 말한 것이지 농지를 말한 것은 아닌 것으로 보인다.

> 왕께서 '계'에서 사냥을 하는데, 오고 가는 데 재앙이 없을까요? [왕께서 점괘를 해석해 말했다.] '대단히 길할 것이다. 해도 좋다.' 여우 86마리를 잡았다. 王田于鷄, 往來亡災. [王占曰]: 弘吉, 玆御. 獲狐八十又六.
>
> —『합집』 37,471편

> 왕께서 '유'에서 사냥을 하는데, 오고 가는 데 재앙이 없을까요? 해도 좋다. 사슴 10마리를 잡았다. 王田于斿, 往來亡災. 玆御. 獲鹿十.
>
> —『합집』 37,460편

어떤 사람은 "전田+우于+지명" 또한 농업지역이라고 하지만 이는 타당성이 없어 보인다.

이외에도 상 왕국(예컨대 중상中商)과 관련되거나 어떤 방위의 수확에 관한 점복(예컨대 동토東土 · 북토北土 · 북전北田 등)은 포함하는 범위가 너무 넓어서, 구체적으로 어떤 지역을 지칭한 것과는 다르기 때문에 구체적인 농업지명에 포함시키기는 어렵다. 확정하기 어려운 지명을 제외하고, 총 110개의 농업지역을 얻을 수 있는데, 다음의 표를 참조하기 바란다.

〈표 20〉 갑골 복사에 보이는 농업 지명

地 名	卜辭举例(每名下仅举一例)
黹([illegible])	丁未卜,殼,贞黹受年。(《合集》9741,以下省《合集》)。
菁	癸丑卜,殼,贞菁受年。(9774)
[illegible]	[illegible] 受年。(9784)
隹	丙辰卜,争,贞呼耤于隹受有年。(9504)

地　　名	卜辞举例(每名下仅举一例)
长	贞长不其受年。(9791 正)
畣	贞畣不其受年。(9791 正)
示	己亥卜,示受年。(9816)
𩯭	长友角告曰:"邛方出侵我示、𩯭田。(6057 正)
甫	甫不其受年。(9779)
弜([illegible])	弜受有年。(9759)
𠂤	贞𠂤受年。(9802)
西单	庚辰,贞翌癸未𡧊西单田,受有年。十三月。(9572)
戈	癸亥卜,王戈受年。十二月。(8984)
雀	庚子卜,雀受年。(9758 正)
黍侯	癸卯卜,𡆥,贞王于黍侯受黍年。(9934 正)
宫	宫先受年。(28216)
永	永受年。(9809)
画	戊午卜,𡆥,贞画受年。(9811)
龙	王令裒田〔于〕龙。(33212)
吒	乙酉卜,吒不其受〔年〕。(9803)
𢓊	丙辰□王其令裒[illegible]于𢓊东。(怀特 1648)
𦣞(眣)	癸亥,贞于𦣞裒〔田〕。(33209)
田([illegible])	癸亥,贞王令多尹裒田于田。(33209)
下人(夷)刞	甲子,贞于下人(夷)刞裒田。(33211)
唐(唐录)	□□卜,𡆥,贞圃在唐录。(8015)
[illegible]	……耤[illegible]祀于𧉙。(7002)
凡	其作龙于凡田,有雨。(29990)
[illegible](先)侯	癸□〔卜,□〕,贞王令□裒〔田〕于[illegible]侯。(9486)
𠤕	甲子卜,允,贞翌乙丑𡧊𠤕,乙丑允𡧊𠤕,不……(9570)
童	……王弜令受爰旋裒田于童。(屯南 650)
缂方(羌方)	癸巳卜,宾,贞令众人肆入缂方裒田。(6)
彖(原)	……黍……彖……年。(9932)
旬	旬受年。(33249)
缌(𧫒𧫒)	贞缌受年。(9776)
正	正受禾。(22247)
微	微受禾。(22247)
果([illegible])	乙卯……贞呼□田于果受年。十一月(9556)
吕	贞吕其受年。(811 正)
咸	癸卯,贞咸、我来岁受禾,佳。(33256)
我	丙午卜,争,贞我受年。十一月。(9672 正)
㓞([illegible])	贞我受畣年。在㓞。(9946 乙正)

地　　名	卜辞举例(每名下仅举一例)
酒	在酒、盂田受禾。(28231)
下僼南	在下僼南田受禾。(28231)
衔(徉)	辛酉卜,葡,贞在衔萑(观)。(9609)
舟龙	丙子卜,贞舟龙受年。(9772)
戉	戉弗其受[年]。(9807)
受	有僕在受,宰在□麟,亦(夜)焚廪三。(583 反)
陕	令多马亚泥、遣、䖒省陕廪。(5708)
卫	贞永……裒……卫。(9478)
廪北沘	呼耤于廪北沘不……(9509)
南沘	今楙王[黍]于南……于南沘。(9518)
丘商	辛丑卜,㱿,贞妇妌呼黍于丘商,受[年]。(9530)
龚	□□[卜],𡆥,贞我在奠从龚,受年。(9770)
工([illegible])	……工受年。(9796)
[illegible](贯)	□亥卜,贞[illegible]其受[年]。(9801)
桄([illegible])	辛……王……裒田[于]桄。(34239)
䧅	甲戌,贞王令刚裒田于䧅。(屯南 499)
浞	壬午卜,争,贞令登取浞黍。(怀特 448)
望乘	令望乘先归田。(英藏 665)
懋	弜巳(祀)灾,惟懋田𣎆受[年]。(29004)
𡉈	王令裒田于𡉈。(33212)
[illegible]	丙戌[卜],争,贞方𢀛[illegible]。(9574)
𡆥	贞𡆥[受]年。(9906)
鼻	□丑卜,弜田东(?)……鼻受年。一月。(20653)
丂卫	□亥,贞在丂卫麦。(32937)
僕	……[王]寝于僕……受年。(9815)
榇	王叀榇田省。(28935)
虔	叀戊省虔田亡𢦏,不雨。(29308)
向	贞叀向田省亡灾。28948
噩(丧)	叀噩(丧)田省亡𢦏。(28982)
㪤	叀戊省㪤田亡𢦏,不雨。(29308)
沓	叀沓田[省]亡𢦏。(28982)

地　名	卜辞举例(每名下仅举一例)
萬	□寅卜,萬受年。(9812)
邑	……邑受年。(9813)
冏	丙午卜,令黍〔于〕冏。(9546)
名(㠯)	……雷耤在名受有年。(9503)
享	己卯卜,㱿,贞呼雷耤于名、享不潛。(9505)
婠	□戌卜,□、贞王呼㮚在婠受有年。(9517)
妇好(?)	……妇好……受年。(9848)
𧅸	贞𧅸受年。(9774)
沚	沚戠告曰:土方征于我东鄙𢦏二邑,𢀛方亦侵我西鄙田。(6057 正)
雀	雀受年。(9763)
敦	乙卯卜,宾,贞敦受年。(9783)
𡚺	□□卜,宾,贞呼㮚于敦、𡚺受〔年〕。(9537)
雍	戊午卜,雍受年。(9798)
蜀(罒)	贞蜀受年。(9774 正)
雪(䨮)	乙巳卜,㽞,贞雪受年。(9789)
㐭(廪、𠮷)	庚辰卜,亘,贞㐭受年。(9810 正)
龙圃	乙未卜,贞㮚、在龙圃𣎴受有年。二月。(9552)
㱾	㱾受年。(9804)
奄(𡗕、娩、冥)	贞奄受年。(40090)
盂	盂田禾稷,其御。吉。刈。(28203)
羊	丁亥卜,亘,贞羊受年。(9792)
庞	庞不其受年。(9771)
㢈	庚辰卜,争,贞黍于㢈。(9538)
犬	辛酉〔卜,□〕,贞犬受年。十月。(9793)
奠	……奠受年,佳不鲁。(9768)
亘	癸丑卜,佳亘受〔年〕。九月。(20175)　癸酉卜,㱿,贞㢑亡在亘。(6943)
妇姘	贞妇姘不其受年。(9757)
亚	甲午卜,𦙃,贞亚受年。(9788 正)
虎(虍)	戊子卜,宾,贞令犬征族裒田于虎。(9479)
斫	丁亥卜,亘,贞斫受年。(9792)
盖(𠙴)	戊辰卜,宾,贞令永裒田于盖。(9476)
夫	戊申卜,夫受年。(9681 正)
鲁	……鲁受年。(9979)
京	京受㮚年。(9980)
鸟(象)	贞鸟(或释象)受〔黍〕年。(9800)
皿(㿻)	贞呼黍于皿受年。(9536)
蔡(𣓁)	□□〔卜〕,㱿,贞于蔡黍受年。(巴黎 14)
𦨖	𦨖受年。(9741 正)

3. 목축 경제

목축업은 농업과 함께 상나라 때의 중요한 경제 부문이다. 목축업도 상나라 사람들의 전통 산업이며, 고대 문헌에 의하면 상나라 사람들의 선조가 처음으로 우마차를 발명했다고 한다. 『세본』「작편作篇」에서는 "상토相土가 말 타는 법을 만들고", "해胲가 소를 일에 응용했다服牛"고 했는데, 해胲는 왕해王亥를 말하며, 성탕成湯의 7세조이다. 우리를 짓고 가축을 길렀던 것도 상나라 사람들과 관련되어 있다. 『관자』「경중무輕重戊」에 의하면 "은나라 왕은 구유와 우리를 만들고 소나 말을 일에 응용함으로써 백성들에 이익을 가져다주자 온 천하 사람들이 그들에게 귀의했다殷人之王, 立皂牢, 服牛馬, 以爲民 利而天下化之"고 했다. 조뢰皂牢는 조뢰槽牢와 같은데, 조槽는 짐승의 구유를 말하고 뢰牢는 우리를 말한다. 설契의 5세손인 "조어曹圉"는 바로 조어槽圉이다. 『설문』에서 어圉자에 대해 "달리 어인이라고도 하는데, 말을 관리하는 자를 말한다一曰圉人, 掌馬者"라고 했다. 그렇다면 조어曹圉는 말을 키우는 관직이라는 뜻이다. 문헌의 기록에서 "소를 일에 응용했다"고 한 왕해王亥는 일찍이 소와 양을 몰고 역易이라는 부락으로 가서 방목을 했다가 죽임을 당한 적이 있다(『역』「대장大壯」, 『초사』「천문天問」, 『산해경』「대황동경大荒東經」 등에 보임). 상나라의 탕湯은 하나라의 걸桀을 정벌하기 전, 소나 양을 이용해서 형백荊伯(『월절서』「오내전吳內傳」), 갈백葛伯(『맹자』「등문공滕文公」 하)과의 관계를 벌여 놓기도 했다.

갑골문을 보면, 상나라 왕들이 신에게 제사를 드릴 때 사용했던 희생의 숫자가 대단한데, 다음과 같은 복사에서는 한 번에 무려 천 마리의 소가 사용된 경우도 있다.

정사일에 점을 칩니다. '쟁'이 물어봅니다. 소 천 마리를 죽여 희생으로 쓸까요? 丁巳卜, 爭, 貞降𢦔千牛.

소 천 마리와 사람 천 명을 죽여 희생으로 쓰지 말까요? 不其降𢦔千牛千人.

—『합집』 1,027편 앞면

곽말약은 갑골문에서 대량의 희생을 사용하여 제사를 드렸다는 사실에 근거해 "상나라는 축목이 가장 번성했던 시대라 단정할 수 있으며",[85] 또 "은나라의 목축업은 상당히 번성했다고 해야만 할 것인데, 제사에 사용된 희생의 숫자가 대단히 많기 때문이다.(…중략…) 하지만 농업도 이미 주요한 생산으로 기능했다"고 했다.[86] 목축업이 어느 정도 발달 했는지, 그것이 상대 경제에서 차지하는 지위에 대한 그의 인식은 실제와 부합한다 하겠다.

1) 가축의 종류

갑골문에 반영된 상나라 때의 가축 종류를 보면 이미 상당히 완비되었다. 곽말약은 "말·소·양·닭·개·돼지와 같은 6대 가축이 당시 이미 모두 가축화 되었으며, 이 6가지 일반적인 가축 외에도 후대에는 보이지 않는 코끼리도 있었다"고 했다.[87] 닭鷄이 복사에서 가축禽으로 사용되었는지의 여부가 분명하지 않은 것을 제하면 나머지 5대 가축은 모두 복사에 분명하게 반영되어 있다.

---

85) 郭沫若, 『中國古代社會硏究』, 『郭沫若全集』「歷史編」 第1卷, 人民出版社, 1982, 207면.

86) 郭沫若, 『十批判書』, 人民出版社, 1954, 12면.

87) 郭沫若, 『中國古代社會硏究』, 『郭沫若全集』「歷史編」 第1卷, 人民出版社, 1982, 204면.

(1) 말馬

말이 상나라 때에 가축화 되었다는 것은 말이 이미 길러져 수레를 끄는 데 사용되었다는 사실에서 증거를 찾을 수 있다. 고고 발굴 과정에서 수레를 끄는 말의 거마갱車馬坑이 이미 적잖게 발견되었다.[88] 그리고 갑골문에서도 말이 끄는 마차를 타고 수렵을 했다는 기록이 보인다.

> 계사일에 점을 칩니다. '각'이 물어봅니다. 10일 동안 불행한 일이 없을까요? 왕께서 점괘를 해석해 말했다. '곧 오리라. 재앙이 있을 것이리라.' 갑오일에 왕께서 가서 무소를 쫓았는데, '소신'이 함께 도왔다. 말이 돌에 맞아 왕의 수레를 뒤집었고, '자앙'도 수레에서 떨어졌다. 癸巳卜, 殼, 貞旬亡禍. 王占曰, 乃茲亦有祟. 若偁. 甲午王往逐兕, 小臣叶車, 馬硪㼿王車, 子央亦墜.
>
> —『합집』 10,405편

상나라 왕은 또 말의 훈련에도 관심을 가졌었다.

> 왕께서 말을 길들이는 데 어려움이 없겠습니까? 王學馬無疾.
>
> —『합집』 13,705편

말이 수레를 끌려면 반드시 훈련과 길들이는 과정을 거쳐야만 하는데, "학마學馬"란 바로 말을 길들여 부릴 때 말을 잘 듣도록 만들다는 뜻이다.

(2) 소牛

상나라 때 소 사육은 목축업 중에서도 가장 중요한 내용의 하나였다. 갑골문을 보면 제사 때 소를 사용한 숫자가 가장 많으며, 다른 모든 짐

---

88) 楊寶成, 「殷代車子的發現與復原」, 『考古』, 1984年 第6期.

승을 합한 숫자를 넘어선다. 앞서 들었던 『합집』 1,027편에서는 천 마리의 소를 사용했고, 그 다음은 5백 마리를 사용한 경우도 있다.

> 을해일에 [점을 칩니다.] '내'가 물어봅니다. '대[을]'께 소 5백 마리를 죽여 제사를 드리고, 백 마리를 올려 '벌'제사를 올릴까요? 乙亥[卜], 內, 冊大[乙]五百牛, 百伐.
>
> —『합집』 39,531편

그 다음은 3백 마리, 1백 마리 등도 보인다.

> '대갑'께 소 3백 마리를 올릴까요? 登大甲牛三百.
>
> —『화이트』 904편

> ……'형정'께 희생 소 3백 마리를 올릴까요? …… 兄丁祉三百牢.
>
> —『합집』 22,274편

> ……'황윤'께 소 백 마리를 올릴까요? …… 黃尹百牛.
>
> —『합집』 3,498편

"뢰牢"자에는 우牛가 들어 있는데, 갑골문에서는 "대뢰大牢"를 지칭하며, 대뢰大牢는 고대 문헌에 의하면 소·양·돼지 각 1마리씩을 말한다. 하지만 호후선은 암수 한 쌍의 소, 즉 소 2마리를 말한다고 했다.[89]

소에는 물소水牛와 황소黃牛의 두 가지가 있었다.

> 검은 색 소와 누른 색 소를 쓸까요? 叀幽牛又黃牛.
>
> —『합집』 14,951편 앞면

89) 胡厚宣, 「釋牢」, 『中央硏究院歷史語言硏究所集刊』 8本 2分, 1939.

유幽는 검은 색을 말한다. "유우幽牛"는 검은 색 소, 즉 털의 색깔이 검다는 말이다. 갑골문에는 "물우勿牛"라는 말도 있다.

물어봅니다. '료'제사를 지내는데 물소 10마리와 울창주 5주전자를 쓸까요? 貞燎十勿牛又五鬯.

—『합집』 15,617편

신유일에 점을 칩니다. '대'가 물어봅니다. 물소 3마리를 쓸까요? 辛酉卜, 大, 貞勿牛三.

—『합집』 23,584편

호후선에 의하면, "물우勿牛는 새까만黎黑 소를 말한다. 즉 오늘날 장강 유역 이남에서 볼 수 있는 가장 일반적인 물소를 말한다"고 했다.[90] 황우黃牛는 오늘날 북방에서 가장 자주 보이는 황소를 말한다. 안양 은허에서는 물소(즉 성수우聖水牛)의 뼈가 대량으로 발견되었으며,[91] 황소의 뼈도 출토되었다.[92] 그래서 "물우勿牛"를 오늘날 남방에서 볼 수 있는 물소로 보는 것은 옳다. 갑골문에는 또 "백우白牛"라는 말도 보인다.

흰 소 2마리를 쓰면 정벌이 가능할까요? 白牛叀二, 有正.

흰 소 3마리를 쓰면 정벌이 가능할까요? 白牛叀三, 有正.

흰 소 9마리를 쓰면 정벌이 가능할까요? 白牛叀九, 有正.

—『합집』 29,504편

90) 胡厚宣, 「卜辭中所見之殷代農業」, 『甲骨學商史論叢』, 2集 上冊, 成都, 1944.

91) 楊鍾健・劉東生, 「安陽殷墟之哺乳動物群補遺」, 『中國考古學報』 第4冊, 1949.

92) 中國社會科學院 考古研究所 安陽王作站의 진열실 내에 완전한 형태의 황소 두개골이 전시된 적이 있다.

품종으로 말하자면 소에는 물소와 황소가 있고, 털의 색깔로 말하자면 검은 소·흰 소·누런 소 등이 있었다.

(3) 양羊

양 또한 신의 제사에 올리는 대표적 희생물이었는데, 단지 그 수량이 소에 비해 적었을 뿐이다.

> 희생 양 5백 마리를 쓸까요? 五百宰.
>
> —『합집』 20,699편

> '어'제사를 드리는데 …… '대갑'과 '조을'께 울창주 백 주전자와 강족 백 명과 배를 가른 희생 양 3백 마리를 쓸까요? 御 …… 大甲·祖乙百鬯百羌卯三百宰.
>
> —『합집』 301편

> 물어봅니다. '어'제사를 드리는데 '당'으로부터 '대갑'과 '대정'과 '조을'께 강족 백 명과 희생 양 백 마리를 쓸까요? 貞御自唐·大甲·大丁·祖乙百羌百宰.
>
> —『합집』 300편

양을 사용한 제사 때의 뢰宰자에는 양羊이 들어 있는데, 달리 소뢰小牢라고 부른다. 호후선은 앞서 인용한 「'뢰'에 대한 해석釋牢」에서 "소뢰小牢"는 양 한 쌍을 말한다고 했다. 그렇다면 5백 소뢰小牢는 바로 천 마리의 양이 되는 셈이다.

(4) 돼지猪

상나라 때 돼지는 소나 양과 마찬가지로 중요한 가축의 하나였다. 갑골문을 보면 돼지를 사용한 제사에서 다음처럼 한꺼번에 1백 마리 이상이 사용된 경우도 보인다.

> 물어봅니다. '료'제사를 드리는데 양 백 마리, 소 백 마리, 돼지 백 마리, 새끼 돼지 50마리를 죽여서 쓸까요? 貞燎卌百羊百牛百豕南五十.
>
> —『합집』 40,507편

"시豕"는 거세를 거친 돼지를 말하고, "남南"은 새끼 돼지를 말한다. 새끼 돼지는 달리 "돈豚"이라고도 불렀는데, 제사 때 쓰인 숫자가 대단히 많다.

> 물어봅니다. '융정'에게 양 백 마리, 소 백 마리, 개 백 마리, 새끼 돼지 백 마리를 쓸까요? 貞戎丁百羊百犬百豚.
>
> —『합집』 15,521편

제사에 사용된 돼지는 또 다음처럼 색깔까지 따지기도 했다.

> 왕께서 보살핌을 받겠습니까? 叀王受有佑.
>
> —『합집』 29,544편

> 돼지를 쓸까요? 叀豕.
>
> 흰 돼지를 쓸까요? 叀白豕.
>
> 노란 돼지를 쓸까요? [叀]堇.
>
> —『합집』 29,546편

마지막 복사에서는 근堇자 뒤에 "시豕"가 생략되었다. "근堇"은 돼지의 색깔을 말하는데, 노란색을 뜻한다.93) 또 돼지가 암수인지에 대해서도 따졌다.

> 병오일에 점을 칩니다. 주변국을 방어하는데 양 9마리와 흰 수돼지 1백 마리를 쓸까요? 丙午卜, 御方九羊·百白豭.
>
> —『천리』 300편

> 경경일에 점을 칩니다. '조경'께 암돼지를 쓰지 말까요? 庚庚卜, 弜取豝祖庚.
>
> —『합집』 22,045편

가豭는 수돼지를, 비豝는 암돼지를 말한다. 위에서 인용한 『합집』 40,507편은 백 마리의 거세한 수퇘지를 다른 짐승과 함께 '료'제사의 희생으로 써도 되는지에 대해 점을 쳐 물어본 것이다.

갑골문으로 볼 때, 상나라 사람들은 돼지를 제사의 희생으로 쓸 때 대단히 신경을 써 따졌으며, 사용할 수량을 물어 본 이외에도 털의 색깔, 크기, 암수, 거세의 여부 등에 대해서도 물어 보았는데, 이는 당시 양돈 기술이 대단히 발달했었음을 보여준다.

(5) 개犬

개는 인류에 의해 가축화 된 역사가 대단히 긴 동물이다. 개는 일찍이 신석기시대 때부터 가축화되어 "인류의 친구가 되었다."

상나라 때의 무덤을 보면 그 크기에 상관없이 개를 함께 묻은 경우가 많이 보인다. 제사에 사용된 개의 숫자도 많아 한 번에 1백 마리가 사용된 경우도 있다.

---

93) 楊樹達, 「辭求義」, 『楊樹達論文集之五』, 上海古籍出版社, 1986, 81면.

물어봅니다. '융정'에게 양 백 마리, 소 백 마리, 개 백 마리, 새끼 돼지 백 마리를 쓸까요? 貞戎丁百羊百犬百豚.

—『합집』 15,521편

정사일에 점을 칩니다. '유'제사와 '료'제사를 '부정'께 드리는데 개 백 마리, 양 백 마리, 배를 가른 소 백 마리를 쓸까요? 丁巳卜, 侑燎于父丁犬百羊百卯百牛.

—『합집』 32,674편

백 마리의 개를 사용해 제사를 올린 예는 이외에도 『합집』 32,698; 『둔남』 204 · 503편 등에 보인다.

갑골문에서 사용된 개의 경우 숫자가 가장 많을 때에는 한 번에 3백 마리도 보인다.

물어봅니다. 지금 개 3백 마리를…… 사용하라 할까요? 貞令玆三百犬……

—『합집』 16,241편

상나라 왕은 또 제후로부터 개를 공납 받기도 했다.

…… 지금 …… 개 2백 마리 …… 보내올까요? …… 玆致 …… 二百犬 ……

—『합집』 8,979편

…… 개 1백 마리를 보내올까요? …… 致百犬.

—『합집』 8,980편

제사에 사용된 개가 한 번에 3백 마리에 이르고, 공납으로 보내 온 개가 한 번에 백 마리, 심지어는 2백 마리에 이르는 것으로 보아 개를 전문적으로 기르는 관직이 있어야만 이런 일들이 가능했을 것이다. 대규모의 개 사육은 상대 목축업의 특수 현상의 하나이며, 후세에서도 이러한 규모의 개 사육에 관한 사례를 찾아 볼 수가 없다.

(6) 코끼리象

곽말약에 의하면 상나라 사람들은 이미 코끼리를 사육의 대상으로 삼았다고 했는데, 결코 헛말은 아니다. 『여씨춘추』 「고악편古樂篇」에서 "상나라 사람들이 코끼리를 길들인 것은 동이족을 공격하기 위한 것이었다商人服象, 爲虐于東夷"고 했다. 코끼리의 사육과 관련된 내용을 갑골복사에서는 "성상省象"이라고 했으며, 상나라 왕이 직접 "성상省象"에 관해 점을 친 복사도 보인다.

> 임술일에 점을 칩니다. 오늘 왕께서 코끼리를 살피러 갈까요? 계해일에 살피러 갈까요? 날짜를 바꿀까요? 壬戌卜, 今日王省象, 于癸亥省, 易日.
>
> —『합집』 32,954편

상나라 왕은 또 사람을 보내서 "성상省象"하도록 하기도 했다.

> 물어봅니다. '항'을 보내 코끼리를 살피게 할까요? 貞令亢省象.
>
> —『합집』 4,611편 앞면

"성省"은 시찰하다, 순시하다는 뜻이다. 어떤 일정한 곳에서 사육하고 있어야만 "시찰省"이 가능하다. 다른 복사에서는 "소를 살핀省牛" 것도 보이는데(『합집』 11,171편), 야생 동물인 호랑이虎나 무소兕나 여우狐 등에 대해서는 "살피다省"는 말을 쓰지 않았다.

가금류도 상나라 때에 이미 사육되었다는 것은 의심의 여지가 없다. 주나라 무왕이 주紂왕을 정벌했을 때 주紂왕의 죄상으로 지목한 것 중의 하나가 "암탉이 권력을 장악한牝鷄之晨" 것, 즉 부인인 달기妲己를 지나치게 총애했다는 것이었다. 알다시피 수탉이 새벽을 알린다는 것은 상식이다. 하지만 갑골에는 가금을 가지고 점을 친 내용은 보이지 않으며 제사에 사용한 적도 없는 것으로 보아, 아마도 가금류는 그들이 신성하게 여겼던 제단에 올릴 수는 없었던 것으로 인식했던 것 같다. 그렇지만 갑골문에는 계鷄라는 지명이 있고, 상나라 왕의 사냥터로도 사용되었다.

> 무신일에 점을 칩니다. 물어봅니다. 왕께서 '계' 땅으로 사냥을 가는데, 오고 가는데 재앙이 없을까요? 戊申卜, 貞王田鷄, 往來亡𢦔.
>
> —『합집』 37,494편

2) 목축업 생산기술

상나라 때의 목축업 생산기술의 경우, 갑골문으로 볼 때 다음의 몇 가지 측면에서 설명이 가능하다.

(1) 비교적 고정된 목장의 인공 방목

짐승의 방목은 목축업 발전과정에서 두 가지의 단계를 지닌다. 하나는 초기 방목인 "야생 방목野放"이고, 다른 하나는 인공 방목이다. "야생 방목"은 짐승을 야외로 내몰아 마음대로 먹고 활동하게 하는 것을 말하며, 우리도 없고 관리하는 사람도 없다. 자유롭게 야외에 방목하기 때문에 어떤 경우에는 가축화된 짐승이 야성화 하기도 하며, 잡을 때에는 수렵의 방식을 이용해 사살하기도 한다. 상나라 때의 짐승 방목은 이미 이러한 단계를 훨씬 넘어선 인공 방목이었다. 갑골문에서의 "목牧"자는 이러한 사실을 증명해 준다. 갑골문에서의 "목牧"자는 다음과 같이 표현된다.

A. 『합집』 36,969편

B. 『합집』 32,982편

C. 『합집』 11,404편

이들은 채찍(나무 막대 같은 것)을 들고 소나 양을 쫓는 모습이다. C는 양떼를 모는 모습으로 양羊자가 셋이나 들었는데, 갑골문에서 "셋三"은 이미 많다는 뜻을 나타내고 있다.

소떼나 양떼를 몰고 나가거나 돌아오는 것에 관한 전문적인 글자가 갑골문에 등장하고 있다.

㉠ 『합집』 16,229편

㉡ 『둔남』 149편 · 『둔남』 725편

㉢ 『합집』 20,306편

행은 사방으로 난 길을 그렸으며, 현행 글자로는 "행行"으로 옮겨진다. 위에서 든 세 가지 자형은 소나 양떼를 길로 내모는 모습을 그렸는데, ㉡에서는 아랫부분에 지止를 더함으로써 소나 양떼를 내몰아 가게止 한다는 뜻을 강조했다. 『일주서』 「풍모해酆謀解」에는 주나라 무왕이 주紂왕을 정벌하기 전, 주나라 군대가 상나라 경내에 진입하면 "길에 있는 짐승 떼를 내몰지 말 것道不驅牧", 즉 상나라 사람들의 길에 있는 소나 양떼를 빼앗지 않아야 한다는 주공周公의 건의가 실려 있다.

상나라 사람들의 방목은 상대적으로 고정된 지역, 즉 후세에서 말하는 목장을 확보하고 있었는데, 갑골문에는 "목비牧鄙"라는 말이 등장한다.

> 계유일에 점을 칩니다. '고'가 물어봅니다. '니'로 하여금 목장 부근에서 '호'를 취하게 할까요? 癸酉卜, 古, 貞呼伲取椃于𢾅(牧)鄙.
>
> —『합집』 11,003편

목𢿿은 목牧자이다. "목비牧鄙"는 바로 목장의 인근 지역, 즉 가장자리 지역을 말한다. 이렇게 볼 때 상나라 때의 목장은 일정한 범위를 갖고 있었음을 알 수 있다.

갑골문에서의 "목牧"자는 동사로 쓰여 방목하다는 뜻으로도 쓰이지만, 명사로 쓰여 숫자로 계산되면 목장의 수를 말한다. 복사에는 2목牧·3목牧·9목牧 등으로 헤아린 예를 찾아볼 수 있다.

> 을축일에 점을 칩니다. '빈'이 물어봅니다. 2목牧이 '유'제사를……? 乙丑卜, 賓, 貞二牧又…….
>
> —『갑』1,131편

> 2목牧의 소를…… 로부터 사용할까요? 二𢿿牛, 用自…….
>
> —『갑골문 합집 보편』4,145편(이하 『합보』로 표기함)

> 신미일, 물어봅니다. 3목牧에 대해 보고할까요? 辛未, 貞三牧告.
>
> —『둔남』1,024편

> ……'만'에서 3목을……'당'에게……? ……曼兹三牧……于唐……
>
> —『합집』1,309편

> '병'이 사슴을…… 과연 '병'이 3[목]을…… 사슴 1마리를 잡았다. ……壺鹿……允壺三[牧]……獲鹿一……
>
> —『합집』10,321편

> 왕께서 9목이 보고해 것을 기도할까요? 王其祈叀九牧告.
>
> 기도하지 말까요? 弜祈.
>
> —『천리』519편

2목牧·3목牧·9목牧 등은 목장의 수를 말하며, "고告"는 보고하다는 뜻으로, 중앙의 왕실에 이 목장의 경영상황을 보고하다는 뜻이다. 왕실에 보고한 사람은 당연히 목장을 관장하는 사람이었을 것이다. 상 왕조의 목장에는 이를 관장하는 전문적인 직관이 설치되었는데, 저명한 인물인 필𢀛은 일찍이 "우목右牧"이라는 일을 담당해 "우목 필右牧𢀛"이라고도 불렸다.

> 임신일에 점을 칩니다. '유'에서 물어봅니다. '우목 필'이 길을 열 것을 보고해 올까요? 壬申卜, 在攸貞右牧𢀛告啓.
>
> —『합집』 35,345편

> 계유일에 점을 칩니다. 병사들이 정벌할까요? '우목 필'이 '인방'으로 가는 길을 열고, 병사들이 치면 정벌할 수 있을까요? 크게 길할 것이다. 癸酉卜, 戍伐. 右牧𢀛啓人方, 戍有𢦏. 弘吉.
>
> —『둔남』 2,320편

필𢀛은 무정 시기부터 상 왕실의 중신이었으며, 그의 관직이 "아亞"였기에 "아필亞𢀛"로(『둔남』 580·2,378편), 왕의 신임을 받았기에 "소신 필小臣𢀛"로 불리기도 했다(『합집』 5,571편 뒷면·5,572편 뒷면·5,573편). 위에서 든 "우목 필右牧𢀛"은 후기 때의 복사인데, 여기서 말한 필𢀛은 필𢀛의 후손으로 필𢀛족을 대표하여 왕실의 관리가 되었음을 말한 것이 분명하다.

상 왕조의 목장은 왕기의 안과 밖에 모두 설치되었는데, 갑골문에 보이는 것으로는 다음의 것이 있다.

〔1〕 상나라 왕기 내의 목장

상나라 왕기 내에 남북과 좌우에 4개의 목장이 있었다.

남쪽 목장에서 물어봅니다. 貞于南牧.

—『합집』 11,395편

사슴을 그 남쪽 목장에서 잡을 수 있을까요? 길할 것이다. 阱鹿其南牧禽. 吉.
그 북쪽 목장에서 잡을 수 있을까요? 길할 것이다. 其北牧擒. 吉.

—『합집』 28,351편

오른쪽 목장으로 갈까요? 왼쪽 목장으로 갈까요? 逘于右牧, 于左牧.

—『합집』 28,769편

상나라 왕도를 중심으로 계산해 보면 좌우는 바로 동쪽과 서쪽이다. "북목北牧"은 은나라의 수도, 즉 지금의 하남성 안양의 북쪽 지역인데, 다음의 복사는 북쪽 목장과 관련된 내용이다.

물어봅니다. 북쪽 땅에서 소를 방목하게 할까요? 貞呼牛于北土.

—『합집』 8,783편

이 복사에서 "우牛"는 동사로 쓰여, 소를 먹이다, 소를 방목하다는 뜻이다. 어떤 지역에 설치된 목장의 경우, 갑골문에서는 "지명+목牧"의 형태로 나타나는데, 복사에서 이러한 형식에 의해 표시된 목장은 다음의 것들이 있다.

① 교목丂牧

신미일, 물어봅니다. '교목'에서 보고가 왔는데 '신'이 그것을 보위해 일을 하면, 보살핌을 받을까요? 辛未, 貞在丂牧來告辰衛其從事, 受佑.

—『합집』 32,616편

□□일에 점을 칩니다. '교목'에서 …… ? □□卜 …… 在丂牧.

—『합집』 35,240편

교丂라는 곳에 목장이 설치되었기 때문에 방목을 담당할 인원을 제공해야 할지를 물었던 것이다.

물어봅니다. '전'과 '삽'을 '교'에다 목축 생산자로 보낼까요? 貞奠臿舀致芻于丂.

—『합집』 101편

"추芻"는 목축업의 생산을 담당하는 노동자를 말한다(다음에 설명함).

② 개목盖牧

갑자일에 점을 칩니다. 물어봅니다. '개목'에 대해 장부에 올릴까요? 甲子卜, 貞盖牧稱冊.

—『합집』 13,515편

개盖라는 곳에는 또 견관犬官이 설치되기도 했다.

'개'에서 '견'을 따르게 하면, 재앙이 없을까요? 叀盖犬從, 亡𢦏.

—『둔남』 4,584편

견犬은 목축과 수렵을 담당하던 관리의 조수를 말한다.

③ 현목莧牧

물어봅니다. '견'에다 목장을 만들까요? 貞莧牧.

—『합집』 5,625편

상나라 왕은 자주 현莧으로 가서 활동하기도 했다.

물어봅니다. 다음 경인일에 '현'에 가도 될까요? 貞翌庚寅步于莧.

—『합집』 2,835편

④ 兊목兊牧

물어봅니다. 兊에다 목장을 만들까요? 貞叀兊牧.

—『둔남』 2,191편

이곳에도 견관犬官이 설치되었다.

兊에서 '견이'를 따르게 하면 재앙이 없을까요? 惟兊犬陕從, 亡戋.

—『합집』 27,898편

⑤ 분목分牧

'분목'? 分牧.

—『합집』 11,398편

분分은 아마도 분汾자로, 분수汾水 곁에 세워진 목장을 말할 것이다.

복사에서 "목牧+우于+지명" 및 "추芻+우于+지명"의 경우 해당 지역이 목장이라는 말이다. 이에 해당하는 경우를 보자.

⑥ 미 :

"물어봅니다. 미에 목장을 만들면 …… 하지 않을까요? 貞令牧于미, 不 …… ."

—『합집』 11,396편

⑦ 𩔫 :

"물어봅니다. 𩔫에다 목축 생산자를 보내지 말까요? 貞弜芻于𩔫."

—『합집』 151편 앞면

⑧ 투鬪 :

"경진일에 점을 칩니다. '빈'이 물어봅니다. 우리가 '투'에 목축 생산자를 보낼까요? 庚辰卜, 賓, 貞朕芻于鬪."

—『합집』 152편

⑨ 구색丘剢 :

"물어봅니다. 우리가 '구색'에 목축 생산자를 보낼까요? 貞朕芻于丘剢.

—『합집』 152편

⑩ 㯻 :

"['전']을 㯻에 목축 생산자로 보내지 말까요? [奠]弜芻于㯻."

—『합집』 11,408편

⑪ 순旬 :

"물어봅니다. '순'에 목축 생산자를 보낼까요? 貞芻于旬."

—『합집』 11,407편

⑫ 추秋 :

“물어봅니다. ‘옹’을 ‘추’에 목축 생산자로 보낼까요? 貞雍芻于秋.”

—『합집』 150편 앞면

⑬ 록声 :

“물어봅니다. [illegible]을 이 ‘록’에 목축 생산자로 보낼까요? 貞[illegible]芻于玆声.”

—『합집』 249편

⑭ 교敎 :

“‘작’을 ‘교’에 목축 생산자로 보낼까요? 雀芻于敎.”

—『합집』 20,500편

⑮ 돈敦 :

“물어봅니다. ‘돈’에 큰 목축 생산자를 보낼까요? 貞于敦大芻.”

—『합집』 11,406편

돈敦은 소를 방목하는 중점 목장이었던 것 같다. 다음을 보자.

경자일에 점을 칩니다. ‘긍’이 물어봅니다. ‘돈’에 검은 소를 방목할까요? 庚子卜, 亘, 貞勿牛于敦.

—『합집』 11,153편

여기서의 "우牛"는 동사로 소를 방목하다는 뜻이다. 상나라 왕은 또 다음 복사에서처럼 돈敦에 가서 소떼를 시찰하기도 했다.

> 물어봅니다. 왕께서 '돈'으로 가서 소떼를 시찰할까요? 貞王往省牛于敦.
>
> —『합집』 40,181편

"추芻"가 파견된 곳이라면 모두 목장이라고 할 수 있다.

⑯ 집執 :

> "'집'에다 목축 노동자를 파견할까요? 牧致芻于執."
>
> —『합집』 104 · 105편

"집執"은 지명으로, 목축 생산자를 '집'에다 파견한다는 말이며, 그곳에는 목장이 설치되었다. 어떤 지역에서는 목축 생산자芻가 도망친 사건이 발생하기도 했는데, 그곳에도 당연히 목장이 설치되었을 것이다. 다음의 예를 보자.

⑰ 익지益地 :

> 계축일에 점을 칩니다. '쟁'이 물어봅니다. 10일 동안 불행한 일이 없겠습니까? 왕께서 점괘를 해석해 말했다. '재앙이 있으리라. 악몽을 꾸리라.' 갑인일에 과연 재앙이 왔다. '좌'가 보고해 왔다. '또 익에서 목축 생산자 12명이 도망갔습니다.' 癸丑卜, 爭, 貞旬亡禍. 王占曰, 有祟有夢. 甲寅允有來艱. 左告曰, 又𡧊芻自益十人又二.
>
> —『합집』 137편 앞면

歨자는 지止와 입立으로 구성되었는데, 호후선에 의하면 "지止는 앞으로 가다는 뜻이며 입立은 위位와 같은 뜻으로, 사람이 제 자리에 편안하게 있다가 핍박을 당하여 내몰리는 것을 그렸으며, 도망치다는 의미이다"고 했다. 또 갑골문에서 "도망치다는 뜻을 나타낼 때에는 모두 歨로 썼다"고 했다.94) 익지益地에서 목축 생산자가 도망쳤다는 것은 그곳에도 목장이 설치되었다는 말이다.

⑱ 장穽 :

물어봅니다. '장'에서 목축 생산자가 도망을 쳤는데, 잡지 못할까요? 貞歨芻自穽, 不其得.

—『합집』 135편 앞면

기묘일에 점을 칩니다. '고'가 물어봅니다. '목'이 '장'에서 목축생산자를 잡을 수 있을까요? 己卯卜, 古, 貞沐幸芻自穽.

—『합집』 136편 앞면

⑲ 㚖爻(교敎) :

……'효'에 있던 감옥에서 목축생산자 6명이 도망쳤다. 8월이었다. ……奄芻歨自爻圉六人. 八月.

—『합집』 139편 앞면

㚖爻는 교敎자임에 분명하다. 앞에서 인용한 『합집』 20,500편에 "'작'이 목축 생산자를 '교'에 보내왔다雀入芻于敎"고 했다. 어圉는 감옥이다.

94) 胡厚宣, 「甲骨文所見殷代奴隸的反壓迫鬪爭」, 『考古學報』, 1976年 第1期.

효爻에 있던 감옥에서 6명의 목축 생산자가 도망쳤다는 말이다.

〔2〕 제후국에 설치된 목장

제후들이 상 왕실에 공납한 물품을 보면 짐승이 대종을 이루어, 소는 한 번에 4백 마리(『합집』 8,965편), 양은 한 번에 3백 마리(『합집』 8,959편), 말은 한 번에 30필(『합집』 500편), 개가 한 번에 2백 마리(『합집』 8,979편) 등에 이르고 있다. 이렇게 많은 양의 공납은 당시 목축업 없이는 불가능한 일이다. 갑골문에 보이는 것만 해도 다음과 같은 몇몇 제후국에 목장이 설치되어 있었다.

① 유후국攸侯國에 설치된 목장

무술일, 물어봅니다. '우목'이 설치된 '장'에서, '유후'인 '협'으로 하여금 그 변방을 다스리게 할까요? 戊戌, 貞右牧于爿, 攸侯叶鄙.

'중목'이 설치된 '의'에서, '유후'인 '협'으로 하여금 그 변방을 다스리게 할까요? 中牧于義, 攸侯叶鄙.

—『합집』 32,982편

우목右牧과 중목中牧이 있었다면 "좌목左牧"도 분명히 있었을 것이지만, 복사에는 보이지 않고 있다. 협叶은 유후攸侯의 개인 이름이며, 비鄙는 변방邊鄙을 말하며, 장爿과 의義는 유후국攸侯國 주변 지역에 있던 작은 마을 이름이다. "우목右牧"이 설치되었던 장爿은 달리 "장목爿牧"이라 불리기도 했다.

'장목'에서 …… '호'에서 …… '방' …… ? …… 在爿牧 …… 在虎 …… 方 ……

—『합집』 36,969편

> 갑진일에 점을 칩니다. '장목'에 길을 열고 …… 또 …… 읍 …… '획'에서 ……? 대단히 길할 것이다. 甲辰卜, 在爿牧祉啓又 …… 邑 …… 在𣸈. 弘吉.
>
> —『둔남』 2,320편

유후국攸侯國 내에 설치되었던 이 세 목장은 왕실에 귀속되었던 것처럼 보이며, 왕실의 관리였던 필𦰡이 "우목右牧"의 업무를 담당했던 것으로 보인다. 다음의 복사를 보자.

> 임신일에 점을 칩니다. '유'에서 물어봅니다. '우목'인 '필'이 길을 열 것에 대해 알려오면 ……? 壬申卜, 在攸貞右牧𦰡告啓 ……
>
> —『합집』 35,345편

복사에서 점복을 행한 지점이 "유攸"라는 사실을 알 수 있고, 이 "우목右牧"은 당연히 유후攸侯의 땅에 설치된 "우목右牧"일 것이다.

② 양백昜伯 경내의 목장

복사에서는 이렇게 말하고 있다.

> 갑술일에 점을 칩니다. '빈'이 물어봅니다. '양목'에서 강족을 잡을 수 있을까요? 甲戌卜, 賓, 貞在昜牧獲羌.
>
> —『주』 758편

양昜은 "양백昜伯"으로도 불린다(『합집』 6,460편). "이 '양백'에서 소를 방목할까요? 玆昜伯牛"에서처럼 양백昜伯의 경내에서는 소를 방목한(『합집』 3,393편) 외에도, 다음처럼 개의 사육도 대단히 발달했다.

여기서 개 2백 마리를 바치면……'양'……? 茲致二百犬……昜……

—『합집』 8,979편

한꺼번에 왕실에 개 2백 마리를 바친다는 것은 다른 지역에서는 볼 수 없는 일이었다. 양백국昜伯國의 지리적 위치는 "'양백'에서 강족을 잡았다在昜牧獲羌"는 말로부터 알 수 있듯이 지금의 서북쪽으로 강방羌方과 인접해 있었을 것이다.

③ 中후국中侯國 경내의 목장

□을 목축 관리자로 中로 파견할까요? □芻于中.

—『합집』 249편

中의 작위는 후侯로서 "후中侯中"라고 불리기도 했다(『합집』 3,354 · 3,355 · 32,813편). □은 왕실의 관리로, 복사에서는 다음처럼 등장한다.

을유일에 물어봅니다. 왕께서 □에게 명하여 '아후'에게 가게 하면, 보살핌을 받을까요? 乙酉, 貞王令□𡉚亞侯, 右.

—『합집』 32,911편

'中후'의 지리적 위치는 획涵과 방旁의 부근이었음을 다음의 복사로부터 알 수 있다.

3일 후인 을유일에 다시 '동획'으로부터 왔다. 中를 불러 '방'에게 고하여 정벌하게 할까요? 三日乙酉又來自東涵, 呼中告旁戎.

—『합집』 6,665편 앞면

방旁은 방국方國의 하나로 "방방旁方"이라 불리기도 했다(『합집』 6,666편). 방旁의 우두머리는 상나라 왕의 중신으로 "아방亞旁"이라 불렸다(『합집』 26,953편). '획'의 지리적 위치는 동작빈의 경우 지금의 산동성 임치臨淄 부근으로 보았다.[95]

④ 전후국奠侯國 경내의 목장

경오일에 점을 칩니다. '빈'이 물어봅니다. '⺀몰'이 '전'에서 방목을 해도 될까요? 庚午卜, 賓, 貞⺀投芻奠.

—『합집』 143편

"추전芻奠"은 전奠의 경내에서 목축하다는 뜻이다. 전奠은 상나라 때의 제후국이며, 복사에서는 "후전侯奠"이라 불렸다(『합집』 3,351 · 3,352편).

⑤ 고백국雇伯國 경내의 목장

'옹'이 '고'에서 방목을 해도 될까요? 雍芻于雇.

—『합집』 150편 앞면

고雇는 상나라에서 백伯의 작위를 받았다(『남사南師』 1.80편, "'고백'을 취할까요? 取雇伯"). 고雇는 인방人方을 정벌하러 가는 길에 위치해 있었다.

계해일에 점을 칩니다. '황'이 물어봅니다. 10일 동안 불행한 일이 없을까요? 9월이었다. '인방'을 정벌하는데, '고'에서 제사를 드렸다. 癸亥卜, 黃, 貞旬亡禍. 在九月, 征人方, 在雇彝.

95) 董作賓, 「東洒與洒」, 『大陸雜志』 第6卷, 第2期.

—『합집』 36,487편

고雇의 지리적 위치를 왕국유는 하남성 권현卷縣 북쪽에 있는 고정雇亭이라 본 반면,96) 곽말약은 산동성 범현范縣 동남쪽 50리 지점에 있는 고성顧城으로 보았다.97)

⑥ 후전侯專 경내의 양돈장

물어봅니다. 돼지우리를 '전'에다 만들게 할까요? 貞呼作圂于專.

돼지우리를 '전'에다 만들게 하지 말까요? 勿呼作圈于專.

—『합집』 11,274편

"전專"을 복사에서는 "후전侯專"이라 불렀다(『합집』 3,346편). 혼圂은 돼지가 우리 속에 있는 평면그림을 그렸는데, 『설문』에서는 "혼圂은 측간을 말한다. 돼지가 우리 속에 있는 모습을 그렸다. 회의이다厠也, 象豕在□中也, 會意"고 했다.

⑦ 죽후竹侯 경내의 목장

'죽'을 취해 '구'에서 목축 일을 하게 할까요? 取竹芻于丘.

—『합집』 108편

죽竹은 제후국으로, 복사에서 "죽후竹侯"라 불렀다(『합집』 3,324편). 죽竹은 지금의 하북성 노용현盧龍縣부터 요녕성 서부에 이르는 일대를 말하며, 신 중국 성립 후에 고고학자들이 하북의 풍녕현豐寧縣 경내에서 상나

96) 王國維, 「殷虛卜辭中所見地名考」, 『觀堂別集』 卷1.
97) 郭沫若, 「考釋」, 『卜辭通纂』, 科學出版社, 1983, 160면.

라 때의 기둥발柱足을 가진 세발 솥鼎을 발견했는데 아가리 안쪽 부위에 "아목亞牧"이라는 두 글자가 새겨져 있었다.[98] 이 지역은 고대 죽후국竹侯國의 영토 범위 내에 속해 있으며, 이는 죽국竹國의 목축업과 관련된 복사임에 분명하다.

⑧ 골임骨任 경내의 목장

을해일에 '자'가 물어봅니다. '골'에서 목축을 하면, 들여올 수 있을까요? 乙亥子卜, 芻骨, 入.

—『합집』 21,713편

"추골芻骨"은 '골'이라는 곳으로 가서 방목하다는 뜻이다. 골骨의 작위로 "자골子骨"(『합집』 20,051편)과 "골임骨任"(『속』 2·28·4편) 등이 있는데, "임任"은 바로 남男을 말한다.[99] 그래서 "골임骨任"은 바로 "골남骨男"이다. 골骨에서는 상 왕실에 목축과 관련된 인원을 공납으로 바쳤다.

물어봅니다. '후'가 '골'의 목축 인원을 보내올까요? 과연 보내왔다. 貞侯致骨芻, 允致.

—『합집』 98편 앞면

상나라 때에는 전국 각지에 목장이 설치되었고, 인공 방목을 실시하여 상 왕조에서 필요한 대량의 목축 생산이 가능하도록 했다.

98) 『文物考古工作三十年』, 文物出版社, 1979, 30면.
99) 林澐, 「甲骨文中的商代方國聯盟」, 『古文字研究』 第6輯, 中華書局, 1981.

(2) 우리 사육 기술

짐승을 가두고 사육하는 우리를 갑골문에서는 "뢰牢"라고 했는데, 와 같은 모습을 하고 있다. 冂은 짐승을 가두어 두는 우리의 평면 모습이고, 아래쪽의 터진 부분은 문이며, ‖은 짐승들이 들고 나는 길인데, 이 길 양쪽으로 보호 난간이 설치되었다. 보호 난간이 있는 길을 설치했다는 것은 대단히 과학적인 설계라 할 수 있다. 길은 마침 한 두 마리의 짐승이 들고 날 수 있을 정도의 넓이로 되었으며, 이렇게 해서 짐승이 들고 날 때 이리저리 뒤엉켜 혼잡을 이루어 문이 부서지지 않도록 했다.

갑골문 자료로 볼 때, 이러한 우리에서 사육된 짐승으로는 소·양·말 등이 있었다.

牢 우牛로 구성되어, 우리 속에 사육되는 것이 소牛임을 나타낸다.

宰 양羊로 구성되어, 우리 속에 사육되는 것이 양羊임을 나타낸다.

廐 마馬로 구성되어, 우리 속에 사육되는 것이 말馬임을 나타낸다.

말을 기르는 우리를 고대 문헌에서는 "기廐"라고 불렀는데, 복사에서도 보인다.

> 왕께서 이 마구간에서 말을 키우는데 …… '모무'께서 왕에게 보살핌을 주겠습니까? 王畜馬在玆廐, …… 毋戊王受佑.
>
> [왕께서] 이 마구간에서 말을 키우는데 ……? [王]畜馬在玆廐 ……
>
> —『합집』 29,415 · 29,416편

곽말약에 의하면, 축畜은 "분명 짐승을 키우다는 뜻이다"고 했는데,[100] "축마畜馬"는 말을 키우다는 뜻으로, 상나라 왕이 마구간에서 말을 키웠

100) 郭沫若,『殷契粹編 · 考釋』, 科學出版社, 1956, 208면.

다는 말이다.

돼지를 키우던 우리는 갑골문에서 다음처럼 등장한다.

『합집』 11,274편 앞면

『합집』 11,280편

『합집』 22,050편

『합집』 136편

뒤의 두 가지는 "가家"의 이체자로 해석할 수 있는데, "가家"는 바로 집 안에 돼지가 있는 모습을 그렸다. 첫째 글자는 혼圂으로 옮길 수 있는데, 『설문』에서는 "측간을 말한다"고 했다. 옛날에는 돼지우리를 사람들의 측간으로 썼기 때문에 서로 혼용되고 있다. 『시』 「대아大雅」 「공류公劉」에서 "우리에 있는 돼지 잡게 하시어執豕于牢"라고 했는데, 공영달의 소疏에서 "「진어晉語」에 의하면 '대임이 돼지우리에서 씻었다 大任溲于豕牢'라고 했는데", 이로 볼 때 돼지 축사도 뢰牢라 불렀다는 것을 알 수 있다. 『창힐편倉頡篇』에서 "혼圂은 돼지가 사는 곳을 말한다 豕所居也"고 했는데, 갑골문에서의 글자 뜻과 일치한다. 앞에서 『합집』 11,274편을 인용할 때 이미 지적했듯이, 상나라 왕이 제후국에다 돼지우리를 설치할 것을 명령했다는 것은 당시 상나라 왕이 짐승 우리의 설치를 중시했음을 설명해 준다.

(3) 짐승의 거세

짐승의 거세란 수컷의 생식기를 자르는 것을 말한다. 이러한 거세는 돼지에서 가장 분명하게 표현되고 있다. 갑골문에는 와 같이 표현한 글자가 자주 등장하는데, 문일다는 이를 축豖자로 해독했다. 이 글자의 함의에 대해 배 아래쪽의 한 획이 배와 이어져 있으면 수컷의 생식기를 말하지만 이것이 이어져 있지 않아 거세한 돼지를 나타내며, 그래서 생식기가 이미 절단된 상태를 말한다고 했다.101) 거세한 수컷은 쉽게 살찌울 수 있다. 『제민요술』「양저養猪」에서 거세를 한 돼지는 "뼈가 가늘고 살이 많다骨細多肉"고 한 반면 거세하지 않은 돼지는 "뼈가 굵고 살이 적다骨粗少肉"고 했다.

상나라 때에 돼지의 거세는 이미 대단히 보편화 되었으며, 복사에서 제사에 희생으로 쓸 때, 돼지의 경우에는 특별히 거세를 거친 돼지인지의 여부를 밝히기도 했다. 복사의 기록에 의하면 한 번에 거세를 한 1백 마리의 돼지를 사용해 제사를 드렸다는 기록이 있는 것으로 보아 돼지의 거세는 이미 대단히 보편화되었음을 알 수 있다.

> 물어봅니다. '료'제사를 지내는데 양 백 마리, 소 백 마리, 거세한 돼지 백 마리, 새끼 돼지 50마리를 쓸까요? 貞燎𠕋百羊百牛百豕南五十.
>
> —『합집』 40,507편

상나라 때의 말의 거세에 대해서는 왕우신이 이미 전문적으로 연구한 바 있다.102) 서주 때에는 이를 "공특攻特"이라 불렀는데, 그 기술은 당연히 상나라로부터 왔을 것이다. 『주례』「하관夏官」「교인校人」에 의하면 "여름 제사를 지낼 때에는 먼저 방목을 하였다가 말을 나누어 주고서 거세하게 했다夏祭先牧, 頒馬攻特"고 했는데, 정현鄭玄의 주석에서는 정사농鄭司農의 말을 인용해 "말의 불알을 까는 것騬을 공특攻特이라 한다"고 했으며, 손이양孫詒讓의 『주례정의』에서는 "『광아』「석수釋獸」에서 '승騬, 개犗, 공攻은 불알을 까다犗는 뜻이다'고 했으니, 모두 말의 거세를 말하는 것으로, 오늘날의 선마扇馬와 같은 말이다."

갑골문에는 "멱우戠牛"라는 말이 있는데(『전』 6.2.1편), 당란은 이를 "할우割牛"로 해독했으며,103) 사성협은 "할우割牛"란 바로 "소를 거세하는

---

101) 聞一多, 「釋豕」, 『聞一多全集』 第2卷, 三聯書店, 1982, 540면.
102) 王宇信, 「商代的養馬業」, 『中國史硏究』, 1980年 第1期.

것"을 말한다고 했다.[104] 『철』 8.6.3편의 복사에서 "□진일에 점을 칩니다. '각'이 물어봅니다. '료'제사를 드리는데 거세한 양 10마리와 배를 가른…… 않을까요? □辰卜, 殼, 貞勿酯燎十豕洋卯……"라고 했는데, 이효정은 "10축양十豕羊은 거세한 양 10마리를 말한다"고 했다.[105]

짐승을 거세한 데는 세 가지의 목적이 있었다. 하나는 살을 찌우기 위한 것으로. 거세를 한 짐승은 빨리 살이 찌게 되고, 쉽게 비육해져 고기가 많이 나기 때문이다. 두 번째는 우수한 품종을 선택하기 위한 것으로, 열악한 품종이나 체력이 약한 품종은 거세를 해 더 이상 생식이 불가능하게 함으로써 우량종만 남기고 나머지는 도태시키는 역할을 하게 된다. 셋째는 짐승의 성질을 변화시키기 위한 것으로, 특히 가축의 노동력을 많이 쓰는 말의 경우가 그렇다. 수말의 경우 거세를 거치면 성격이 온순해 져 수레를 끌게 하기에 편리하다. 거세술의 채택은 상나라 때의 목축업을 비교적 높은 수준으로 올려놓았다. 이러한 기술은 왕실에 식용 및 제사용 희생을 대량으로 제공할 수 있게 했을 뿐 아니라 수레를 모는데도 훌륭한 말을 제공해 주었다.

3) 목축업 노동자와 관리체제

상나라 때에 목축업에 직접 종사했던 노동자는 추芻이다. 『설문』에서 "추芻는 풀을 베다刈草는 뜻이다"고 했는데, 갑골문의 "추芻"는 로 적어 풀을 베는 모습을 그대로 그렸다. 추芻가 동사로 쓰이면 짐승을 사육하다는 뜻이 된다. 『주례』「충인充人」에서는 "짐승을 사육하는 3월芻之三月"이라고 했는데, 정현의 주석에서 "소나 양을 먹이는 것을 추芻라고 한다"

103) 唐蘭, 『天壤閣甲骨文存考釋』, 北京輔仁大學出版社, 1939, 52면.
104) 謝成俠, 『中國養牛史』, 農業出版社, 1985, 84면.
105) 李孝定, 『甲骨文字集釋』 第11卷, "中央硏究院歷史語言硏究所專刊"之五十, 1970, 3,300면.

고 했다. 소나 양을 기르는 행위를 "추芻"라 불렀고, 이 때문에 소나 양을 먹이는 사람도 "추芻"라 불렀다. 갑골문의 "추芻"는 명사로 쓰여 실제로는 목축에 종사하는 사람을 지칭했다. 다음의 복사를 보자.

'좌'가 알려왔다. 또 목축 종사자 12명이 '익'으로부터 도망을 했습니다. 左告曰, 又𡧊(亡)芻自益十人又二.

—『합집』137편 앞면

'효'에 있는 감옥으로부터 𠧟의 목축 종사자 6명이 도망했습니다. 𠧟芻𡧊(亡)自爻圉六人.

—『합집』138편 앞면

"추芻"는 도망갈 수도 있었다. 게다가 몇 "명"이 도망갔다고 했으므로, "추芻"는 "사람"이지 목초나 짐승이 아님을 알 수 있다. "효어爻圉"는 효爻라는 곳에 있는 감옥을 말한다.

추芻는 대부분 포로로 잡힌 강족으로 충당되었다. 그래서 복사에서는 직접 "강추羌芻"라 부른 경우도 있다.

정미일에 점을 칩니다. 물어봅니다. '수'와 '광'이 또 강족 목축 종사자 50명을 잡을 수 있을까요? 丁未卜, 貞令戊・光又獲羌芻五十.

—『합집』22,043편

'니'가 와서 보고했다. '삽'이 강족을 보내왔습니다. 𡿧至告曰, 臿來致羌.

—『합집』39,496편 앞면

그날 '니'가 와서 보고했다. '삽'이 강족 목축 노동자를 보내왔습니다. 止(之)日𡿧至告曰, 臿來致羌芻.

—『합집』 39,496편 뒷면

『합집』 39,496편 앞면은 점사占辭이고 뒷면은 험사驗辭인데, 이는 점사에서 점을 친 내용이 실제 발생했음을 말한다. 앞면의 점사에서 말한 '삽'이 "보내온致" 것은 "강羌족"이지만, 뒷면의 험사에서는 도리어 "강족 목축 노동자를 보내왔다致羌芻"고 했다. 이렇게 볼 때 여기서의 강羌과 강추羌芻는 같은 뜻임을 알 수 있다. 강羌은 원래 서북 일대의 유목 민족으로 축목에 능했다. 『설문』에서 "강羌은 서쪽 이민족으로 양을 치던 사람들이다西戎牧羊人也"고 했다. 『풍속통風俗通』에서도 "강羌은 원래 서쪽 이민족으로 천한 사람들이며, 주로 양을 치며 살았다本西戎賤者也, 主牧羊"고 했다. 상나라 사람들은 강족의 장점을 이용했고, 사로잡은 강족을 목축 생산 노동에 종사시켰다. 물론 목축에 종사한 사람들 모두가 강족만은 아니었으며, 다른 사람들도 있었다. 하지만 갑골문에 증거가 없으므로 잠시 보류해 둔다.

목축업은 상나라 때의 중요한 경제 부문의 하나로, 왕국 내외에 일련의 목장을 세웠다. 생산 활동이 정상적으로 운용될 수 있도록 상나라 왕은 왕국의 안에다 일련의 관리체제를 설치했다. 이 체제에는 다음의 것들이 포함되었다.

(1) 목관牧官의 설치

상나라 때의 청동기 명문에는 "아목亞牧"을 비롯해 "목정牧正"이라는 명칭을 자주 볼 수 있다. 앞서 말했던 것처럼 신 중국 성립 후 하북성 풍녕豐寧현에서 출토된 상나라 때의 기둥발柱足 세발 솥鼎의 아가리 안쪽에 "아목亞牧"이라는 두 글자가 새겨졌는데,[106] 전래 청동기 명문 중 이와 동일한 것이 나진옥의 『삼대길금문존三代吉金文存』 및 『속은문존續殷文

106) 『文物考古工作三十年』, 文物出版社, 1979, 39면.

存』에 보인다.[107] "아亞"는 상나라 때 지위가 제법 높았던 관직이다. 사천성 팽현彭縣의 죽와가竹瓦街에서 출토된 청동 치觶에 "목정 부을牧正父乙"이라는 명문이 새겨졌는데, 서중서에 의하면 이 청동기들은 상나라 때의 것이라 한다.[108] 섬서성 죽원구竹園溝와 농현隴縣의 위가韋家에서 출토된 상나라 후기 청동기에서도 "목정牧正"이라는 명문이 발견되었다.[109] 갑골문에도 이러한 목牧이라는 관직 이름이 등장한다.

> 무술일에 점을 칩니다. '빈'이 물어봅니다. '목'이 [강족]을 구하길 비는데, '구'를 '만'으로 보낼까요? 戊戌卜, 賓, 貞牧匄[羌], 令冓致𝚫.
>
> —『합집』 493편 앞면

강羌은 달리 장추羌芻라고도 불렀는데, 목축업 생산자였다. "개구匄羌"는 강羌을 취하길 빈다는 뜻이다. 목牧이 강羌을 구하기 위해 구冓를 만𝚫으로 보냈다는 뜻이다. "목牧"은 축목을 주관하던 관리이다. 그래서 그로 하여금 노동을 할 수 있는 인원을 데려가게 하였던 것이다. 구석규는 목牧·아목亞牧·목정牧正은 응당 같은 종류의 관직에 속하는 관리로서, 왕실의 목축업을 주관하던 자들이었을 것이라고 했다.[110]

목牧·아목亞牧·목정牧正 아래에는 다시 여러 가지 직관이 설치되었는데, 갑골문에는 "추정芻正"이라는 관직이 등장한다.

> 물어봅니다. '추정'을 부를까요? 貞呼芻正.
>
> —『합집』 141편 앞면

---

107) 『三代』 3, 15.1, 14, 3.4, 『續殷文存』 51.2 등에 보인다.
108) 徐中舒, 「四川彭縣檬陽鎭出土的殷代二觶」, 『文物』, 1962年 第6期.
109) 陝西考古所編, 『陝西出土商代青銅器』 3, 文物出版社, 1984.
110) 裘錫圭, 「甲骨文所見"田"·"牧"·"衛"等職官硏究」, 『文史』 第19輯.

이는 추芻를 관리하던 관리를 말한다. 말馬을 관장하던 관명에도 여러 호칭이 있었다.

물어봅니다. '마아'로 하여금 큰 사슴을 쏘게 할까요? 貞其令馬亞射麋.

—『합집』 26,899편

물어봅니다. '마아'에게 불행한 일이 생길까요? 貞多馬亞其有禍.

—『합집』 5,710편

병인일에 점을 칩니다. '마소신'을……? 丙寅卜, 叀馬小臣 ……

—『합집』 27,881편

물어봅니다. '우'가 여러 작은 '마강신'을 부를까요? 貞叀羽呼小多馬羌臣.

—『합집』 5,717편

"마아馬亞" · "다마아多馬亞"(여러 명의 마아馬亞라는 뜻) · "마소신馬小臣" 등은 말을 관리하던 관리로, 대체로 『주례』「하관夏官」「교인校人」에서 말한 관직들에 상당한다. "마강신馬羌臣"은 말의 방목을 관장하던 강인羌人으로, 『주례』「하관」「어사圉師」의 관직에 상당할 것이다. "어사圉師"직에서는 "어인이 말을 키우도록 가르치는 관직掌教圉人養馬"이라고 했는데, 그렇다면 어인圉人은 말을 키우는 사람이다. 『주례』「어인圉人」에서 "어인圉人은 말을 기르고 방목을 하는 일을 관장함으로써 어사圉師를 보좌했다"고 했다. 그렇다면 어사圉師는 말을 기르는 노동자인 어인圉人을 관장하는 사람이다.

말 이외에도 소 · 양 · 돼지 · 개 등에도 모두 이들을 전문적으로 관리하던 관직이 있었다.

소를 관리하는 목축 노동자를 가게 할까요? …… 前牛臣芻.

—『합집』 1,115편 앞면

계묘일에 점을 칩니다. 오늘 양 관리 총 책임자에게 보살핌이 있을까요? 癸卯卜, 今日侑司羊.

—『합집』 19,863편

양과 돼지 관리 총책임자 …… 羊 · 豕司.

—『합집』 19,210편

돼지 관리 총책임자를 …… ? 叀豕司.

—『합집』 19,209편

돼지 관리 총 책임자를 ……, 사용할까요? 叀彘司, 用.

—『합집』 19,884편

수돼지 관리 총 책임자를 가게 할까요? 길하리라. 叀豭司衎, 吉.

—『합집』 19,212편

갑술일에 점을 칩니다. '사'가 물어봅니다. 개 관리 총책임자를 …… ? 甲戌卜, 自, 司犬.

—『합집』20,367편

"사司"는 그 일을 관리하는 사람을 말하는데, 『설문』에서는 "사司는 신하로서 바깥에서 일을 관리하는 사람을 말한다臣司事于外者"고 했다. 주준성朱駿聲의 『설문통훈정성說文通訓定聲』에서 인용한 『주례』의 주석에서는 "사司라고 이름 붙인 자는 모두 총체적으로 감독하는 사람을 말한다"고 했다.

(2) 목장 관리자의 왕실 정황 보고

상나라 왕은 목장의 경영에 대단한 관심을 가졌고, 각 목장으로 관리자를 파견할 때에도 점복을 거쳐 선정한 후 파견했다.

물어봅니다. 목축 노동자를 [illegible]에 보내지 말까요? 貞弜芻于[illegible].

—『합집』 151편 앞면

물어봅니다. [illegible]를 이 '록'에 목축 생산자로 보낼까요? 貞[illegible]芻于兹[illegible].

—『합집』 249편

어떤 사람을 어떤 지역으로 파견할 때 반복되는 점복을 통해 적합한지의 여부를 물었다.

'옹'을 '현'에 목축 노동자로 파견할까요? 雍芻于莧?
'옹'을 '현'에 목축 노동자로 파견하지 말까요? 雍芻勿于莧?
물어봅니다. '옹'을 '추'에 목축 노동자로 파견할까요? 貞雍芻于秋?
'옹'을 '추'에 목축 노동자로 파견하지 말까요? 雍芻勿于秋?
'옹'을 '고'에 목축 노동자로 파견할까요? 雍芻于雇?
['옹'을] '고'에 [목축 노동자로] 파견하지 말까요? [雍芻]勿于雇?

—『합집』 150편

이렇게 볼 때 옹雍을 어느 곳으로 보내 목축 일을 관리하게 할 것인가는 반복된 점을 거친 후 결정되었으며, 이는 인선에 상당히 신중했음을 보여준다.

각지에 설치된 목축 정황을 잘 파악하기 위해, 목장 관리자목장주는 왕실에 정황을 보고하곤 했다.

□자일에 물어봅니다. 목장 관리자가 산散의 상황을 보고해 올까요? □子, 貞牧告𢻻 ……

—『둔남』 149편

신미일에 물어봅니다. 3명의 목장 관리자가 보고해 올까요? 辛未, 貞三牧告.

—『둔남』 1,024편

왕께서 기도를 하는데, 9명의 목장 관리자가 보고를 해 올까요? 王其祈, 叀九牧告.

—『천리』 519편

삼목三牧은 3명, 구목九牧은 9명의 목장관리자가 목장의 정황을 왕실에 보고했다는 것을 말한다.

(3) 상나라 왕 및 신료들의 목축지에 대한 시찰

상나라 왕은 목장을 관리하고 정황을 이해하기 위해 직접 순시를 나가기도 했다.

물어봅니다. 왕께서 '돈'으로 가서 소를 관찰할까요? 貞王往省牛于敦.

물어봅니다. 왕께서 '돈'으로 가서 소를 관찰하지 말까요? 3월이었다. 貞王勿往省牛于敦. 三月.

—『합집』 11,171편

물어봅니다. 왕께서 소를 관찰하러 갈까요? 貞王往省牛.

—『합집』 11,175편

물어봅니다. 왕께서 소를 관찰하러 가지 말까요? 貞王勿往省牛.

—『합집』 11,170편

돈敦은 상나라 때의 목장의 하나이다.

상나라 왕은 직접 시찰하는 외에도 신하를 파견해 시찰하도록 하기도 했다.

물어봅니다. 불러 '다전'에서 소를 시찰하게 할까요? 貞呼省牛于多奠.

—『합집』 11,177편

물어봅니다. '전'의 소를 시찰하게 할까요? 貞呼省專牛.

—『짜 맞추기』 220편

𢓊의 말을 시찰하게 할까요? 省𢓊馬.

—『합집』 36,990편

"호성呼省"은 상나라 왕이나 중앙 왕조의 영을 받아 관련 신하가 각지의 목축생산을 시찰하는 것으로, 중앙 왕조의 정황 파악을 돕기 위한 것이었다. 상나라 때에는 목축 생산이 비교적 크게 발전했는데, 이는 왕조에서 건설한 일련의 완비된 관리체제와 불가분의 관계에 있다.

4. 어로 · 수렵과 상나라 때의 사회경제

상나라 사회경제의 기초는 농업이었지만 목축업 또한 상당한 지위를 차지하고 있었다. 어렵활동에 대해 이전에는 단지 조갑祖甲 이후 각 왕들은 "태어나면서부터 게을러빠져生則逸", "오직 탐닉만 쫓았다惟耽樂之從"는 『상서』 「무일無逸」의 주공周公의 비평에만 근거해, "은나라 때에는 수렵은 이미 생산 가치를 상실한 채 순전히 향락의 기능만 갖고 있었다"고 보았다.[111] 하지만 이러한 평가는 다소 편파적이라 할 수 있다. 곽말약이나 동작빈 등과 같은 초기의 갑골문 연구자들은 빈번한 수렵 활동을 무을武乙에게로 돌렸다.[112] 하지만 각 시기의 수렵복사의 숫자를 통계 처리해 본 결과 무을 때의 수렵 복사는 많지 않았다. 진위담의 통계에 의하면, 지금까지 출토된 10여만 편의 갑골 중, 수렵에 관련된 갑골은 약 4천5백 편이며, 그중 무정 때의 것이 약 1천3백 편, 늠신 · 강정 때의 것이 1천6백여 편, 무을 · 문정 때의 것이("역조"복사 포함) 약 360여 편, 제을 · 제신 때의 것이 약 9백 편이다. "중흥을 이룬 임금中興之主"으로 평가되었던 무정 시기의 수렵복사가 뜻밖에도 2위를 차지하고 있다. 무정 때의 수렵복사의 수량이 늠신 · 강정 때만큼 많지는 않지만, 만약 이 둘을 서로 비교해 보면 무정 때의 "큰 조각이나 전체로 된 갑골이 많고, 게다가 대규모의 수렵 활동이었다면", 늠신 · 강정 때에는 "큰 조각으로 된 것이 적고 소소한 잔편이 많으며, 기록된 수렵의 규모 또한 무정 때와는 비교가 되지 않는다"는 사실을 발견할 수 있다.[113] 갑골 시대 때 각 왕들은 모두 수렵을 "좋아했다." 게다가 무정 때가 가장 심했다. 그래서 수렵은 "순전히 향락의 기능만 가진 것"이 아니라 경제 · 정치 · 군사적 의

111) 郭沫若, 「考釋」, 『卜辭通纂』, 科學出版社, 1983, 162면 下.
112) 董作賓, 『甲骨文斷代研究例』의 "事類", 『慶祝蔡元培先生六十五歲論文集』 上, 1933.
113) 陳煒湛, 『甲骨文田獵刻辭研究』, 廣西教育出版社, 1995, 1 · 3면.

의를 가진 것이었다.

1) 어로와 수렵의 경제적 이익

『예기』「왕제王制」에서는 수렵의 의의에 대해 설명하면서, "천자와 제후가 일이 없을 때에는 일 년에 세 번 나갔는데, 첫째는 간두干豆를 위해, 둘째는 다른 빈객賓客을 위해, 셋째는 임금의 고기를 충당하기 위해서充君之庖 였다"고 했다. 즉 제사와 먹을 고기를 구하기 위해서였다는 말이다. 신에게 제사를 드렸던 것도 단지 신에게 먹을 것을 바친다는 의식일 뿐 사실은 고기를 먹기 위한 것이었다. 갑골문으로 볼 때, 상나라 때의 어렵은 경제적인 측면에서 다음의 세 가지의 기능이 있었다.

(1) 육류의 제공

이는 목축업의 보완 기능을 담당했다. 갑골문에 의하면 수렵 복사의 경우 점을 칠 때마다 언제나 수확이 있었던 것은 아니지만, 어떤 경우에는 한 번의 행동에 대단한 양을 수확하기도 했다. 예컨대 무을 때의 한 사냥에서는 큰사슴麋을 7백 마리나 잡은 경우도 있었다.

> □□일에 물어봅니다. 을해일에 함정을 만들어 큰 사슴 7백 마리를 잡았는데, '급'제사에 쓰면 ……? □□, 貞乙亥陷, 擒七百麋, 用皀 …….
>
> —『둔남』 2,626편

무정 때에는 한 번에 큰사슴麋과 사슴 450마리를 잡기도 했다.

> 과연 큰 사슴 450마리를 잡았다. 允獲麋四百五十.

—『합집』 10,344편 뒷면

어떤 경우에는 한 번 사냥에 여러 종류의 야수를 잡은 경우도 보이는데, 다음의 무정 때의 복사를 보자.

> 을미일에 점을 칩니다. 오늘 왕께서 '광'에서 사냥을 하는데 수확이 있을까요? 과연 표범 2마리, 무소 1마리, 사슴 21마리, 돼지 2마리, 새끼 사슴 127마리, 호랑이 2마리, 토끼 23마리, 꿩 27마리를 잡았다. 11월이었다. 乙未卜, 今日王狩光, 擒. 允獲彪二・兕一・鹿二十一・豕二・麑一百二十七・虎二・ 兎二十三・雉二十七. 十一月.
>
> —『합집』 10,197편

포획한 물고기의 숫자도 대단한데, 한 번에 3만 마리를 잡은 경우도 보인다.

> 계묘일에 점을 칩니다. 㚔이 물고기 3만 마리를 잡을까요? 癸卯卜, 㚔獲魚其三萬不?
>
> —『합집』 10,471편

점을 쳐 물어본 것은 㚔이라는 사람이 3만 마리의 물고기를 잡을 수 있을 것인가에 관한 것이다. 이렇게 많은 들짐승과 물고기를 잡았다는 것은 그것이 단순히 재미만을 위한 것은 아니며 어렵이나 수렵이 육식을 제공하는 중요한 내원의 하나였을 분명하게 보여준다.

고대인들은 미신적이어서 죽은 사람도 산 사람 섬기듯 하였다. 제례에서의 제수품은 죽은 자에게 다른 세계에서 즐길 수 있도록 해 주기 위한 것이었다. 그래서 살아 있는 사람에게 바치듯 먹을 것을 바쳤다. 갑골문에서 무소・호랑이・사슴・큰 사슴・여우・물고기 등과 같은 수렵이나 어렵물을 바쳐 조상신에게 제사를 지낸 것을 자주 볼 수 있다.

무오일에 점을 칩니다. '대'가 물어봅니다. 무소를 '대을'께 바쳐 제사를 드릴까요? 戊午卜, 犾, 貞隹兕于大乙, 隹示.

무오일에 점을 칩니다. '대'가 물어봅니다. 무소를 '대갑'께 바쳐 제사를 드릴까요? 戊午卜, 犾, 貞隹兕于大甲, 隹示.

—『합집』 27,164편

을미일에 점을 칩니다. '추'제사에 호랑이를 올려 '척'제사를 '조갑'께 드릴까요? 乙未卜, 其禣虎(陟)于祖甲.

을미일에 점을 칩니다. '추'제사에 호랑이를 올려 '척'제사를 '부정'께 드릴까요? 乙未卜, 其禣虎(陟)于父丁.

—『합집』 27,339편

계묘일에 물어봅니다. '주'제사와 '융'제사를 '부정'께 드리는데 사슴을 바칠까요? 癸卯, 貞酒彡(肜)于父丁叀鹿.

—『합집』 32,083편

경신일에 점을 칩니다. '대'가 물어봅니다. 왕께서 '유'제사를 드리는데 큰 사슴을 쓰면 길할까요? 庚申卜, 犾, 貞王叀斿麋用. 吉.

—『합집』 27,459편

……'방'제사에 여우를 쓸까요? …… 用狐于祊.

—『합집』 10,254편

□축일에 물어봅니다. 왕께서 □에게 명하여 '취'제사를 '조을'께 드리는데 물고기를 쓰고, '벌'제사와 '고'제사를 부정·소을·조정·강갑·조신께 드릴까요? □丑, 貞王令□取祖乙魚, 伐告于父丁·小乙·祖丁·羌甲·祖辛.

—『둔남』 2,342편

추禝・척陟・취取 등은 모두 제사이름이다. 추禝는 손으로 새隹를 들고 "제단示"(신주)에 바치는 모습이다. 나진옥에 의하면 "두 손으로 닭을 희생물로 조상의 신주 앞에 바치는 모습이다"고 했는데,[114] 희생을 바치는 제사 의식의 하나이다. "취取"를 곽말약은 추椰자로 보았는데, 독음과 의미가 유槱에 가깝다.[115] 『설문』에서는 이렇게 말했다. "유槱는 나무를 쌓아 태우다는 뜻이다 積火[木]燎之也. 목木과 화火가 의미부이고 유酉가 소리부이다. 『시』에서 이르길 '(나무가 저렇게 무성하여) 잘라 땔감으로 만들고 쌓아 불을 태우구나 薪之槱之'라고 했고, 『주례』에서는 '나무를 쌓아 중간을 관리하는 신과 목숨을 관리하는 신에게 제사를 드리네 以槱燎祠司中司命라고 했다. 유禉는 장작을 태워 천신에게 제사를 드리다는 뜻이며, 그래서 시示가 의미부가 되었다 柴祭天神或從示." 그렇다면 이는 장작을 쌓아 희생을 태워서 지내는 제사를 말한다.

어로와 수렵으로 잡은 물품은 손님을 접대하는 연회에 사용되었지만 갑골문에서 물고기를 사용한 경우는 단 한 번만 보이고 있다.

> □인일 점을 칩니다. '빈'이 [물어봅니다.] 다가오는 정묘일에 물고기로써 '다□'를 접대할까요? □寅卜, 賓, [貞]翌丁卯魚饗多□.
>
> 물어봅니다. 물고기를 사용하지 말까요? 貞不其魚.
>
> —『합집』 16,043편

복사에서의 "어魚"는 동사로 쓰여 물고기를 잡다는 뜻이다. 향饗자는 나진옥에 의하면 "식사를 할 때 손님과 주인이 마주 앉은 모습을 그렸다"고 했고,[116] 손해파는 "두 사람이 마주 보며 식사하는 모습이다"고 했다.[117] 왕양은 "갑골문에는 향饗과 향享 두 글자가 있는데, 글자의 뜻

114) 羅振玉, 『殷虛書契待問編』, 自寫影印本, 1916, 15면.

115) 郭沫若, 『殷契粹編考釋』, 科學出版社, 1965, 9면 下.

116) 羅振玉, 增訂 『殷虛書契考釋』 中, 東方學會石印本, 1927, 17면 上.

을 비교해 보면, 다른 사람에게 먹을 것을 먹일 때에는 향饗을 쓰지만 다른 사람에게 대접을 받을 때에는 향享을 사용했다"고 했다.[118] 앞에서 인용한 갑골복사는 물고기를 잡아 "다□多□"에게 향연을 베푼다는 말이다. "다多"자 뒷부분은 빠져 있는데, 갑골문에서 상나라 왕의 향연을 받았던 사람으로는 "다자多子"(『합집』 27,649편) · "다윤多尹"(『합집』 27,894편) · "다생多生(성姓)"(『합집』 27,650편) 등이 있다.

사냥에서 잡은 것들로 제사에 바치고 푸줏간을 채웠으며 손님의 접대에 사용했다. 그래서 제후 귀족들이 왕실에 공납하는 공납물의 하나가 되기도 했다.

> 을축일에 점을 칩니다. …… '늠'이 사슴을 보내올까요? 己丑卜 …… 廩致鹿.
>
> —『합집』 40,061편

> …… '정'이 큰 사슴을 보내올까요? …… 鼎見致麋.
>
> —『동경』 242편

"치致"는 보내 오다는 뜻이며, "견見"은 헌납하다는 뜻으로, 모두 공납에 사용되던 용어이다.

(2) 수공업의 재료로 제공

상나라 때에는 골기骨器 제조업이 특히 발달했는데, 들짐승의 뼈와 뿔은 골기 제조업의 중요한 원료였다. 예컨대 캐나다 토론토 박물관까지 흘러 간 호랑이 뼈에는 한쪽 면에 "신유일에 왕께서 '계록'에서 사냥을 했는데, 무늬 있는 큰 호랑이를 잡았다. 10월이었다. 왕의 재위 3년 되는

117) 孫海波, 『甲骨文錄』, 河南通志館, 1937, 22면.
118) 王襄, 「典禮」, 『簠室殷契征文』, 天津博物院, 1925, 11면.

해, '협'제사를 드리던 날이었다辛酉, 王田于鷄麓, 獲大霥虎. 在十月, 隹王三祀, 劦日"라는 내용이 두 줄로 새겨졌고, 다른 한 면에는 아름다운 무늬가 새겨졌으며, 무늬는 터키석綠松石으로 상감되었다.119) 『쿨링』 1,989편은 사슴의 뿔로, 아름다운 무늬가 새겨졌는데, 호후선에 의하면 "이 사슴뿔과 무늬는 분명히 진짜이다"고 했다.120) 상아로 만든 각종 공예품도 안양의 은허 및 다른 상나라 유적지에서 여러 차례 발견되었다. 가장 아름다운 제품은 1976년 부호婦好묘에서 발견된 3점의 상아 잔으로, 아름답고 복잡한 무늬가 그려졌고, 터키석으로 장식되었다.121)

들짐승의 가죽과 털은 옷감의 원료가 된다. 갑골문에 보이는 구裘자는 짐승의 털가죽을 겉에 입은 모습인데(『합집』 4,537 · 7,921 · 7,922편), 손해파는 "가죽옷의 모습을 그렸다象皮裘之形"고 했고,122) 이효정은 "이미 만들어진 가죽옷으로 짐승의 털이 겉으로 나온 모습이며, 옛날에는 가죽옷을 입을 때 털이 겉으로 나오도록 입었다"고 했다.123) 가죽옷의 재료로는 대부분 여우 가죽이 쓰였으며, 『시』 「빈풍豳風」 「칠월七月」에서 "동짓달엔 담비 사냥하고, 여우와 살쾡이 잡으면, 님에게 갓옷 지어드리리一之日于貉, 取彼狐狸, 爲公子裘"라고 노래했다. 『좌전』 「희공僖公」 5년 조에서는 "호구와 용각狐裘龍茸"이라고 했고, 『여씨춘추』 「분직分職」에서는 "대추는 대추나무에서 나오고, 갓옷은 여우에서 나온다. 대추나무에서 나오는 대추를 먹고 여우에서 나오는 갓옷을 입는다棗, 棘之有; 裘, 狐之有也. 食棘之棗, 衣狐之皮"고 했다. 여우 가죽은 갓옷의 최고 재료였다. 갑골문에 보이는 각 시기의 수렵 활동을 보면 여우 사냥도 포함되어 있는데, 무정 때의 한 사냥에서는 한 번에 164마리를 잡았다는 기록도 있다(『합집』 10,198편.)

119) 許進雄, 『皇家安大略博物館懷特氏等收藏甲骨文集』, 加拿大皇家安大略博物館, 1979, B 1,915편 및 考釋(『合集』 37,848편은 사진이다).

120) 胡厚宣, 「甲骨文"家譜刻辭"眞僞問題再商榷」, 『古文字研究』 第4輯, 中華書局, 1980.

121) 中國社會科學院考古所, 『殷墟婦好墓』, 文物出版社, 1980, 215~218면, 채색 도판 39.

122) 孫誨波, 『甲骨文編』, 中華書局, 1965, 356면.

123) 李孝定, 『甲骨文字集釋』, "中央研究院史語所專刊"之五十, 1970, 2736면.

(3) 농업과 목축업의 보호

복사에 보이는 사냥터는 상나라 때의 농업지구이기도 했다. 예컨대 맹盂이 그러하다.

> 신묘일에 점을 칩니다. 물어봅니다. 왕께서 '맹'으로 사냥을 가는데 오고 감에 재앙이 없겠습니까? 왕께서 점괘를 해석해 말했다. 길하리라. 이에 '어'제사를 드렸고, 사슴을 잡았다. 辛卯卜, 貞王田盂往來亡災. 王占曰, 吉. 玆御, 獲鹿.
>
> —『합집』 7,428편

> '맹'의 농작물에 병이 들었는데, '어'제사를 드리면, 길할까요? 수확할 수 있을까요? 叀盂田禾釋, 其御. 吉, 刈.
>
> '어'제사를 드리지 말까요? 길하리라. 수확할 수 있었다. 弜御. 吉. 刈.
>
> —『합집』 28,203편

"화석禾釋"에 대해 구석규는 "농작물에 병인 든 것을 말함이 분명하다"고 했다. 그렇다면 이 복사는 맹盂이라는 농경지의 곡물에 병이 들었는데 '어御'제사를 거행해야 할지의 여부를 점쳐 물어본 것이다. 이 맹盂 땅은 수렵지이면서 동시에 농경지였다. 갑골문에서의 "전田"자도 본래는 네모꼴로 경지 정리된 농경지의 모습이었지만, 수렵도 "전田"이라고 불렀던 것으로 보아, 수렵이 원래는 농경지와 관련된 행동임을 알 수 있다. 『백호통』 「수렵田獵」에서 "사계절의 사냥을 '전'이라 통칭한 이유는 무엇일까? 농경지에 끼치는 해를 제거하기 위한 것이었기 때문이다四時之田總名爲田何? 爲田除害也"라고 했다.124) 상나라 때에는 인구가 적었기 때문에 삼림 면적이 넓었다. 그래서 농경지와 삼림이 뒤섞여 있었고, 숲 속에는

124) 『經籍纂詁』 및 『說文通訓定聲』의 "田"자 인용 부분. 上海古籍出版社의 1990年版 "諸子百家叢書" 『白虎通德論』에는 「田獵」篇이 실려 있지 않다.

조수가 많아 농업에 미치는 피해가 컸다. 수렵을 통해 조수를 몰아내는 것은 농업의 보호에 유효한 기능을 담당해 주었다. 오늘날의 산지에서도 농작물이 익을 때가 되면 따로 사람을 세워 조수를 쫓곤 하는데, 이 모두가 익은 곡식을 보호하기 위한 조치이다. 상나라 때라면 이러한 조치가 더욱 필요했을 것이다.

수렵은 목축업의 보호에도 상당한 기능을 했다. 복사에는 호랑이가 사람에게 피해를 주지 않을지의 여부에 대해 점을 친 것이 자주 보인다.

> 정사일에 점을 칩니다. 물어봅니다. 호랑이가 화를 끼치게 될까요? 丁巳卜, 貞虎其有禍.
>
> —『합집』 16,496편

말에 대한 상나라 왕의 관심은 특별했고, 호랑이에게 해를 당하지 않을까 걱정했다.

> 물어봅니다. 우리 말이 호랑이에게 해를 입을까요? 貞我馬有虎隹禍.
>
> 물어봅니다. 우리 말이 호랑이에게 해를 입지 않을까요? 貞我馬有虎不隹禍.
>
> —『합집』 11,018편

달리기에 능한 말이 호랑이의 피해를 입을까 걱정했다면, 소나 양은 말할 필요도 없을 것이다. 호랑이도 상나라 왕의 수렵 대상의 하나였다. 『합집』 10,197편에서는 무정 때의 한 수렵에 대해 기록하고 있는데, 2마리의 암컷 호랑이와 2마리의 수컷 호랑이를 잡았다고 했다. 호랑이는 성질이 포악해 잡기가 쉽지 않다. 하지만 일단 잡기만 하면 이는 대단한 사건이었다. 『합집』 37,848편은 호랑이 뼈인데, 상나라 왕이 계록鷄麓에서 사냥할 때 "무늬가 든 큰 호랑이" 한 마리를 잡았고, 이를 기념하여 호랑이 뼈에다 이를 새겨둔 것이다. 상나라 때의 청동기 무늬에도 호랑이가 자주 등장하며, 때로는 호랑이가 사람을 삼키는 모습의 무늬虎食人紋가 등장하기도 해, 호랑이에 대한 상나라 사람들의 공포심을 반영했으며, 동시에 호랑이 사냥은 인간과 짐승의 안전을 위한 것으로, 오늘날 1급 보호 동물에 열거된 희귀 동물의 보호와는 다른 성질의 것이었다.

2) 어로와 수렵 기술

어로와 수렵의 기술은 달리 어로와 수렵 "방법"이나 어로와 수렵 "수단"이라고 부르기도 하는데, 사실은 같은 말이다. 상나라 사람들의 어로와 수렵에 사용된 기술은 갑골문을 통해 그 대강을 엿볼 수 있다.

(1) 수렵 기술

수렵 기술에 대해 황위연黃偉然의 「은왕의 수렵에 대한 고찰殷王田獵考」(『중국문자』 제14~15책), 요효수姚孝遂의 「갑골 각사의 수렵에 대한 고찰甲骨刻辭狩獵考」(『고문자연구』 제6집), 양승남楊升南의 『상대 경제사商代經濟史』의 제5장 등에서 계통적으로 연구한 바 있다. 황위연은 "수렵 방법"이라는 절에서 복사에 보이는 수렵 방법에는 12가지, 즉 분焚·사射·정阱·몽罞·축逐·망网·라羅·歪·망정罗征·착㲋·목牧 등이 있다고 했다. 요효수는 "수렵 수단"이라고 표현하면서 이에는 5가지, 즉 "함정의 설치", "그물의 설치", "활과 화살을 이용한 방법", "에워싸서 잡기", "기타" 등으로 구분했으며, "기타"에는 비匕·록𢿿·용䧺·신𧆞·과䵦 등이 포함된다고 했다. 진위담이 『갑골문 수렵각사 연구甲骨文狩獵刻辭硏究』에서 말했던 것처럼 이상의 여러 연구는 각각 초점이 달라 상호 보충해서 쓸 수 있으며, "상나라 때의 수렵 방법과 공구의 문제"는 "기본적으로 이미 분명해 졌다."[125] 하지만 분류라는 측면에서 본다면 요효수의 분류가 비교적 합리적이며, 황위연이 제시했던 몽罦 · 망网 · 라羅 · 망정䍐征 등 4가지 방법은 사실 모두 그물을 이용한 방법이라 할 수 있다. 이외에도 황위연과 요효수의 연구에서 제시되지 않았던 "방법"(혹은 "수단")으로 "탄彈"이 보인다.

> 병오일에 점을 칩니다. 돌 구슬로 토끼를 잡을 수 있을까요? 丙午卜, 彈祉兎.
>
> —『합집』 10,458편

"탄彈"은 탄환을 사용해 탄궁彈弓으로 쏘아 야수를 맞추어 죽이는 방법으로, "사射"와 비슷하다. 신석기시대 때의 유적지에서 수렵에 사용했던 도기나 돌로 만든 탄환이 발견되었는데, 상나라 사람들도 이 기술을 계승했다. 춘추 때의 진晉 영공靈公이 도원桃園에서 구슬을 쏘아 사람을 맞히는 놀이를 즐겼다고 했는데, 바로 이러한 도구를 말했을 것이다.

"종從"도 수렵 방식의 하나이다. 다음의 복사를 보자.

> 왕께서 사냥을 할 때 뒤쫓는 방법을 쓸까요? 王其田從.
>
> —『합집』 28,567편

> '속'이 서쪽에서 뒤쫓아 가는 방법으로 노루를 잡을 까요? 叀東西麋從.
>
> —『합집』 20,931편

> 오는 '무'일에 왕께서 뒤쫓아 가는 방법을 쓰면, 재앙이 없이, 사로잡을 수 있을까요? …… 翌日戊王其從, 亡𢦏, 擒.
>
> —『합집』 29,039편

125) 陳煒湛,『甲骨文苻獵刻辭研究』, 廣西教育出版社, 1995, 17면.

"종從"은 대체로 축逐과 비슷했을 것이며, 야수를 뒤쫓다는 뜻이다.

"축逐"이라는 방법에 대해, 요효수는 이를 "에워싸서 잡는" 방법에 포함시켰는데, 일리가 있어 보인다. 복사에 "의축衣逐"이라는 말이 보이는데, 이학근은 "수렵 때 상나라 왕은 '의衣'나 '의축衣逐'이라는 방법을 쓰기도 했는데, '의衣'는 '은殷'과 같아 '함께同'나 '모여合'라는 뜻으로 풀이되며, 그래서 '의축衣逐'은 바로 '모여서 뒤쫓다合逐는 뜻이다'고 했다".[126] 하지만 진위담은 "의축衣逐"을 붙여 읽어서는 아니 된다고 하면서, 제5기 때의 복사인 "정왕전의축망재貞王田衣逐亡災"의 경우 그는 "물어봅니다. 왕께서 '의'에서 사냥을 하는데, 뒤쫓는 방법을 쓰면, 재앙이 없을까요? 貞王田衣, 逐, 亡災"로 끊어 읽어야 하며, 이는 "왕이 '의衣'(지명)라는 곳에서 사냥을 하는데 '축逐'이라는 방법을 쓰면 재앙이 있을 것인가의 여부를 물은 것이라고 했다.[127] 하지한 이렇게 해석하면 다음의 복사는 통하지 않는다.

> 신사일에 점을 칩니다. '돈'에서 물어봅니다. 왕께서 '윤'에서 사냥을 하는데, 모여서 함께 쫓는 방법을 쓰면 재앙이 없을까요? 辛巳卜, 在敦貞王田沇衣亡災.
>
> —『합집』 37,644편

> 임신일에 점을 칩니다. □에서 물어봅니다. 왕께서 '강'에서 사냥을 하는데, '[모여서 함께 쫓는]' 방법을 쓰면 재앙이 없을까요? 壬申卜, 在□貞王田㳚衣[逐]亡災.
>
> —『합집』 37,533편

> □□일에 점을 칩니다. '상'에서 물어봅니다. [왕께서 사냥을 하는데] '획'에서 '[모여서 함께 쫓는]'이라는 방법을 쓰면 재앙이 없을까요? □□[卜], 在桑貞[王田]㴉衣[逐]亡災.

126) 李學勤, 『殷代地理簡論』, 科學出版社, 1959, 7면.
127) 陳煒湛, 『甲骨文田獵刻辭硏究』, 廣西教育出版社, 1995, 19면.

—『합집』 37,562편

‘윤’·‘강’·‘획’은 지명이기 때문에 그 뒤의 “의衣”는 더 이상 지명이 될 수 없으며, “의衣”를 수식하는 말로 볼 수도 없다. 그래서 “의衣”는 “축逐”과 연결된 단어로 보고서 “함께同”나 “모여서合”라는 뜻으로 해석할 수밖에 없다. 다음의 복사를 보면 이학근의 해석이 오류가 아님을 더욱 더 명확하게 알 수 있다.

> 임인일에 점을 칩니다. ‘목’에서 물어봅니다. 왕께서 ‘류’에서 활을 쏘아 사냥하는데, 비가 올까요? 큰 비를 만날까요? 만나지 않을까요? 7월에 ‘류’에서 활을 쏘아 무소를 사냥하는데, 재앙이 없을까요? 잡을까요? 잡지 못할까요? 잡지 못했다. 壬寅卜, 在𠳋貞王其射柳, 雨. 不遘大雨, 其遘大雨. 于七月射柳兕, 亡灾, 擒. 弗擒. 弗擒.
>
> 병오일에 점을 칩니다. ‘목’에서 물어봅니다. 왕께서 ‘류’에서 활을 쏘는 법과 ‘의축’법으로 사냥을 하면, 재앙이 없을까요? 잡을까요? 잡지 못할까요? 丙午卜, 在𠳋貞王其射柳衣逐亡𢦏. 擒, 不擒.
>
> —『영국 소장』 2,566편

“사류射柳”는 “사류시射柳兕”의 생략된 표현인데, 류柳는 지명이다. 그래서 여기서는 “사류의射柳衣”로 끊어 읽을 수는 없다. “‘류’에서 활을 쏘아 무소를 잡고射柳兕” “의축衣逐(모여서 함께 쫓는)”하는 방법(함께 포위하는 방법)으로 포위해 잡는 것이라고 해석해야만 문장의 의미가 잘 통한다.

갑골문에 보이는 수렵 기술은 사실 수狩·분焚·축逐·정阱·망网·사射 등과 같은 몇 가지가 주로 사용되었다. 요효수는 수狩·분焚·축逐의 3가지는 에워싸서 잡는 방법이기 때문에 “정征”도 에워싸서 잡는 방법임에 분명하다. 복사의 기록에 의하면 이 방법에 의해 한 번에 1백 마리 이상을 잡았다고 했다(『합집』 7,636·3,643·10,514편 등을 참조). 사실은 에워싸서 잡기圍獵·함정陷阱·그물网·쏘기射 등 4가지가 사용되었다고 했다.

사냥의 규모에 대해, 진위담은 분焚의 방식이 가장 컸다고 하면서 『합집』 10,198 · 10,408편을 예로 삼았다. 그리고 『합집』 10,198편은 "수狩"에 의한 것으로, 이 두 편의 갑골을 보면 한 번은 "수狩"를, 다른 한 번은 "분焚"을 사용했는데, 그 규모가 대단했다. 『합집』 10,198편에서 이렇게 기록했다.

> 무오일에 점을 칩니다. '각'이 물어봅니다. 우리가 사냥을 나서는데, 수확이 있겠습니까? 그날 사냥을 나갔는데, 과연 수확이 있었다. 호랑이 1마리, 사슴 40마리, 여우 164마리, 새끼 사슴 159마리 …… 를 잡았다. 戊午卜, 㱿, 貞我狩敏, 擒. 之日狩, 允擒. 獲虎一, 鹿四十 · 狐一百六十四 · 麑(小鹿)一百五十九 …….

『합집』 10,408편에서와 같이 분焚이라는 사냥법에 의해 잡은 양도 대단했다.

> 다음 계묘일에 불을 태우는 방식으로 사냥하면 수확이 있겠습니까? 계묘일에 과연 불을 태우는 방식을 사냥을 해, □□, 무소 11마리, 돼지 15마리, 호랑이 □, 토끼 20마리를 잡았다. 翌癸卯其焚, 擒. 癸卯允焚, 獲□□, 兕十一 · 豕十五 · 虎□ · 兎二十.

"시兕"는 약간 잘려나간 모습이지만, 머리의 큰 뿔은 아직 알아볼 수 있어서 시兕자임에 분명하다. 무소와 호랑이는 덩치가 큰 짐승일뿐더러 흉포하다. 분焚도 에워 써서 몰아 잡는 방식의 하나이다. 분焚과 수狩의 차이는 불을 사용하느냐의 여부에 있다. 분焚과 수狩는 모두 여러 사람이 에워싸서 잡는 방식이다. 그래서 잡은 짐승을 보면 수량이 많을뿐더러 종류도 다양하다. 갑골문을 보면 "에워싸서 잡는" 방식인 수狩와 분焚으로 했을 때만 다양한 종류의 짐승을 잡았다. 이에 비해 다른 방법은 비교적 단순하여 주로 한 가지 짐승만 잡혔고 많아야 2~3종에 불과했다.

에워싸서 잡는 방법을 제외하면 다음으로 함정을 파서 잡은 짐승의 숫자가 가장 많다. 한 번에 잡은 숫자만 가지고 보면 함정을 파서 잡은 것이 가장 많다. 『둔남』 2,626편에는 함정을 파서 한 번에 잡은 큰 사슴麋이 7백 마리, 『합집』 10,349편에는 귀족이었던 보甫가 함정으로 한 번에 잡은 사불상을 209마리 잡았다고 기록했다. 함정은 큰 사슴이나 사슴을 잡는 데 유효한 수단이었지만, 사슴鹿・새끼 사슴麑・무소兕 등도 잡혔다. 함정을 파서 잡은 동물의 경우, 해당 글자에다 잡은 동물이 함정에 빠진 모습을 그려 넣어 표현했다. 예컨대 무소의 함정을 나타낼 때에는 다음의 복사에서처럼 글자에다 무소兕를 그려 넣었다.

> 무진일에 점을 칩니다. 함정에(시兕와 정井으로 구성됨) …… 무소를 잡을 수 있을까요? 길하리라. 戊辰卜, 其陷(從兕從井)叀 …… 擒有兕. 吉.
>
> —『둔각』 2,589편

무소兕는 대형 동물이다. 함정은 대형 동물을 잡는 가장 좋은 방법이다. 『염철론』 「통유편通有篇」에서 "함정을 파는 것은 무소나 코끼리를 잡기 위해서이다設機陷, 求犀象"고 했으며, 중국 남방의 몇몇 소수민족은 신중국 성립 전까지만 해도 함정을 파서 "호랑이・곰 …… 사슴 등 대형 동물을 잡았다."128)

그물을 사용해 한 번에 잡을 수 있는 양은 많지 않다. 가장 많은 숫자라 하더라도 꿩 15마리를 잡은 경우이다(『합집』 10,514편). 하지만 그물로 잡은 짐승의 종류를 보면, 조류 외에도 큰사슴麋・사슴鹿・돼지豕・토끼兎 등이 있고, 심지어는 맹수인 호랑이(『합집』 20,710편)・무소(『둔남』 2,922편)도 있었다. 이 같은 대형 동물을 그물로 잡는다는 것은 쉽지 않았다. 그래서 사살해서 잡은 경우도 보인다.

128) 宋兆麟等, 『中國原始社會史』, 文物出版社, 1983, 152면.

왕께서 그물로 사냥을 하는데, 큰 무소를 활로 쏘아도 재앙이 없을까요? 王其网, 射大兕亡弋.

—『둔남』 2,922편

사射에는 활과 화살이 사용되었는데, 여러 사람이 대오를 이루어 함께 사살할 수도 있고, 수레 한 대나 소수의 인원으로 사살할 수도 있었다. 그래서 갑골문에서 사살해 잡은 짐승을 보면 화살에 의해 사살될 수 있는 종류의 짐승만 있으며, 게다가 어떤 한 가지 종류인지만 밝혔고 한 번에 몇 마리를 사살했는지에 대한 언급은 없다. 사살된 동물로는 사슴鹿(『합집』 10,320편)·큰사슴麋(『합집』 28,371편)·돼지豕(『둔남』 693편)·무소兕(『합집』 33,373편) 등이 있다.

요효수의 논문에서 "기타" 부류에 "용壟"이라는 방법이 들어 있는데, 이 글자의 경우 장정낭은 부裒로 해독하면서, 사냥과 관련된 복사에서는 때려잡기搏나 움켜잡기攫로 풀이했다. 갑골문에 보이는 "부시裒兕"(『합집』 37,387·37,392·37,514편)는 모두 제신 때(제5기)의 복사로, 『사기』「은본기」에 기록된 주紂왕이 "손으로 맹수를 때려잡았다手格猛獸"는 기록과 일치한다.[129] 구석규는 이 글자를 요종이饒宗頤의 해석을 따라 옹壅이라 했고, 사냥에서는 "무소의 길을 막고서 무소와 격투하여 잡는" 것이라고 했다.[130]

(2) 고기잡이 기술

복사에 보이는 고기잡이 기술로는 다음의 몇 가지가 있다.

① 그물로 잡기

---

129) 張政烺, 「卜辭裒田及相關諸問題」, 『考古學報』, 1973年 第1期.
130) 裘錫圭, 「甲骨文所見的商代農業」, 『古文字論集』, 中華書局, 1992.

복사에 이렇게 말했다.

> 갑신일에 점을 칩니다. 그물로 잡을 수 없을까요? 甲申卜, 不其网魚.
>
> —『합집』 16,203편

갑골문을 보면 (『합집』 10,478 · 10,479 · 28,426 · 28,433편 등)와 같이 두 손으로 그물을 쥐고 고기를 잡는 모습이 있는데, 이는 현대 글자로 鰻으로 옮길 수 있다. 자형에서 볼 수 있는 것처럼 이는 긴 손잡이를 가진 그물로, 오늘날 "난망攔网"이러 불리는 그물이다. 이러한 그물은 일정한 영역을 가로 막고, 점차 둑 쪽으로 고기를 몰아가며 잡는 방식이다. 이러한 방법은 대형의 여러 사람이 합작하여 고기를 잡는 방식이다. 복사에는 황하 강에서 그물로 막아 고기를 잡는 것에 대해 기록하기도 했다.

> '상' 강에서 고기를 그물로 잡을까요? 惟滴鰻.
>
> —『합집』 28,426편

상滴은 적수滴水로서 지금의 하남성 서부의 심수沁水를 말한다.[131] 그물로 고기를 잡을 때 쓰던 그물은 오늘날 이미 존재하지 않는다. 하지만 그물추는 상나라 때의 유적지에서 대량으로 발견되고 있는데, 질그릇이나 돌의 두 가지로 되어 있다.

② 낚시로 잡기

갑골문에는 손으로 낚싯대에 달린 물고기를 잡아 올리는 모습을 한 글자를 볼 수 있는데, 물고기가 낚싯대의 위에 위치한 모습으로(『합집』 48 · 8,105~8,108 · 10,993 · 10,994 · 24,382 · 24,383편 등), 지금의 글자로는 鮻으로

---

131) 李學勤, 『殷代地理簡論』, 科學出版社, 1959, 13면.

옮길 수 있다. 이 글자는 복사에서 주로 지명으로 사용되며, 동사로 쓰일 때에는 다음과 같이 쓰이기도 한다.

> …… 날이 어두워지면, 고기를 낚지 말까요? 弜 …… 其每, 鮻.
>
> —『합집』 27,946편

상나라 때의 유적지에서 동銅 · 뼈骨 · 조개로 된 낚시 바늘이 자주 발견되어, 갑골문의 내용을 증명해 주고 있다.

③ 통발로 잡기笱魚

순笱은 달리 전筌이라고도 하는데, 대나 나무를 짜서 만드는데, 나팔 모양의 아가리, 거꾸로 된 수염倒鬚을 가진 가느다란 목, 북처럼 생긴 둥근 배, 뾰족하게 마무리 된 꼬리를 가진 고기잡이 도구를 말한다. 고기를 잡을 때에는 통발을 강 가운데 물살이 센 곳에다 설치하여, 나팔 모양의 아가리로 물이 들어가도록 하고, 물고기가 물의 흐름을 따라 통발 속으로 들어가 잡을 수 있도록 고안되었다. 갑골문에 罶의 모습을 한 글자가 있는데, 바로 물속에 통발을 넣고 물고기가 들어가도록 기다리는 모습이며, 이 글자가 바로 구笱자이다. 「논문論文」에서 "구笱는 대를 구부려 고기를 잡도록 만든 통발을 말한다曲竹捕魚笱也"고 했다. 『시』 「패풍邶風」 「곡풍谷風」에서 "내가 놓은 어살에 가지를 마오, 내가 놓은 통발도 들추지 마오毋逝我梁, 毋發我笱"라고 했는데, 『모전毛傳』에서 "구笱는 고기를 잡는 도구이다所以捕魚也"고 했다. 복사에 보면 이 글자가 동사로도 쓰여 그 뒤에 어魚자가 붙기도 하는데, 그런 경우는 바로 통발로 고기를 잡을지의 여부를 물은 것이다.

> □□일에 점을 칩니다. □奏가 □[잡을까요] …… 통발로 고기를 잡을까요? □□卜, □奏□[隼] …… 罶魚.

—『합집』 10,474편

통발은 중국에서 매우 일찍부터 사용해 오던 것으로, 절강성 오흥현吳興縣 전삼양錢三漾의 신석기 시대 유적지에서 실물이 발견되기도 했다.[132)]

어렵이나 수렵 때가 되면 상나라 왕과 귀족들이 출행했는데, 그때 사용된 교통 도구로는 마차가 있었다. 들짐승을 쫓을 때에도, 진위담에 의하면 걸어서 뒤쫓았던 것이 아니라 수레로 뒤쫓았다고 했다. 『합집』 10,405편에서는 이렇게 기술하고 있다.

> 계사일에 점을 칩니다. '각'이 물어봅니다. 10일 동안 불행한 일이 없을까요? 왕께서 점괘를 해석해 말했다. '곧 오리라. 재앙이 있을 것이리라.' 갑오일에 왕께서 가서 무소를 쫓았는데, '소신'이 함께 도왔다. 말이 돌에 맞아 왕의 수레가 뒤집혔고, '자앙'도 수레에서 떨어졌다. 癸巳卜, 𣪘, 貞旬亡禍. 王占曰, 乃茲有祟, 若偁, 甲午, 王往逐兕, 小臣叶車, 馬硪𠬝王車, 子央亦墜.

진위담은 이렇게 말했다. 이 복사에 근거해 볼 때, "상나라 무정 왕이 수렵을 나갈 때, 그의 가까운 신하를 포함하여 모두 마차를 끌고 갔지 결코 걸어서 간 것이 아님"을 알 수 있으며, 수레를 이용한 수렵車獵에서 "뒤쫓았던 것逐"은 수레를 타고 말을 몰아 뒤쫓았지 사람과 들짐승이 달리기 경주를 하듯 뒤쫓은 것은 아니다.[133)]

---

132) 浙江省文物管理委員會, 「吳興錢三漾遺址一・二期發掘報告」, 『考古學報』, 1960年 第2期. 이 보고서에서는 "倒梢"라 지칭했다.

133) 陳煒湛, 『甲骨文田獵刻辭硏究』, 廣西人民出版社, 1995, 23면.

3) 어로와 수렵으로 잡은 동물의 종류

어로와 수렵에서 잡은 동물은 길짐승·날짐승·물고기 등의 세 가지로 나눌 수 있다.

(1) 길짐승

갑골문에 보이는 수렵의 대상이 되었던 길짐승으로는 다음의 것이 있다.

① 호랑이虎

갑골문에서 호虎자는 이빨을 드러낸 채 입을 벌리고, 예리한 발톱과 길면서 위로 말린 꼬리의 모습이다. 견犬자와의 가장 큰 차이는 머리 부분의 이빨을 드러낸 모습에 있다. 호랑이 사냥은 무정 때부터 제신 시대에 이르기까지 모두 보인다. 『합집』 10,179편은 무정 때의 수렵 갑골인데, 갑골에는 한번 수렵에서 두 마리의 수컷 호랑이와 두 마리의 암컷 호랑이를 잡았다 기록했다. 후기 때의 제을 제신의 복사에도 한 번에 세 마리의 호랑이를 잡은 기록이 보인다(『합집』 37,366·37,463편). 호랑이는 성질이 사나워 잡기가 쉽지 않다. 그래서 호랑이를 잡으면 고기는 먹고 가죽을 깔고 자는 외에도 호랑이 뼈에다 글을 새겨 이를 기념했다. 현재 캐나다 토론토 박물관에 소장되어 있는 호랑이 뼈에는 다음과 같이 새겨져 있다.

> 신유일, 왕께서 '계록'에 사냥을 갔다가 커다란 무늬 있는 호랑이를 한 마리 잡았다. 10월이었으며, 왕의 재위 3년 '협일'제사를 드릴 때였다. 辛酉, 王田鷄麓, 獲大霥虎. 在十月, 隹王三祀劦日.
>
> —『합집』 37,848편

② 코끼리象

갑골문의 상象자는 코끼리의 긴 코를 특징적으로 그려 다른 동물과 잘 구분이 된다. 코끼리는 상나라 때에 이미 훈련된 가축의 하나였다. 안양의 은허에서는 코끼리 갱坑이 발견되었는데, 코끼리의 목에는 동으로 만든 요령銅鈴이 매여 있었다.[134] 이는 집에서 기른 코끼리가 분명하며, "은나라 사람들이 코끼리를 길렀다"는 설을 증명해 주었다. 하지만 돼지에도 집에서 기르는 돼지와 야생 돼지가 공존했듯이 코끼리도 야생 코끼리를 사냥에서 잡기도 했다.

> 오늘 밤 비가 오면 코끼리를 잡을까요? 今夕其雨, 獲象.
>
> —『합집』 10,222편

가장 많은 경우에는 10마리나 잡기도 했다.

> 신미일에 왕께서 점을 칩니다. 물어봅니다. 사냥을 나가는데, 오고 감에 재앙이 없을까요? 왕께서 점괘를 해석해 말했다. 길하리라. 코끼리 10마리, 꿩 11마리를 잡았다. 辛未王卜, 貞田𢦏往來亡災. 王占曰, 吉. 獲象十, 雉十又一.
>
> —『합집』 37,364편

③ 무소兕·犀

갑골문에서 시兕자는 윗부분에 돌출된 큰 뿔이 그려진 모습으로, 상형자에 속한다. 중국의 고대 문헌에는 시兕와 서犀 두 가지 김승이 등장한다. 『산해경』「남산경南山經」의 남차삼경南次三經에서 "도과지산 위에는 금과 옥이 많으며, 그 아래에는 무소와 외뿔소가 많으며, 코끼리도 많다禱過之山, 其上多金玉, 其下多犀·兕, 多象"고 했다. 『이아』「석수釋獸」에서도 "시

134) 王宇信·楊寶成, 「殷墟象坑和"殷人服象"的再探討」, 『甲骨探史錄』, 三聯書店, 1982.

兕는 소와 비슷하고, 서犀는 멧돼지와 비슷하다"고 했다. 곽박郭璞의 주석에서는 시兕는 "뿔이 하나에 푸른색을 띠며 무게가 1천근에 이른다一角靑色重千斤"고 했으며, 서犀는 "모습이 물소와 같고 돼지머리에 큰 배와 짧은 다리를 가졌으며 …… 검은색에 뿔이 세 개인데 하나는 머리 꼭대기에 하나는 이마에 다른 하나는 코에 있다形似水牛, 猪頭大腹庳脚 …… 黑色·三角一在頂上·一在額上·一在鼻上"고 했다. 진몽가는 시兕를 "야생 소野牛"라고 했고,[135] 장정낭은 시兕를 청색을 띤 야생소이다"고 했다.[136] 정산은 "서犀와 시兕는 독음이 약간 변한 것으로, 한 짐승에 대한 두 가지 명칭으로, 방언의 차이에 불과하다"고 했다.[137] 요효수와 초정은 시兕는 시豕이며, "시豕와 서犀는 고금자의 관계로, 지금은 서우犀牛로 통칭하고 있다"고 했다.[138] 양종건과 유동승은 안양 은허에서 출토된 동물 뼈에 서우犀牛의 뼈가 들어 있는 것으로 감정했다.[139] 복사에서의 시兕는 서우犀牛일 가능성이 크다. 시兕에 대한 수렵은 무정 때부터 제신 때까지의 복사에서 모두 나타나며, 무정 때에는 한 번에 11마리를 잡은 적도 있으며(『합집』 1,030편), 후기 복사에서는 한 번에 40마리를 잡은 적도 있다.

> 지금 무소 40마리, 사슴 2마리, 여우 1마리를 잡았습니다. 擒茲獲兕四十·鹿二·狐一.
>
> —『합집』 37,375편

무소兕에는 "흰 무소白兕"(『합집』 37,398편), "붉은 무소戠(赤)兕"(『일』 518편), "큰 무소大兕"(『합집』 37,514편) 등이 있는데, 털 색깔과 몸체의 차이에 따른 구분이다.

---

135) 陳夢家, 『殷虛卜辭綜述』, 科學出版社, 1956, 555면.
136) 張政烺, 「卜辭裒田及其相關諸問題」, 『考古學報』, 1973年 第1期.
137) 丁山, 『商周史料考證』, 中華書局, 1998, 175면.
138) 姚孝遂·肖丁, 『小屯南地甲骨考釋』, 中華書局, 1985, 151면.
139) 楊鍾健·劉東升, 「安陽殷墟之哺乳動物群補遺」, 『中國考古學報』 第4冊, 1949.

④ 돼지豕

갑골문의 수렵에서 잡았거나 추격한 돼지豕는 모두 야생 멧돼지이다.

계축일에 점을 칩니다. 왕께서 돼지를 쫓으면 잡을 수 있겠습니까? 과연 잡았다. 癸丑卜, 王其逐豕, 獲. 允獲豕.

—『합집』 10,230편

멧돼지를 쫓을 때에는 종종 다음처럼 활과 화살로 사살하기도 했다.

왕께서 큰 멧돼지를 활로 쏠까요? 王其射彘大豕.

—『합집』 28,307편

갑골문에는 돼지의 몸체를 화살로 쏜 글자가 있는데, 나진옥은 "시豕가 의미부이고 몸에 화살矢이 박힌 모습을 그렸는데, 바로 체彘자이다. 체彘는 아마도 야생 멧돼지로 보이며, 활로 쏘지 않으면 아니 되었을 것이다"고 했다.[140] 야생 멧돼지는 성질이 사나워 성이 나면 호랑이에 뒤지지 않는다. 갑골에 의하면 멧돼지를 잡는 데 한 번에 화살 40개를 쏜 적도 있다(『합집』 20,723편). 멧돼지를 잡은 것은 주로 한 두 마리이고, 10마리 이상인 경우는 잘 보이지 않는다.

⑤ 사슴鹿

갑골문의 록鹿자는 일반적으로 머리에 두 개의 뿔이 있고, 뿔마다 끝이 둘로 나누어져 그려졌다. 때로는 뿔을 하나만 그리고 뿔의 끝이 둘로 나누어지도록 간단하게 그린 경우도 있다. 이들은 여러 사람에 의해 록鹿자로 해석되었으며, 모두 의견의 일치를 본 상태이다. 하지만 발굴된 짐승

140) 羅振玉, 『增訂殷虛書契考釋』 中, 東方學會 石印本, 1927, 28면 下.

뼈의 감정에 의하면, 안양 은허에는 사슴鹿·사불상四不象·꽃사슴斑鹿 등이 있었다.141) 사슴을 잡는 방법에는 에워싸기狩(『합집』 10,308편)·뒤쫓기逐(『합집』 10,950편)·그물网(『합집』 10,976편 앞면)·활쏘기射(『합집』 28,339편)·함정파기陷阱(『합집』 10,662편)·정征(『합집』 10,311편)·巫(『합집』 10,303편) 등이 있었다. 사슴은 주요 수렵 대상이었다. 소위 "축록중원逐鹿中原"이라는 말을 갑골에서 증명할 수 있는데, 갑골문에는 많이 잡은 경우에는 한 번에 162마리를 잡기도 했는데(『합집』 10,307편), 그때에는 "수狩" 즉 에워싸는 방식으로 잡았다.

⑥ 큰사슴麋

갑골문의 미麋자는 사슴의 몸에다 눈 위의 눈썹眉을 특별히 돌출시킨 모습인데, 이로써 독음을 표시했다. 『급취편急就篇』의 안사고 주석에 의하면 "미麋는 사슴鹿과 비슷하지만 크고, 눈 위에 눈썹이 있다. 그래서 '미'라 이름 붙여졌다"고 했다. 요효수에 의하면, "사실은 미麋의 눈 위에 있는 것은 흰 반점白斑인데, 눈썹처럼 보인다"고 했다.142) 큰사슴麋을 잡을 때에는 주로 함정법이 이용되었으며, 갑골문에 기록된 한 번에 가장 많이 잡은 경우를 보면 함정을 파 7백 마리를 잡은 적도 있으며(『둔남』 2,626편), 또 한 번은 450마리(『합집』 10,344편 뒷면), 또 한 번은 348마리(『합집』 10,349편)를 잡은 경우도 있다. 상나라 때 큰사슴麋은 대단히 많았고 게다가 잡기도 쉬었다. 『일주서』 「세부世俘」에 의하면 주 무왕은 상나라를 멸망시킨 후 진행한 한 사냥에서 무려 5,235마리의 큰사슴麋을 잡기도 했다.

⑦ 새끼 사슴麑

갑골문의 예麑자는 록鹿자처럼 생겼지만 뿔이 없는데, 이로써 새끼 사

141) 楊鍾健·劉東升, 「安陽殷墟哺乳動物群補遺」, 『中國考古學報』 第4冊, 1949.
142) 姚孝遂, 「甲骨刻辭狩獵考」, 『古文字研究』 第6輯, 中華書局, 1981.

승임을 나타냈다. 『국어』 「노어魯語」 상上에 "짐승의 우두머리와 사슴새끼와 고라니 새끼獸長麑麇"라는 말이 있는데 위소韋昭의 주석에서 "사슴새끼鹿子를 예麑라고 한다"고 했다. 『회남자』 「주술훈主術訓」에서도 "선왕先王의 법도를 보면, 사냥을 할 때는 무리를 덮치지 않고, 새끼麛夭는 잡지 않는다"고 했는데, 주석에서 "사슴의 새끼鹿子를 미麛, 큰 사슴의 새끼麋子를 요夭라고 한다"고 했다. 그렇다면 사슴 새끼를 문헌에서는 예麑나 미麛라 불렀음을 알 수 있다. 하지만 상나라 때의 수렵에 "새끼麛夭는 잡지 않는다"는 법령은 없었다. 사냥에서 종종 사슴 새끼들을 잡았으며, 가장 많은 경우에는 한 번에 159마리를 잡기도 했고(『합집』 10,198편), 127마리를 잡기도 했다(『합집』 10,197편).

⑧ 여우狐

갑골문에서 호狐자는 견犬과 무亡로 구성되었다. 무亡자는 갑골문에서 유무有無라고 할 때의 무無자로 읽지, 도망逃亡이라고 할 때의 망亡으로 읽지는 않는다. 그래서 이 글자는 호狐(hú)라고 읽어야지 망亡(wáng)으로 구성된 시랑豺狼이라고 할 때의 낭狼(láng)으로 읽어서는 아니 된다. 양종건楊鍾健과 유동승劉東升은 안양 은허에서 출토된 짐승의 뼈 중에 여우의 뼈는 있었지만 이리狼의 뼈는 존재하지 않는다고 감정한 바 있다. 여우를 가장 많이 잡았던 것은 한 번에 164마리도 있고(『합집』 10,198편), 또 흰 여우白狐를 잡은 경우도 보이는데(『합집』 33,364 · 37,499편), 귀한 갓옷을 만드는 데 쓰였다.

⑨ 토끼兎

갑골문에서 토兎자는 긴 귀에 짧은 꼬리를 가진 모습이다. 요효수에 의하면, 갑골문에서 예麑자는 목이 그려진 반면 토兎자는 목이 그려져 있지 않아, 머리와 몸이 서로 붙어 있다는데 이들의 차이가 있다고 했다.143) 무정 때에는 한 번에 199마리의 토끼를 잡은 적도 있다(『합집』 10,407편).

⑩ 원숭이猱

노猱자는 원숭이의 머리에 다리가 굽은 모습으로 그려졌는데, 요효수는 이것이 짐승의 이름이라고 했다. 복사에 다음과 같은 기록이 보인다.

…… 원숭이를 잡을 수 있을까요? …… 其獲猱.

—『합집』 10,468편

노猱는 다음의 복사에서처럼 공납물이기도 했다.

기사일에 점을 칩니다. '작'이 원숭이를 보내오지 않을까요? 己巳卜, 雀不其致猱.

기사일에 점을 칩니다. '작'이 원숭이를 보내올까요? 己巳卜, 雀其致猱.

—『합집』 8,984편

⑩ 지旨

복사에서 지旨를 잡았다는 기록은 단 한 차례 보인다.

정묘일에 …… 사냥을 나갔다가 □을 사로잡았으며, 사슴 162마리, □백14마리, 멧돼지 10마리, 지旨 1 …… 포획했다. 丁卯 …… 狩征□擒, 獲鹿一百六十二, □百十四・豕十・旨一 ……

—『합집』 10,307편

사로잡았던 "지旨"는 짐승임에 분명하다. 진몽가는 이것이 『설문』에서 대균大麇이라고 풀이한 "지麔"로, 달리 "궤麂"로 쓰기도 한다고 했다. 하지만 요효수는 이것이 무엇인지는 "더 연구해보아야 한다"고 해, 어떤 짐승을 지칭하는지는 아직 알 수 없다.

143) 姚孝遂, 「甲骨刻辭狩獵考」, 『古文字研究』 第6輯, 中華書局, 1981.

(2) 날짐승

날짐승에는 다음의 것들이 있다.

① 꿩雉

복사에서 치雉자는 추隹와 시矢로 구성되었는데, 시矢는 소리부이며, 치雉는 달리 산계山鷄나 야계野鷄라 부르기도 한다. 꿩을 잡았다는 기록은 무정 때와 제을·제신 때의 복사에서 가장 많이 나타나는데, 무정 때의 복사에서는 한번에 50마리를(『합집』 40,834편), 후기 때의 복사에서는 30마리를 잡았다는 기록도 보인다(『합집』 37,365편).

② 추隹

추隹는 갑골문에서 대부분 어기사로 쓰여 "유惟"와 같이 쓰인다. 후기 때의 복사에서는 새의 총칭으로 쓰이는데, 많을 경우에는 한 번에 1~2백 마리를 잡은 경우도 보인다.

> 새 250마리, 코끼리 1마리, 꿩 2마리를 잡았다. 獲隹二百五十·象一·雉二.
>
> —『합집』 41,802편

하지만 초기 때의 복사에서는 다음처럼 "조鳥"라 지칭했다.

> 갑인일에 점을 칩니다. '명'을 불러 그물을 치게 하면 새를 잡을 수 있을까요? 병진일에 바람이 불었는데, 새 5마리를 잡았다. 甲寅卜, 呼鳴网鳥, 獲. 丙辰風, 獲五.
>
> —『합집』 10,514편

무정 때의 갑골에는 추隹와 로 구성된 글자인 가 보인다. 추隹자가 든 것으로 보아 새의 일종임을 알 수 있는데, 어떤 경우에는 추隹자를 생

략한 모습도 보인다(『합집』 10,506~10,509편). 이것을 잡을 때에는 "축逐"이나 "획獲" 등과 같은 동사를 사용했고, 한번에 8마리를 잡은 적도 있다.

> 무자일에 점을 칩니다. '빈'이 물어봅니다. 왕께서 '지'에서 〓을 쫓아도 재앙이 없을까요? 그날 왕께서 '지'에서 〓을 쫓았다. 과연 재앙이 없었다. 〓 8마리를 잡았다. 戊子卜, 賓, 貞王逐〓亡災. 之日王往逐〓于沚. 允無災, 獲〓八.
>
> —『합집』 9,572편

이것이 도대체 어떤 새인지는 아직 알려져 있지 않다.

③ 매鷹

갑골문의 이 글자는 긴 부리를 특징적으로 돌출시키고, 날개를 펴고 구름 사이를 선회하는 모습을 그렸다(새 옆의 작은 점들은 구름을 상징한다). 긴 부리를 가진 조류라면 분명 맹금류의 매를 나타내는 응鷹자일 것인데, 이 글자는 『합집』 10,495~10,500편에 보인다. 혹자는 이를 길짐승의 하나로 해독하기도 했지만 자형과 맞아 보이지 않는다. 혹자는 또 연燕자로 해독했는데 제비燕도 긴 부리를 갖고 있다. 『합집』 10,499편에서는 연燕과 응鷹이 같이 등장하는데, 이 두 글자 간의 차이는 긴 부리의 유무에 있다. 이 글자들에 사용된 수렵 용어는 "축逐"자만 보이며, 이에 의해 잡힌 정황은 다음과 같이 표현되고 있다.

> '경'까지 추격하면 매를 사로잡을 수 없을까요? …… 往逐磬鷹弗其擒.
>
> …… 사로잡았고, 매 11마리, 멧돼지 1마리, 새끼 사슴 1마리를 포획했다. …… 擒, 獲鷹十一·豕一·麑一.
>
> —『합집』 10,500편

(3) 어류

포획한 어류는 일반적으로 "어魚"라고 통칭했다. 다만 한 가지 물고기에 대해서만 독립된 이름이 제시되었는데, 유鮪가 그것이다.

> 을미일에 점을 칩니다. 물어봅니다. 㚇가 상어를 잡을 수 있을까요? 12월이었다. 과연 16마리를 잡았다. 乙未卜, 貞㚇獲鮪, 十二月, 允獲十六.
>
> —『합집』 258편

유鮪는 철갑상어鱘魚를 말하는데, 대형 어류의 일종으로, 몸길이가 3미터 정도에, 무게는 1천근에 이른다. 1987년 안양 은허의 소둔小屯 동북쪽의 갑조甲組 건축 기초 터의 1호 회갱灰坑에서 철갑상어의 뼈가 출토되었는데,144) 이는 상나라 사람들이 철갑상어鱘(유鮪)를 잡았다는 증거가 된다. 철갑상어는 잡기가 어려운 어종이었기에 상나라 왕은 여러 차례 이를 잡을 수 있을 것인지에 대해 점을 쳐 물었다.

> □미일에 점을 칩니다. 왕께서 물어봅니다. 3번 점을 치면 㚇가 철갑상어를 잡을 수 있겠습니까? □未卜, 王, 貞三卜㚇幸鮪.
>
> —『합집』 5,330편

행幸은 사로잡다, 포획하다는 뜻이다. "삼복三卜"은 3번의 점을 통해 철갑상어를 잡을 수 있을 지에 대해 물어보았다는 뜻이다.

---

144) 中國社會科學院考古研究所安陽隊, 「1987年安陽小屯東北地的發掘」, 『考古』, 1989年 第10期.

4) 어로와 수렵의 참가자

갑골문에 의하면 어로와 수렵엔 왕과 신료를 비롯해 민중 등 세 부류가 참여했다.

(1) 상나라 왕

갑골문에서 자주 보이며, 일반적인 문장 형식은 "왕王"+수렵 동사인데, "왕께서 수렵을 하였다王其田", "왕께서 사냥을 하였다王其狩", "왕께서 짐승을 뒤쫓았다王其逐", "왕께서 물고기를 잡았다王魚" 등으로 표현된다. 어떤 복사에서는 행동의 주체를 생략하기도 했는데, 문맥 상 상나라 왕의 수렵임이 분명하다. 다음의 두 복사를 비교해 보자.

> 계축일에 점을 칩니다. 왕께서 멧돼지를 뒤쫓으면 잡을 수 있을까요? 과연 잡았다. 癸丑卜, 王其逐豕獲. 允獲豕.
>
> —『합집』 10,230편

> 신미일에 점을 칩니다. '긍'이 물어봅니다. 가서 멧돼지를 뒤쫓으면 잡을 수 있을까요? 辛未卜, 亘, 貞往逐豕獲.
>
> —『합집』 10,229편

두 번째 복사에서 "왕往"자 앞에 행위 주체인 "왕王"이 생략되었다. 이 갑골편의 뒷면에 새겨진 각사는 마침 "신미辛未" 복사와 "정・반이 서로 이어지는" 험사驗辭인데, 험사에서는 분명하게 "왕께서 뒤쫓았다王往逐"고 명시해 두었다.

> 그 날 왕께서 [illegible]에서 멧돼지를 뒤쫓았고, 과연 9마리를 잡았다. 之日王往逐在[illegible]

豕, 允獲九.

(2) 신료

신료의 참여에는 다음의 세 가지 상황이 있다.

① 신료가 상나라 왕의 수렵을 수행한 경우

갑오일에 왕께서 가서 무소를 뒤쫓았는데, 소신 '협'이 수레를 몰았고, 말이 돌에 부딪혀 왕의 수레와 충돌했고, '자앙'도 말에서 떨어졌다. 甲午王往逐兕, 小臣叶車, 馬硪𩰫王車, 子央亦墜.

—『합집』 10,405편

이때는 상나라 무정이 무소를 뒤쫓았는데, '소신'과 '자앙'이 수행해 함께 갔던 것이다.

② 상나라 왕이 신료를 "부르거나呼" 신료에게 "명령을 내려令" 함께 수렵 나간 경우

'니'를 불러 무소를 뒤쫓을까요? 呼㲻逐兕

—『합집』 10,403편

'후치'를 불러 수렵을 나갈까요? 呼侯致田

—『합집』10,559편

'화'에게 영을 내려 무소를 잡게 할까요? 令畵執兕.

—『합집』 10,436편

'작'에세 영을 내려 (어떤 지역에서) 사냥을 나가게 할까요? 令雀田.

—『합집』 10,567편

③ 신료 자신들이 어로와 수렵을 한 경우

임신일에 점을 칩니다. '각'이 물어봅니다. '보'가 큰 사슴을 잡을 수 있을까요? 병자일에 함정에 걸려들었다. 과연 209마리를 잡았다. 1월이었다. 壬申卜, 㱿, 貞甫擒麋. 丙子陷, 允擒二百又九. 一月.

—『합집』 10,349편

무자일에 점을 칩니다. '빈'이 물어봅니다. '필'이 '질'에서 통발을 놓을까요? 왕께서 '고'를 따르게 하지 말까요? 戊子卜, 賓, 貞畢笱在疾, 不從王古.

—『합집』 9,560편

계묘일에 점을 칩니다. 㚔이 물고기 3만 마리를 잡을 수 있지 않을까요? 癸卯卜, 㚔獲魚其三萬不?

—『합집』 10,471편

보甫 · 필畢 · 㚔 등은 모두 사람 이름이다. 그들의 어렵 행위 앞에 사역동사인 호呼나 영令이 없는 것으로 보아, 자신들이 직접 어로나 수렵 활동을 한 것으로 보인다.

신료 중 특별히 주의해야 할 사람은 무관의 성질을 띤 '마馬(다마多馬)', '아亞(다아多亞)', '수戍', '다자多子' 등이다.

'다마'를 불러 사슴을 뒤쫓게 하면 포획할 수 있을까요? 呼多馬逐鹿, 獲.

—『합집』 5,775편 앞면

물어봅니다. '마아'에게 명하여 큰 사슴을 쏘게 할까요? 貞令馬亞射麋

—『합집』 26,899편

계사일에 점을 칩니다. '부'가 물어봅니다. '아'가 가서 사냥을 하면 오고 가는 데 재앙이 없을까요? 癸巳卜, 𣪘, 貞亞往田, 往來亡災.

—『합집』 27,929편

'수'가 그물을 치면 잡을 수 있을까요? 叀戍罾, 擒.

왕께서 '수'에게 그물을 치게 할까요? 叀王以戍罾.

—『합집』 27,968편

'수'를 불러 활을 쏘게 하면 잡을 수 있을까요? 叀戍呼射擒.

—『합집』 27,970편

임오일, 물어봅니다. '다자'가 사슴을 잡을 수 있을까요? 壬午, 貞多子獲鹿.

—『합집』 810편 앞면

무관들이 수렵에 참가한 것과 상응해서 다음처럼 군대조직이 참가하기도 했다.

왕께서 …… 에서 수렵을 하는데, '견사'를 따르게 하면 포획할 수 있을까요? 재앙이 없을까요? 王其田于 …… 叀犬師從, 擒, 亡𢦏.

—『합집』 27,915편

을사일에 점을 칩니다. '출'이 물어봅니다. …… 왕의 군대가 …… 뒤쫓을까요? 乙巳卜, 出, 貞 …… 王行逐 …….

—『합집』 24,445편

정유일에 '중록'이 점을 칩니다. '혜'에서 물어봅니다. 𢦏에서 □사냥을 하는데, '우인' '삽'으로 삼으면 재앙이 없을까요? '치중'하지 않을까요? 丁酉中錄卜, 在兮貞在𢦏田□, 其以右人臿, 亡𢦒, 不雉衆.

—『합집』 35,344편

사師나 왕행王行은 모두 군대의 편제이며, "우인右人"은 군대에서 좌·중·우 편제의 우사右師·우려右旅·우수右戍 등의 인력임이 분명하다.

수렵복사의 경우, 일부 용어는 군사 행동에서 사용되기도 한다. 예컨대 계啓라는 용어를 보자.

계해일에 점을 칩니다. 다음 '무'일에 왕께서 수렵을 하는데, 먼저 길을 크게 열까요? 丁亥卜, 翌日戊王兌田, 大啓.

—『합집』 28,663편

정사일에 점을 칩니다. '보'에게 영을 내려 수렵하게 하는데, 정축일에 먼저 길을 열까요? 丁巳卜, 令甫狩, 丁丑啓.

—『합집』 20,749편

이를 전쟁 용어와 비교해 보자.

물어봅니다. '멱'이 길을 열면, 왕께서 '공방'을 사로잡을 수 있을까요? 貞戠啓, 王其幸𢀛方.

—『합집』 6,332편

"계啓"는 군사 용어로, "길을 열거나 선봉대의 활동을 말한다."145) 그

145) 寒峰(王貴民), 「甲骨文中所見的商代軍制數則」, 『甲骨探史錄』, 三聯書店, 1982, 417면.

래서 다음처럼 수렵 때에 강羌족을 잡을 수 있는지의 여부에도 이 용어가 사용되었다.

병자일에 점을 칩니다. '자'가 신하들을 보내어 수렵을 하면 강족을 포획할 수 있을까요? 丙子卜, 子效臣田獲羌.

—『합집』 195편

을묘일에 점을 칩니다. '쟁'이 물어봅니다. 이번 봄 '치'로 하여금 수렵을 하게 하여, 𢦏을 따르게 하여 '구'에 이르면 강족을 사로잡을 수 있을까요? 왕께서 점괘를 해석해 말했다. 어려움이 생길 것이다. 己卯卜, 爭, 貞今春令豸田, 從𢦏至于淹獲羌. 王占曰, 艱.

—『합집』 199편

그래서 상나라 때의 수렵 활동은 동시에 군사 연습의 목적도 띠고 있었다.

(3) 일반 민중이 어로와 수렵을 한 경우

어로와 수렵, 특히 에워싸 잡는 방법圍獵에는 많은 사람의 협력이 필요하며, 그래서 수렵 과정에서 대량의 잡다한 역할은 보통 민중이 담당했다. 그래서 일반 민중도 왕과 귀족을 따라서 수렵에 참여했다. 앞서 말했던 사師·왕행王行·우인右人 등과 같은 군대의 사졸 외에도, "왕인王人"(『합집』 20,748편)과 "태좌족太左族"(『합집』 37,518편), "사람들을 잡아 수렵에 보낼까요? 執致人田"(『합집』 1,022편), "'아현'이 사람을 동원해 수렵을 할까요? 亞縣以人狩"(『둔남』 961편), "중衆"(『둔남』 395편, ""중"으로 하여금 수렵을 하게 할까요? 令衆田"), "다강多羌"(『합집』 154편, "다강으로 하여금 토끼를 쫓게 하면 잡을 수 있을까요? 多羌逐兔, 獲"), 『합집』 5,579편 앞면의 "강족이 '유'에서 큰 사슴을 함정에 빠트릴까요? 羌其陷麋于斿", "신臣"(『합집』 21,532편의 "'다신'이 사람을 불러 강족을 사냥할까요? 多臣人呼田羌") 등과 같이 귀족의 부하도 포함되었다.

5) 어로와 수렵의 조직관리

어로와 수렵은 상나라 왕 및 귀족의 비교적 일상적인 활동에 속했으며, 게다가 군사훈련이나 경제적으로도 농업과 목축업의 보충이 되었기 때문에 당연히 일정한 관리 체제가 있었을 것이다. 수렵 활동에 등장하는 견犬은 바로 그러한 일을 주관하는 왕실의 관리였다. 제3기의 수렵 복사에는 "어떤 곳(지명)+견犬+어떤 사람(인명)"으로 된 사례가 자주 등장한다.

> [다음] '무'일에 왕께서 '맹견'인 '협'을 따르게 하여 䳒에서 수렵하면, 재앙이 없을까요? [翌日]戊王其從盂犬叶田䳒, 亡[戈].
>
> —『합집』 27,907편

> '성견'이 '필'을 따르면, 재앙이 없을까요? 잡을 수 있을까요? 叀成犬畢從, 亡戈, 擒.
>
> —『둔남』 2,329편

> '오견'이 '설'을 따르면, 후회하지 않을까요? 叀宰犬舌從, 弗悔.
>
> —『합집』 27,923편

> '오'에서 '견'이 '항'을 따르게 하면, 재앙이 없을까요? 잡을 수 있을까요? 叀在宰犬亢從, 亡戈, 擒.
>
> —『합집』 27,911편

'획'에서 '견'이 "중"을 따르게 하면, 재앙이 없을까요? 잡을 수 있을까요? 叀在涵犬中從, 亡𢦔, 擒.

—『둔남』 625편

맹盂·성成·오宊·획涵은 지명으로 상나라 때의 수렵 지역이며, 협叶·설舌·항亢·필𢀛·중中은 인명이며, "견犬"은 관명이다. "맹견협盂犬叶"은 맹盂 땅에 설치된 견犬이라는 관리의 이름이 "협叶"이라는 뜻이다. 견관犬官의 임무는 두 가지가 있는데, 하나는 왕을 비롯한 귀족에게 자신이 있는 지역의 야수의 정황을 보고해 상나라 왕 및 귀족이 수렵을 할 때 도움이 될 수 있도록 하는 것이었다. 다음을 보자.

을미일에 '맹'에서, '견'이 사슴이 있다고 보고해왔다. 乙未在盂, 犬告有鹿.

—『합집』 27,919편 뒷면

무진일에 점을 칩니다. '획'에서 '견중'이 사불상이 있다고 보고해왔는데, 왕께서 활을 쏘면 재앙이 없을까요? 잡을 수 있을까요? 戊辰卜, 在涵, 犬中告麋, 王其射, 亡𢦔, 擒.

—『합집』 27,902편

□축일에 점을 칩니다. '견'이 와서 보고하는데, 큰 사슴이 있다고 할까요? □丑卜, 犬來告, 有麋.

—『합집』 33,361편

경신일에 점을 칩니다. '견'이 사슴이 있다고 보고해 왔는데, 왕께서 따르면, 잡을 수 있을까요? 庚申卜, 犬[來告]曰, 有鹿, 王其從, 擒.

—『둔남』 2,290편

견관犬官은 왕실에 어떤 곳에 사냥감이 있는지를 보고했고, 상나라 왕은 그 보고에 근거해 사냥을 나갔다. 견관犬官의 두 번째 임무는 상나라 왕 및 귀족을 따라 수렵에 참여하는 것이었는데, 갑골문에서는 이를 "종從"이라 불렀다.

> '성견'을 따르게 하면 재앙이 없을까요? 잡을 수 있을까요? 대단히 길할 것이다. 叀成犬從, 亡𢦏, 擒. 弘吉.
>
> —『둔남』 2,329편

> '확'에서 '견중'을 따르게 하면, 재앙이 없을까요? 잡을 수 있을까요? 叀在涵, 犬中從, 亡𢦏, 擒.
>
> —『둔남』 625편

> '양'에서 '견임'을 따르게 하면, 재앙이 없을까요? 잡을 수 있을까요? 叀在襄, 犬壬從, 亡𢦏, 擒.
>
> —『둔남』 625편

> '탕견'인 '절'을 따르게 하면, 재앙이 없을까요? 叀宕犬節從, 亡𢦏.
>
> —『합집』 27,903편

> '측견'을 따르게 하면, 재앙이 없을까요? 叀祝犬從, 亡𢦏.
>
> —『둔남』 106편

곽말약은 『은계수편』 935편(즉 『합집』 27,902편)을 고석하면서 이렇게 말했다. "'견중犬中'은 아마도 견관犬官의 이름이 중中이라는 뜻일 것이다. 『주례』 「추관秋官」에 견인犬人의 직책이 보인다." 양수달은 『주례』 「견인犬人」의 직책은 개를 바치는 희생犬牲을 담당하였지 수렵과는 무관하며,

이름은 우연히 같게 되었겠지만 실질은 다르다고 했다. 그에 의하면 "은나라 사람들의 견관犬官"은 대체로 『주례』 「지관地官」의 "적인迹人에 상당"한다. "적인迹人"의 직무는 "나라邦田의 지정地政을 맡아 이들을 엄격하게 금하고 지키는 직무를 담당했다. 수렵을 하려면 그의 명령을 받아야만 했다. 사슴새끼麛를 잡거나 알卵을 채취하는 것을 금했고, 독화살로 쏘는 것도 금했다." 정현의 주석에서는 "적迹은 짐승의 흔적跡을 말하는 것으로, 사냥감이 어디에 있는지를 알아낸다는 말이다"고 했다. 개犬는 후각이 예민하여 짐승이 있는 곳을 알아낸다. 그래서 사냥을 할 때는 개가 필수적이다. 개犬가 짐승의 족적을 알아내고, 개를 관장하는 사람司犬之人은 개에 의해 짐승의 종적을 찾아내기 때문에 큰 사슴麋이 있다는 사실을 보고할 수 있었던 것이다.146)

상나라 왕의 수렵은 특수 상황에서 일정한 기간 동안 며칠 연속해서 수렵하는 것을 제외하면, 일반적으로 10일旬 동안 비교적 고정된 날짜에 정해져 있었다. 이러한 사실은 이학근에 의해 제일 먼저 발견되었다. 그는 『은대 지리 간론』에서 "대체로 문정 임금 이전에는 무戊·신辛·임壬일에 주로 수렵을 하였으며, 간혹 정丁일에 하기도 했다. 하지만 제을·제신 때에는 약간 느슨해져, 을乙·정丁·무戊일에 주로 하였고 간혹 경庚일에 하기도 했다"고 했다.147) 일본의 송환도웅松丸道雄은 각 시기의 수렵 복사에 보이는 수렵 날짜를 전체적으로 고찰한 후, 상나라 왕의 수렵은 고정된 날짜에 진행하는 제도를 갖고 있다고 했다. 그는 각 시기 수렵의 변천에 대해 검토하면서 이렇게 말했다. 총체적으로 볼 때, 제1기부터 제2기까지는 수렵에 대한 규정된 제도가 존재하지 않아 종종 며칠 연속해서 수렵하기도 했다. 제2기의 어떤 시기부터 시작해서 수렵일은 을乙·무戊·신辛의 3일에 한정되는 유행이 나타났으며, 제3기에는 임壬일이 더해져, 10간 중 4일이 수렵일이 되었다. 제4기 때에는 3기 때의 날

146) 楊樹達, 「釋犬」, 『積微居甲文說』, 上海古籍出版社, 1986.
147) 李學勤, 『殷代地理簡論』, 科學出版社, 1959, 4면.

짜를 계승하였다. 제5기에 들어서는 정丁일을 더해, 5일이 수렵일이 되었다. 하지만 왕천王徏 복사[148]에서는 기己일과 경庚일이 추가됨으로써,[149] 고정된 수렵일의 제도가 점차 형성되었다. 수렵일이 일정한 날짜에 (대체적으로) 고정된 것은 수렵에 관한 관리적인 측면과 관계있다.

어로에 관한 부분을 보면, 갑골문에는 "사어司魚"가 체禘제사를 받았다 기록하고 있다.

> 임자일에 점을 칩니다. '사어'에게 '체'제사를 드릴까요? 행해도 되겠다. 壬子卜, 其帝司魚, 玆用.
>
> —『합집』 29,700편

"제帝"는 바로 "체禘"제사를 말하며, 제사 의식의 하나이다. "사어司魚"는 물고기를 주관하는 신이다. 신은 인간 세상의 굴절된 반영이기 때문에 신의 이름에 "사어司魚"가 있다는 것은 인간 세상에도 어업을 관리하는 관직이 존재했다는 말이다. 상나라 왕은 또 직접 물고기의 정황을 살핀 적도 있다.

> 경인일에 점을 칩니다. 오는 신일에 왕께서 빨리 가서 물고기를 살피려는데, 비를 만나지 않을까요? 길하리라. 庚寅卜, 翌日辛王兌省魚, 不冓雨. 吉.
>
> —『둔남』 637편

우성오는 "태兌"가 "예銳자의 고문이며", "예銳와 속速자는 서로 통하여, 예銳 또한 빠르다速는 뜻이다"고 했다.[150] 그래서 "태성어兌省魚"는 빨

148) (역주) 왕의 행차나 왕림에 관한 복사를 말한다. 徏은 달리 逘으로 쓰기도 하는데, 踐의 옛날 글자이다.

149) 松丸道雄, 「關于殷墟卜辭中的田獵地」, 『東洋文化硏究所紀要』 第31冊, 1963, 70면.

150) 于省吾, 「釋"先馬"」, 『甲骨文字釋林』, 中華書局, 1979.

리 가서 물고기의 정황을 살핀다는 말로, 상나라 왕이 직접 어로 활동을 살핀 것이 된다.

5. 수공업의 전면적 발전

상나라 때에는 수공업이 이미 대단히 발달했다. 상나라 유적지에서 출토된 문물로 볼 때, 상나라의 수공업은 이미 상세하게 분화되었음을 알 수 있다. 대체로 청동기의 제련과 주조, 건축, 도자기, 방직, 목기, 칠기, 옥기, 골기骨器 및 양조업 등으로 나누어져 있었고, 각각의 수공업 부문 내에는 또 더 상세한 분업이 이루어졌다. 예컨대 청동기의 제련과 주조업을 보면, 안양 소둔의 은허 지역 범위 내의 경우 묘포苗圃 북쪽 지역의 동 제련 작업장에서는 예기禮器만 제련했을 뿐 무기나 생산 공구는 제련을 거치지 않았다. 하지만 효민둔孝民屯과 설가장薛家莊의 동 제련 작업장에서는 예기禮器는 보이지 않고 무기와 생산 도구의 제련만 보인다.[151] 정주鄭州 명공로銘功路의 도기 제조장에서는 진흙 질泥質의 도기만 보일 뿐 사기가 포함된 도기는 보이지 않는다. 정주 이리강二里崗 시기 유적지에서 출토된 모래가 섞인 대량의 도기는 다른 가마에서 만들어진 것임에 분명하다.[152] 하북성 형대邢臺의 조연장曹演莊 등의 상대 유적지의 가마의 경우, 도기 력鬲이 위주이고 다른 기종은 드물다.[153] 이러한 현상은 상나라 때의 수공업이 이미 상당한 수준에 도달했음을 말해 준다. 상나라 수공업 발전의 상황에 대해서는 갑골문에 이미 명확하게 반영되었

151) 中國社會科學院考古硏究所, 『殷墟的發現與硏究』, 科學出版社, 1994, 440면.
152) 楊育彬, 『鄭州商城初探』, 河南人民出版社, 1985, 34면.
153) 楊升南, 「邢臺地區商文化中的商品經濟」, 『史學月刊』, 1999年 第1期.

는데, 이러한 방면에 대해서는 최근 백 년 동안 이미 상당한 연구가 이루어졌다. 하지만 갑골문이라는 것이 일종의 특수한 상황 하에서 남겨진 문자이기에 그 속에 보이는 상나라 수공업 관련 자료가 당시의 전모를 완전하게 반영한다고는 할 수 없다. 하지만 갑골문에는 다음과 같은 몇몇 수공업 부문이 반영되어 있다.

1) 제련 주조업冶鑄業

상나라 때의 제련 주조업이라 하면 청동의 제련 주조를 말한다. 청동 제련 주조업의 원료는 구리銅·주석錫·아연鉛이다. 고고 발굴에 의해 발견된 상나라 때의 청동기는 아름답고 그 종류가 다양하지만 갑골문에는 도리어 잘 나타나지 않고 있다. 갑골문에서 금金자가 아직 보이지 않고, 금金을 부수로 삼는 글자도 지금까지 금金과 마馬가 합쳐진 한 글자 밖에 등장하지 않는다. 이 글자는 현대 글자로 "마鎷"로 옮길 수 있는데, 복사에서는 이렇게 기록되어 있다.

> 신묘일에 점을 칩니다. □에서 점을 칩니다. …… 말 색깔을 한 구리를 …… ?
>
> 辛卯卜, 在□貞 …… 王其步叀鎷 ……
>
> —『합집』 36,984편

왕우신에 의하면, "마鎷는 구리銅 색을 띤 말馬을 말한다. 말馬 색깔을 한 '구리金', 즉 상나라 때의 구리를 형용한 말이다"고 했다.[154] 갑골문에는 "황동을 주조하다鑄黃呂"는 복사가 2번 등장한다.

154) 王宇信, 「商代的馬和養馬業」, 『中國史研究』, 1980年 第1期.

정해일에 점을 칩니다. …… 황동을 주조하여 …… 쟁반을 만들면, 순조로울까요 …… 丁亥卜 …… 其鑄黃呂 …… 作凡(盤)利, 叀 ……

—『합집』 29,687편

왕께서 황동을 주조하는데, 혈제를 오늘 을미일에 지내면 순조롭겠습니까? 王其鑄黃呂, 奠血叀今日乙未利.

—『합집』 41,866편

손해파는 "기其"자 다음의 글자를 "주鑄"자로 해독하고, "금문과 같다"고 했으며,[155] 이효정도 그의 견해를 따랐다.[156] 연운은 "황려黃呂는 구리銅를 말하며 황려黃呂의 황黃은 색깔을 가리키는데", "이는 광석으로부터 제련해 낸 구리 조각을 말하며", "전혈奠血"은 "아마도 혈제血祭를 지내기 위해 새로 만든 청동기와 관련이 있을 것이다"고 했다.[157] 두 번째 복사에서는 어떤 기물을 주조했는지 알 수 없지만 첫 번째 복사에서는 "쟁반盤을 만들었다"고 분명하게 말했다. 청동 쟁반盤은 물그릇으로, 상나라 때의 유적지에서 자주 발견된다.

청동기의 종류에는 앞에서 말한 "쟁반盤" 외에도 유卣가 있는데, 역시 술그릇이며, 갑골문에서는 다음처럼 울창주鬯酒를 헤아리는 단위로 쓰였다.

울창주 한 주전자를 올릴까요? 鬯一卣.

—『합집』 15,795편

왕께서 '문무정'께 '빈'제사를 드리는데, 사람 10명을 목 자르고, 6마리의 희

155) 孫海波, 『甲骨文編』, 中華書局, 1965, 527면.

156) 李孝定, 『甲骨文字集釋』, 臺北史語所專刊之五十, 1970, 4,057・4,096면.

157) 燕耘(林澐), 「商代卜辭中的治鑄史料」, 『考古』, 1973年 第5期.

생소의 배를 가르고, 울창주 6주전자를 올리면, 허물이 없겠습니까? 王賓文武丁伐十人・卯六牢鬯六卣, 亡尤.

—『합집』 35,355편

이외에도 무기로 청동 화살矢과 청동 창戈(은허에서 이미 대량으로 발견되었다)이 있다. 하지만 주전자卣・화살矢・창戈의 재질은 청동으로 된 것 외에도 도기陶・뼈骨・돌石・조개껍질蚌로 된 것도 있다. 갑골문에 보이는 이 세 가지 기물의 경우, 그 대표적인 재질이 청동이라는 말이지 다른 재질로 된 것이 없다는 의미는 아니다.

2) 건축업

건축물은 주로 가옥・궁전・종묘 건축을 가리킨다. 궁전과 종묘 건축의 경우 안양 은허 소둔의 동북지구에서 이미 54개소가 발견되었다. 소둔촌의 남・서・북쪽 지역에서는 모두 보통의 인민이 살던 건축이 발견되었다.158)

(1) 종묘 건축

이의 형식에 대해 『고공기』「장인匠人」에서 "은나라 사람들은 중옥重屋을 지었다. 당수堂修는 7심尋, 당숭堂崇은 3척尺이며, 사아四阿로 된 중옥重屋이었다"고 했다. 중옥重屋은 처마가 이중으로 된 집重檐屋을 말하는데, 정현의 주석에서는 "중옥重屋은 처마가 중복된復笮 것을 말한다"고 했다. 공영달의 소疏에서는 "벽의 재목을 이중으로 받드는 것重承壁材"을 중옥重屋이라 한다고 했다. 양홍훈에 의하면 중옥重屋은 지붕의 처마 밑에다 다

158) 中國社會科學院考古硏究所, 『殷墟的發現與硏究』, 科學出版社, 1994, 51~80면.

시 "비를 막는 처마"를 만들어, 처마가 두 개 중첩되어 "중옥重屋"을 형성한 것을 말한다고 했다.[159] "사아四阿"는 사면이 물을 내리도록坡水 된 지붕을 말하는데, 정현의 주석에서는 "사아四阿는 지금의 네 기둥으로 된 집四柱屋과 같다"고 했다. 갑골문에는 (『합집』 340 · 1,074 · 37,662편 등) · (『합집』 3,193 · 8,084편 등) 등이 보이는데, 모두 중옥重屋의 모습을 닮았다. 하지만 갑골문에서 이 둘은 모두 인명이나 지명으로 사용되었다. 그러나 이들의 형체 구조는 분명 실제 건축물의 모습에서 근원했을 것이다. 왕국유는 이 글자(두 번째 자형)는 금문에서 자주 보이는데, "중복이라는 의미를 가진다"고 했다.[160] 진방복은 "이 글자는 바로 은나라 때의 중옥重屋의 모습을 그렸다"고 했다.[161] 이효정은 앞서 든 두 글자가 사실은 같은 글자로, "중옥重屋을 그렸다"고 했으며,[162] 이는 상나라 때의 종묘 · 궁전 건축에서 이미 출현했던 비 막이 처마를 가진 "중옥重屋"이며, 사면이 물을 내리도록 기울어진 형식으로 되었다.

(2) 성城의 축조

상나라 전기에는 성벽에 의한 방어 시설에 대단히 주의를 기울였다. 언사偃師와 정주鄭州에서 발견된 상나라 성은 모두 거대한 성벽으로 서로를 둘러싸여 있었으며, 성안은 궁전과 종묘였고, 성의 문 위에는 이미 적을 살피는 망루와 같은 누대가 설치되었다. 갑골문에는 곽郭자가 보이는데, (『합집』 13,514 · 13,515편 등), (『전』 8 · 10.1편, 『경인』 3,241편) 등의 모습을 하고 있으며, 손이양은 이를 『설문』에서의 용𩫏자로 해석했다.[163] 허신에 의하면, "거주하다度는 뜻이다. 사람이 거주하는 곳民所度居을 말한

159) 楊鴻勛, 『建筑考古學論文集』, 文物出版社, 1987, 87면.
160) 王國維, 『史籒篇疏證』, 『王國維遺書』 第17冊.
161) 陳邦福, 『殷契辨疑』, 石印本, 1929, 6면.
162) 李孝定, 『甲骨文字集釋』, "史語所專刊"之五十, 1970, 1,857면.
163) 孫詒讓, 『名原』 下, 自刻本, 1905, 3면.

다. 이는 회回로 구성되었는데, 내성과 외성이 중복되고, 망루가 서로 마주보는 모습을 그렸다象城郭之重, 兩亭相對也"고 했다. 이 글자를 서현徐鉉은 "고古와 박博의 반절"인 곽郭으로 읽었다. 『설문』의 용墉자에서는 또 이를 용墉자의 고문古文이라고 했다. 단옥재段玉裁의 주석에서는 이 글자를 "옛날에는 용庸으로 읽었으나 진한秦漢 이후로는 곽郭으로 읽었다"고 했다. 곽郭과 용墉은 모두 성의 담을 말한다. 장병권은 이 글자를 두고 "본래는 같은 상형자로, 성곽의 모습을 그렸다"고 했다.164) 4개의 성루를 가진 글자를 두고, 곽말약은 "4개의 성루가 성의 담 위에 설치되어 서로 마주 보고 있는 모습이기 때문에, 2개의 성루가 마주보는 것과 같은 뜻이다"고 했다.165) 이 글자의 경우 갑골문에서 대부분 인명이나 지명으로 사용되었으며, 간혹 다음처럼 동사로 쓰인 경우도 있다.

> □□일에 점을 칩니다. '각'이 물어봅니다. 정말로 성郭을 쌓을까요? □□卜, 㱿, 貞亢郭.
>
> —『합집』1,395편 앞면

> 물어봅니다. '승'을 따르게 하여 성을 쌓을까요? 貞呼從𩁹郭.
>
> —『합집』 8,996편 앞면

> 계축일에 점을 칩니다. '빈'이 물어봅니다. '작'이 성을 쌓을까요? 癸丑卜, 賓, 貞雀郭.
>
> —『합집』 13,515편

동사로 쓰인 "곽郭"은 갑골문에서의 "성을 만들다作郭"와 같은 뜻이다(예컨대『합집』 13,514편에서는 "기방이 성을 쌓았다基方作郭"고 했다).

---

164) 張秉權,『甲骨文與甲骨學』, 國立編譯館, 1988, 252면.
165) 郭沫若,「考釋」,『卜辭通纂』, 科學出版社, 1983, 161면.

앞서 기술한 갑골문에서의 "중옥重屋"과 "곽郭"의 자형으로부터 상나라 때의 궁전 종묘의 건축물과 성의 건축 모습을 살펴볼 수 있다. 자형에 반영된 당시의 건축물의 모습 외에도, 갑골문에 보이는 건축물의 명칭과 건축과 관련된 활동에서도 상나라 건축물의 일반적인 모습을 살펴볼 수 있다.

갑골문에 보이는 건축물 관련 명칭을 장병권은 『갑골문과 갑골학』에서 10가지로 분류했는데, ① 종宗(37가지), ② 침寢(7가지), ③ 실室(10가지), ④ 궁宮(3가지), ⑤ 정𠪚(정庭 1가지), ⑥ 문門(15가지), ⑦ 호戶(5가지), ③ 선宣(1가지), ⑨ 읍邑(5가지), ⑩ 경京(5가지) 등이다. 장병권이 열거한 10가지 외에도 다음의 몇몇 명칭도 건축물임에 분명하다.

① 곽郭

곽郭자는 용墉자로 읽기도 하는데, 성루亭를 가진 성을 말함은 이미 앞에서 말한 바와 같다. 다음은 곽郭의 앞에 지명(혹은 인명)이 부가된 복사이다.

> 衮곽衮郭(복사에는 또 "衮東郭"(『합집』 6,943편), "衮敦郭"(『합집』 7,047편) 등이 있다).
>
> —『합집』 13,421편

> 부려곽婦旅郭.
>
> —『합집』 13,516편

> 아곽我郭.
>
> —『남상』 47편

② 가家

가家는 가옥을 말하며, 종宗이나 실室과 같은 뜻이다. 복사에는 다음과 같이 나타난다.

정가丁家(『합집』 3,096 · 12,582 · 21,028편)

상갑가上甲家(『합집』 13,580 · 13,581편)

아가亞家(『합집』 21,224편)

신가新家(『합집』 28,001편)

부경부갑가父庚父甲家(『합집』 30,345편)

③ 가숙家塾

갑골문자에는 한 사람이 지붕 위에 앉아 있는 모습을 한 글자가 있는데, 지금 글자로는 숙䎛으로 옮긴다. 구석규는 이를 가숙을 뜻하는 "숙塾" 자로 해독하면서, 『이아』 「석궁釋宮」에서 말한 "대문 옆의 당堂을 숙塾이라 한다"고 할 때의 "숙塾"을 말한다고 했다.166) 갑골문에서 이 글자는 다음처럼 몇 차례에 한정되어 나타날 뿐이다.

숙어塾圉(『합집』 5,976편)

청문숙廳門塾(『합집』 30,284 · 30,285편)

우읍숙右邑塾(『합집』 30,174편)

④ 창고廩

늠廩은 곡식 창고倉廩를 말하는데, 상나라 사람들이 곡식을 저장하던 곳이다. 복사에는 "곡식 창고를 시찰하다省廩"(『합집』 4,366 · 9,636편)는 말이 자주 보이고, 때로는 다른 사람에 의해 불태워진 창고를 말하는 "분름焚凜"(『합집』 583편 뒷면)도 등장한다. 늠廩자의 앞에 지명이 든 경우는 다음에서처럼 해당 지역에 설치된 곡식창고라는 뜻이다.

166) 裘錫圭, 「釋殷墟卜辭中與建筑有關的兩个詞－"門塾"和"自"」, 『出土文獻研究續集』, 文物出版社, 1989.

남름南廩(『합집』 9,636~9,642편)

이름𨺅廩(『합집』 5,708편)

⑤ 감옥圉

어圉는 상나라 때의 감옥 이름인데, 네모꼴 속에 수갑이 놓인 모습을 그렸다. 네모꼴은 방을 뜻하고, 수갑은 범죄자에게 수갑을 채워서 방안에 두었다는 의미이다. 그래서 어圉가 명사로 쓰여 감옥을 뜻할 때에는 이 또한 건축물의 하나가 된다. 갑골문에서 어圉 앞에 지명이 놓이면 이는 다음에서처럼 해당 지역에 설치된 감옥을 뜻한다.

효어爻圉(『합집』 138편)

주어疛圉(『합집』 522편)

미경어微京圉(『합집』 5,976편)

궁어弓圉(『합집』 16,057편)

육어六圉(『합집』 22,333편)

천어川圉(『영장』 540편)

⑥ 제단壇臺

제단壇臺은 제사를 지내던 곳을 말한다. 『상서』 「금등金縢」에서 주공周公이 선조를 위해 제단을 쌓으면서, "3개의 단壇을 만들어 선墠과 같게 하고, 단壇을 남쪽에 쌓고 북쪽으로 향해 섰다"고 했다. 공영달의 『전傳』에서 "단壇은 흙을 쌓는 것이요, 선墠은 땅을 평평하게 하는 것이다"고 했다. "흙을 쌓는다"는 것은 흙을 다지고 대臺를 쌓는 것을 말하며, 대臺 위에서 제사를 거행했다. 그렇게 볼 때 "단壇"도 건축물의 일종이 된다. 갑골문에서 단壇자는 "단旦"이나 "단單"의 가차자이다.[167]

---

167) 陳夢家, 『殷虛卜辭綜述』, 科學出版社, 1956, 472면; 于省吾, 『甲骨文字釋林』, 中華書局, 1979, 129~131면.

곽단𩫏旦(壇)(『합집』 1,074편)

조정단祖丁旦(壇)(『합집』 27,309편, 『둔남』 60편)

육조정단毓祖丁旦(壇)(『합집』 27,308편)

부갑단父甲旦(壇)(『합집』 27,446편)

부단父旦(壇)(『합집』 22,204편)

청단廳旦(壇)(『둔남』 60편)

남문단南門旦(壇)(『합집』 34,071편)

동단東單(壇)(『합집』 28,115편, 『둔남』 4,325편)

남단南單(『합집』 6,473편, 『둔남』 4,362편)

서단西單(『합집』 9,572편)

북단北單(『갑골문자석림』 130면, 모사본 인용)

소단小單(『합집』 31,683편)

⑦ 행궁俚

갑골문에 보이는 俚자를 곽말약은 요새를 뜻하는 새塞로,[168] 초남은 "선조들의 침묘寢廟에 속한다"고 했으니,[169] 이 또한 건축물의 하나이다. 깊이 연구해 본 결과 "선조의 침묘寢廟"라는 설이 더욱 합리적으로 보이는데, "조정의 침묘에서于祖丁俚"(『합집』 36,481편), "조신의 침묘에서 '강'제사를 드릴까요? 剛于祖辛俚"·"부갑의 침묘에서 '강'제사를 드릴까요?剛于父甲俚"(『합집』 27,254편), "침묘에서 '강'제사를 드릴까요? 于俚剛"(『합집』 31,136편) 등으로부터 이곳이 조상에게 제사를 드리던 장소임을 알 수 있다. 이러한 성격의 俚는 종묘와 유사하지만 세워진 장소는 오히려 왕국의 각 지역에 분포되어 있었다. 그래서 그 앞에다 종종 지명을 더하여 그것이 어디에 있는 건축물임을 밝혔던 것이다. 전국 각지에 분포된 것으로 보아 아마도 상나라 왕의 행궁行宮이었을 가능성이 높다. 복사에서도 "왕께

168) 郭沫若, 「別一考釋」, 『卜辭通纂』, 科學出版社, 1983, 10면.

169) 中國社會科學院考古硏究所, 『小屯南地甲骨』 下冊, 中華書局, 1984, 984면.

서 '오'에 있는 침묘를 찾아 숙박할까요? 王其尋于牢僼其宿"(『합집』 27,805편) 라고 했다. 상나라 사람들은 미신적이었기 때문에, 행궁에도 신에게 제사를 드리는 설비를 마련해 두었으며, 그래서 "침묘寢廟"라는 설보다는 당시 왕의 행궁이라는 설이 더욱 합리적이다. 갑골문을 살펴볼 때 다음의 지역에 행궁僼이 설치되었음을 알 수 있다. 즉 우盂(『합집』 30270 · 30,271편), 도梌(『합집』 30,269편), 오牢(『합집』 27,805 · 30,275편), 려읍旅邑(『합집』 30,267편), 각各(『합집』 27,310편), 북행𣅀杏(『합집』 27,796편), 견犬(『합집』 29,388편), 록麓(『합집』 30,268편), 의依(『합집』 30,273편), 犾(『합집』 30,273편), 수囚(『둔남』 2,636편), 포葡(『둔남』 2,152편) 등이다. 그중 우盂 · 도梌 · 오牢 · 수囚는 상나라 왕이 자주 가던 사냥터인데, 그곳에다 왕이 숙식할 수 있도록 행궁을 세웠다는 것은 매우 자연스런 일이었을 것이다.

갑골문에서 건축 활동을 나타내는 용어로는 "작作"이 있는데, 장병권에 의하면 다음의 형태로 등장한다. ① 집을 짓다作宀. 면宀은 ⇑과 같은 모습으로, "인人"자 모양의 집을 말한다. "작면作宀은 집을 짓다는 뜻이다." ② 종묘를 짓다作宗, ③ 침소를 짓다作寢, ④ 뒷간을 짓다作圂, 읍을 만들다作邑, ⑥ 성을 쌓다作郭, ⑦ 행궁을 짓다作僼, ⑧ 작빈作賓("어떤 건축물을 말함에 분명하다"), ⑨ 학교를 짓다作學 등이다.[170] 이외에도 갑골문에는 "작아作亞"(『둔남』 1,347편) · "작다아作多亞"(『합집』 21,705 · 21,707편) 등이 보인다. 손해파에 의하면 복사에서의 "'어떤 아亞를 만들다'라는 말은 어떤 궁宮을 짓다는 말과 같다"고 했다.[171] 이효정은 "아亞"를 묘도墓道가 사방으로 난 왕릉을 말한다고 했다.[172] 그렇다면 "작아作亞"는 왕릉을 만들다는 말이 된다.

170) 張秉權, 『甲骨文與甲骨學』, 國立編譯館, 1988, 523~526면.

171) 孫海波, 『甲骨文錄』, 河南通志館, 1937, 23면 下.

172) 李孝定, 『甲骨文字集釋』, "中央研究院史語所專刊"之五十, 1970, 4,172면.

3) 방직업

상나라 때의 유적지와 고분 혹은 전래 청동기의 표면에서 방직물의 유물이 발견되었다. 그 원료에는 비단絲과 마麻 등이 있으며, 문헌에서 "계罽"(『일주서』「왕회해王會解」)나 "갈褐"(『묵자』「상현尙賢」 중, 부열傅說이 입었던 옷)이라 불렀던 모직물이다. 특히 주목을 끄는 것은 장병권이 H127갱의 갑골을 정리하면서, 갑골에 붙어있던 베의 잔흔布紋을 발견한 것인데, 감정을 거친 결과 면직물로 판정되어,[173] 대단한 관심을 끌었다. 유적지에서 출토된 방직물과 마직물의 가로 세로 줄은 18~20×6~8/㎠였으며, 견직물의 종류로는 평문직平紋織·문기직文綺織 등이 있었다. 부호婦好묘에서 나온 견직물에도 5가지의 명칭이 보이는데, 평문견平紋絹·호縞(혹은 환紈)·겸縑·회문기回紋綺·나羅 등이다.[174] 가로 세로 선을 여러 번 짠 것의 경우 거친 것은 20×18/㎠, 가는 것은 72×26/㎠였다.

갑골문에는 방직업과 관련된 글자가 있는데, 호후선이 손해파가 재편집한 『갑골문편甲骨文編』과 일본 학자인 도방남島邦男의 『은허복사종류殷墟卜辭綜類』에 근거해 다음과 같은 통계를 낸 적이 있다.

의衣로 구성된 글자: 21자

망网으로 구성된 글자: 29자

언㫃으로 구성된 글자: 35자

속束으로 구성된 글자: 46자

계系로 구성된 글자: 81자

사絲(2개의 계系)로 구성된 글자: 16자

𢆶(3개의 계系)로 구성된 글자: 3자[175]

---

173) 張秉權,『甲骨文與甲骨學』, 國立編譯館, 1988, 547~572면.

174) 中國社會科學院考古研究所,『殷墟婦好墓』, 文物出版社, 1980, 18면.

175) 胡厚宣,「殷代的蠶桑和絲織」,『文物』, 1972年 第11期.

총 231자를 제시했는데, 방직업이 인류와 매우 밀접한 관계를 가졌으며, 동시에 상나라 때 방직업이 이미 발달했음을 알 수 있게 해 준다. 인류 생활의 4대 물질 기초는 의衣·식食·주住·행行인데, 방직기술이 없으면 옷을 만들 수가 없다. 출토된 문물로 볼 때 상나라 때의 방직 원료에는 이미 사絲·마麻·모毛·면棉 등 4가지가 포함되었음을 알 수 있으며, 갈葛이 포함되었는지는 아직 발견이 이루어지지 않았다. 이 4가지 방직 원료 중, 갑골문에서는 단지 사絲 한 가지만 학자들의 주목을 받았었다.

호후선은 「은대의 잠상과 베짜기殷代的蠶桑和絲織」라는 글에서 잠蠶자가 들어간 갑골 복사 8점을 제시했는데, 그중 4점은 "성우잠省于蠶"에 관한 것이었으며, 그중 1점은 완전한 복사로 "무자일에 점을 칩니다. 불러서 누에 있는 곳을 시찰하게 할까요? 戊子卜, 呼省于蠶"라는 내용이었으며, 2점은 "누에 신蠶示"이 제사의 대상이 되었던 내용이다.

> □□□, '대'가 (물어봅니다.) □□□에게 10마리의 희생양을, '수'에게 5마리의 희생양을, 누에 신에게 3마리의 희생양을 바칠까요? 8월이었다. □□□, 大, □□□十宰, 祟五宰, 蠶示三宰. 八月.
>
> —『합집』 14,353편

> 물어봅니다. '원시'에 5마리의 소를, 누에 신에게 3마리의 소를 쓸까요? 3월이었다. 貞元示五牛, 蠶示三牛. 十三月.
>
> —『합집』 14,354편

그가 말한 "불러서 누에 있는 곳을 시찰하게 할까요? 呼省于蠶"라는 말은 "누에를 시찰하게 할까요? 呼省蠶"라는 말과 같으며, "잠시蠶示"는 "누에 신蠶神"을 말한다.[176] 나머지 두 복사 중, 하나는 너무 많이 잘려나갔

176)『文物』, 1972年 第11期.

으나, 다른 한 점은 완전하여 다음과 같은 내용으로 되었다.

병인일, 물어봅니다. '교'가 강족과 누에를 '구시'에 쓸까요? 丙寅, 貞叀丂以羌罪蠶于龜示, 用.

—『남명』 468편; 『합집』 32,033편

이 복사는 쉽게 이해할 수 있는 내용이다. "혜叀"는 어기사로 "유惟"와 같으며, "교丂"는 사람 이름으로 "강羌"은 강족의 포로인데, 갑골문에서는 신에게 제사지내는 희생물로 자주 쓰였으며, 많을 때에는 수백 명이 쓰이기도 했다. "답罪"은 갑골문에서 자주 사용되는 연결사로, 오늘날의 "화和"나 "여與"와 "급及" · "기暨" 등과 같이 "…… 와"라는 뜻이다. "우于"는 개사로, 동작의 소재를 표시한다. "구시龜示"는 제사를 받는 신의 이름인데, 지칭하는 대상이 분명하지 않지만, 일반적으로 다음에서와 같이 이윤伊尹과 연계되어 있다.

을유일, 물어봅니다. '유'제사와 '세'제사를 '이'와 '구시'에게 드릴까요? 乙酉, 貞又歲于伊 · 龜示.

—『합집』 33,329편; 『수』 195편

물어봅니다. 오는 정축일에 '유'제사와 '세'제사를 '이'와 '구시'에게 드릴까요? 貞來丁丑又歲于伊, 龜示.

—『남명』 497편

정해일, 물어봅니다. '다녕'이 울창주를 '이윤'과 '구시'에게 드릴까요? 지금 시행하라. 丁亥, 貞多寧以鬯于伊尹 · 龜示. 茲用.

—『둔남』 2,567편

하지만 이伊(윤尹)와 연계 없이 단독으로 제사를 받는 경우도 있는데, 앞서 인용한 복사 및 다음의 복사가 그러하다.

> 을묘일, 물어봅니다. '승'제사와 '벌'제사를 '구시'에게 드리는데 5명의 강족과 3마리의 희생소를 쓸까요? 乙卯, 貞升伐𪚴示五羌三牢.
>
> —『합집』 32,086편

> '구시'에게 '유'제사를 드릴까요? 于𪚴示又(侑)?
>
> —『합집』

"이以"는 "용用"의 뜻인데, 양수달楊樹達은 『사전詞詮』 제7권의 "이以"자의 해석에서, "(9)개사, 용用과 같은 뜻이다. 동작에 쓰이는 도구를 나타낸다"고 했다. "'교'가 강족과 누에를 '구시'에 쓸까요? 丙寅, 貞叀丂以羌罤蠶于𪚴示用"라는 말은 바로 '교'가 강족과 누에를 '구시𪚴示'의 제사에 쓸까요? 라는 말이다. "용用"은 이미 채택되고 실시되었음을 뜻한다. 신에게 바쳐지는 물품은 일반적으로 당시 사람들이 사용하던 것 중 가치 있는 물품으로, 노예, 음식, 노리개 등이 포함된다. 누에는 실을 토해내는 유용한 존재이기에, 조각으로 새겨진 옥으로 만든 누에를 무덤에 부장하기도 했으며, 청동기의 장식 무늬로 쓰이기도 했다. 만약 "타它"를 "충虫"으로 해석한다면, 이는 당시 사람들에게 해를 끼치는 존재였으므로 제수품으로 신령에게 바치기에는 부적합했을 것이다. 그래서 갑골문에서 이 글자는 "잠蠶"자임에 틀림없다.[177)]

갑골문에서 고치를 켜고 실을 뽑는 것에 관한 활동을 자형 구조로부

---

177) 누에를 제수품으로 삼은 경우는 다음의 복사에서도 보인다. "'유'제사를 '성'·'대정'·'대갑'·'대경'·'대무'·'중정'·'조을'·'조신'·'조정'에게 드리는데 소 1마리, 누에, 양을 쓸까요? 대단히 좋다 侑于成·大丁·大甲·大庚·大戊·中丁·祖乙·祖辛·祖丁一牛·蠶·羊. 二告"(『갑골문 합집 보편』 100).

터 일단의 역사적 흔적을 살펴볼 수 있다. 즉 갑골문에는 (『합집』 8,294편)처럼 2개의 실타래가 력鬲이나 정鼎 속에 담긴 모습의 글자가 보인다. 이는 솥에다 실타래를 삶는 모습을 그려, 고치를 켜 실을 뽑아내는 것과 관련되어 있는데, 혹자는 이를 "소繅"자로 해석하기도 한다. 갑골문에는 또 손으로 실타래 2개나 3개를 든 모습을 한 글자도 보여 (『합집』 5667 · 9,200편) · (『합집』 21,695편) 등으로 적고 있다. 이 두 글자는 𢆶나 [illegible] 등으로 옮길 수 있다. 견직물 전문가에 의하면 이 두 글자는 누에고치에서 실을 자아내는 모습으로, 손과 실타래 사이에 있는 가로획은 실을 감는 테이며, 손은 실을 자아내는 활동을 뜻한다고 한다.[178] 갑골문에서 이 글자는 다음에서처럼 동사로 쓰인다.

계묘일에 점을 칩니다. '빈'이 물어봅니다. '곽'으로 하여금 실을 잣게 할까요? '경전'에서였다. 癸卯卜, 賓, 貞令郭𢆶, 在京奠.

—『합집』 6편

물어봅니다. '견'을 불러 '경'에서 실을 잣게 할까요? 貞呼犬𢆶于京.

—『합집』 5,667편

경진일에 점을 칩니다. '내'가 물어봅니다. 불러서 실을 잣게 할까요? 庚辰卜, 內, 貞呼𢆶.

물어봅니다. 불러서 실을 잣게 하지 말까요? 貞勿呼𢆶.

—『합집』 9,200편 앞면

정유일에 점을 칩니다. 왕께서 물어봅니다. 불행한 일이 생길까요? 그렇지 않을 것이다. 4월이었다. 丁酉卜, 王, 貞其有禍, 不𢆶. 在四月.

---

178) 高五漢, 「中國蠶桑帛起源的探討」, 『亞洲文明論叢』, 四川人民出版社, 1986.

—『합집』 24,769편

갑술일에 점을 칩니다. 왕이 말해 물어봅니다. '제정'에게 알리지 말까요? 실을 잣지 말까요? 甲戌卜, 王曰貞勿告于帝丁, 不𢆶.

—『합집』 24,982편

곽郭과 견犬은 사람이름으로, 곽郭과 견犬에게 명령을 내려 "실을 잣게𢆶" 했다는 형식으로 볼 때, 이는 복사에서 자주 보이는 "어떤 사람에게 명령을 내려 정벌하게 하다令某人伐", "어떤 사람에게 명령을 내려 사냥하게 하다令某人田", "어떤 사람에게 명령을 내려가게 하다令某人步" 등과 관련되어, 어떤 사람에게 명령을 내려 어떤 일을 하게 하다는 말이다. "𢆶"라는 이 글자가 이후의 어떤 글자에 상응하는지에 대해서는 아직 연구가 필요하지만, 동사로 사용될 경우 고치에서 실을 뽑는 것과 관련된 글자인 것만은 분명하다.179)

4) 목공, 옥의 제작, 술의 제조

(1) 목공업

목공업은 대단히 오래된 전통 수공업으로, 7천 년 전의 절강성 여요餘姚의 하모도河姆渡 유적지의 난간식杆欄式 가옥 건축으로부터 고대의 목공업이 매우 발달했음을 알 수 있다. 건축업을 토목건축이라 부르는데, "목木"은 바로 나무로 만드는 것을 말한다. 건축업의 정황에 대해서는 앞에서 이미 기술했다. "곽郭"자와 같은 그러한 정자는 바로 목공의 기술에 의한 작품이다. 여기서는 단지 건축업 이외의 목공업이 갑골문에

179) 高五漢, 「中國蠶桑帛起源的探討」, 『亞洲文明論叢』, 四川人民出版社, 1986.

어떻게 반영되었는지에 대해 기술하고자 한다.

① 수레의 제작

갑골문에 "거車"자가 보이는데, 어떤 복사에서는 상나라 왕이 수레를 몰고 사냥을 간 것에 대해 기술하고 있다.

> 갑오일에 왕께서 가서 무소를 뒤쫓았다. 소신 '협'이 수레를 몰았는데, 말이 절벽에 부딪혀 왕의 수레와 충돌했다. '자앙'도 수레에서 떨어졌다. 甲午王往逐兕, 小臣叶車, 馬硪粤王車, 子央亦墜.
>
> —『합집』 10,405편 앞면

또 수레를 부장품으로 사용한 경우도 있다.

> '형신'에게 [illegible]제를 거행하는데 수레를 사용하여 '유'제사를 올리면 응험이 있을까요? 其[illegible]兄辛叀右車用, 有正.
>
> —『합집』 27,628편

갑골문에는 또 련輦자가 남아 있는데(『합집』 29,693편), 이는 사람이 끄는 수레를 말한다. 상나라는 위방危方과의 한 차례 전쟁에서 적어도 위방의 수레 2대(『합집』 36,481편)를 포획했는데, 이는 수레가 상나라 갑골문 시대에 이미 보편적으로 사용되었음을 보여준다.

수레의 실물은 안양 은허 및 안양 이외의 서안, 산동성의 익도益都 등지에서 출토되었는데, 지금까지 모두 20여 대에 이른다.[180] 문헌 기록에 의하면 상나라의 탕湯임금 때부터 상나라 사람들은 전차로 전쟁을 치렀다고 한다. 『여씨춘추』「간선簡選」에서는 "은나라의 탕湯에게는 질 좋은

---

180) 楊寶成, 「殷代車子的發現與復員研究」, 『考古』 第6期, 1984.

전차가 70승乘, 필사 부대가 6천 명 있었는데, 무자일에 성郕에서 전쟁을 치러, 포로들을 잡아 큰 희생물로 썼다(擒)推移大犧"고 했다.

수레의 제작은 대단히 복잡한 과정을 거치며 정교한 솜씨를 요한다. 『고공기』에 의하면 "공예를 하나로 모은 것 중 수레가 가장 많다"고 했다. 수레를 제작하는 노동자는 목공만 하더라도 세 가지로 분류되는데, 윤인輪人(바퀴의 제작을 담당)·여인輿人(차체의 제작을 담당)·축인軸人(차축의 제작을 담당) 등이다. 수레 제작의 공정은 갑골문에 보이지 않지만, 후세 문헌의 기록에 의하면 상당히 복잡하고 기술 수준 또한 높아야만 했다. 예컨대 『고공기』에는 "윤인輪人"이 바퀴를 제작하는 과정에 대해 대단히 상세하게 기술하였는데, 이를 절록하여 참고로 제시하고자 한다.

> 윤인輪人은 수레를 만드는데, 세 가지의 재료(바퀴통轂·바퀴살輻·덧바퀴牙의 재료)를 반드시 때에 맞추어 베야 한다. 세 가지 재료가 갖추어지면 솜씨 좋은 장인이 이들을 가공하여 맞춘다. …… 바퀴통轂을 만드는 재료를 베는 방법을 보면, 반드시 그 나무의 음지쪽인지 양지쪽인지를 기록해 둔다. 양지쪽의 것은 나무의 결이 조밀하고 목질이 단단하며, 음지쪽의 것은 결이 성기고 목질이 부드럽다. 이 때문에 그 음지쪽의 것을 불에 구워 양지쪽의 것과 같게 만든다. 그렇게 하면 바퀴통轂이 닳는다 하더라도 수축되거나 마모되지 않아 (위쪽을 싸고 있는 가죽이 튀어나오지 않는다.) 바퀴통이 작고 길면 (바퀴살 간의 거리가) 좁게 되고, 크고 짧으면 (바퀴가) 불안정하게 된다. 이 때문에 (6자 6치의) 6분의 1로써 덧바퀴의 주위牙圍를 만든다. 덧바퀴의 주위牙圍의 3분의 2는 옻칠을 한다. 바퀴 양쪽의 칠을 한 안쪽의 길이를 재고 가운데를 접어서 바퀴통의 길이로 삼는다. …… 바퀴통을 다듬을 때는 반드시 곧바르게 해야 하고(바퀴통에 새기는) 글자체는 반드시 단정하게 써야 하며, 아교는 반드시 두텁게 칠해야 하며, 바퀴살을 쌀 때에는 반드시 여러 번 해야 하며, 속을 싸는 가죽은 반드시 바퀴통의 몸체에 단단히 붙여야 한다. (가죽은 먼저 칠을 하고, 칠이 마른 후 돌로 문지른다.) 다 문지르고 나면, 가죽이 청백색을 띠게 되는데, 이렇게 되어야만

좋은 바퀴통이라 할 수 있다. …… 바퀴살輻로 말하자면(바퀴통에 들어간) 깊이를 측정하여 바퀴살의 넓이로 삼는다. 바퀴살이 넓고 얕으면 바퀴살이 흔들리게 되고, 그렇게 되면 최고의 기술자라 하더라도 그것을 견고하게 할 수 없다. 깊이 파서 바퀴살이 작아지면 바퀴살이 단단하고 여유로움이 있긴 하나 강도가 부족해진다. …… 부드러운 바퀴살은 반드시 가지런하게 하여야 하며, 바퀴살의 재료를 물에 넣으면 물에 잠기는 깊이가 일정해야만 한다. 지아指牙를 바르게 하여 아牙가 제대로 되어야만 설자楔子를 더하지 않아도 튼튼해진다. 제대로 되지 않으면 반드시 설자楔子를 덧대어야 하고, 설자의 끝부분이 밖으로 드러나게 해야만 한다. …… 불에 구운 아牙의 재료(바퀴의 테두리)의 경우, 밖으로 향한 목재의 무늬는 끊겨서는 아니 되고, 안으로 향한 목재의 한쪽이 너무 타버리지 않아야 하며, 양쪽은 불거져 나오지 않아야만, 불에 잘 굽혔다고 할 수 있다. 이 때문에 측량기規로 그것이 둥근지의 여부를 측정하고, 곱자로 (바퀴살과 아牙가 만나는 부분이) 직각이 되는지를 살피며, 줄을 늘여 뜨려 아래 위의 바퀴살이 직선을 이루는지를 살피며, 물을 이용해 (두 바퀴가) 물에 빠졌을 때 물에 들어가는 깊이가 균등한지를 살피며, 기장을 이용해 (두 바퀴통의 구멍의) 크기가 동일한지를 살피며, 저울을 이용해 그것들의 무게가 같은지를 잰다. 그래서 곱자規・곡척萬・물水・늘어뜨리는 줄縣・기장量・저울權의 측정을 이겨내야 하고, 그래야만 나라의 대표 장인國工이라 할 수 있다. 輪人爲輪, 斬三材(謂作轂・輻・牙的材料)必以時. 三才旣具, 巧者和之 …… 凡斬轂 之道, 必矩其陰陽. 陽也者, 稹(緻)理而堅; 陰也者, 疏理而柔. 是故以火養其陰, 而齊 諸其陽, 則轂雖敝不款(槁). 轂小而長則柞, 大而短則摯. 是故六分其輪崇, 以其一爲之 牙圍. 參分其牙圍, 而漆其二, 椁其漆內而中詘之, 以爲之轂長 …… 容轂必直, 陳篆必正, 施膠必厚, 施筋必數, 幬必負干. 旣摩, 革色靑白, 謂之轂之善 …… 凡輻, 量其鑿深以爲輻 廣. 輻廣而鑿淺, 則是以大杌(動搖), 雖有良工, 莫之能固; 鑿深而輻小, 則是固有余而 强不足也. …… 揉輻必齊, 平沉(放入水中)必均, 直以指牙. 牙得, 則无染(楔子)而 固; 不得, 則有染必足見(楔端穿輪露于外)也 …… 凡揉牙(輪圈), 外不廉(不傷木紋理) 而內不挫(不被燒焦), 旁不腫(不燒暴裂), 謂之用火之善. 是故規之(用規測量)以規其 圜(圓)也; 萬之(用矩測量)以視其匡(直角, 指輪輻相交處)也; 縣(懸繩)之以視其 輻之

直也; 水之(放入水中)以視其平沉之均也; 量其藪以黍, 以視其同也; 權之(用秤稱 兩輪)以視其輕重之侔也. 故可規・可萬・可水・可縣懸・可量・可權也, 謂之國工.

②선박의 건조

갑골문에는 "왕의 배를 만들다作王舟"라는 복사가 등장한다.

> 기사일에 점을 칩니다. '쟁'이 물어봅니다. 왕의 배를 만들까요? 己巳卜, 爭, 貞作王舟.
>
> —『합집』 13,758편

이는 상나라 왕의 선박을 건조한 것을 말한다. 갑골문에는 선船자는 보이지 않고 주舟자만 나타나는데, 나무 여러 개를 잇대어 만든 뗏목을 그렸다. 갑골문에는 (『합집』 10,364・10,676편)처럼 된 글자가 등장하는데, 배舟위에 집이 만들어졌고 그 속에 사람이 사는 모습이다. 이는 상나라 때에 배舟 위에 바람과 비를 피할 수 있는, 사람이 살 수 있는 천막 같은 설비를 만들었음을 보여준다.

③활과 화살의 제조

갑골문에서 "사射"는 자주 볼 수 있는 글자이다. "사射"는 시矢와 궁弓으로 구성되어, 화살이 활에 장전된 모습이다. 갑골문에는 또 "궁弓"자도 보이는데, 나무로 된 활과 시위로 이루어져 있다. 주목해야 할 것은 "궁弓"자의 목질 부분(간干이라 불림)의 중간이 언제나 오목 들어가 굽어 (『합집』 151・685편 등)과 같이 그려졌다는 점이다. 오목 들어간 부분을 "부拊"라 하는데, 손으로 이곳을 쥔다. 양쪽의 융기한 부분을 "연淵"이라 한다. 『석명』「석궁釋弓」에서 "부拊는 무撫와 같은데, 사람들이 어루만지고 쥐는 부분이다 人所撫持也"고 했고, "연淵은 완宛과 같은데, 굽었다는 뜻이다 言宛曲也"고 했다. 활의 목질 부분弓干이 이렇게 되었다는 것은 일반인이 만들 수 있는 것은 아니며, 분명 전문적인 장인에 의해 만들어졌을 것이다. 『고공기』에 "궁인弓人"이라는 직책이 존재하는 데, 활을 만드는 기술도 대단히 복잡했다. 고고 발굴과정에서 출토된 실물로 관찰해 볼 때, 상나라 때의 활은 이중으로 된 재료를 붙인 합체궁合體弓이었다.[181] 갑골문에서 활의 제작에 관한 부분이 등장하지만, 모두 잘려나가 완전하지 않은 상태이다.

> 임진일에 점을 칩니다. '부'가 물어봅니다. '보'가 활을 만들지 말까요? 壬辰卜, 扶, 甫弜弓.
>
> —『합집』 20,117편

> ……기……북……그 활을……대□…… 己……北……其弓……大□……
>
> —『영국 소장』 2,402편

"필궁弜弓"과 "기궁其弓"에서의 "궁弓"은 동사로 활과 화살을 만들다는 뜻이다.

(2) 옥기玉器의 제조

옥기 제조업도 상나라에서 중요한 수공업 부문이었으며, 상나라 때의 유적지에서는 대량의 아름다운 옥기가 출토되었으며, 또 초색옥俏色玉 공예도 등장하고 있다.[182] 문헌에는 상나라 사람들의 보옥寶玉에 대해 기록하고 있는데, 반경盤庚은 대신들이 오직 재산만을 탐내 "조개 화폐貝와 옥玉만을 갖추고 있다"고 질책한 바 있으며(『상서』「반경盤庚」), 『일주서』「세부世俘」편에서는 은의 주紂왕은 자신이 갖고 있던 4,005개의 옥을 스스로

181) 孫機, 『漢代物質文化資料圖說』, 文物出版社, 1991, 136면.
182) 陳志達, 「商代玉器的工藝考察」, 『中國考古學硏究』, 文物出版社, 1986.

불태웠다고 했으며, 주 무왕武王이 주紂왕을 사로잡고 찾아낸 옥이 19만4천 개에 이르렀다고 했다. 갑골문에서 "보寶"자는 옥玉과 패貝로 구성되어, 집宀 안에 조개화폐貝와 옥玉 등이 있는 모습이다(『합집』 6,451 · 17,511 · 17,512편). 하지만 모두 사람의 이름으로 사용되었으며, 갑골문에서 "옥玉"자가 등장하는 복사는 대부분 다음처럼 잘려나간 상태이다.

물어봅니다. 큰 옥…… 貞叀大玉……

—『합집』 9,505편

…… 우리의 옥…… 我玉……

—『합집』 16,087편

…… 옥으로 만든 경쇠를 연주하여…… 奏玉……

—『합집』 16,086편

"주옥奏玉"에서의 옥玉은 아마도 옥으로 만든 경쇠玉磬를 가리킬 것이다. 두 개로 된 쌍옥을 각珏이라 했는데, 갑골문에서 각珏과 관련된 복사는 다음과 같다.

왕께서 쌍옥을 조을께 올리고 '료'제사에 희생양 3마리를 쓸까요? 王其稱珏于祖乙燎三宰.

—『합집』 32,420편

왕께서 점괘를 해석해 말했다. 쌍옥으로 제사를 드려라. 王占曰, 祀珏.

—『합집』 5,611편 뒷면

병자일에 점을 칩니다. '빈'이 물어봅니다. '간'이 쌍옥과 술로 황하 신에게 제사를 드릴까요? 丙子卜, 賓, 貞奸玨酒河.

—『합집』 14,588편

이는 옥으로 신에게 제사를 드린 것에 관한 복사이다. 또 다른 복사에서는 "쌍옥을 빼앗다取玨"라는 내용이 보인다.

신유일에 점을 칩니다. '빈'이 물어봅니다. '사'를 불러 쌍옥을 빼앗아 오게 하면 …… 하지 않을까요? 辛酉卜, 賓, 貞呼師取玨, 不……

—『합집』 39,525편

"사師"는 사람 이름인데, 갑골문에 "사반師般"이라는 이름이 보인다. 옥玉과 각玨은 갑골문에서 아직 동사적 용법으로 쓰인 경우가 보이지 않는다. 그래서 복사에서는 아직 옥의 제작에 관한 내용은 확인할 수가 없다.

(3) 양조업

상나라 때의 양조업은 매우 발달했다. 상나라 때 묘장의 부장품을 보면 귀족이든 평민이든 관계없이 청동기는 언제나 술그릇인 고觚와 작爵이 중심되어 "술그릇 중심의 조합"을 이루고 있는데, 이는 "식기 중심의 조합"인 주나라 때와 선명한 대조를 이룬다.[183] 상나라 사람들이 술을 좋아했다는 사실은 고대 문헌 곳곳에서 찾아볼 수 있다. 주紂의 형인 미자微子는 주紂 왕실의 군신들이 모두 "술에 지독하게 빠져 있다"(『상서』 「미자微子」)고 했으며, 주나라 사람들이 결론지은 상나라의 멸망 교훈도 다음과 같은 것이었다. 즉 "나는 들었다. 은나라가 천명을 잃게 된 것은 변방의 제후로부터 왕실에 이르기까지 모든 관료들이 술에 빠져 민심을 잃고 말았다는 것을 我聞殷墜命, 唯殷邊侯田于(與)殷正百辟, 率肆于酒, 古故喪師"(『대

183) 郭寶鈞, 『殷周青銅器群綜合硏究』, 文物出版社, 1982, 123면.

우정大盂鼎』). 그래서 주공周公은 「주고酒誥」를 지어 상나라의 옛 땅인 조가朝歌에 책봉된 위강숙衛康叔에게 경고를 했던 것이다. 갑골문에 보이는 술의 명칭으로는 이외에도 창鬯과 예醴가 있다. 울창주鬯酒는 양이 대단해 많을 때에는 백 주전자卣 이상에 이르렀다.

> 지난 을유일에 '포선'이 '[대]정', '대갑', '조을'께 '어'제사를 드렸는데, 울창주 백 주전자, 강족 백 명, [희생 소] 3백 마리를 올릴까요? 昔乙酉葡旋御[于大]丁·大甲·祖乙, 百鬯·百羌·三百[牢].
>
> —『합집』 301편

> 물어봅니다. '유'제사에 울창주 백 주전자, 소 백 마리를 쓸까요? 貞王侑百鬯·百牛.
>
> —『합집』 32,044편

창鬯은 향초를 넣어 만든 술로, 『설문』에 의하면 "창鬯은 검은 기장으로 담그고 울창 향을 넣어 만들며, 향기가 드러나 신을 내리게 하는 데 사용한다以䆉釀郁草, 芬芳攸服以降神也"고 했다. 또 구䆉에 대해 『설문』에서 "검은 기장을 말한다. 하나의 껍데기에 두 갱의 알이 든 검은 기장으로 술을 담근다黑黍也, 一稃二米以釀"고 했다. 울초鬱草는 향초香草를 말하는데, 『설문』에 의하면 "울鬱은 향초를 말한다.(…중략…) 잎을 으깨어 삶아낸 것을 울鬱이라 한다芳草地, …… 筑以煮之爲鬱"고 했다. 울창주鬯酒를 헤아리는 단위로는 유卣가 쓰였다. 예컨대 복사에 보이는 것처럼 "울창주 1주전자鬯一卣"(『합집』 15,795편), "울창주 2주전자鬯二卣"(『둔남』 766편), "울창주 3주전자鬯三卣"(『합집』 1,069편), "울창주 5주전자鬯五卣"(『합집』 25,979편), "울창주 6주전자鬯六卣"(『합집』 35,355편), "울창주 10주전자鬯十卣"(『둔남』 504편) 등이 그렇다. 청동으로 만든 유卣는 상나라 유적지에서 대량으로 출토되었는데, 드는 손잡이의 유무에 따라 구분된다. 제사 한 번 지내는 데 울창주를 1백 주전자 이상 사용했다면 그 양은 대단하며, 이는 양조업의 규모가 작지 않았음을 보여준다.

갑골문에서 예醴자는 원래 예豊로 적었는데, 유酉는 이후에 더해진 부분이다. 예醴는 쌀 술米酒로, 일종의 찌꺼기까지 함께 마시는 단 술이다. 『설문』에서는 "예醴는 하룻밤 만에 익는 술이다酒一宿熟也"고 했다. 『주례』「천관天官」「주정酒正」의 "예제醴齊"의 정현 주석에서 "예醴는 체體와 같다. 만들어지면 즙과 찌꺼기까지 함께 먹는데, 오늘날 말하는 단술과 같은 것이다成而汁滓相將, 如今恬(甛)酒矣"고 했다. 엄격하게 말하자면 이러한 술은 음료수에 불과하다. 『한서』「초원왕전楚元王傳」에 초나라 원왕元王이 술을 마시지 않는 목생穆生을 위해 특별히 "예醴"를 준비했다고 했다. "목생이 술을 잘 마시지 않아 원왕이 매번 술잔치를 벌일 때면 언제나 목생을 위해 단술을 준비했다穆生不嗜酒, 元王每置酒, 常爲穆生置醴"는 말이 그것이다. 갑골문에서는 "작례作豊"라는 복사가 자주 보인다.

> 물어봅니다. 단술을 만들어 …… 이에게 '어'제사를 드릴까요? 貞其作豊 …… 伊御.
>
> —『합집』 26,054편

> 단술을 만들면, 정벌하고 신의 가호를 받을 수 있겠습니까? 其作豊, 有正, 受佑.
>
> —『합집』 31,180편

> 물어봅니다. 제을께 단술을 만들어 올릴까요? 貞曰于祖乙其作豊.
>
> —『합집』 32,557편

"작례作豊"은 바로 "단술醴酒"을 제조하는 것을 말한다. 갑골문에는 또 "신례新豊"와 "구례舊豊"의 구분이 보인다.

> 병술일에 점을 칩니다. 새로 만든 단술을 쓸까요? 丙戌卜, 叀新豊用.

이전에 만든 단술을 쓸까요? 叀舊豊用.

—『합집』 32,536편

"구례舊豊"는 만든 후 저장고에 일정 기간 동안 보존해 둔 단술을 말한다. 갑골문에는 또 다음에서처럼 "고례告豊"라는 말도 등장한다.

기미일에 점을 칩니다. □이 물어봅니다. 단술을 만들었다고 보고할까요? 己未卜, □, 貞告豊.

—『합집』 25,885편

"고례告豊"는 단술을 만든 후 왕이나 관리자에게 보고하거나, 신령께 보고하는 행위를 말한다.

갑골문에는 또 유酉와 융彡이 결합된 모습의 글자가 자주 나타나고 있는데, 손이양과 나진옥 등은 이를 "주酒"자로 해독하고서, 주제酒祭로 풀이했으며,[184] 이후 많은 학자들이 이 견해를 따랐다. 섭옥삼은 나진옥의 설이 "온당치 않다"고 하면서, 이 글자는 주酌가 되어야 되며, 이는 "융일주제彡日酒祭의 고유 명칭이다"고 했다.[185] 곽말약은 이 글자가 "유槱로 가차되어 쓰였으며",[186] 요燎 제사와 같다고 했다. 진덕거陳德鉅는 이 글자를 뢰酹로 보고서 술을 땅에 뿌리는 것이라 했는데, 삼彡은 술이 술독에서 뿜어져 나가는 모습을 그린 것이라 했다.[187] 진패분도 이 설을 따랐다.[188] 패총무수貝塚茂樹는 이것이 희생을 죽이는 방법인 착斮이나 월刖자에 상당한다고 하면서, 이는 일종의 "제사에 쓸 희생을 죽이는 방법"

184) 孫詒讓,『契文擧例』(樓學禮校點本), 齊魯書社, 1997, 107～108면; 羅振玉,『增訂殷虛書契考釋』中, 東方學會 石印本, 1927, 25면.

185) 葉玉森,『殷虛書契前編集釋』卷1, 上海大東書局石印本, 1933, 47면.

186) 郭沫若,「考釋」,『卜辭通纂』, 科學出版社, 1983, 778면.

187) 金祖同,『殷契遺珠』, 上海中法文化出版委員會出版, 1939, 2면의 陳德鉅 설의 인용 부분.

188) 陳佩芬,「繁卣·趞鼎及梁其鍾銘文詮釋」,『上海博物館集刊』第2輯.

이라고 했다.[189] 당란은 이를 "융肜"자의 "번체"로 보아야만 한다고 했다.[190] 이학근은 이 글자의 의미가 분명하지 않다고 하면서, "이 글자가 도대체 어떤 글자에 해당하는지, 확실한 의미가 무엇인지, 결코 아직 답을 찾은 것은 아니다. 지금 많은 사람들이 습관적으로 이 글자를 '주酒'자로 쓰고 있지만 사실 이 글자는 '수水'로 구성된 것이 아니라 '삼彡'으로 구성되었다. 상나라부터 주나라 초에 이르는 문자에서 '향주饗酒'라고 할 때의 '주酒'자는 모두 '유酉'로 쓰고 있어, '주酓'자와는 분명하게 구별해 쓰고 있다"고 했다.[191]

이 글자는 "유酉"와 "삼彡"자로 구성되어 있는데, 이를 "주酒"자로 보는 데 문제가 되는 것은 유酉자 옆의 "삼彡"자 때문이다. 이효정에 의하면 "삼彡으로 구성된 것은 술을 땅에 뿌려 제사를 지내는 모습을 형상했기 때문이다"고 하면서, "이 글자는 유酉와 삼彡으로 구성된 상형자이다. 하지만 세 점彡이 끝내 삼彡과 혼동될까 소전체에 이르러 삼彡을 수水로 바꾸었고, 그렇게 되자 상형이 회의구조로 바꾸었다. 유酉는 본래 술통을 그렸으며, 주酒자의 고문이다. 이후 간지 이름으로 쓰이게 되었고, 삼彡으로 구성된 주酓자가 융彡(융肜)자와 혼동될까 수水로 구성된 주酒자가 전적으로 쓰이고 주酓자는 폐기되었다. 그렇게 되면서 유酉자도 주酒자의 본래 글자의 의미도 묻혀버리고 말았다.(…중략…)『설문』에서 유酉와 주酒는 뜻이 같다고 했고, 유酉부수에 귀속된 글자는 모두 술酒과 관련 있어, 아직 옛날의 뜻을 보존하고 있다"고 했다.[192] 진패분에 의하면 유酉자 옆의 비스듬한 세 점은 때로는 세 점으로 그려지기도 하며, 융彡(융肜)자의 모습과는 "분명하게 구분된다"고 했다.[193] 이효정과 진패분의 결

---

189) 貝塚茂樹, 『京都大學人文科學研究所藏甲骨文字釋文篇』, 日本京都大學人文科學研究所, 1960, 167·551면.

190) 唐蘭, 「論周昭王時代的青銅器銘文」, 『古文字研究』 第2輯, 中華書局, 1980.

191) 李學勤, 王宇信의 「序」, 『建國以來甲骨文研究』, 社會科學出版社, 1981.

192) 李孝定, 『甲骨文字集釋』, "中央研究院史語所專刊"之五十, 1970, 4,399면.

193) 陳佩芬, 「繁卣·趞鼎及梁其鍾銘文詮釋」, 『上海博物館集刊』 第2輯.

론은 참고할 만하다. 유酉자 옆의 비스듬한 세 점(혹은 세 점)은 액체를 나타낼 뿐 아니라 특별 과정을 거쳐 만들어진 술이기 때문에, 그 모습이 일반적인 물水과는 다른 모습을 하게 되었던 것이다.

결론적으로 말해서, 상나라 때의 양조 기술은 갑골문에 보이는 갖가지 명칭으로부터 다양한 종류가 있었음을 알 수 있으며, 울창주鬯를 한 번에 1백 주전자 이상 사용했던 것으로 보아 그 양도 대단했다. 이렇게 볼 때 상나라 때의 양조업은 대단히 발달했음을 알 수 있다.

5) 수공업 노동자와 관리체제

갑골문의 "공工"자는 왕양과 섭옥삼에 의해 처음으로 해독되었다.[194] 이 글자는 요종이饒宗頤가 이전에 "종宗"으로 해독하고 그 뜻을 "모이다聚"로 풀이한[195] 것을 제외하면 대다수의 학자들이 "공工"자로 해독했다. 하지만 "공工"자에 대한 해석은 다음과 같은 세 가지 부류로 나뉜다. 첫째, "공工을 관官으로 풀이한 것이다." 갑골문의 "공工"자는 모두 관官자로 해석 가능하다.[196] 진몽가와 장병권이 대체로 이 학설을 따랐다.[197] 둘째, "공貢"으로 읽어, "공工"은 바로 공납貢納이라고 할 때의 공貢자라는 것이다. 우성오가 이 설을 주장했다.[198] 셋째, 공장工匠이라고 할 때의 공工으로, 강량부·이효정·초남 등이 이 설을 주장했다.[199] "공工"자의 경

194) 葉玉森, 『殷虛書契前編集釋』 卷2, 上海大東書局石印本, 1939, 69면.

195) 饒宗頤, 『殷代貞卜人物通考』, 香港大學出版社, 1959, 429~431면.

196) 葉玉森, 『殷虛書契前編集釋』 卷2, 69면.

197) 陳夢家, 『殷虛卜辭綜述』, 科學出版社, 1956, 519면; 張秉權, 『甲骨文與甲骨學』, 國立編譯館, 1988, 520~521면.

198) 于省吾, 「釋工」, 『甲骨文字釋林』, 中華書局, 1979.

199) 姜亮夫, 「漢字結构的基本精神」, 『浙江學刊』 第1期, 1963; 李孝定, 『甲骨文字集釋』, "中央硏究院史語所專刊"之五十, 1970, 1594면; 肖楠, 「試論卜辭中的"工"與"百工"」, 『考古』 第3期, 1981.

우, 주제周祭 복사에 "공전工典"이라는 말이 있는데, 이 "공전工典"은 분명히 "공전貢典"으로 읽어야 한다. 그래서 "공工"자는 여러 뜻을 가지는 글자임에 분명하다. 하지만 다음 복사에서는 "관官"이나 "공貢"으로도 해석이 불가능하다.

> 무진일에 점을 칩니다. 오늘 밤 '옹기'께 '용'을 불러 공인에게 수갑을 채우도록 할까요? 대길하리라. 戊辰卜, 今日雍己夕, 其呼庸執工. 大吉.
>
> '용'을 불러 공인에게 수갑을 채우지 말도록 하면 허물이 될까요? 弜呼庸執工, 其作尤.
>
> '용'을 불러 공인에게 수갑을 채워 '옹기'께□ 허물이 될까요? 庸執工于雍己□尤.
>
> —『둔남』 2,148편

"옹기석雍己夕"은 "석옹기夕雍己"가 도치된 모습이다. 용庸은 사람 이름이다. "집執"은 체포하여 수갑을 채우다는 뜻이며, "집공執工"은 "공인工"에게 형구를 채우다는 뜻이다. 초남에 의하면 이 문장은 "오늘 밤 '옹기'께 제사를 드리는데, '용'을 불러 공인工에게 수갑을 채워 제사 지낼까요?라는 뜻이라고 했다. 여기서 '공工'은 소나 양과 같은 짐승처럼 제사 때 희생으로 바쳐질 수 있었으니, 그 신분은 당연히 관리官가 아니라 노예였을 것이다."[200] 이 해설은 복사의 원래 뜻에 부합된다. 이 복사로부터 "공工"은 관리官가 아니며, "공납貢納"이라고 할 때의 "공貢"으로 해석하는 것도 통하지 않음을 알 수 있다. 단지 공인工匠이라고 할 때의 "공工"으로만 해석 가능하다. "공인工"이 "수갑을 찬執" 것에 관한 복사는 이외에도 다음의 예가 있다.

> '공'에게 수갑을 채우면 허물이 되지 않을까요? …… 執工不作尤.

200) 肖楠, 「試論卜辭中的"工"與"百工"」, 『考古』, 1981年 第3期.

—『합집』 26,947편

공인工匠이 무엇 때문에 수갑을 찬단 말인가? "수갑을 차고執" 사람 희생이 되었다면 이는 아마도 공방에서 도망 나온 공인이었을 것이다. 갑골문에서는 "공인工"이 도망갈 것인지의 여부를 점친 것이 보인다.

공인을 잃게 될까요? 其喪工.

공인을 잃을까요? 喪工.

—『합집』 97편

공인은 갑골문에 근거해 볼 때 일부는 농업 노동 전선에서 온 "중衆"으로 충당되었다.

□술일에 점을 칩니다. …… '중'과 '종공'을 제공할까요? □戌卜 …… 供衆宗工.

—『합집』 19편

경□일에 점을 칩니다. □이 물어봅니다. ['중'과] '종공'을 제공할까요? 庚□卜, □, 貞供[衆]宗工.

—『합집』 20편

무인일에 점을 칩니다. '쟁'이 물어봅니다. 올 봄에 '중'과 '공'을 쓸까요? 戊寅卜, 爭, 貞今𣏟衆又工.

—『합집』 18편

'중'과 '공'을 쓸까요? 衆又工.

—『합집』 599편

"공供"은 제공하다는 뜻인데, 아마도 제후와 귀족들이 왕실에 "중衆"을 제공해 공사를 하거나 공인으로 충당하다는 뜻일 것이다. 갑골문에서 "중衆"이라는 이러한 사람들은 항상 "도망喪"을 했다. 『합집』 8편에는 중衆이 "밭을 갈 때作籍" "도망喪할 지"의 여부를 물었다. 그래서 "중衆"은 사회적 지위가 높지 않은 계층이었음을 알 수 있다.

"종공宗工"에 대해 진몽가는 "아마도 종묘의 공인工을 지칭하거나, 기물을 만드는 백공百工, 혹은 악공樂工을 말할 것이다"고 했다.[201] 하지만 중인衆人들에 의해 밭의 경작이 이루어졌는데, 그들이 종묘로 옮겨와 예술적 기능을 가진 "악공樂工"이 되었다는 것은 그다지 가능해 보이지 않는다. 그래서 그들은 "기물을 만드는 공인"이었을 것이다. 종묘의 공인은 서주 때의 청동기인 「이궤伊簋」에 보이는데, 주나라 왕이 주의 강왕궁康王宮(즉 강왕을 모시는 묘당)에서 이伊에게 "강궁에 있는 왕의 신첩臣妾과 백공百工들"을 "관리官司"하도록 하는 책명冊命을 내린 것으로 보아, 강궁康宮에는 "신첩臣妾과 백공百工"들이 있었다. "백공"이 "신첩"의 아래에 있었던 것으로 보아 관리는 아니었음이 분명하다. 「사獸궤師獸簋」 명문에서도 "백공"은 노복의 아래에 "목신첩牧臣妾"의 위에 위치하여, "우리 서쪽과 동쪽의 노복과 백공과 목신첩을 관리하다 司我西偏東偏僕馭百工牧臣妾"고 했다. 서주 때의 금문에서도 "신첩 백공臣妾百工" 혹은 "백공 목신첩百工牧臣妾"이라고 하여, "백공"이 언제나 신첩臣妾과 같은 지위에 놓였다. 그래서 초남은 갑골문에서의 "백공百工"과 "다공多工"은 관직의 이름이 아니라 "수많은 공인 노예工奴를 지칭한 것이다"고 했는데, 일리 있는 해석이다. 갑골 복사에는 백공百工과 다공多工에 관한 복사가 있지만 관리자로서의 지위는 찾아볼 수 없다.

계미일에 점을 칩니다. 백공에게 불행한 일이 생길까요? 癸未卜, 有禍百工.

201) 陳夢家, 『殷虛卜辭綜述』, 科學出版社, 1956, 519면.

—『둔남』 2,525편

을미일에 '주'제를 지내는데, 백공의 피를 바쳐 '조'신에게 '견'제사를 드릴까요? 乙未酒多工率条遣.

—『합집』 11,484편

갑인일에 점을 칩니다. '사'가 [물어봅니다.] 다공에게 허물이 없을까요? 甲寅卜, 史, [貞]多工亡尤.

—『합집』 19,433편

갑인일에 점을 칩니다. '출'이 물어봅니다. 다공과 함께 방국을 정벌할까요? 甲寅卜, 出, 貞多工眔戋方.

—『합집』 41,011편

상나라 때에는 수공업이 발달했다. 왕실에는 그 일을 관장하는 직관을 두었을 것인데, 갑골문에서는 이를 "사공司工"이라 불렀다.

임진일에 점을 칩니다. 물어봅니다. '궁'에게 '사공'의 직을 명할까요? 壬辰卜, 貞叀宮令司工.

—『합집』 5,628편

"혜叀"는 여기서 어기 조사로 쓰여, 동사와 목적어를 도치하여 어감을 강조했다. 그래서 이 복사는 "영궁사공令宮司工"이 된다. "사司"는 동사로서, 관리하다는 뜻을 가진다. 이는 상나라 왕이 궁宮에게 공인을 관리하라고 명령한 일에 관한 것, 즉 수공업을 주관하게 한 것에 대한 기록이다. 후기 복사에서 "산山"도 이러한 직책을 하사 받은 바 있다.

기유일, 물어봅니다. '산'에게 영을 내려 우리 공인들을 관리하게 할까요? 己酉, 貞王其令山司我工.

—『합집』 32,967편

"아공我工"은 상 왕실의 공인을 말하며, 여기서의 산山은 "서주 때의 사공司工에 해당한다."[202] 이렇게 볼 때, 앞에서 든 복사에서의 궁宮의 직능도 산山에 해당했을 것이다.

갑골문에는 또 좌공左工과 우공右工이 설치되었다고 했다.

정해일에 점을 칩니다. '빈'이 물어봅니다. '얼'의 '우윤공'을 '수'에서 제물로 바치게 할까요? 丁亥卜, 賓, 貞令[illegible]孽右尹工于垂.

—『합집』 5,623편

'공'의 '우윤공'에게 퇴비를 내게 할까요? 龔[illegible]右尹工.

—『합집』 5,624편

정묘일에 점을 칩니다. 물어봅니다. '얼'의 '우윤공'을 추격할까요? 丁卯卜, 貞令追孽右尹工.

—『합집』 5,625편

다가오는 '무'일에 왕께서 '오'의 '우공'을 시찰하는데, 하루 종일 비가 오지 않을까요? 翌日戊王其省牢右工, 湄日不雨.

—『갑』 867편

□□일에 점을 칩니다, '여'가 …… '좌공' …… 무오일에 ……? □□卜, 余 ……

202) 張亞初,「商代職官硏究」,『古文字硏究』第13輯, 中華書局, 1986.

左工 …… 戊午.

—『속존』 상 222편

“윤尹”은 다스리다는 뜻이다. “우윤공右尹工”은 “우공右工”을 말한다. 좌윤左尹과 우윤右尹은 아마도 “사공司工”을 보좌하던 조수 역이었을 것이다. 필요에 따라 일부 귀족도 어떤 때에는 다음에서처럼 수공업을 관장하는 심부름꾼을 두기도 했다.

물어봅니다. 군대에서 공인을 갖게 될까요? 貞師其有工.

물어봅니다. 군대에서 공인을 잃게 될까요? 貞師亡其工.

—『합집』 4,247편

기사일에 점을 칩니다. ‘각’이 물어봅니다. ‘견’이 공인을 갖게 될까요? 己巳卜, 殼, 貞犬征其工.

—『합집』 4,632편

물어봅니다. ‘광’이 공인을 갖게 될까요? 貞光其工.

—『합집』 4,484편

결론적으로 말해서, 갑골문에 보이는 “공工”은 공인工匠을 가리키며, 수공업 노동자를 말한다. “백공百工”이나 “다공多工”은 수많은 공인이라는 뜻을 가지는데, 숫자의 의미도 있고, 부문部門의 의미도 들어 있다. 왕실에서 수공업을 총괄하던 직관은 당연히 서주 때와 같이 “사공司工”이라 불렸을 것이다. 즉 후대의 문헌에서 말하는 “사공司空”이라는 직책으로, 그의 아래에는 좌공左工과 우공右工을 두어 보좌하게 했다. 일부 귀족 관리들도 임시로 수공업 생산을 관리하도록 위탁받기도 했는데, 이는 관직의 직무구분이 후대에서처럼 그렇게 엄격하지 않았음을 알 수 있다.

6. 상품 교환과 교통

사마천은 『사기』 「평준서平准書」에서 "농·공·상업의 교역의 길이 통하자 거북龜·조개貝·금金·전錢·도刀·포布 등의 화폐가 흥성하게 되었다"고 했다. 이는 상품 교역과 교통이 의존 관계에 있음을 보여준다. 상나라 때에는 상품 교환에서도 일정 정도의 발전이 이루어졌으며, 교통 도로망의 설비도 상당한 수준을 갖추었다. 이러한 두 가지는 갑골문에 모두 반영되어 있으며 학자들의 주목을 받았다.

1) 상품의 교환

상품교환이 발생하는 전제 조건은 사회 분업의 확대와 도시의 흥성에 있는데, 이러한 조건은 상대에 이미 갖추어졌다. 상나라 때의 농업·수공업·목축업은 이미 자신의 경제 부문을 이루었으며, 수공업 내부에서는 진일보한 분업이 이루어지기도 했다. 앞에서 이미 기술한 바와 같이, 형대邢臺 지역의 도요지에서는 도력陶鬲이 주로 생산되었는데, 아마 지역적 전통을 가진 수공업 부문이 출현한 것으로 보인다. 도시의 흥성이라는 측면에서 갑골문에는 각종 읍邑의 명칭이 출현하고, 게다가 "읍의 건설作邑"에 관한 복사가 적잖게 보이고 있는데, 모두 새로운 성읍城邑이나 거주지를 건설한 것에 관한 기록이다."[203] 고고 발굴 과정에서도 상나라 때의 고대 성城 유적지가 지속적으로 발견되었는데, 유명한 것으로는 언사偃師의 상나라 성, 정주鄭州의 상나라 성, 안양安陽의 은허殷墟, 호북湖北의 반룡성盤龍城, 산서의 원곡 고성垣曲古城, 광한廣漢의 삼성퇴三星堆 등이

203) 彭邦炯, 「卜辭"作邑"蠡測」, 『甲骨探史錄』, 三聯書店, 1982.

있는데, 모두 상당한 규모를 갖춘 유적지들이다.

전하는 바에 의하면, 이러한 성읍에는 또 전문적으로 상업 활동을 하는 "시市"나 "사肆"가 설치되었다고 한다. 『초사』「이소離騷」에서 말한 "여망의 북과 칼이여, 주나라의 글을 만나 얻을 수 있구나呂望之鼓刀兮, 遭周文而得擧"라고 한 것은 이를 두고 한 말이다. 「천문天問」에서 여망呂望은 "시장肆"에서 칼로 소를 잡아 고기를 팔고 있다고 하면서, "태공 여망이 시장에서 고기 팔고 있는 것을 문왕이 어떻게 알 수 있었으며, 칼 휘두르며 노래 부른 것을 문왕이 어찌 좋아했겠는가?師望在肆昌何識, 鼓刀揚聲后何喜?'라고 노래했다. 『위료자』「무비武備」편에서도 "태공 망太公望이 나이 일흔이 되어 조가朝歌에서 소를 잡고, 맹진孟津에서 고기를 팔았다"고 했다. 맹진孟津은 황하의 옛날 나루터로 중요한 교통의 요지였다. 『육도六韜』에서는 은의 주紂왕이 "궁실을 잘 지었는데, 큰 것은 100리에 이르렀으며, 거기에는 9개의 시장이 설치되었다善宮室, 大者百里, 中有九市"고 했다. 현재 안양 은허 유적지의 범위는, 탐측된 면적만 30제곱킬로미터에 이르는데, 이를 리里로 계산하면 사방 120리里가 된다. 은·주 때의 길이가 지금보다 작았기 때문에 그때라면 사방 120리里에 이르지는 못했을 것이다. 하지만 주紂왕 때의 왕도가 "100리"였다는 것은 과장이 아니다. 이처럼 인구가 집중된 도시라면 상품교환의 필요성은 필수적이었을 것이다.

상품은 사용가치와 교환가치라는 이중적 성질을 가진 물품이다. 사용가치는 이러한 물품이 사람들의 어떤 수요를 만족 시킬 수 있느냐 하는 것이고, 교환가치는 그것으로 필요한 다른 물품과 교환할 수 있느냐 하는 것이다. 초기에는 상품의 가치는 그것의 사용가치에 있었으며, 그것으로 교환하여 사람들의 생활 속의 물질을 만족시키는 상호보완적 기능을 하였다. 그래서 처음에는 물품과 물품을 교환하는 실물 교환이 이루어졌고, 이후에는 필요에 의해 일반적으로 등가의 물품 가치를 가지는 화폐가 만들어졌다. 교역에서 일반 등가의 물품으로 화폐를 사용했다는 것은 상품 교환이 이미 비교적 발전된 정도에 이르렀음을 말해 준다.

상나라 때에 어떤 물품들이 상품으로 기능했는지에 대해서는 확정하기 어렵다. 농산품 · 목축업 생산품 · 수공업 생산품 등과 같이 사용가치를 지닌 것이라면 모두 상품이 되었을 가능성이 높다고 해야만 할 것이다. 하지만 문헌과 고고 발견 및 갑골문에서 찾을 수 있는 자료는 대단히 제한적이어서, 앞서 언급했던 것처럼 강태공姜太公이 소고기와 먹을 것을 팔았다고 했지만 이 문헌은 비교적 늦은 시기의 것이다. 하지만 갑골문과 고고 발굴을 통해 확인할 수 있는 한 가지는 바로 상나라 때에 이미 조개貝 화폐를 사용했으며, 이것이 일반상품의 등가물이 되었다는 사실이다.

상나라 유적지 및 묘장에서 조개 화폐는 자주 발견된다. 한 무덤에서 많은 경우에는 7천 개에 가까운 화폐가 발견되기도 했고, 적은 경우는 1개만 발견된 곳도 있다. 조개貝의 재료는 자주 보이는 천연 바다 조개海貝 외에도 뼈로 만든 조개骨貝, 돌로 만든 조개石貝, 구리로 만든 조개銅貝 등이 있었다. 안양 은허에서는 이미 5개의 구리 조개화폐가 발견되었는데, 청동으로 주조된 것이었다.[204] 주활에 의하면, 이러한 구리 화폐는 "장식품이 아니라" "중국 최초의 금속주폐"라고 했는데,[205] 옳은 말이다.

조개화폐貝는 갑골문을 비롯해 금문에서 언제나 다음에서처럼 "붕朋"을 헤아리는 단위로 사용하고 있다.

> 경술일에 점을 칩니다. □이 물어봅니다. '다녀'에게 또 조개화폐 1붕을 하사할까요? 庚戌[卜], □, 貞易(賜)多女又貝朋.
>
> —『합집』 11,438편

> …… 정벌에서 죽지 않으면, 조개화폐 2붕을 하사할까요? …… 征不死, 易(賜)貝二朋.

204) 馬德志 · 周永珍 · 張云鵬, 「一九五三年安陽大司空村發掘報告」, 『考古學報』 第9冊, 1955.
205) 朱活, 「商代銅幣」, 『古幣新探』, 齊魯書社, 1984, 14～19면.

—『합집』 40,073편

"패붕貝朋"이라 불렀던 것은 "조개貝"로 조합된 "붕朋"임을 표명하고 있다. 몇 개의 조개를 1"붕朋"이라 했을까? 2개를 1붕, 5개를 1붕, 10개를 1붕이라 했다는 설이 있다. 왕국유에 의하면 갑골문과 금문의 "붕朋"자를 보면, "붕朋"은 한 줄에 5개씩 두 줄에 매인 조개로 이루어졌기에, 1 "붕"은 10개의 조개가 옳다고 했다.[206] 이러한 해석은 비교 합리적이다. 패貝를 "붕朋"이라는 단위로 불렀다는 것은 그것이 목걸이와 같은 장식품이 아니라 화폐의 계량 단위임을 말해 준다. 갑골문과 금문에서의 "붕朋"자를 보면 조개를 꿴 두 줄의 아랫부분이 묶여있지 않으며, "붕朋"자에 오늘날의 "목걸이"처럼 아랫부분이 묶여 연결된 경우는 나타난 적이 없다. 아랫부분이 묶이지 않았다면 절대 목걸이가 될 수는 없으며, 그래서 "붕朋"은 장식품이었다[207]는 곽말약의 말은 타당해 보이지 않는다.

"붕朋"은 화폐의 단위로 10개의 조개화폐를 두 줄로 꿰어 놓은 모습이다. 『역』「손損」 육오六五 및 「익益」 육이六二에서 모두 "혹 나에게 10붕(즉 1백 개)의 거북을 더해 줄 것이다或益我十朋之龜"라고 했는데, 이는 사마천이 화폐의 종류라고 말했던 "거북龜·조개貝·금金·전錢·도刀·포布"에서의 "거북龜"은 화폐일 수가 없음을 보여준다. 상나라 사람들도 옥玉을 보배롭게 여겼는데, 항상 패貝와 옥玉을 연결해 "패옥貝玉"이라는 말을 사용했다. 옥은 거북과 마찬가지로 화폐가 될 수는 없었는데, 그것은 계산상 편리한 조건을 갖추지 못했기 때문이다. 거북과 옥은 발굴 과정에서 모양과 크기가 같은 모습으로 출현하는 경우가 거의 없다. 그리고 거북과 옥은 또 청동 조각이나 황금 조각처럼 마음대로 자를 수도 없기 때문에, 상나라 때에는 조개貝만 화폐로 쓰였다.

갑골문의 "매買"자는 망网과 패貝로 구성되었다. 하지만 "매買"자가 든

206) 王國維, 「說玨朋」, 『觀堂集林』 卷3, 中華書局, 1959.
207) 郭沫若, '釋朋', 「考古編」, 『郭沫若全集』 第1卷, 科學出版社, 1982, 109면.

복사는 대부분 잘려나간 상태이고, 동사로 사용된 경우는 다음의 두 갑골 복사만 있다.

> 무인일에 점을 칩니다. '내'가 물어봅니다. '작'을 불러 사고팔게 할까요? 戊寅卜, 內, 呼雀買.
>
> '작'을 불러 사고팔게 하지 말까요? 勿呼雀買.
>
> —『합집』 10,976편

> 사고팔게 하지 말까요? 弗買.
>
> —『합집』 21,776편

요효수는 매買자가 "복사에서는 인명으로 쓰였다"고 했지만,[208] 위에서 인용한 복사로 볼 때 정확한 견해는 아니다. "작雀"이 인명이고, "매買"는 동사이다. "불弗"자의 뒤에 놓이는 것은 모두 동사로, 동작이나 행위에 대한 부정어이다. 여기서의 "매買"자는 곽말약에 의해 해독되었고,[209] 손해파가 해석을 더하여, 학자들의 인정을 받았다. 『설문』에서 "매買는 사고팔다市는 뜻으로, 망网과 패貝가 의미부이며, 『맹자』에 독점하여 시장의 이익을 다 차지하다登壟斷而网市利는 말이 있다"고 했다. 손해파에 의하면, "옛날 교역을 할 때 조개화폐를 사용했는데, 망网과 패貝로 구성된 것은 시장의 이익이라는 의미가 담겨져 있다. 이후 사고팔다市는 의미로 파생되었다. 그래서 허신이 『맹자』의 말을 인용하여 시장의 이익을 다 차지하다网市利는 말로 뜻풀이 했던 것이다"고 했다.[210] 『설문』에서의 "매買"자는 "망网과 패貝가 의미부이다"고 했는데 글자의 구조가 갑골문과 일치한다.

---

208) 姚孝遂의 말은 『甲骨文字詁林』(中華書局, 1996), 1891면 按語에 보인다.

209) 郭沫若, 『殷契粹編考釋』, 科學出版社, 1965, 66면 下.

210) 孫海波, 「卜辭文字小記」, 『考古學社刊』 第3期.

화폐의 가치 척도로서의 조개貝의 기능은 상대 후기 청동기 명문에서 자주 보이는, 어떤 사람이 상으로 얼마간의 조개를 하사받아 어떤 청동기를 만들게 되었다는 내용으로부터 실증이 가능하다. 다음의 예를 보자.

왕께서 '인방'의 정벌을 위해 '의'제사를 드렸고, 반드시 승리할 것이라고 했다. 제사가 모두 끝나고, 상나라 왕께서 작책 관인 '반'에게 조개화폐를 상으로 내렸다. ('반'은) 이를 갖고서 돌아가신 아버지 '기'를 위해 좋은 청동기를 만들었다. '내책.' 王宜人方, 無務. 咸. 王賞作冊般貝, 用作父已䵼. 來冊.[211]

—「작책반언作冊般甗」, 『삼대』 5・11.1편

병오일에 왕께서 '수의 사자'에게 조개 20붕을 하사하셨다. '난종'에 계셨다. 이를 가지고서 아버지 '계'를 위해 보배로운 청동기를 만들었다. 丙午王賞戍嗣子貝二十朋, 在闌宗, 用作父癸寶鼎.[212]

—『고고학보』 1960년 제1기

을묘일에 '경사'께서 '소자䟒'에게 조개 화폐 2백을 하사하셨다. 이를 가지고서 돌아가신 아버지 '정'을 위해 청동기물을 만들었다. 乙卯饗使, 易(賜)小子䟒貝二百, 用作父丁䵼彝.[213]

—『속은문존續殷文存』 상 48・2편

---

211) (역주) '宜'는 제사 이름이다. 출병 전 토지 신을 모시는 社에서 제사를 드리며 승리를 기원한다. 社는 원래 토지 신으로 국가의 보호 신까지 겸해 군사 활동과도 밀접한 관련을 가졌다. '人方'은 제을과 제신 때의 상나라의 강력한 적대국이었으며, 동이족을 지칭하는 것으로 알려져 있다. '無務'는 無悔와 같아 후회가 없을 것, 즉 반드시 승리할 것임을 말한다. '來冊'은 族徽로 씨족 이름을 나타내는 고유명사이다.

212) (역주) 「戍嗣子鼎」의 명문으로, '戍嗣子'는 상나라 후기 때의 사람 이름으로 '戍'는 나라 이름이고 '嗣子'가 이름이다. '闌宗'은 지명이다.

213) (역주) 「乙未敦」으로도 불린다. "乙卯"는 "乙未"의 잘못이기에 고쳐져야만 한다. "饗使"는 원탁본에서 "卿旋"로 되었다. 고문자에서 史・使・事는 같은 데서 근원하여 같이 쓰였다. 그래서 "卿旋"는 "卿事"이며, 이는 六卿이라 할 때처럼 당시의 관직 이름이다.

"용작用作"은 하사받은 "조개화폐貝"로 청동기물을 만들고, 이러한 일을 기념한다는 의미이다. 이렇게 볼 때 "용작用作"은 조개화폐貝를 가지고 구리와 주석을 사서 기물을 제작하거나 청동기 주조하는 곳을 찾아가 주문을 했음을 알 수 있다.[214] 이러한 해석은 다음의 청동기 명문을 보면 자명해 진다.

> '거백'은 또 보배스런 청동 기물을 만들었는데, 조개화폐로 14붕을 썼다. 遽伯還作寶尊彝, 用貝十朋又四朋.
>
> —『삼대』 6·46.2편

거백遽伯은 이 청동기를 주조하면서 제작자에게 14붕朋의 조개화폐를 지불했다. 이로써 조개화폐가 상주 때에 화폐의 기능을 갖고 있었으며 상품의 교환을 실현할 수 있었음을 알 수 있다.

조개貝는 화폐로 쓰였다. 그래서 상나라 사람들이 죽은 사람을 매장할 때, 조개를 부장품으로 사용했으며, 죽은 사람이 저 세상에 가져가서 쓸 수 있도록 했다. 제사를 지낼 때에도 조개를 바쳤는데, 이는 죽은 사람에게 돈을 보충해 주기 위한 것이었다. 다음의 복사를 보자.

> 정유일에 점을 칩니다. □이 물어봅니다. '주'제사를 드리는데 조개화폐 2붕과 사람 5명, 배를 가른 소 10마리를 쓸까요? 丁酉卜, □, 貞酒于(與)二朋又五人, 卯十牛.
>
> 사람 5명, 배를 가른 소 10마리와 조개화폐 2붕을 쓸까요? 五人卯五牛于(與)二朋.
>
> —『합집』 1,052편

> 조개화폐 10붕을 쓸까요? 길하리라. 叀貝十朋. 吉.

214) 松丸道雄, 『周青銅器制作的背景－周金文硏究序章』(蔡風書譯), 『日本考古硏究者·中國考古學論文集』, 東京東方書店, 1990.

—『합집』 29,694편

‘이[illegible]’에게 30붕을 쓸까요? 伊[illegible]三十朋.

—『둔남』 2,196편

5붕으로 할까요? 7붕으로 할까요? 8붕으로 할까요? 30붕으로 할까요? 50붕으로 할까요? 70붕으로 할까요? 其五朋? 其七朋? 其八朋? 其三十朋? 其五十朋? 其七十朋?

—『화이트』 142편

『화이트』 142편의 갑골은 “5붕”으로부터 “70붕”까지를 물어보았는데, 숫자가 점차 증가하고 있다. 이것은 일종의 선택에 관한 복사로, 신령에게 제사를 드릴 때 얼마를 바쳐야만 그들로 하여금 만족하게 하여 도움을 받을 수 있을 것인가를 물은 내용이다.215) 이러한 복사는 자주 보인다.

‘조을’께 ‘유’제와 ‘승’제사를 드리는데 …… 于毓祖乙又升 ……

희생 소 1마리를 드릴까요? 희생 소 2마리를 드릴까요? 희생 소 3마리를 드릴까요? 희생 소 4마리를 드릴까요? 一牢? 二牢? 三牢? 四牢?

—『둔남』 4,374편

희생 소 10마리와 강족을 죽여서 올릴까요? 其冊十牢又羌?

희생 소 20마리와 강족을 죽여서 올릴까요? 二十牢又羌?

희생 소 30마리와 강족을 죽여서 올릴까요? 三十牢又羌?

—『합집』 26,936편

조개가 화폐로 쓰였던 것은 사실이다. 조개가 화폐로 유통되었다면,

---

215) 楊升南, 「殷契“七十朋”的釋讀及其意義」, 『文物』 第8期, 1978.

상나라 때의 상품 교환이 이미 상당한 수준에 도달했다는 것에는 의심의 여지가 없다.

2) 발달된 교통

상나라 때에는 교통도 이미 상당히 발달되어, 도로에는 수레가 다닐 수 있었고, 여러 종류의 교통 도구가 있었으며, 효과적인 교통제도도 실시되었다.

(1) 도로

갑골문에서 "행行"자는 과 같은 모습을 하였는데, 사방으로 난 십자로를 그렸다. 갑골문에서 "행行"자로 구성된 글자들은 매우 많은데, 손해파의 『갑골문편』(증정본)에서는 행行으로 구성된 글자가 정편에 53자, 부록에 40자 등, 총 93자가 수록되어 있다. 도방남의 『은허복사 종류殷墟卜辭綜類』에서는 72자가, 서중서가 주편한 『갑골문 자전』에서는 78자가, 우성오가 주편한 『갑골문자 고림』에서는 128자가 수록되어, 당시 사람들이 도로를 얼마나 중시했는가를 반영해 주고 있다.

옛날의 도로는 거주하는 지역에 따라 넓이가 달랐는데, 『고공기』「장인匠人」에서는 나라를 경영할 때 도로의 설계는 "세로축의 중심 길은 9차선軌, 순환도로는 6차선, 교외의 도로는 5차선으로 한다經涂九軌, 環涂六軌, 野涂五軌"고 했다. 경도經涂는 성의 중심 도로를, 환도環涂는 성 밖의 순환도로를, 야도野涂는 나라의 도로를 말한다. "궤軌"는 마차 두 대 간의 거리를 말한다. 주석가에 의하면 1궤軌는 주나라 때의 자로 8자라고 한다. 주나라 때의 1자가 23센티미터임을 고려하면 1궤軌는 넓이가 1.84미터이다. 『고공기』에서 말한 각종 도로의 넓이는 다음과 같다.

경도經涂 : 9궤軌, 16.56미터.

환도環涂 : 6궤軌, 12.88미터.

야도野涂 : 5궤軌, 9.2미터.

상나라 때의 유적지 중 도로는 많이 발견되지 않았다. 언사偃師의 상나라 성터에서 종횡으로 교차된 도로가 발견되었는데, 노면의 넓이는 8미터 정도로,[216) 『고공기』에서 말한 넓이의 절반에 불과했다. 1996년 봄부터 1997년 봄까지 고고학자들이 언사 상나라 성터의 동북쪽 모퉁이에서 상나라 성의 북성北城 담벼락 및 해자城壕의 종단면을 탐측해 성벽 내의 호성護城 언덕에서 네 층의 흙으로 된 도로를 발견했는데, 흙으로 된 도로의 표면에는 자갈이 깔려져 있었다.[217) 하지만 노면의 넓이에 대해서는 아직 보도되지 않았다.

상나라 때에는 이미 수레가 출현했다. 언사의 상나라 성 동북쪽 모퉁이의 성벽 보호 언덕에 있던 도로에서 두 바퀴를 가진 수레의 흔적이 발견되었는데, 바퀴 사이의 거리는 1.2미터였다. 이러한 수레의 궤도는 작은 것에 속한다. 은허에서 발견된 마차의 경우 두 바퀴 간의 거리는 일반적으로 2.15~2.40미터 정도이다. 언사의 상성에서 발견된 협궤의 수레에 대해, 발굴자에 의하면 "아마도 어떤 특수한 기능을 지닌 수레였을 것이다"고 한다.[218) 상대 후기의 은허 유적지에서 발견된 마차는 두 바퀴 간의 거리가 가장 넓은 경우는 2.40미터에 이른다. 차축車軸은 바퀴輪를 뚫고 나가 밖으로까지 드러나 있었고, 청동으로 만든 굴대 끝軎은 다시 덧씌워져 있었다. 안양의 매원장梅園莊에서도 마차 1대가 발견되었는데, 축軸의 길이가 3.10미터였다.[219) 수레가 다니는 이러한 길이었다면 그 넓이

216) 中國社會科學院考古硏究所洛陽隊, 「偃師商城的初步探測和發掘」, 『考古』, 1984年 第6期.

217) 中國社會科學院考古硏究所河南二隊, 「河南偃師商城東北隅發掘簡報」, 『考古』, 1998年 第6期.

218) 杜金鵬 等, 「試論偃師商城東北隅考古新收獲」, 『考古』, 1998年 第6期.

219) 中國社會科學院考古硏究所安陽隊, 「河南安陽市梅園莊東南的殷代車馬坑」, 『考古』, 1998

는 분명 두 바퀴 간의 거리보다 넓어야만 했을 것이다. 안전하게 다니기 위해서는 여기에다 축軸에 더해진 굴대 끝軎의 길이까지 더해야만 한다. 이렇게 되면 상나라 때에 수레가 다니던 길의 넓이는 일반적으로 3미터 이상은 되어야만 했다. 여기에다 수레 두 대가 비껴갈 수 있는 넓이를 고려한다면 어떤 곳에서는 6미터 이상은 되어야만 했을 것이다.

상나라 후기가 되면 왕도, 즉 오늘날 안양의 소둔小屯을 중심으로 사방으로 네모꼴 방사선 모양의 도로망이 이미 만들어졌을 것이다. 갑골문에 반영된 상나라 왕실과 제후간의 교왕을 비롯해 방국에 대한 상나라 왕의 전쟁을 분석해 본 결과 다음과 같은 몇 가지 중요한 도로망이 있었음이 밝혀졌다.

첫째, 오늘날의 섬서성 서안시西安市 및 부풍扶風·기산岐山 지구 등 서쪽 길.

상나라 왕은 자주 심양沁陽 지역으로 사냥을 나갔는데, 맹진孟津으로부터 이락伊洛 평원으로 들어갔으며, 황하 강안을 거슬러 서쪽으로 갔다. 효산곡崤山谷 지역을 지나 위하渭河 유역으로 진입했고, 8백리에 이르는 진천秦川으로 들어갔다. 무정 복사에는 주周나라 사람들과 관계된 내용이 자주 보이는데, 문헌에서는 무을 임금이 일찍이 황하와 위수渭水 사이에서 사냥을 즐겼다고 기록했다(『사기』「은본기殷本記」). 서안의 노우파老牛坡 상나라 유적지에서 상나라 때의 마차가 발견되었다.220) 이는 이 길이 수레가 다닐 수 있는 큰 길이었음을 보여준다.

둘째, 오늘날의 호북·호남·강서성 등의 형초荊楚 지역으로 향하는 남쪽 길.

무정 임금은 일찍이 형초荊楚를 정벌하였는데,『시』「상송商頌」「은무殷武」에서 "날쌔고 씩씩한 은의 무위는, 능히 초나라를 쳐 부수사, 험준한 그 땅에 들어가, 초나라의 무리를 사로잡았네 撻彼殷武, 奮伐荊楚, 罙入其阻, 裒

年 第10期.

220) 劉士莪,「試論老牛坡商代墓」,『西北大學學報』, 1987年 第1期.

荊之旅"라고 노래했다. 복사에 의하면 무정 임금은 일찍이 3군軍을 이끌고 남쪽 정벌에 나섰는데, 선봉 부대가 오늘날의 호북성 수현隨縣의 옛 증曾나라 땅까지 이르렀다.

> 을미일에 [점을 칩니다.] 물어봅니다. 남쪽에서 전쟁이 임박했는데, 오른쪽은 '아'가, 중간은 '여'가, 왼쪽은 '증'이 따르도록 할까요? 乙未[卜], 貞立事(于)南, 右從我, 中從輿, 左從曾?
>
> —『합집』 5,504편, 『합집』 5,512편도 동일

"입사立事"는 일에 임하다莅事는 뜻이며, "사事"는 전쟁을 뜻한다. 강홍은 "여輿"를 "거擧"와 같으며, 호북성의 한수漢水 동쪽의 거수擧水를 말하며, 증曾은 증나라曾國로 호북성 형산荊山·조양棗陽·수현隨縣 일대에 있었다고 했다.[221] 이는 복사와 문헌에 기록된 무정 때의 형초荊楚에 대한 정벌과 완전히 일치한다. 무정의 군대에는 당연히 전차부대가 있었을 것이고, 상나라 왕 및 장군들은 전차를 탔을 것이다. 그래서 이 길 또한 수레 길이었다.

셋째, 오늘날의 하남성 상구商丘 지역을 지나 안휘성 변경에 이르는 동남 길.

상나라 말 때 인방人方을 정벌했던 노선을 보면, 지금의 상구商丘에서 다시 남으로 가 박亳(상구 남쪽의 곡숙穀熟)에 이르고, 다시 유攸(『합집』 36,484편)에 이르렀으며, 다시 회淮(지금의 회수淮水)에 이르렀고, 회수淮水를 건너 남쪽으로 가 "임방을 유린했다 𠭯林方." 고증에 의하면 임방林方은 지금의 안휘성 봉양鳳陽현 변경인 것으로 알려져 있다.[222] 유攸는 지금의 하남성 영역永域, 안휘성의 숙현宿縣·몽성蒙城 사이에 위치했으며, 『합집』 36,824편에는 "추승일醜乘逘", 즉 수레를 갈아타고 유攸에 이르렀다는 기록이 있

221) 江鴻(李學勤), 「盤龍城與商王朝的南土」, 『文物』, 1976年 第2期.
222) 陳夢家, 『殷虛卜辭綜述』, 科學出版社, 1956, 307면.

다. 그래서 이 노선도 마차가 다닐 수 있던 큰 길이었다.

넷째, 지금의 산동성 변경에 이르는 동쪽 길.

인방人方의 정벌에 관한 일련의 복사에는 상나라 왕이 "제자에 있었다在齊𫍙"(『합집』 36,493편)라는 말이 보인다. 동작빈은 제齊를 지금의 산동성 임치臨淄로 보았다.[223] 산동성 익도益都의 소부둔蘇埠屯 상대 유적지에서는 거마갱車馬坑이 발굴되었다.[224] 이 또한 동쪽으로 향한 수레가 다니는 길이었다.

다섯째, 지금의 하북성 여룡盧龍 지역에 이르는 동북길.

지금의 하북성 호룡현戶龍縣 변경은 상나라 때 이후 고죽국孤竹國으로 불렸던 죽국竹國이 있던 곳이다. 상 왕조와 죽국竹國의 관계는 매우 친밀했는데, 갑골문에서는 "죽후竹侯"(『합집』 3,324편)라 불린 것을 보면, 죽竹이 상나라의 외복外服 제후였음을 알 수 있다. 부호婦好 묘에서 출토된 석경石磬에 "임죽에서 석경을 들여왔다妊竹入石"는 글이 새겨져 있다. "임죽妊竹"은 임죽任竹인데, "임任"은 작위 이름으로, 남작男爵과 같다. 죽竹은 상 왕실에 공납을 했고, 그래서 갑골문에는 "죽에서 10개를 들여왔다竹入十"(『합집』 902편 뒷면)거나 "죽의 목축 노동자를 '구'에서 취했다取竹芻于丘"(『합집』 108편)고 기록했던 것이다. 상나라 왕은 자주 죽竹을 조정으로 불러 들여 일을 했으며, 공무를 집행했는데, 복사에 기록된 "죽을 부르다呼竹"(『합집』 1,110~1,112편), "죽에게 명령을 내리다令竹"(『합집』 20,230·20,233편) 등은 죽竹과 상 왕실과의 내왕이 빈번했음을 보여주며, 그 간에는 간선 도로와 같은 교통로로 연결되었을 것이다.

여섯째, 지금의 산서성 중앙으로 통하는 서북 길.

---

223) 董作賓, "帝辛日譜", 『日譜』 3, 『殷歷譜』 下編 卷9, 中央硏究院史語所專刊, 1945.

224) 山東省博物館, 「山東益都蘇埠屯第一號奴隸殉葬墓」, 『文物』, 1972年 第8期. 또 1998年 9月 말부터 1999年 1月 초까지 中國社會科學院考古硏究所 山東工作隊가 山東省 滕州市 前掌大의 商代 유적지에서 두 곳의 馬車坑을 발견했다. 갱내의 거마는 單轅에 두 마리 말로 되어 있어, 殷墟에서 발굴된 수레의 구조와 동일했다(『中國文物報』 1999年 3月 14日 「滕州前掌大商墓發掘獲新收獲」에 보인다).

산서성의 보덕保德·석루石樓·개휴介休 지역에서는 여러 차례에 걸쳐 상나라 후기 때의 묘장과 청동기가 발견되었는데, 이곳은 당시의 중요한 거점 지역이었을 것이다. 산서성 경내에 있던 토방土方과 공방𢀛方은 자주 상의 변경을 침입해 위협을 가했으며, 상 왕실에서는 거기에다 지원沚園을 세워, 이 두 강적의 공격을 방어했다. 또 '右婁笅'와 '장우각長友角' 두 장수를 파견하여 그곳에 주둔하게 함으로써, 토방土方과 공방𢀛方의 침입을 막게 했다. 갑골문에는 지국沚國을 비롯해 두 장수가 왕실에 적의 상황을 보고한 내용이 자주 등장한다.

> '지멱'이 보고해 왔습니다. '토방이 우리의 동쪽 변방을 침범해 읍 2개를 짓밟았습니다. 공방도 우리의 서쪽 변방의 전답을 침범하였습니다'. '沚戜'告曰, 土方征于我東鄙, 𢦏二邑, '𢀛方亦侵我西鄙田'.
>
> —『합집』 6,057편

> 장우각이 보고해 왔습니다. '공방이 우리의 시지 전답 70개를 침범하였고 사람 5명을 잡아갔습니다'. 長友角告曰, '𢀛方出侵我示𦭝田七十人五.'
>
> —『합집』 6,057편

> 右婁笅가 보고해 왔습니다. '토방이 우리 전답 10개를 침입하고 사람을 잡아갔습니다.' 右婁笅告曰, '土方侵我田十人'.
>
> —『합집』 6,057편 뒷면

"고왈告曰"이라는 말은 변경에서 왕실에 적의 정황에 대해 보고한 것을 말한다. 적의 정황의 보고는 위급을 요하는 것이었으니 도로가 잘 닦여 있어야만 했을 것이다. 또 상 왕조가 토방土方과 공방𢀛方을 정벌할 때 많을 경우에는 5천 명의 병력이 동원되었는데(『합집』 6,409·6,167편), 대군이 행동하고 거마와 군량미가 움직이려면 수레가 다니는 길이 필수적이었을 것이다.

상나라 후기의 경우, 갑골문이 제공한 자료에 근거하면 적어도 앞서 말한 6개 방향의 주요 간선 도로가 있었던 것으로 보인다.[225] 이 간선 도로는 수레가 다닐 수 있었고, 폭도 3미터 이상은 되었으며, 넓은 곳은 6미터 이상 되어야만 수레와 수레가 서로 비껴 갈 수 있었을 것이다.

(2) 교통 도구

교통 도구에는 주로 수레車와 배舟가 있었고, 이외에도 말馬과 코끼리象가 있었다.

1. 수레車

수레에는 마차馬車와 인력거人車와 우마차牛車가 있었다.

① 마차馬車

마차는 여러 곳에서 발굴되었다. 안양의 은허 유적지 외에도 정주鄭州·섬서·산서·하북·산동·안휘성을 비롯해 사천성의 상나라 유적지에서도 거마갱이나 수레와 말을 부장한 무덤이 발견되었다.[226] 갑골문에도 마차馬車가 등장하는데, 『합집』 10,405편은 자주 인용되는 갑골로, 이 갑골에서는 상나라에서 수렵을 나갔다가 소신협小臣叶이 모는 수레에 문제가 생겨 왕이 타고 있던 수레와 충돌했고, 자앙子央이 타고 있던 수레가 굴러 떨어졌다고 기록했다. 갑골문에 보이는 가장 많은 수레의 숫자는 한꺼번에 6대가 보인다(『합집』 1,452편). 무정 때 적국인 주亩나라를 정벌할 때, 복사에서는 "11일째 되던 계해일에도 '거'가 정벌하지 못했다 旬又一日癸亥車弗戋"(『합집』 6,834편)고 기록했다. 호후선은 이때의 전쟁은

225) 彭邦炯, 『商史探微』, 重慶出版社, 1988, 227~235면.

226) 宋鎭豪, 『夏商社會生活史』, 社會科學出版社, 1994, 227~235면.

전차를 이용해 적을 쳤다고 했지만,[227] 여기서의 "거車"는 인명으로 보아야 한다.[228] 전차를 동원해 전쟁을 했다는 것은 대체로 문제가 되지 않는다. 후기 때의 한 복사에서는 상나라 군대가 위방危方과 전쟁을 벌여, 큰 승리를 거두었는데, 전리품에 "전차 2대車二丙"(『합집』 36,481편)가 들어 있었다. 위방危方이 전차를 동원해 전쟁을 했으니, 상나라 군대도 전차를 동원했을 것이다.

② 손수레輦

련輦은 사람이 끄는 수레를 말하는데, 갑골문에서 두 사람이 손을 올려 수레의 끌채를 끄는 모습을 그렸다. 갑골문에서 련輦자와 관련된 완전한 복사는 지금까지 아래의 예만 보인다.

> '인'을 불러 수레를 끌게 하면, 정벌할 수 있을까요? 其呼茵輦, 有正.
>
> —『합집』 29,693편

"인茵"은 사람 이름이며, "련輦"은 여기서는 동사로 쓰여 수레를 끌다는 뜻이다. 『설문』에서 "련輦은 수레를 끌다挽車는 뜻이다. 거車와 반㚘으로 구성되어, 수레의 앞에서 끌다는 뜻이다車前引之"고 했다. 『주례』「지관地官」「향사鄕師」에서 "크게 군사를 일으킬 때나 회동을 할 때에는 사역하는 일꾼들을 다스리고, 말이 끄는 큰 수레나 사람이 끄는 작은 수레를 바르게 운용한다大軍旅·會同, 正治其徒役, 與其輂輦"고 했는데, 정현의 주석에서는 「사마법司馬法」을 인용하여 이렇게 말했다. "하후씨夏后氏 때에는 련輦을 여거餘車라 했고, 은殷나라 때에는 호노거胡奴車라 했으며, 주周나라 때에는 복거輜車라 했다. (…중략…) 또 하후씨 때에는 20명이 끌었고, 은나라 때에는 18명이 끌었고, 주나라 때에는 15명이 끌었다." "호노

227) 胡厚宣, 『甲骨續存』, 群衆出版社, 1955, 附圖 7 "說明."
228) 張秉權, 『殷墟文字丙編上輯』 1 「考釋」, 中央研究院史語所出版, 1957, 6면.

거胡奴車"에 대해 유희劉熙의 『석명』「석거釋車」에서는 "동호東胡에서는 죄를 지어 관비가 된 자로 하여금 수레를 끌게 했는데, 이는 은나라 때 만들어진 제도이다"고 했다. 상나라 때에는 동호東胡나 호胡라는 이민족의 명칭이 아직 존재하지 않았으며, 갑골에서도 련輦이라고는 했으나 호노거胡奴車라고 부르지는 않았다. "호노거胡奴車"라는 명칭은 후세 때 만들어진 것이지 은나라 때의 것은 아닐 것이다.

송진호는 1986~1987년 하남성 안양의 화원장花園莊 남쪽 지역에서 발견된 커다란 뼈가 묻힌 갱大骨坑에 주목했다. 갱의 입구에서는 14개의 수레바퀴 자국이 발견되었는데, 그중 2개의 수레바퀴 자국은 넓이가 1.5미터에 불과했다. 이는 안양 은허에서 발견된 마갱馬坑에서의 두 바퀴 간의 거리(즉 궤軌) 폭이 일반적으로 2.15~2.40미터인 것과는 차이를 보인다. 그래서 그는 "일종의 사람의 힘으로 끄는 두 바퀴로 된 작은 수레에 의한 흔적일 것이다"고 했다.[229] 언사偃師의 상나라 성 동북쪽 모퉁이의 성체 보호 언덕의 도로에서도 두 개로 된 수레바퀴 자국이 발견되었는데, 수레의 폭이 1.2미터에 지나지 않았는데, 발굴자들에 의하면 "이는 어떤 특수한 기능을 가진 수레의 흔적이다"고 했다.[230] 이러한 좁은 폭의 수레는 분명 사람이 끌던 련輦이었을 것이다.

③ 우마차牛車

『세본』「작편作篇」에서 "해胲가 우마차를 만들었다作服牛"고 했는데, 해胲는 왕국유의 고증에 의하면 상나라 선공先公인 왕해王亥를 말한다.[231] 복우服牛는 달리 복우僕牛로 적기도 하는데, 『산해경』「대황동경大荒東經」에서 "왕해가 유역에 기탁하였는데, 하백이 우마차를 사용했다. 유역이 왕해를 죽이고, 우마차들을 빼앗아 갔다王亥托于有易, 河伯僕牛. 有易殺王亥, 取

229) 宋鎭豪, 『夏商社會生活史』, 社會科學出版社, 1994, 239면.
230) 杜金鵬 等, 「試論偃師商城東北隅考古新收獲」, 『考古』 第6期, 1998.
231) 王國維, 「殷卜辭中所見先公先王考」, 『觀堂集林』 卷9, 中華書局, 1959.

僕牛"고 했다. 복우服牛는 "소를 길들이다馴牛"는 뜻인데, 중국에서는 일찍부터 소를 훈련시켜 가축화했기 때문에 소의 가축화가 왕해王亥에서부터 시작된 것은 아니다. 그래서 "소를 길들이다馴牛"는 해석은 생각해 보아야 한다. 소위 "작作"은 처음으로 창제하다는 뜻으로, 처음으로 만들다는 의미이다. 왕해王亥가 "만든作" "복우服牛"는 소가 끄는 마차를 말하며, 이로써 사람의 부담을 덜었다는 말일 것이다. 송진호의 고증에 의하면 갑골문의 "견牽"자는 은나라 사람들이 우마차를 탈 때 사용했던 전용 글자라고 한다.[232] 견牽은 숫자로 헤아릴 수도 있었는데, 1"견牽"은 우마차 1대를 말한다. 갑골문에는 50견牽·90견牽 등의 표현이 등장하고 많을 경우에는 150견牽도 보인다.

> 정해일에 점을 칩니다. '품'이 물어봅니다. 50견으로 할까요? 丁亥卜, 品, 其五十牽.
>
> —『합집』 34,677편

> 무자일에 점을 칩니다. '품'이 물어봅니다. 90견으로 할까요? 戊子卜, 品, 其九十牽.
>
> □□일에 [점을 칩니다.] ['품'이 물어봅니다.] 150견으로 할까요? □□[卜], [品], 其百又五十牽.
>
> —『합집』 34,674편

한 번에 150대의 우마차를 사용했다는 것은 수송량이 대단했음을 보여준다.

2. 배舟

수레車가 육상 교통이라면 배舟는 수상 교통이다. 『염철론』 「본의편本義篇」에서 "배舟와 노楫의 사용으로 강川과 계곡谷이 통하게 되었다. 소를

232) 宋鎭豪, 「甲骨文牽字說」, 『甲骨文與殷商史』 第2輯, 上海古籍出版社, 1986.

이용하고 말을 이용한 한 수레服牛駕馬로 구릉과 뭍陵陸에 이를 수 있게 되어, 멀고 깊숙한 곳까지 다 보낼 수 있게 되었다. 그리하여 많은 물건이 교역되고 백성이 편리하게 되었다"고 했다. 갑골문에서의 "주舟"자는 상용자 중의 하나인데, 복사에 보이는 "왕의 배를 만들다作王舟"(『합집』 13,758편)는 말은 전적으로 상나라 왕을 위해 배를 만들었다는 말이다. 갑골문에는 상나라 왕이 배를 타고 황하河와 상수滴水를 운행한 일에 대해서도 기록했다.

> 을해일에 점을 칩니다. '행'이 물어봅니다. 왕께서 배를 끌어 황하를 건너는데, 재앙이 없을까요? 乙亥卜, 行, 貞王其尋舟于河, 亡灾.
>
> —『합집』 24,609편

> □축일에 점을 칩니다. '행'이 물어봅니다. 왕께서 배를 끌어 '상수'를 건너는데, 재앙이 없을까요? □丑卜, 行, 貞王尋舟于滴, 亡灾.
>
> —『합집』 24,608편

"심주尋舟"는 우성오의 해석에 의하면 "율주繂舟"라는 뜻으로, 동앗줄로 배를 끌다는 뜻이다. "이러한 동앗줄을 후세에서는 람纜이라 불렀으며, 달리 율繂이라고도 불렀다."233) 하河는 지금의 황하黃河를 지칭하며, 상수滴水는 지금의 장수漳水라는 설과 심수沁水라는 두 가지 설이 있지만, 모두 상나라 왕의 영토 내王畿 내에 있던 중요한 강이다.

갑골문에는 주洀자가 보이는데(『합집』 11,477편), 강에서 배 두 대 중 한 대는 앞서고 한 대는 뒤에 있는 모습을 하여, 강에 떠 있는 선대를 그렸다. 우성오에 의하면 주洀는 반盤자와 같고, 순旬자는 순徇, 즉 순巡자라고 했

233) 于省吾, 「殷代的交通工具和馹傳制度」, 『東北人民大學人文科學學報』, 1955年 第2期. 이후 "率舟"로 고쳐 해독하였고, "물길을 따라 배가 가는 것"을 말한다고 했다. 『釋林』(中華書局, 1979), 283면 참조.

다. 그래서 『합집』 11,477편의 “오는 신사일, 선대를 순시할까요? 來辛巳, 其旬𣶒”는 바로 다가오는 신사일에 “선대를 순시할까요? 巡行盤游”라는 의미이다.[234] 즉 상나라 왕이 배를 타고 강에서 선대를 순시하다는 의미이다.

물에서 배는 노楫, 즉 상앗대槳에 의해 물을 헤치며 나아간다. 갑골문에서 “반般”은 주로 사람 이름이나 땅 이름으로 쓰인다. 하지만 “물어봅니다. 배를 돌리지 말까요? 8월이었다 貞弜般. 八月”(『합집』 26,825편)라는 복사에서의 “반般”자는 분명 동사로 쓰였다. 『설문』에서 “반般은 가르다辟는 뜻이다. 배가 도는 모습을 그렸다 象舟之旋. 주舟와 수殳로 구성되었다. 수殳는 배를 돌게 하는 것을 말한다 令舟旋者也”고 했다. 갑골문에는 (『합집』 655편) · (『합집』 11,466 · 11,467 · 20,611편)자도 보인다. 곽말약에 의하면 “사람이 배를 모는 모습을 그렸는데, 개인적인 생각으로는 이 또한 반般자라고 생각한다”고 했다.[235] 하지만 장병권은 이를 복服자로 해독하였고, 이는 “손에 상앗대 같은 것을 들고서 버티고 있는 모습을 그렸다”고 했다.[236] 장아초는 이를 대𣥱로 해독하고서, “상앗대질을 하며 배를 모는 모습을 그렸다”고 하면서, “배가 가다舟行”는 뜻으로 풀이했다.[237] 이렇듯 이 글자의 해석은 아직 통일되기 힘들어 보인다. 하지만 이것이 상앗대를 쥐고 강에서 배를 모는 모습이라는 것만은 학자들의 통일된 견해이다. 지금도 이러한 상앗대를 이용한 배가 쓰이고 있다. 갑골문에는 또 두 손으로 강에서 배를 미는 모습을 그린 글자가 보이는데, (『합집』 33,691편)가 그것이다. 물이 얕은 곳에서 배를 거슬러 올라가게 하려면 물에 들어가 배를 밀며 가야만 했을 것이다.

3. 기마驥馬

234) 于省吾, 「釋鴻」, 『甲骨文字釋林』, 中華書局, 1979.
235) 郭沫若, 『殷契粹編考釋』, 科學出版社, 1965, 15면.
236) 張秉權, 『殷墟文字丙編』 下輯 1 「考釋」, 中央研究院史語所出版, 1967, 470~471면.
237) 張亞初, 「古文字分類考釋論稿」, 『古文字研究』 第17輯, 中華書局, 1990.

중국에서 기마는 언제부터 생겨났을까? 문헌의 기록에 의하면 상나라 선공先公인 상토相土 시대 때까지 거슬러 올라간다. 『세본』「작편作篇」에 "상토相土가 말 타는 법을 창안했다 作乘馬"고 했으니, 하나라 초기에 해당한다. 상나라 후기에 이르러 주나라 사람들에게서 기마에 대해 언급한 것이 보인다. 『시』「대아大雅」「면綿」에 "고공단보께서 조정에 올 때 말을 타고 오셨네 古公亶父, 來朝走馬"라고 했는데, 고염무에 의하면 "옛날에는 말로 가마를 만들었는데, 주走라고 표현할 수는 없다. '주마走馬'라고 말했던 것은 단기單騎를 말함이다. 고공古公이 세웠던 나라는 융적戎翟과 인접해 있었기에, 그 습속 또한 그들과 같은 것들도 있었을 것이다. 그렇다면 말 타고 쏘는騎射 법은 조趙 무영왕武靈王에게서부터 시작된 것이 아니다"고 했다.[238] 우성오도 상나라 때에 이미 기마騎馬가 출현했으며, 그 증거는 갑골문에 보이는 "마기선馬其先"에 관한 점복에서 찾을 수 있다고 했다.

> 무신일에 점을 칩니다. 말을 타고 먼저 가면 왕께서 즐겁게 따를 수 있을까요? 戊申卜, 馬其先, 王兌從.
>
> —『합집』 27,945편

> 경오일에 점을 칩니다. 물어봅니다. 오는 '신'일에 사냥을 가는데, 말을 타고 먼저 가면, 잡을 수 있을까요? 비가 오지 않겠습니까? 庚午卜, 貞翌日辛王其田, 馬其先, 擒, 不雨.
>
> —『합집』 27,948편

그에 의하면, "마기선馬其先은 말을 타고 먼저 가다는 뜻이다"고 했다.[239] 1936년 봄 은허의 제13차 발굴 때 M164호 무덤에서 사람 1명과

238) 顧炎武, 『日知錄』 卷29 "騎."
239) 于省吾, 「殷代的交通工具和馹傳制度」, 『東北人民大學人文科學學報』, 1955年 第2期.

말 1마리와 개 1마리가 함께 매장된 무덤이 발견되었는데, 거기에는 낫창戈 1개, 칼刀 1개, 활弓 1개, 옥으로 만든(승마 구두의 뒤축에 달려 있는) 박차馬刺 1개가 부장품으로 묻혀 있었다. 석장여에 의하면, "이 말은 타고 활을 쏘는騎射 데 부려졌을 가능성이 많아 보이며", "이들은 전쟁에 쓰던 말戰馬과 사냥 개獵犬였음을 말해 준다." "만약 이러한 가설이 성립한다면, 중국의 말을 탄 채 활을 쏘는騎射 습관은 조무趙武가 서부 이민족에게서 배운 것이 아니라 은대에 이미 존재했다는 말이 된다"고 했다.240) 호후선도 이 무덤의 주인을 "기사騎士"라고 했다.241) 갑골문에는 말을 이용해 도망친 노예를 쫓거나 전쟁을 치는 모습이 언급되어 있다.

물어봅니다. '상'이 말 30필을 보내왔는데, 과연 강족을 잡을 수 있을까요? 貞象致三十馬, 允其幸羌.

—『합집』 500편 앞면

갑오일에 점을 칩니다. '긍'이 물어봅니다. 말을 제공해 정벌하게 할까요? 甲午卜, 亘, 貞供馬呼䖒.

—『합집』 7,350편 앞면

갑술일에 점을 칩니다. '각'이 물어봅니다. 우리 말이 북쪽 오랑캐를 추격할 수 있을까요? 甲戌卜, 㱿, 貞我馬及戎.

—『합집』 6,943편

"급융及戎"은 적을 추격하다는 말이며, 䖒는 정벌하다는 의미이다.242) 도망 친 노예와 강족을 잡고 적을 추격하는데 모두 "단기單騎를 이용한

240) 石璋如, 「殷墟最近之主要發現－附論小屯地層」, 『田野考古報告』 第2冊, 1947.
241) 胡厚宣, 『殷墟發掘』, 學習生活出版社, 1956, 108면.
242) 唐蘭, 『天壤閣甲骨文存』, 北京輔仁大學出版, 1939, 53면.

빠른 속도"가 필요했으며, 게다가 "행강幸羌"은 전차를 필요로 하지도 않았기에,[243] 말을 타고서 임무를 완성할 수 있었다. 왕우신에 의하면 갑골문에는 사람人과 말馬이 서로 짝을 이룬 내용이 보이는데, 응당 "인마人馬"라고 칭해야 할 것이며, 이는 상나라 군대의 기병대를 말한다.[244] 이렇듯 상나라 때의 기마술은 이미 일상적인 것이 되었다.

4. 코끼리 길들이기服象

『여씨춘추』「고악古樂」편에서 "상나라 사람들은 코끼리를 길들여 동쪽 이민족을 유린했다"고 했는데, 서중서에 의하면 갑골문에는 코끼리를 잡은 기록도 있으며, 코끼리가 그곳에서 생산되었고, 상나라 때에는 이미 일상적으로 길들였던 동물이 되었다고 했다.[245] 갑골문에는 "위爲"자가 있는데, 손으로 코끼리를 끄는 모습이다. 나진옥은 이에 근거해 "옛날에는 코끼리를 길들여 노동을 도왔는데, 이는 아마도 소나 말을 길들여 이용하던 이전으로 추정된다"고 했다.[246] 갑골문에 보이는 "성상省象"(『합집』 32,954편)은 어느 달에 코끼리를 공납으로 들여왔다는 말이다.[247] 안양 은허에서는 코끼리를 매장한 갱坑이 발견되었는데, 코끼리의 목에 청동으로 만든 방울銅鈴이 달려 있었다. 이는 코끼리가 이미 길들여졌다는 것을 말해 준다.[248] 코끼리가 상나라 때에 이미 가축화 되었으며, 문헌에서도 상나라 사람들이 "코끼리를 길들였다"는 기록이 보인다. 그렇다면 상나라 사람들이 코끼리를 이용해 타고 다니는 도구로 썼거나 무거운 물건을 실어 운송했다는 것은 당연히 가능한 일이다.

---

243) 楊升南, 「略論商代的軍隊」, 『甲骨探史錄』, 三聯書店, 1982.

244) 王宇信, 「甲骨文"馬"·"射"的再考察－兼駁馬·射與戰車相配置」, 『第三屆國際古文字學硏討會論文集』, 香港 中文大學, 1997.

245) 徐中舒, 「殷人服象及象之南遷」, 『史語所集刊』 第2本 1分冊, 1930.

246) 羅振玉, 『增定殷虛書契考釋』 中, 東方學會石印本, 1927, 60면 下.

247) 宋鎭豪, 『夏商社會生活史』, 中國社會科學出版社, 1994, 245면.

248) 王宇信·楊寶成, 「殷墟象坑和"殷人服象"的再探討」, 『甲骨探史錄』, 1982.

(3) 교통 제도

갑골문으로부터 살펴볼 수 있는 상나라 때의 교통제도에는 대략 다음의 것들이 있다.

1. 역전驛傳제도

갑골문의 일遷자는 달리 일遷로도 적는데, 왕양에 의해 이렇게 옮겨졌을 뿐[249] 달리 글자의 해설은 없다. 우성오는 이를 일馹자로 해석하였는데, 일遷이 본래글자로 갑골문에 보이며, 일馹은 이후에 생겨난 글자라고 했다. 『이아』「석언釋言」에서 "일馹과 거遽는 전하다傳는 뜻이다"고 했다. 곽박郭璞의 주석에서 "수레와 역말을 바꾸다는 뜻이다"고 했다. 『설문』에서는 "일馹은 파발驛傳을 말한다. 마馬가 의미부이고 일日이 소리부이다"고 했다. 이 글자는 상나라 때에 이미 발달된 파발驛傳 제도를 갖고 있었음을 보여준다.[250] 상나라 때에는 역전 제도가 보편적으로 사용되었으며, 상나라 왕이 수렵을 나갈 때에도 '일遷'이라는 단어가 사용되었다.

> 정축일에 점을 칩니다. '대'가 물어봅니다. 왕께서 사냥을 나가는데, 파발을 이용해 갈까요? 丁丑卜, 狄, 貞王其田, 遷往.
>
> —『합집』 29,084편

> 병인일에 점을 칩니다. '대'가 물어봅니다. '우'가 사냥을 나가는데, 파발을 이용해 '산'으로 갈까요? 다음 달 비가 올까요? 丙寅卜, 狄, 貞盂田, 其遷散, 萌月雨.
>
> —『합집』 29,092편

관리나 귀족이 왕도로 가거나 왕도에서 각지로 갈 때에도 파발을 이

249) 王襄, 『簠室殷契類纂』, 天津市博物館石印本, 1929年 增訂, 8면.

250) 于省吾, 「殷代的交通工具和卵傳制度」, 『東北人民大學學報』, 1955年 第2期; 「釋遷」, 『甲骨文字釋林』, 中華書局, 1979.

용했다.

물어봅니다. '우시'에 제공하지 말까요? 땅에 묻고 나면 파발이 돌아올까요? 貞勿供右示, 旣葬, 逘來歸.

—『합집』 296편

임술일에 점을 칩니다. '대'가 물어봅니다. '아선'이 '척'제사를 드리면, 파발이 들어올까요? 壬戌卜, 犾, 貞亞旋其陟, 逘入.

—『합집』 28,011편

…… 대사 …… '의'제사를 드리면, 파발이 …… ? …… 大使 …… 衣其逘 ……

—『합집』 31,792편

군사적으로 파발은 군대의 정황과 군대의 수송 상황 등을 전하는 데도 사용되었다.

수자리 하는 관리가 파발을 이용하면, 재앙이 생길까요? 戍辟逘之, 𢦔.

—『합집』 28,043편

"수벽戍辟"은 수자리 하는 관리를 말하며, "지之"는 대명사로, 가게 될 지점을 말한다. 전체 갑골 판이 이미 잘려 나간 상태이고, 이것이 여러 차례 물어 본 대정對貞 복사의 한 부분이기 때문에, "지之"자가 지칭하는 지명이 무엇인지에 대해서는 더 이상 고찰할 수가 없다. 다음의 복사에서는 소방召方과의 전쟁에서 파발을 이용해 군대를 수송한 내용이 실려 있다.

계축일에, 물어봅니다. '소[방]'이 도착하면, 서쪽에서 싸울까요? 癸丑, 貞召[方]

立, 住戎于西.

'소방'이 도착했다. 싸웠다. 召方立, 住戎.

기미일에, 물어봅니다. 왕의 명령서가 서토에서부터 이르렀는데, 재앙이 없겠습니까? 己未, 貞王令逘亡𢦔.

—『둔남』 1,049편

계축일로부터 기미일까지는 7일이다. 다음의 복사는 후기 때의 인방人方 정벌에 관한 복사인데 여기서도 파발을 이용했다.

크게 출병할까요? 길할 것이다. 其大出, 吉.

'추'가 출병하여 '유'로 간다면 신께서 허락하실까요? 왕께서 점괘를 해석해 말했다. 크게 길하리라. 醜其逘往于攸, 若. 王占曰, 大吉.

그들에게 미치게 되면 신께서 허락하실까요? 其𢓊于之, 若.

—『합집』 36,824편

복사에서 말한 "대출大出"은 일반적으로 변방의 장수가 적의 동태를 왕실에 보고하는 것에 관한 용어이며, 유攸는 후기 복사에서 인방人方을 정벌하러 가는 길에 있는 중요한 지점이다. "파발逘"을 이용해 유攸에 이르렀다는 것은 전쟁과 관련이 있다.[251]

2. 역참驛站의 설치

고대에는 국가의 주요 교통로에 역참을 설치해 오가는 인원의 숙식을 제공했다. 『주례』「지관地官」「견인遺人」에서 "나라의 도로에는 10리마다 주막을 설치하였는데, 주막에는 음식이 준비되었다. 30리마다 '숙宿'이

251) 董作賓, 『殷曆譜』 下編 卷9, "帝辛日譜" 61면. 裘錫圭는 갑골문에서의 "逘"자에 대해 아마도 迅速이라고 할 때의 "迅"자로 읽어야 할 것이며, 馹傳制度와는 무관하다고 보았다. 『古文字論集』, 中華書局, 1992, 173~174면.

설치되었는데, '숙'마다 '노실路室'이 갖추어졌고, '노실'에는 '위委'가 있었다. 50리마다 '시市'가 설치되었고, '시'에는 '후관候官'이 갖추어졌고, '후관'에는 '적積'이 준비되었다"고 했다. 갑골문에 "기羈"자가 등장하는데, 연구자들에 의하면 이는 상나라 때의 도로에 설치된 역참의 이름이라고 한다.[252] 갑골문에서 "기羈"는 종종 숫자로 계산이 가능했는데 1기羈에서부터 5기羈까지 등장한다.

> 1기에서 '유'제사를 드리지 말까요? 弜又一羈.
>
> —『합집』 27,250편

> 2기에 이르러, 이들에 미치게 되면, (신의) 허락을 받고, 도움을 받을 수 있을까요? 至于二羈, 于之若, 受佑.
>
> —『합집』 28,157편

> 3기에 이르지 못할까요? 弜至三羈.
>
> —『합집』 28,157편

> 물어봅니다. 4기에서 '유'제사를 드릴까요? 貞四羈, 又.
>
> —『갑』 199편

> 5기에 머물까요? 在五羈.
>
> —『합집』 28,153편

기羈와 기羈 간의 관계는 다음의 잔편 복사에서 그 일단을 엿볼 수 있다.

---

252) 許進雄, 『明義士收藏甲骨釋文篇』, 토론토 로열 온타리오 박물관, 1977, 163면; 齊文心, 「釋羈－對商朝驛站的探討」, 『中原文物』 第3期, 1990.

물어봅니다. '기' …… 5기에서 희생소…… 왕께서 보살핌을 받을까요? 貞羈 …… 五羈牢 …… 王受佑.

—『합집』 28,156편

송진호에 의하면 이 복사로부터 "1기羈부터 5기羈까지, 여기로부터 저기에 이르며, 가까운 곳에서 먼 곳에까지 이르는데, 기羈들 간의 관계가 명확하여, 기羈들 간에 일정한 거리를 유지하고 있음"을 대략적으로 알 수 있으며, 기羈 간의 거리는 20～30리로 추정된다고 했다.[253)]

3. 도로의 안전을 위한 군사 조치

갑골문의 ⺶를 나진옥은 과果자로 해석해, "과실이 나무木에서 자란 모습을 그렸다"고 했다.[254)] 우성오도 이 설을 따랐다.[255)] 하지만 곽말약은 이를 당棠자로 해석하고서는 "엽葉의 처음 글자이며, 나뭇가지에 잎이 돋아나는 모습을 그렸다"고 했다.[256)] 백옥쟁도 이를 따라 당棠, 즉 나뭇잎을 뜻하는 엽葉자로 보고서는, "이 글자는 나뭇잎이 무성하여, 층층이 자라나는 모습을 그린 것으로 보인다"고 해 곽말약의 설과 일치한다. 백옥쟁은 「진후오돈陳侯午敦」 명문에서의 "영원히 대대로 잊지 말라永業勿忘"에서의 "엽業"자가 갑골문에서의 "엽業"자라고 했다.[257)] 「명박綸鎛」·「월왕자지어사종越王者旨於賜鍾」·「표강종驫羌鍾」 등과 같은 동주 때의 청동기 명문에서의 "엽業"은 "세世"자로 쓰였는데, 모두 이런 형태로 표기되었다. 그래서 갑골문에서의 이 글자는 "엽業"으로 해석하는 것이 옳다. 『설문』에 "엽業"자가 있는데, 허신은 이를 "엽業은 각목楄을 말한다"고 했다. 또 편楄자에 대해 허신은 "편부방목楄部方木를 말한다. 목木이 의미부이고

253) 宋鎭豪, 『夏商社會生活史』, 中國社會科學出版社, 1994, 210～211면.
254) 羅振玉, 『增訂殷虛書契考釋』 中, 東方學會 石印本, 1927, 36면 上.
255) 于省吾, 「釋果」, 『甲骨文釋林』, 中華書局, 1979.
256) 郭沫若, 「考釋」, 『卜辭通纂』, 科學出版社, 1983, 89면.
257) 白玉崢, 「契文學例校讀」 九, 『中國文字』 第43冊.

편扁이 소리부이다. 『춘추전』에서 '편부천간楄部薦榦'이라고 했다"고 했다. 단옥절의 주석에서 "방목方木은 일반적인 통칭이지 전문적인 명칭이 아니다." 편楄과 편編은 독음이 같은데, 『설문』에서 "편編은 죽간을 차례로 묶은 것을 말한다次簡也. 계系가 의미부이고 편扁이 소리부이다"고 했다. 송진호는 갑골문에서의 엽枼자는 "방어를 위한 목책木柵이나 토첩土堞과 같은 인공 구조물을 말할 것이다"고 했다. 갑골문에서는 종종 "엽퇴枼隹" 와 같이 연결해 쓰이는데, 『설문』에서 "퇴隹는 언덕이 높음을 말한다隗高也"고 했다. 송진호는 이에 근거해 "엽퇴枼隹"는 도로의 안전한 소통을 보장하기 위해 설치한 간선도로 부근의 높은 구릉이나 산에 위치한 군사 거점을 말한다고 했다. 갑골문에서는 "엽퇴枼隹"라고 연용하기도 하지만, 때로는 다음에서처럼 "엽枼"과 "퇴隹" 사이에 숫자가 더해지기도 했다.

신사일에, 물어봅니다. 계미일에 '엽퇴'로부터 걸어서 오게 될까요? 辛巳, 貞王叀癸未步自枼隹.

—『합집』 33,150편

계해일에, 물어봅니다. 왕께서 오늘 …… 을 정벌한여 …… 왕께서 밤이되면 '엽삼퇴'에서 오게 될까요? 癸亥, 貞王叀今日伐 …… 王夕步自枼三隹.

—『합집』 33,149편

계해일에, 물어봅니다. 왕께서 '노역'을 정벌하시고, '대을'께 보고할까요? 갑자일에 '상갑'부터 11시께 보고를 올릴 때 소를 사용할까요? 사용하라. '엽사퇴'에서였다. 癸亥, 貞王其伐盧逆, 告自大乙. 甲子自上甲告十示又一, 牛. 玆用. 在枼四隹.

—『남둔』 994편

"엽퇴枼隹"의 설치는 숫자에 의해 순서가 매겨졌는데, 첫째의 것을 "엽퇴枼隹", 두 번째의 것은 보이지 않고, 세 번째와 네 번째의 것은 각각 "엽삼퇴枼三隹", "엽사퇴枼四隹"라고 표현했다. 각 지점 간에는 일정한 거리가 유지되었는데, 앞에서 인용한 『합집』 33,149편과 『둔남』 994편으로 볼 때, "엽삼퇴枼三隹"와 "엽사퇴枼四隹" 간의 거리는 하루 일정 정도의 거리였다.[258]

갑골문으로부터 상나라 때에는 왕도로부터 각지로 통하는 주요 간선 도로가 설치되었음은 물론 일련의 비교적 완전한 교통제도가 갖추어졌음을 알 수 있다. 이러한 제도는 줄곧 후세의 통치자들에 의해 계승 발전되었다. 이는 넓고 넓은 중국의 대지를 유기적으로 연결해 줌으로써, 각 지역 간의 상품교환과 인력의 왕래를 촉진시켰을 뿐 아니라, 왕국을 통일시키고 안정하는 데도 중요한 기능을 했다.

258) 宋鎭豪, 『夏商社會生活史』, 中國社會科學出版社, 1994, 207~209면; 「商代道路交通」, 『華夏文明』 第3集, 北京大學出版社, 1992.